C000133564

ISBN 978-90-04-29775-3

Texte intégral du cours publié en juin 2015 dans le *Recueil des cours*, tome 374.

ACADÉMIE DE DROIT INTERNATIONAL DE LA HAYE

*Une collection de cours de droit
en livres de poche*

ADI-POCHE

2015

La rébellion
et le droit international :
le principe de neutralité en tension

La rébellion
et le droit international:
le principe de neutralité en tension

OLIVIER CORTEN

TABLE DES MATIÈRES

TABLE DES ABRÉVIATIONS

NILR	*Netherlands International Law Review*
NYIL	*Netherlands Yearbook of International Law*
NYUJILP	*New York University Journal of International Law & Policy*
OUP	Oxford University Press
PUF	Presses universitaires de France
QIL	*Questions of International Law*
RBDI	*Revue belge de droit international*
Recueil des cours	*Recueil des cours de l'Académie de droit international*
RDI	*Revue de droit international*
RDIDC	*Revue de droit international et de droit comparé*
REDI	*Revista Española de Derecho Internacional*
RGDIP	*Revue générale de droit international public*
RHDI	*Revue hellénique de droit international*
RICR	*Revue internationale de la Croix-Rouge*
RQDI	*Revue québecoise de droit international*
RTDH	*Revue trimestrielle des droits de l'homme*
RTNU	*Recueil des traités des Nations Unies*
SFDI	*Société française pour le droit international*
Yale JIL	*Yale Journal of International Law*

INTRODUCTION GÉNÉRALE[*]

« Une guerre civile n'est pas stupide comme une guerre entre nations, les Italiens en guerre contre les Anglais, ou les Allemands contre les Russes, et moi, qui suis un mineur sicilien, je tue le mineur anglais, et le paysan russe tire sur le paysan allemand ; une guerre civile est un fait plus logique, on se met à tirer pour les personnes et les choses qu'on aime ; et pour les choses qu'on veut, et contre les gens qu'on déteste, et personne ne se trompe en choisissant de quel côté se mettre, seuls se trompent ceux qui se mettent à crier « paix »[1].

Cette réflexion, tirée du récit d'un soldat envoyé par Mussolini pour soutenir les rebelles franquistes dans le contexte de la guerre d'Espagne, montre bien toutes les difficultés d'appréhender la rébellion, que ce soit sur le plan de l'éthique, de la politique, ou du droit : à partir de quand la révolte est-elle légitime ? Justifie-t-elle l'usage de la force et la mise en cause de la paix ? Les États tiers peuvent-ils aider les rebelles, ou au contraire les autorités qui les combattent ? Mais, en pareil cas, le conflit, et par répercussion la rébellion elle-même, ne change-t-il pas de nature ? Ces questions sont anciennes. Mais elles sont à l'évidence toujours d'actualité, particulièrement après

---

[*] Merci à Agatha Verdebout et à Nabil Hajjami pour la relecture attentive d'une version antérieure de ce texte, ainsi que pour leurs utiles remarques et suggestions. Merci aussi à Martyna Fałkowska, Vaios Koutroulis, Arnaud Louwette et Laurent Weyers pour avoir écouté et commenté un projet de la première séance du cours oral donné à La Haye.

[1] Leonardo Sciascia, « L'antimoine », dans *Les oncles de Sicile*, traduction française, Paris, Denoël, 1967, p. 158.

le déclenchement de ce qu'on a appelé le «printemps arabe», à partir de l'année 2011[2]. Il n'est donc pas nécessaire de souligner l'intérêt de ce thème mais, en même temps, il faut constater que ce dernier n'a jamais fait, en tant que tel, l'objet d'un enseignement au sein de l'Académie de droit international de La Haye. On a certes évoqué la «guerre civile», principalement dans les cours dispensés respectivement par Hans Wehberg en 1938[3] et par Roger Pinto en 1965[4], la «sécession» dans un cours publié par John Dugard en 2013[5], mais pas la «rébellion» en tant que phénomène spécifique. Il semble donc qu'il s'agisse d'un sujet qui, s'il peut intéresser voire fasciner l'internationaliste, peut également, si ce n'est l'effrayer, en tout cas le mettre sérieusement sur ses gardes.

Cet apparent paradoxe peut sans doute s'expliquer par la circonstance qu'il n'est a priori pas aisé de procéder à une analyse objective de la rébellion. La notion suscite en effet généralement une réaction émotive, passionnelle, voire sentimentale ou romantique. Et cette réaction peut se traduire par des positions contrastées. Pour les uns, la rébellion est un terme essentiellement laudatif[6], tandis que pour les autres «le terme de rébellion laisse transparaître une nuance péjorative car souvent on l'attribue à un soulèvement dénué de toute apparence

---

[2] Voir par exemple Carlo Panara et Gary Wilson (dir. publ.), *The Arab Spring. New Patterns for Democracy and International Law*, Leyde, Boston, 2013.

[3] Hans Wehberg, «La guerre civile et le droit international», *Recueil des cours*, tome 63 (1938), p. 1-128.

[4] Roger Pinto, «Les règles du droit international concernant la guerre civile», *Recueil des cours*, tome 114 (1965), p. 451-582.

[5] John Dugard, *The Secession of States and Their Recognition in the Wake of Kosovo*, Leyde, Martinus Nijhoff, 2013; *Recueil des cours*, tome 358 (2013), p. 9-222.

[6] Voir par exemple Jean Ziegler, *Contre l'ordre du monde. Les Rebelles*, Paris, Seuil, 1983.

de justice»[7]. Particulièrement emblématique de cette ambivalence est l'image de Che Guevara, devenu une icône, et même parfois un produit commercial, incarnant la figure du rebelle : encensé par les uns comme le symbole de l'insoumission à l'autorité et à l'oppression[8], il est dénoncé par les autres comme un personnage historique lui-même autoritaire et peu respectueux des droits de la personne, spécialement lorsqu'il a été amené à exercer des fonctions officielles au sein du gouvernement cubain issu de la révolution[9]. Plus généralement, comme on le sait, le «rebelle» de l'un est souvent le «terroriste» de l'autre, une alternative qui est susceptible de connaître des évolutions, voire des changements complets de perspective, au cours du temps[10]. Ainsi, Nelson Mandela a été jugé et condamné comme terroriste, lorsqu'il a dirigé les actions violentes contre le régime d'*apartheid* dans les années 1960 puis, une vingtaine ou une trentaine d'années plus tard, il a été assez largement reconnu comme incarnant l'image d'un rebelle héroïque[11]. A l'inverse, d'abord considéré comme un rebelle, et même comme un «combattant de la liberté» – dans le cadre de

---

[7]   Christophe Piguet, *La guerre civile en droit international*, Lausanne, Imprimerie Vaudoise, 1982, p. 16.

[8]   Comme en témoigne notamment le nombre impression-nant de chansons ou de films créés en son honneur, http://fr.wikipedia.org/wiki/Che_Guevara ; voir par exemple Pierre Kalfon, *Che Ernesto Guevara, une légende du siècle*, Paris, Seuil, 1970.

[9]   Voir par exemple P. Vayssière, «Che Guevara : la face cachée d'un guérillero romantique», *L'Histoire*, octobre 1997, n° 214, p. 6-8.

[10]   Denis Duez, «De la définition à la labellisation : le terro-risme comme construction sociale», dans Karine Bannelier *et al.* (dir. publ.), *Le droit international face au terrorisme*, Paris, Pedone, 2002, p. 105-120 ; Pierre Klein, «Le droit international à l'épreuve du terrorisme», *Recueil des cours*, tome 321 (2006), p. 264-266.

[11]   Joel Joffe, *The State vs. Nelson Mandela. The Trial that Changed South Africa*, Oxford, OneWorld Book, 2007 ; Nelson Mandela, *Long Walk to Freedom*, Londres, Abacus, 1994.

la lutte contre l'occupation soviétique de l'Afghanistan, dans les années 1980 –, Oussama Ben Laden a ensuite été presque unanimement qualifié de terroriste dans la seconde moitié des années 1990 et plus encore, bien évidemment, après le 11 septembre 2001 [12].

1. Droit et rébellion : des relations ambivalentes

Comme le suggèrent ces derniers exemples, l'étude de la rébellion à partir du prisme du droit est peut-être plus délicate encore. Il faut en effet insister d'emblée sur la profonde ambivalence des relations entre les deux notions. Si l'on s'en tient à son sens ordinaire, on peut en effet définir le « rebelle » de la manière suivante :

> « Rebelle » : (1160 ; lat. *rebellis* « qui recommence la guerre », de *bellum* « guerre ») … qui ne reconnaît pas l'autorité du gouvernement légitime et se révolte contre lui : dissident, insoumis, factieux, insurgé, révolté. » [13]

Ainsi, le rebelle se définit par opposition au droit. Il ne s'agit pas seulement d'un contestataire, qui utilise les voies légales pour critiquer l'autorité, c'est-à-dire d'un « réformiste ». Le rebelle est un insubordonné, un insurgé, un insoumis, bref, quelqu'un qui remet en cause non seulement l'autorité mais aussi la règle, voire l'ensemble du système juridique lui-même, ce qui peut mener à le qualifier de « révolutionnaire » [14]. On comprend donc que la rébellion soit généralement envisagée par l'Etat comme un délit, voire un crime, qu'il convient de réprimer et de punir, spécialement lorsque le phénomène

---

[12] Jonathan Randal, *Oussama : la fabrication d'un terroriste*, Paris, Albin Michel, 2004.

[13] *Le Nouveau Petit Robert*, Paris, Dictionnaires Le Robert, 2004, p. 2186.

[14] Geneviève Burdeau, « La situation internationale de l'Etat révolutionnaire et la réaction des Etats tiers », dans SFDI, *Révolution et droit international*, Paris, Pedone, 1990, p. 165.

prend une dimension collective [15]. Dans cette perspective, la définition de l'infraction est souvent large, comme en témoigne par exemple l'article 433, paragraphe 6 du code pénal français :

> « Constitue une rébellion le fait d'opposer une résistance violente à une personne dépositaire de l'autorité publique ou chargée d'une mission de service public agissant, dans l'exercice de ses fonctions, pour l'exécution des lois, des ordres de l'autorité publique, des décisions ou mandats de justice. » [16]

Constitue donc une infraction pénale toute opposition « violente » – terme qui peut lui-même donner lieu à diverses interprétations, mais qui s'étend au-delà du cas de la rébellion armée, punie plus gravement [17] – à la mise en œuvre de la loi au sens large. On considère généralement que l'infraction vaut quelle que soit la légalité de l'action de l'autorité publique concernée ; on ne peut donc se rebeller contre un agent de l'Etat même lorsque ce dernier agit dans l'illégalité, quitte à se prévaloir ensuite de celle-ci pour introduire des recours conformément au droit existant [18].

Le droit semble ainsi avoir pour vocation à réprimer la rébellion, et à traiter de ses conséquences, mais il ne peut prétendre domestiquer, ou même réglementer les modalités de la rébellion dans son essence même. En

---

[15] Antoine Rougier, *Les guerres civiles et le droit des gens*, Paris, Larose, 1903, p. 168-169.

[16] Valérie Malabar, *Droit pénal spécial*, 6e éd., Paris, Dalloz, 2013, p. 505-506. Le droit belge réprime également la rébellion, par le biais des articles 269 à 274 du code pénal ; Anne Weyembergh et Laurent Kennes, *Droit pénal spécial*, tome 1, Bruxelles, Anthemis, 2013, p. 338-346.

[17] Patrice Gattegno, *Droit pénal spécial*, Paris, Dalloz, 1995, p. 325-326 ; voir aussi Michel Véron, *Droit pénal spécial*, 12e éd., Paris, Sirey, 2008, p. 391.

[18] Michèle-Laure Rassat, *Droit pénal spécial. Infractions du code pénal*, 6e éd., Paris, Dalloz, p. 1255-1256.

d'autres termes, on semble confronté ici à un dilemme sur lequel on reviendra : «comment le droit peut-il en même temps poser la règle et énoncer les circonstances légitimes de sa violation?»[19]. Car l'ouverture de nouvelles possibilités légales pour remettre en cause une loi, un règlement ou une décision ne fait que déplacer le problème. Si l'on y réfléchit, en effet, lorsque les opposants utilisent ces nouvelles possibilités, ils perdent alors leur qualité de «rebelles», la rébellion étant par essence toujours insatisfaite du système juridique existant.

Est-ce à dire que la rébellion n'entretient avec le droit que des rapports d'opposition? La réponse à cette question est généralement plus complexe et, pour s'en convaincre, on peut revenir sur ce qui constitue sans doute le chant rebelle et révolutionnaire par excellence, *L'Internationale*. On connaît le refrain, qui représente indéniablement un appel à la révolte : «c'est la lutte finale, groupons-nous et demain, l'Internationale sera le genre humain». On retrouve là un appel à défier l'autorité, à violer le droit, comme l'illustre encore plus radicalement le cinquième couplet : «paix entre nous, guerre aux tyrans». Cependant, dans le troisième couplet, on retrouve une autre idée, qui doit retenir ici toute notre attention, celle du remplacement d'un droit injuste, justifiant la rébellion, par un nouveau droit, plus juste.

«L'Etat comprime et la loi triche,
L'impôt saigne le malheureux;
Nul devoir ne s'impose au riche,
Le droit du pauvre est un mot creux.
C'est assez languir en tutelle,

---

[19] Frédéric Mégret, «Le droit international peut-il être un droit de résistance? Dix conditions pour un renouveau de l'ambition normative internationale», *Études internationales*, 2008, p. 40.

L'égalité veut d'autres lois :
Pas de droits sans devoirs, dit-elle, Egaux, pas de devoirs sans droits ! » [20].

Si l'on suit cette partie du programme de *L'Internationale*, l'ordre juridique doit d'abord être renversé afin que de ses cendres émerge un nouvel ordre juridique, lequel marque à la fois le succès et la fin (car, désormais, l'ancien «rebelle» sera devenu l'autorité légitime) de la rébellion[21]. Se nouent dès lors des relations ambivalentes entre la rébellion et l'ordre juridique, spécialement national, le rebelle tendant à la fois à renverser et à reconfigurer ou remplacer le droit[22]. Une ambivalence qui ne se reproduit pas nécessairement, comme telle en tout cas, dans l'ordre juridique international.

2. *La rébellion et le droit international :*
l'importance du principe de neutralité

Si l'on passe en effet au droit international, la perspective change radicalement. La rébellion est, on l'a vu, la remise en cause d'un droit national, dans le cadre d'un conflit interne à un Etat. L'ordre juridique international intervient, quant à lui, sur un autre plan. Pour illustrer ce changement de perspective, on peut

---

[20] Nous soulignons; l'Internationale (Eugène Pottier/Pierre Degeyter, 1871-1888).
[21] Voir les réflexions de René-Jean Dupuy, «Droit, révolution, utopie», dans SFDI, *Révolution et droit international*, *op. cit.*, p. 435.
[22] Ces relations ambivalentes entre la révolution et l'ordre juridique ont fait l'objet de développements bien connus de la part de Hans Kelsen, dans le souci de ce dernier de concilier sa théorie de la norme fondamentale; *Théorie pure du droit*, Paris, LGDJ, Bruxelles, Bruylant, 1999, p. 209-211 et, du même auteur, *Théorie générale du droit et de l'Etat*, Paris, LGDJ, Bruxelles, Bruylant, 1997, p. 171-172. En contrepoint, on prendra en compte l'approche décisionniste développée par Carl Schmitt, *Les trois types de pensée juridique*, Paris, PUF, 1995.

aborder le concept par l'intermédiaire des définitions généralement reprises dans la doctrine. Absent du *Dictionnaire de la terminologie du droit international*[23], le terme «rébellion» renvoie à celui d'«insurrection» dans le *Dictionnaire de droit international public*, ce dernier étant défini comme un

> «[s]oulèvement d'une certaine ampleur qui vise à renverser par la force le gouvernement établi ou à détacher une partie du territoire d'un Etat afin de créer un nouvel Etat ou de l'intégrer dans un autre Etat. Dans le premier cas, on parle de «guerre civile», dans le second de «guerre de sécession»[24].

Le *Dictionnaire de droit international public et privé* définit quant à lui, sous la rubrique «insurrection», la rébellion comme «le refus d'obéir à l'autorité, appuyé au besoin par la force; elle peut être le fait d'un seul individu aussi bien de plusieurs»[25].

A la lecture de ces termes, la rébellion ou l'insurrection est décrite comme un simple état de fait. Contrairement au terrorisme, au mercenariat ou à la piraterie, par exemple, la rébellion n'est pas érigée en infraction spécifiquement internationale[26]. Plus généralement, le fait même de se rebeller n'est pas considéré comme contraire

---

[23] Jules Basdevant (dir. publ.), Paris, Pedone, 1960.

[24] Jean Salmon (dir. publ.), *Dictionnaire de droit international public*, Bruxelles, Bruylant, AUF, 2001; à «Rebelle, Rébellion» (p. 931), le Dictionnaire renvoie donc à «Insurgé» (p. 589).

[25] Charles Calvo, *Dictionnaire de droit international public et privé*, Paris, Pedone, 1885, p. 396.

[26] Antonio Cassese, Paola Gaeta, Laurel Baig, Maryn Fan, Christopher Gosnell et Alex Whiting, *Cassese's International Criminal Law*, Third Edition, Oxford, OUP, 2013; Eric David, *Eléments de droit pénal international et européen*, Bruxelles, Bruylant, 2009; Cherif Bassiouni, *Introduction to International Criminal Law*, 2ᵉ éd., Leyde, Martinus Nijhoff, 2013; Hervé Ascensio, Emmanuel Decaux, Alain Pellet (dir. publ.), *Droit international pénal*, 2ᵉ éd., Paris, Pedone, 2012; Olivier de

au droit international général. C'est ce qu'on désigne généralement comme le «principe de neutralité»[27] : la rébellion, si elle est interdite et réprimée par le droit national, ne serait tout simplement pas, en tant que telle, régie par l'ordre juridique international. Ce principe, qu'il soit ou non désigné comme tel, se retrouve dans bon nombre d'écrits d'internationalistes, anciens comme récents. Dans son cours de 1938 à La Haye, Hans Wehberg exposait déjà cette logique : «la guerre civile est laissée à la sphère de la compétence exclusive … interdire la guerre civile, ce serait nier le droit des peuples à disposer d'eux-mêmes»[28]. Cette logique est reprise par Roger Pinto, presque trente ans plus tard :

> «Les fomenteurs de la guerre civile ne portent atteinte à aucune règle du droit des gens qui interdirait à une partie de la population d'un Etat de prendre les armes contre le gouvernement établi … L'investiture des gouvernants au sein de la société politique étatique est affaire purement interne.»[29]

De même, Jean Salmon affirme que :

> «Le droit international ne se prononce pas sur de tels conflits internes. Ils ne sont ni permis, ni interdits. On se trouve dans le domaine de la neutralité juridique ou, autrement dit, d'une lacune du droit.»[30]

Frouville, *Droit international pénal. Sources, incriminations, responsabilité*, Paris, Pedone, 2012.

[27] Le «principe de neutralité» n'est pas ici à entendre au sens du droit de la neutralité, applicable dans les relations entre Etats ; voir pour plus de précisions ci-dessous, introduction du chapitre I.

[28] Hans Wehberg, «La guerre civile et le droit international», *op. cit.*, p. 9.

[29] Roger Pinto, «Les règles du droit international concernant la guerre civile», *op. cit.*, p. 466.

[30] Jean Salmon, «Vers l'adoption d'un principe de légitimité démocratique ?», dans O. Corten *et al.* (dir. publ.), *A la recherche du nouvel ordre mondial*, tome I, Le droit inter-

Un auteur aussi différent que Yoram Dinstein se prononce dans le même sens :

> « there is no international legal right to rebellion, and international law does not deny the entitlement of the incumbent Government to stamp out an insurgency by force »[31].

La même logique s'appliquerait à une rébellion destinée à créer un nouvel Etat, c'est-à-dire à une tentative de sécession[32]. Dans ce contexte, l'ambivalence du rebelle qui se définit à la fois par opposition au droit et aspire à reconfigurer ce dernier, observée à l'échelle nationale, ne se retrouve pas sur un plan international.

En réalité, dans la logique du droit international, la rébellion apparaît plutôt comme un facteur que l'on prend en compte sur un plan factuel, et qui déterminera plus précisément quelles sont les règles applicables lorsque seront évaluées les modalités d'action des rebelles ou des autorités publiques. Deux situations particulières peuvent en ce sens être distinguées, en fonction du franchissement ou non d'un certain seuil de gravité[33]. Soit, dans le premier cas, on est en présence d'un « conflit armé non international », dans

national à l'épreuve, Bruxelles, Complexe, 1993, p. 63 ; en ce sens, voir aussi Théodore Christakis, *Le droit à l'auto-détermination en dehors des situations de décolonisation*, Paris, La documentation française, 1999, p. 74-77 et, du même auteur, « L'Etat en tant que « fait primaire » : réflexions sur la portée du principe d'effectivité », dans M. Kohen (dir. publ.), *Secession. International Law Perspectives*, Cambridge, CUP, 2006, p. 142-143.

[31] Yoram Dinstein, *Non-International Armed Conflicts in International Law*, Cambridge, CUP, 2014, p. 5.

[32] Jean Salmon (dir. publ.), *Dictionnaire de droit international public*, v° sécession, *op. cit.*, p. 1022 ; Marcelo Kohen, « La création des Etats en droit international contemporain », *Cours euro-mediterranéens Bancaja de droit international*, vol. VI, 2002, p. 596.

[33] Voir notamment Yoram Dinstein, *Non-International Armed Conflicts in International Law*, *op. cit.*, p. 20 ss ; Sandesh

lequel s'imposent les règles du droit des conflits armés, lesquelles s'appliquent indépendamment de la légitimité de la cause des belligérants[34]. Soit, dans le second, il n'existerait que de simples « troubles internes », régis par le seul droit international des droits de la personne, droits qui là encore sont applicables à tout acteur impliqué, qu'il s'agisse d'un représentant de l'Etat, d'un « rebelle » ou de tout autre individu[35]. Dans les deux cas, et on reviendra sur ce point, ce sont bien les *modalités* de la rébellion qui sont régies par le droit, et non le *principe* de son déclenchement ou de sa répression. En d'autres termes, qu'on ait ou non le droit de se rebeller – ou de réprimer une rébellion –, il faudra le faire dans le respect du *jus in bello* ou des droits de la personne. En ce sens, c'est bien un « principe de neutralité » qui semble constituer la solution, les deux parties étant mises sur le même pied[36]. Ce principe comprend un volet interne, relatif aux acteurs qui agissent sur la scène nationale, mais aussi un volet externe, concernant les relations avec des Etats ou acteurs tiers.

3. *Le volet interne du principe de neutralité*

Sur un plan strictement intérieur, la rébellion ne serait donc ni interdite par une *obligation*, ni autorisée par un

---

Sivakumaran, *The Law of Non-International Armed Conflict*, Oxford, OUP, 2012, p. 155 ss.

[34] Eric David, *Principes de droit des conflits armés*, 5ᵉ éd., Bruxelles, Bruylant, 2012, p. 84-92.

[35] Voir par exemple Françoise Bouchet-Saulnier, *Dictionnaire pratique du droit humanitaire*, 3ᵉ éd., Paris, La découverte, 2006, p. 313. Dans la suite de ce texte, on utilisera généralement l'expression « droits de la personne » plutôt que celle « droits de l'homme », qui est trop connotée sur le plan du genre, ou « droits humains », qui est trop liée à des termes de langue anglaise.

[36] Voir Charles Leben, « Les révolutions en droit international : essai de classification et de problématique générale », dans SFDI, *Révolution et droit international, op. cit.*, p. 8-13.

droit international, la même conclusion pouvant être
tirée au sujet de sa répression. La possibilité ou non de
se rebeller et, en contrepartie, la possibilité ou non de
réprimer la rébellion, resteraient une affaire intérieure,
relevant de la compétence nationale de chaque Etat.
Chaque ordre juridique interne interdira, par définition, sa
remise en cause par la violence, les actes de «rébellion»
étant considérés comme des délits ou des crimes dont
se rendent coupables des individus, parfois, on l'a vu,
qualifiés de «terroristes». Des peines et des sanctions
seront également prévues dans l'ordre juridique interne[37].
Mais, en droit international, au-delà des incriminations
particulières de certains actes individuels (notamment
par le biais du terrorisme ou du mercenariat, mais aussi
par exemple les attentats à l'explosif ou les crimes de
guerre), la rébellion ne sera pas prohibée comme telle[38].
En d'autres termes, «the right to punish under national
law does not thereby mean that the punished action is a
violation of international law»[39].

En suivant cette logique, si une rébellion réussit, elle
entraînera simplement un changement de gouvernement
dont les Etats tiers n'auront plus qu'à prendre acte. Ceux-
ci ne pourront, en revanche, pas disqualifier ce nouveau
gouvernement sous le prétexte qu'il serait arrivé au
pouvoir en violation du droit interne de l'Etat concerné.
Comme l'a énoncé l'arbitre dans l'affaire *Tinoco*, qui
concernait un problème de succession de gouvernements
au Costa Rica, raisonner autrement

> «would be to hold that within the rules of international
> law a revolution contrary to the fundamental law

---

[37] Antonio Cassese, «La guerre civile et le droit international», *RGDIP*, 1986, p. 556.

[38] Voir les références *supra* note 26.

[39] Annyssa Bellal et Louise Doswald-Beck, «Evaluating the Use of Force during the Arab Spring», *YIHL*, 2011,
p. 13.

of the existing government cannot establish a new government. This cannot be, and is not, true»[40].

On pourrait a priori s'étonner de ce schéma centré sur la neutralité, mais l'idée est ici simplement que les Etats préfèrent préserver la liberté d'action dont ils jouissent en limitant l'emprise du droit international[41], les rebelles étant tout simplement considérés comme des criminels de droit commun[42]. Le schéma est fondé sur le respect de la souveraineté de chaque Etat, auquel on laisse le soin de réglementer la violence sur son territoire[43]. Il s'explique aussi par le refus de conférer un statut juridique à l'entité rebelle afin d'éviter qu'elle devienne un sujet distinct des individus qui la composent, ce qui serait le cas si, par exemple, on considérait un groupe rebelle comme responsable d'une violation du principe d'intégrité territoriale ou de souveraineté de l'Etat au sens du droit international[44]. En pareil cas, en effet, et au-delà de la responsabilité pénale de droit interne de chaque individu, on devrait reconnaître l'existence d'une entité autonome, intermédiaire entre l'Etat et ses citoyens, avec des représentants habilités à se prononcer en son nom.

---

[40] *Great Britain c. Costa Rica*, 18 octobre 1923, *RSA*, vol. 1, p. 281. Le précédent est régulièrement cité pour caractériser le droit international traditionnel ; voir par exemple Gregory H. Fox et Brad R. Roth, «Democracy and International Law», *Review of International Studies*, 2001, p. 335.

[41] Dans un contexte similaire, le juge Simma considère que «[l]a neutralité du droit international sur certains points indique simplement qu'il existe des domaines qui n'ont pas encore été réglementés par lui et qui peut-être ne le seront jamais» (CIJ, Affaire de la *Déclaration unilatérale d'indépendance relative au Kosovo, CIJ Recueil 2010*, p. 481, par. 9).

[42] Antonio Cassese, «La guerre civile et le droit international», *op. cit.*, p. 554-556.

[43] Yoram Dinstein, *Non-International Armed Conflicts in International Law, op. cit.*, p. 5.

[44] Olivier Corten, «Le droit international est-il lacunaire sur la question de la sécession ?», dans M. Kohen (dir. publ.), *Secession. International Law Perspectives, op. cit.*, p. 236-239.

Une reconnaissance que les Etats préfèrent autant que possible éviter…

Certes, une certaine personnalité peut le cas échéant exister, si les troubles internes atteignent un tel degré de gravité qu'on peut établir l'existence d'un véritable « conflit armé international », avec des droits et des obligations qui en découlent pour les deux parties[45]. C'est ce qui explique que les Etats préfèrent souvent qualifier aussi longtemps que possible de « troubles internes » les actes de violence qui se développeraient sur leurs territoires[46]. Mais, en tout état de cause et comme on l'a déjà rappelé, le *jus in bello* est fondé sur ce qu'on appelle parfois le « principe de l'indifférence », selon lequel les règles s'appliquent de la même manière pour les deux parties indépendamment de la légitimité de leur cause[47]. On retrouve ici le lien avec le principe de neutralité, qui ne signifie pas que des règles juridiques internationales ne peuvent pas s'appliquer aux modalités

---

[45] Eric David, *Principes de droit des conflits armés*, 5ᵉ éd., *op. cit.*, p. 130-146 ; Antonio Cassese, « The Status of Rebels under the 1977 Geneva Protocol on Non-International Armed Conflicts », *ICLQ*, 1981, p. 416 ss (comp. A. P. Rubin, « The Status of Rebels under the Geneva Conventions of 1949 », *ICLQ*, 1972, p. 472 ss) ; voir aussi Antoine Rougier, *Les guerres civiles et le droit des gens*, *op. cit.*, p. 11-12.

[46] Olivier Corten, « Le droit international est-il lacunaire sur la question de la sécession ? », *loc. cit.*, p. 235-242.

[47] Vaios Koutroulis, « And Yet It Exists: In Defence of the "Equality of Belligerents" Principle », *LJIL*, 2013, p. 449-472 ; J. Moussa, « Can *Jus ad Bellum* override *Jus in Bello* ? Reaffirming the separation of the two bodies of law », *RICR*, 2008, p. 968-990 ; Eric David, *Principes de droit des conflits armés*, 5ᵉ éd., *op. cit.*, p. 84-92 ; Marco Sassoli, « *Ius ad Bellum* and *Ius in Bello*. The Separation between the Legality of the Use of Force and Humanitarian Rules to be Respected in Warfare : Crucial or Outdated ? », dans M. N. Schmitt et J. Pejic (dir. publ.), *International Law and Armed Conflicts : Exploring the Faultlines. Essays on honour of Yoram Dinstein*, Leyde, Boston, Martinus Nijhoff, 2007, p. 241-264.

d'action des rebelles ou des autorités[48]: ces règles relèvent tantôt du droit international humanitaire et des droits de la personne, tantôt de la mise en œuvre éventuelle de ses compétences par le Conseil de sécurité[49]. Rien n'empêche en effet ce dernier d'estimer qu'un cas particulier de «rébellion» – un terme qu'il n'utilisera pas nécessairement – justifie des mesures au titre du chapitre VII de la Charte s'il constate l'existence d'une menace contre la paix internationale. Et rien ne l'empêche non plus, dans un cas particulier, d'énoncer des obligations à destinations de groupes irréguliers[50]. Mais cet encadrement juridique ne vise pas à prohiber ou justifier la rébellion ou la répression, seulement à en régir certains aspects, qui se ramènent essentiellement aux *modalités* (dans les cas des droits de l'homme) ou aux *conséquences* (dans le cas du Conseil de sécurité) de la lutte, non à sa légitimité de principe[51]. Pour prendre un exemple concret – sur lequel on reviendra abondamment ci-dessous –, ni la rébellion en Syrie, ni sa répression, ne sont en tant que telles interdites ou permises; cela n'empêche pas que toutes les parties doivent respecter les droits de la personne et le droit de la guerre, ni que le Conseil de sécurité puisse exercer ses compétences au nom du maintien de la paix.

4. *Le volet externe du principe de neutralité*

Si l'on passe au volet externe du principe de neutralité, on s'intéresse aux Etats tiers et à leur possibilité d'intervenir dans la rébellion. Il existe, à ce sujet, des

---

[48] John Dugard, *The Secession of States and Their Recognition in the Wake of Kosovo, op. cit.*, p. 21 ss.

[49] Antonio Cassese, «La guerre civile et le droit international», *op. cit.*, p. 558-574.

[50] Tshibangu Kalala, *Les résolutions de l'ONU et les destinataires non étatiques*, Bruxelles, Larcier, 2009.

[51] Yoram Dinstein, *Non-International Armed Conflicts in International Law, op. cit.*, p. 5-6.

visions quelque peu différentes de sa signification. Ce qui est très généralement admis[52], c'est que les Etats ne peuvent en aucun cas apporter un appui, notamment militaire, aux forces rebelles, faute de quoi ils violeraient à la fois le principe de non-intervention dans les affaires intérieures des Etats et, le cas échéant, celui de l'interdiction du recours à la force dans les relations internationales[53]. Qu'en est-il, en revanche, de la possibilité d'aider la partie gouvernementale qui est aux prises avec une rébellion? Pour beaucoup d'auteurs, le principe de neutralité doit avoir pour conséquence un devoir de réserve, voire d'abstention de fournir un appui à la répression de la rébellion[54]. En droit international général, le droit des peuples à disposer d'eux-mêmes implique le droit pour la population d'un Etat de déterminer son régime politique sans ingérence extérieure, formulation suffisamment large pour couvrir l'aide aux rebelles comme aux forces gouvernementales[55].

----

[52] A quelques exceptions près, voir par exemple Roger Pinto, «Les règles du droit international concernant la guerre civile», *op. cit.*, p. 478-479; Richard Falk, «International Law and the United States Role in Vietnam», dans R. Falk (dir. publ.), *The Vietnam War and International Law*, vol. I, Princeton, Princeton Univ. Press, 1968, p. 485.

[53] Outre les précédents et textes repris ci-dessous au chapitre I, section 2, voir Olivier Corten, *Le droit contre la guerre*, 2e éd., Paris, Pedone, 2014, p. 423-429; Christine Gray, *International Law and the Use of Force*, 3e éd., Oxford, OUP, 2008, p. 105-107; Yoram Dinstein, *Non-International Armed Conflicts in International Law*, *op. cit.*, p. 84-86.

[54] Outre l'Institut de droit international, qui sera analysé ci-dessous, voir Olivier Corten, *Le droit contre la guerre*, 2e éd., *op. cit.*, p. 472-512; Louise Dolwald-Beck, «The Legal Validity of Military Intervention by Invitation of the Government», *BYBIL*, 1986, p. 242-244; Karine Bannelier et Théodore Christakis, «*Volenti non fit injuria?* Les effets du consentement à l'intervention militaire», *AFDI*, 2004, p. 116.

[55] Outre les auteurs évoqués dans la note précédente, voir Mohammed Bennouna, *Le consentement à l'ingérence militaire dans les conflits internes*, Paris, LGDJ, 1974, p. 213; Dietrich

Pour d'autres, le gouvernement représentant l'Etat, il ne serait pas interdit de lui apporter une aide, y compris militaire, le principe de neutralité signifiant en particulier la poursuite de la coopération avec les autorités de l'Etat concerné quelle que soit la légitimité de sa répression de la rébellion[56].

Il existe donc différentes conceptions du principe, spécialement en ce qui concerne son volet externe[57]. Dans tous les cas, l'idée selon laquelle un Etat ne peut invoquer la légitimité d'une cause pour prendre parti dans un conflit interne au sein d'un autre Etat repose sur les concepts d'égalité souveraine et de maintien de la paix.

Au nom de quoi un Etat pourrait-il prétendre vouloir imposer, y compris par la force, sa conception de la légitimité?

Si on reprend, là encore, le cas du conflit en Syrie, le principe de neutralité implique ainsi de ne pas soutenir les rebelles ni, si l'on adhère à la première des deux visions exposées ici, les autorités gouvernementales dans la mise en œuvre de la répression[58].

Schindler, «Le principe de non-intervention dans les guerres civiles», Institut de droit international, Rapport provisoire, *AIDI*, 1973 p. 445-447.

[56] Voir par exemple L. C. Green, «Le statut des rebelles en droit international», *RGDIP*, 1962, p. 17; J. H. Leudrijk, «Civil War and Intervention in International Law», *NILR*, 1977, p. 159; Gerald Fitzmaurice, «The General Principles of International Law considered from the Standpoint of the Rule of Law», *Recueil des cours*, tome 92 (1957), p. 177; Eliav Lieblich, *International Law and Civil Wars. Intervention and Consent*, Londres, Routledge, 2013, p. 122-152; Yoram Dinstein, *Non-International Armed Conflicts in International Law*, *op. cit.*, p. 76 ss.

[57] Dietrich Schindler, «Le principe de non-intervention dans les guerres civiles», Rapport provisoire, Institut de droit international, *AIDI*, 1973, p. 428-441.

[58] Comme indiqué, ce précédent sera traité plus en profondeur ci-dessous.

5. *Vers une remise en cause du principe de neutralité?*

On aura compris que le principe de neutralité est essentiellement lié à plusieurs concepts fondamentaux de l'ordre juridique international, au premier rang desquels la souveraineté de l'Etat. Depuis plusieurs années cependant, particulièrement après la fin de la guerre froide, on a remis en cause la notion même de souveraineté, en tout cas dans son acception traditionnelle, et ce au nom de l'avènement et du développement des droits de la personne, avec comme conséquence l'émergence d'un principe de légitimité qui renvoie au modèle libéral de la démocratie représentative. Dans un article considéré depuis comme fondateur, Tom Franck affirmait ainsi dès 1992 que :

> «This newly emerging "law" – which requires democracy to validate governance – is not merely the law of a particular state that, like the United States under its Constitution, has imposed such a precondition on national governance. It is also becoming a requirement of international law, applicable to all and implemented through global standards, with the help of regional and international organizations.» [59]

Cette «transformation of the democratic entitlement from moral prescription to legal obligation» [60] puiserait ses origines dans diverses règles dans les instruments protecteurs des droits de la personne [61], comme le droit à des élections [62] et le droit de participer aux affaires

---

[59] Thomas Franck, «The Emerging Right to Democratic Governance», *AJIL*, 1992, p. 47.

[60] *Ibid.*, ainsi que p. 90.

[61] *Ibid.*, p. 61-63; James Crawford, «Democracy and International Law», *BYBIL*, 1993, p. 113-114.

[62] Pierre Klein, «Le droit aux élections libres en droit international : mythes et réalités», dans O. Corten *et al.*, *A la recherche du nouvel ordre mondial*, Bruxelles, Complexe, 1993, p. 93-121.

publiques[63] ou encore, plus fondamentalement, à un « régime » ou à un « Etat de droit »[64]. Or, par l'intermédiaire notamment des organes de protection des droits de la personne, ces notions semblent être interprétées dans un sens de plus en plus proche du modèle de la démocratie libérale[65]. Le mouvement, initié à l'origine dans un cadre régional, aurait rapidement abouti à une certaine universalisation[66], laquelle se serait déclinée dans divers domaines, dont la reconnaissance de gouvernements[67].

---

[63] Thomas Franck, « The Emerging Right to Democratic Governance », *op. cit.*, p. 64 ; Gregory H. Fox, « The right to political participation », *Yale JIL*, 1992, p. 539-607 et, du même auteur, « The right to political participation in international law », dans G. H. Fox et B. R. Roth, *Democratic Governance and International Law*, Cambridge, CUP, 2000, p. 48-90.

[64] Pour cette dernière notion, voir les développements *infra* chapitre IV, section 2, ainsi que Jean d'Aspremont, *L'Etat non démocratique en droit international*, Paris, Pedone, 2008, p. 45-49. Voir aussi, plus généralement, Rafaa Ben Achour, « Le droit international de la démocratie », *Cours euro-méditerranéens Bancaja de droit international*, vol. IV, 2000, p. 329 ss ; Boutros Boutros-Ghali, « Pour un droit international de la démocratie », dans J. Makarczyk (dir. publ.), *Theory of International at the Threshold of the 21th century. Essays in Honour of Krzystof Skubizewski*, La Haye, Kluwer, 1996, p. 99-108 ; Gregory H. Fox et Brad R. Roth, « Democracy and International Law », *op. cit.*, p. 327-352 ; Richard M. Burchill (dir. publ.), *Democracy and International Law*, Aldershot, Ashgate Pub., 2006 ; Jude I. Ibegbu, *Right to Democracy in International Law*, Lewiston, Edwin Mellen Press, 2003.

[65] James Crawford, « Democracy and International Law », *op. cit.*, p. 123-130 ; voir aussi Rein Müllerson, « Democracy Promotion: institutions, international law and politics », *Recueil des cours*, tome 333 (2008), p. 42-46.

[66] Jean d'Aspremont, *L'Etat non démocratique en droit international*, *op. cit.*, p. 263-293 ; Jan Wouters, « Some Reflections on Democracy and International Law », dans *Droit du pouvoir, pouvoir du droit. Mélanges offerts à Jean Salmon*, Bruxelles, Bruylant, 2006, p. 783-803.

[67] Jean d'Aspremont, « Legitimacy of Governments in the Age of Democracy », *NYUJILP*, 2006, p. 877-917.

Dans cette perspective, le principe de neutralité devrait être redéfini, voire abandonné, pour être remplacé par ce principe de légitimité démocratique[68]. Et, dans ce mouvement parfois qualifié de «révolutionnaire»[69], la neutralité serait désormais assimilable à de l'indifférence vis-à-vis de ce qui se passe à l'intérieur d'autres Etats; elle ne serait plus tenable, spécialement après des exemples comme le génocide rwandais de 1994 ou les effroyables campagnes de nettoyage ethnique qui ont caractérisé le conflit yougoslave depuis le début des années 1990.

Ce prétendu changement de paradigme a cependant suscité de nombreuses résistances et même oppositions, notamment en raison des inconvénients traditionnels inhérents à l'abandon du principe de neutralité, c'est-à-dire, on l'a vu, les risques de domination ou d'impérialisme ainsi que les dangers pour le maintien de la paix[70]. Par exemple, selon Jean Salmon,

> «l'histoire enseigne que lorsque le système international contient un principe de légitimité obligatoire, la voie est libre pour des interventions coercitives. Dès que règne un climat d'intolérance entre systèmes de légitimité, l'un d'entre eux s'arrogeant le droit de condamner les autres, l'intervention devient un comportement naturel. Les illustrations classiques jalonnent tous les manuels: l'idéologie interventionniste de la révolution française, de la Sainte-Alliance, de la révolution d'Octobre et celles

[68] Thomas Franck, «The Emerging Right to Democratic Governance», *op. cit.*, p. 82-85; voir aussi plus généralement Linos-Alexandre Sicilianos, *L'ONU et la démocratisation de l'Etat*, Paris, Pedone, 2000.

[69] G. H. Fox et B. R. Roth, «Introduction: the spread of liberal democracy and its implications for international law», dans *Democratic Governance and International Law*, *op. cit.*, p. 11.

[70] Voir par exemple Susan Marks, «What has Become of the Emerging Right to Democratic Governance?», *EJIL*, 2011, p. 517-519.

qu'elle a suscitées en réaction, des Etats-Unis dans «l'arrière-cour», de l'internationalisme prolétarien, brejnévien, etc. ... Mais quel sera le pape infaillible susceptible de séparer le bon grain de l'ivraie?»[71].

Pour beaucoup, dans ce contexte, le principe de neutralité devrait subsister, quitte à être redéfini pour prendre en compte les progrès du principe de légitimité démocratique[72]. Le problème, même dans ce cas, est de dépasser l'ambivalence de la notion même de démocratie, qui renvoie à des conceptions bien différentes dans la société internationale contemporaine[73].

On a par ailleurs souligné les liens fréquemment opérés entre la fragilisation des structures étatiques – on évoque parfois même des «Etats défaillants» *(failed States)* – et les menaces contre la paix et la sécurité internationales[74]. Dans ce contexte, il serait logique que la souveraineté en général, et le monopole de la violence légitime de chaque Etat au sein de son territoire en particulier, soient plutôt réaffirmés que combattus[75]. C'est en ce sens que

---

[71] Jean Salmon, «Le droit international à l'épreuve au tournant du XXIᵉ siècle», *Cours euro-mediterranéens Bancaja de droit international*, vol. VI, 2002, p. 289-290.

[72] *Ibid.*, p. 269-303 et, du même auteur, «Vers l'adoption d'un principe de légitimité démocratique?», dans *A la recherche du nouvel ordre mondial*, *op. cit.*, p. 59-89; «International Aspects of the Right to Self-Determination: Towards a Democratic Legitimacy Principle?», dans Ch. Tomuschat (dir. publ.), *Modern Law of Self-Determination*, Pays-Bas, Kluwer, 1993, p. 253-282.

[73] Jean Salmon, «Le droit international à l'épreuve au tournant du XXIᵉ siècle», *op. cit.*, p. 282-288.

[74] Robin Geiss, «Failed States – Legal Aspects and Security Implications», *GYIL*, 2004, p. 498-500; Olivier Corten et Pierre Klein, «L'autorisation de recourir à la force à des fins humanitaires: droit d'ingérence ou retour aux sources?», *EJIL*, 1993, p. 515-521.

[75] Barbara Delcourt, «La question du monopole de la violence dans un monde globalisé», *Revista de Estudios Juridicos*, 2006, p. 392 ss.

l'on pourrait interpréter les développements de pratiques
telles que le *State-Building* ou plus largement les appuis
aux mécanismes de reconstruction des institutions
publiques en situations postconflictuelles, ou encore
le soutien apporté aux Etats dans leur lutte contre la
violence terroriste[76]. Dans ce contexte, l'avènement d'un
principe de légitimité doit être mis en relation avec les
valeurs d'ordre et de sécurité qui caractérisent le système
politique et juridique international, valeurs qui peuvent
favoriser un appui de principe aux autorités de chaque
Etat et une réticence corrélative à appuyer ou encourager
la rébellion[77]. En ce sens, la neutralité aurait tendance à
s'effacer derrière une légitimité définie par référence à
l'ordre et à la stabilité, et pas nécessairement aux valeurs
démocratiques.

6. *Objectif et méthode : la mise en évidence des tensions persistantes entourant le principe de neutralité*

Ces tensions entre neutralité et légitimité seront au
centre de ce cours, lequel vise à en exposer la logique
qui permet, de mon point de vue, de mieux comprendre
les évolutions du phénomène de la rébellion et son
appréhension par le droit international. Comme on
le constatera, la difficulté réside notamment dans la
circonstance que la neutralité est mise en cause dans
des sens différents, parfois contradictoires : tantôt, la

---

[76] Barbara Delcourt, «De quelques paradoxes liés à l'invo-
cation de l'Etat et du droit», dans K. Bannelier *et al.* (dir.
publ.), *Le droit international face au terrorisme*, Paris, Pedone,
2002, p. 208.

[77] Barbara Delcourt, «La question du monopole de la
violence dans un monde globalisé», *op. cit.*, p. 392 s. Cela
n'empêche pas, comme on le constatera par la suite, qu'un
soutien à des mouvements de rébellion soit occasionnellement
apporté, ... sans toutefois être, le plus souvent, assumé comme
tel (*id.*, p. 401).

légitimité dicterait d'*interdire* la rébellion tandis que, dans d'autres – mais la différence entre les deux cas de figure ne sera pas toujours aisée à opérer – elle aboutirait à reconnaître un certain *droit* à la rébellion.

Ces tensions seront exposées en revenant successivement sur certains principes fondamentaux du droit international et sur leurs relations avec le principe de neutralité : la non-intervention (chapitre II), le droit des peuples à disposer d'eux-mêmes (chapitre III) et les droits fondamentaux de la personne (chapitre IV). Avant toute chose, on montrera cependant que de telles tensions entre neutralité et légitimité sont loin de dater de la proclamation d'un «nouvel ordre mondial» après la chute du mur; on le retrouve en réalité bien avant, même dans la conclusion de la Charte des Nations Unies (chapitre I). On l'aura compris, dans la mesure où il s'agit d'exposer des tensions, des ambiguïtés ou des ambivalences, l'objectif n'est pas de déterminer quelles interprétations seraient «juridiquement correctes» du droit international existant. On privilégiera donc une approche moins classiquement positiviste formaliste que «critique», le propos consistant avant tout à comprendre la portée, mais surtout les limites, de la réglementation de la rébellion par le droit international[78]. Dans un dernier temps, on reviendra néanmoins de manière transversale sur ces différentes tensions pour, au-delà de la déconstruction entreprise dans les premiers chapitres, proposer différentes manières de se positionner, y compris en droit international positif. Comme on le constatera, il est sans doute possible, si ce n'est de surmonter entièrement, en tout cas de gérer les tensions existantes en proposant une analyse rationnelle, même si aucune interprétation ne peut en la matière prétendre à l'objectivité (chapitre V).

---

[78] Pour des précisions sur la teneur de cette approche critique, voir Olivier Corten, *Le discours du droit international. Pour un positivisme critique*, Paris, Pedone, 2009.

Avant de franchir successivement ces différentes étapes, deux précisions supplémentaires d'ordre méthodologique s'imposent.

D'abord, comme l'objectif ne vise pas à démontrer quel est l'état exact du droit existant, mais plutôt à démontrer que ce dernier se caractérise par des ambiguïtés et des tensions, on ne prétendra pas exposer l'ensemble de la pratique pour tenter d'établir une *opinio juris* de la communauté internationale des Etats dans son ensemble. L'idée sera plutôt de procéder à partir d'exemples significatifs qui montrent comment les principes abstraits et les textes généraux qui gouvernent la question sont mis à l'épreuve des circonstances, des rapports de force et des tensions qui se manifestent dans chacun de ces cas. Ainsi, on a opéré une sélection de cas qui ont guidé les subdivisions de chacun des chapitres qui suivent. Cela étant, cette démarche ne doit pas laisser penser que l'objectif est de faire une sorte de revue de l'actualité, en 2014[79], de la rébellion en droit international. Il s'agit plus fondamentalement, même si c'est à partir d'exemples concrets, de mettre en évidence des caractéristiques plus générales des relations entre le droit et la rébellion.

Ensuite, et dans la même perspective consistant à illustrer des tensions qui caractérisent souvent les relations entre différents concepts juridiques, on recourra à des illustrations déduites de la culture populaire, tantôt à partir de certains films, tantôt – comme on l'a déjà fait plus haut – de certaines chansons[80]. Comme on le

---

[79] Ce texte couvre l'ensemble de la documentation disponible jusqu'au mois de décembre 2014 y compris.

[80] Pour d'autres illustrations de ce type de démarche, couvrant certains extraits de films qui seront repris dans le cadre de ce cours, voir le site internet du Centre de droit international de l'Université libre de Bruxelles; http://cdi.ulb.ac.be/droit-international-et-cinema/; ce site reprend aussi, à partir de janvier 2015, des analyses consacrées à la culture populaire plus généralement (dont la musique et la littérature); voir enfin Olivier Corten et François Dubuisson (dir. publ.), *Du*

constatera, une scène ou un couplet peut exprimer de manière particulièrement dense et imagée une tension et une ambiguïté du principe de neutralité, tension ou ambiguïté qui peut ensuite être décortiquée ou disséquée de manière plus pointue à partir des textes, précédents et concepts juridiques. On espère ainsi enrichir la réflexion par le biais de supports peu traditionnels dans l'écriture juridique, mais qui ont semblé particulièrement adaptés à l'étude critique d'un thème comme le principe de neutralité appliqué à la rébellion.

droit international au cinéma. Présentations et représentations du droit international dans les films et les séries télévisées, Paris, Pedone, 2015.

CHAPITRE I

LES TENSIONS INITIALES :
LES ORIGINES ET LE DÉVELOPPEMENT
DU PRINCIPE DE NEUTRALITÉ

Pour illustrer d'emblée l'importance de la tension qui sous-tend constamment le principe de neutralité, on peut partir de cet extrait du film *Bananas*, sorti en 1971, et réalisé par Woody Allen. On y découvre une unité de *marines*, qui s'apprête à intervenir dans une guerre civile qui déchire un pays (imaginaire) d'Amérique centrale, le San Marcos. Les soldats sont alignés les uns contre les autres, de part et d'autre des banquettes d'un avion, un moteur vrombissant en fond. La conversation s'engage sur un ton neutre, qui semble témoigner dans le chef des protagonistes d'une certaine indifférence.

SOLDAT 1. – On sait où on va ?
SOLDAT 2. – Au San Marcos, il paraît.
SOLDAT 1. – Pour ou contre le gouvernement ?
SOLDAT 2. – La CIA ne prend aucun risque, cette fois. Certains seront pour et d'autres seront contre[81].

Au-delà de la tonalité manifestement ironique du propos, la scène pose un certain nombre de questions[82]. D'un côté, on pourrait y voir une vigoureuse défense du principe de neutralité, dont la disparition en l'espèce

---

[81] *Bananas !*, réalisé par Woody Allen, 1971, avec notamment Woody Allen, Louise Lasser et Carlos Montalban.
[82] Voir notre analyse, «Bananas (Woody Allen, 1971): que reste-t-il du principe de non-intervention dans les guerres civiles ?», http://cdi.ulb.ac.be/bananas-woody-allen-1971-que-reste-t-il-du-principe-de-non-intervention-dans-les-guerres-civiles-une-analyse-dolivier-corten/.

semble mener à une situation dangereuse où tous les Etats pourraient intervenir tantôt en faveur du gouvernement, tantôt en faveur des rebelles, tantôt en faveur de l'un *et* de l'autre. D'un autre côté, dans cette dernière hypothèse, on pourrait interpréter cette séquence comme une illustration du principe de neutralité, puisque l'intervention, en s'opérant également en faveur des deux parties, semble devoir aboutir à un jeu à somme nulle. Dans le film, l'intervention se révélera d'ailleurs totalement inefficace, les *marines* arrivant après que les rebelles aient réussi à prendre le pouvoir. Dans ce contexte, on a plutôt l'impression d'une dénonciation par l'absurde de la politique interventionniste des Etats-Unis en Amérique latine. Il reste que, dans l'ensemble, Woody Allen réussit à mettre en scène une réflexion sur les liens entre neutralité et légitimité.

Ces liens seront au centre de ce premier chapitre, qui explorera les origines et la logique initiale du principe de neutralité, bien avant la remise en cause qui se développera avec la fin de la guerre froide. On constatera ainsi que, dès l'origine, la tension entre principes de neutralité et de légitimité, spécialement mise en exergue aujourd'hui, a en réalité toujours été présente.

Cette difficile articulation entre neutralité et légitimité sera approfondie en distinguant deux périodes. Dans la première, antérieure à la Charte des Nations Unies, la souveraineté est conçue de manière telle qu'on peut se demander si le principe de neutralité n'est pas, plutôt que l'expression d'une règle obligatoire, le simple résultat d'un choix discrétionnaire de l'Etat (section 1). Dans la seconde, qui voit un ordre juridique international reconfiguré par les nouvelles règles énoncées dans la Charte – notamment dans le domaine de la paix et de la sécurité internationales –, le principe de neutralité semble bel et bien s'affirmer en tant que règle juridique. En même temps, les exceptions dont on l'assortit sont

telles qu'on peut se demander ce qu'il en reste en tant
que principe général (section 2).

Section 1. Le principe de neutralité avant la Charte : obligation juridique ou expression du pouvoir discrétionnaire des Etats ?

Avant l'adoption de la Charte des Nations Unies, un
régime juridique de la neutralité était systématiquement
évoqué, mais ce dernier renvoyait essentiellement aux
conflits internationaux, non aux conflits internes[83]. L'Etat
neutre, qu'il le soit de manière permanente (comme c'était
le cas pour des Etats comme la Belgique ou la Suisse) ou
conjoncturelle (par une déclaration de neutralité émise au
cas par cas, en fonction du choix de chacun des Etats dans
chaque conflit), ne peut prendre parti dans un conflit et,
en contrepartie, ne peut être affecté par ce conflit[84]. Mais
rien de tout cela ne concernait, à l'origine, les guerres
civiles, ou plus généralement les situations de rébellion.
Récemment encore, la Cour internationale de Justice
estimait que le principe de neutralité s'appliquait « à tous
les conflits armés internationaux »[85], laissant en dehors

---

[83] Cf. la Ve Convention de La Haye du 18 octobre 1907
concernant les droits et les devoirs des puissances et des
personnes neutres en cas de guerre sur terre, la XIIIe Convention
de La Haye du 18 octobre 1907 concernant les droits et les
devoirs des puissances neutres en cas de guerre maritime, la
Convention de la Havane du 20 février 1928 concernant la
neutralité maritime.

[84] Voir par exemple L. Oppenheim, *International Law. A
Treatise*, 5e éd., H. Lauterpacht (dir. publ.), vol. II, Londres,
New York, Toronto, Longmans, Green and co. Ltd, 1935, p.
492-508, par. 285-292 et Dioniso Anzilotti, *Cours de droit
international*, Paris, rééd. Panthéon-Assas, 1999, p. 239-249 ;
Nicolas Politis, *La neutralité et la paix*, Paris, Hachette, 1935 ;
voir aussi Jean Salmon (dir. publ.), *Dictionnaire de droit
international public*, *op. cit.*, v° Neutralité, p. 738.

[85] CIJ, affaire de la *Licéité de la menace ou de l'emploi de
l'arme nucléaire*, *CIJ Recueil 1996*, p. 261, par. 89.

de son champ d'application le cas de conflits armés internes. Dans la suite de notre exposé, on évoquera donc le «principe de neutralité» dans un sens spécifique qui diffère de ce qu'on désigne généralement comme le «droit de la neutralité» applicable dans les conflits entre Etats.

Pour revenir, donc, au cas de la guerre civile, le régime juridique antérieur à la Charte est a priori incertain et controversé[86]. Certains auteurs de l'époque estimaient de manière assez générale que les Etats pouvaient assister la partie «qui leur paraîtra fondé[e] en justice»[87], laissant ainsi largement ouvertes les possibilités d'intervention. Cependant, d'autres auteurs, qui constituaient une part substantielle de la doctrine, estimaient au contraire qu'un devoir d'abstention s'imposait comme conséquence du principe de non-intervention[88]. C'est dans ce contexte que, depuis la seconde moitié du XIXe siècle essentiellement, semble s'être renforcée la conviction

---

[86] Voir à cet égard la remarquable thèse de doctorat d'Agatha Verdebout, *L'indifférence comme «culture pop». Une déconstruction du discours traditionnel sur le recours à la force au XIXe siècle*, à paraître (les références qui suivent ont été obtenues à partir de cette recherche) et, de la même auteure, «The Contemporary discourse on the Use of Force in the 19th Century. A Diachronic and Critical Analysis», *JUFIL*, 2014, vol. 1, n° 2.

[87] August-G. Heffter, *Le droit international de l'Europe*, Berlin, E. H. Schroeder, 1873, p. 98; voir aussi Robert Philimore, *Commentaries upon International Law*, vol. I, Philadelphia, T. et J. W. Johnson, 1854, p. 321-322.

[88] Henry Bonfils et Paul Fauchille, *Manuel de droit international public*, premier fascicule, 5e éd., 1908, par. 312, p. 176; Johann-Caspar Bluntschli, *Le droit international codifié*, Paris, Librairie de Guillaume et Cie, 1870, par. 477-478, p. 254-255; Paul Pradier-Fodéré, *Traité de droit international public européen et américain*, Paris, Pedone-Lauriel, 1883, par. 383-388, p. 584-591; Thomas J. Lawrence, *The Principles of International Law*, 3e éd., Boston, MA, D. C. Heath et Co., 1900, par. 84, p. 126; Théodore Funck-Brentano et Albert Sorel, *Précis de droit des gens*, Paris, Plon, 1877, p. 219-222.

qu'un principe de neutralité devait être respecté dans le
cas des guerres civiles. Cependant, il existe dès l'origine
une profonde ambiguïté quant au statut de ce principe. On
peut en effet se demander si la neutralité évoquée résulte
d'une véritable *règle* de droit international, ou si elle
découle au contraire d'un simple *choix* qui exprimerait
le pouvoir discrétionnaire des Etats. Dans la première
hypothèse, la neutralité s'imposerait juridiquement dans
toutes situations ; dans la seconde, elle ne s'appliquerait,
au cas par cas, que si et dans la mesure où les Etats
opteraient en sa faveur. Cette ambivalence sera exposée
à partir du texte d'une résolution adoptée par l'Institut de
droit international en 1900 au sujet des droits et devoirs
des Etats en cas de mouvement insurrectionnel (1), ambivalence que l'on peut difficilement lever en se penchant
sur la pratique, plus spécialement sur deux précédents
emblématiques du principe de neutralité : la guerre de
Sécession aux Etats-Unis (2) et la guerre d'Espagne (3).

1. Le reflet des ambiguïtés dans les textes de référence : la résolution de l'Institut de droit international de Neuchâtel (1900)

Il n'existe, pour l'époque qui nous intéresse ici, aucun
texte conventionnel à portée universelle qui énoncerait
et préciserait la portée du principe de neutralité. On peut
certes pointer une «Convention sur les droits et devoirs
des Etats en cas de guerre civile», adoptée à La Havane
en 1928[89], mais cette convention ne concerne que les
Etats américains, et se contente d'exprimer la règle
selon laquelle il est interdit d'aider les rebelles en cas
de guerre civile[90]. On partira donc plutôt du texte, à la
fois plus complet sur le contenu et plus universel quant

---

[89] *RTSdN*, vol. 134, 1928, p. 45.
[90] Voir notamment l'article 1er de la Convention, ainsi que
Roger Pinto, «Les règles du droit international concernant la
guerre civile», *Recueil des cours*, tome 114 (1965), p. 478.

à sa portée, adopté par l'Institut de droit international
en 1900 à sa session de Neuchâtel[91]. L'Institut a adopté
une déclaration sur les «Droits et devoirs des Puissances
étrangères au cas de mouvement insurrectionnel», fréquemment citée[92].

En voici quelques extraits:

> «*Article 1*
>
> Le droit international impose aux puissances
> tierces, au cas de mouvements insurrectionnels ou
> de guerre civile, certaines obligations envers les
> *gouvernements établis et reconnus*, qui sont aux prises
> avec l'insurrection.
>
> *Article 2*
>
> § 1. Toute tierce Puissance, *en paix avec une
> nation indépendante*, est tenue de ne pas entraver les
> mesures que cette nation prend pour le rétablissement
> de sa tranquillité intérieure.
>
> § 2. Elle est astreinte à ne fournir *aux insurgés* ni
> armes, ni munitions, ni effets militaires, ni subsides…
>
> *Article 7*
>
> *Si la belligérance est reconnue par les Puissances
> tierces*, cette reconnaissance produit tous les effets
> ordinaires de la neutralité.»[93]

Comme son titre le suggère, cette résolution ne concerne
pas le volet interne du principe de neutralité: rien
n'indique, à sa lecture, qu'une rébellion (ou sa répression)
soit contraire ou conforme au droit international, le
phénomène restant apparemment régi par le droit interne

---

[91] Texte et travaux préparatoires dans *AIDI*, édition nouvelle
abrégée, 1928, vol. IV, 1897-1904, p. 564-609 et 637-639.
[92] Voir par exemple Hans Wehberg, «La guerre civile et le
droit international», *op. cit.*, p. 54; Roger Pinto, «Les règles du
droit international concernant la guerre civile», *op. cit.*, p. 567.
[93] *AIDI*, 1928, *op. cit.*, p. 637-639, et texte sur le site internet
de l'Institut: http://www.idi-iil.org.

de chaque Etat concerné. En revanche, la résolution tend
à réglementer un volet externe, en se concentrant sur le
rôle des Etats tiers en cas de rébellion.

Et, à ce stade, plusieurs ambiguïtés fondamentales se
dégagent de ce texte, ambiguïtés que l'on peut exposer à
partir des passages soulignés plus haut.

1°. L'article 1 limite le champ d'application de la
résolution aux gouvernements «établis et reconnus»,
ce qui paraît exclure, *a contrario*, l'existence de toute
obligation envers certains gouvernements. Lors des
débats ayant précédé l'adoption de la résolution, deux
tendances se sont opposées, qui traduisent assez bien
la tension entre légitimité et neutralité qui sous-tend
l'ensemble du texte. D'un côté, M. Westlake proposa,
le 7 septembre 1900, d'insérer une référence aux «Etats
de civilisation européenne»[94], expression qui couvrirait
l'Amérique et même le Japon, et s'étendrait aux «Etats
qui, peu à peu, arrivent à la civilisation»[95]; «[s]i l'on
ne réserve pas ces cas, on sera désarmé entre les Etats
de civilisation inférieure»[96], poursuit-il. L'idée est
manifestement ici que l'on doit admettre des possibilités
d'intervention extérieure dans certains Etats de
«civilisation inférieure» ou «hors chrétienté»[97]. Dans
une même optique légitimiste, M. Kebedgy tient à

---

[94] Hans Wehberg, «La guerre civile et le droit international»,
op. cit., p. 54; Roger Pinto, «Les règles du droit international
concernant la guerre civile», *op. cit.*, p. 565.

[95] *Ibid.*, p. 567.

[96] *Ibid.*

[97] Selon l'expression de M. Kebedgy, *AIDI*, 1928, *op.
cit.*, p. 567, M. Westlake préférant maintenir la notion de
civilisation «européenne» car «une allusion à la religion
d'un peuple risque de froisser quelques susceptibilités» (*ibid.*,
p. 570). M. Pierantoni ajoute le cas des Etats de capitulation,
«qui n'observent pas les promesses faites en vertu des traités»:
«alors les grandes puissances ont le droit, en prenant parti
pour l'insurrection, de les ramener à l'exécution des promesses
faites» (*ibid.*, p. 568).

« accentuer la distinction entre deux genres d'insurrections très différents : les insurrections constitutionnelles ou dynastiques, qu'il faut condamner ; les
insurrections contre un gouvernement oppresseur et
tyrannique, qui sont légitimes. Peut-on confondre
des guerres d'indépendance et de justice avec des
guerres de dynastie, des mouvements de socialisme
ou d'anarchie ? ... Il y a des peuples qui luttent pour
leur liberté contre un gouvernement barbare qui les
opprime. Dans ce cas, les tierces puissances doivent
pouvoir aider au triomphe de la justice, que représente
l'insurrection » [98].

D'un autre côté cependant, la distinction entre civilisation
européenne et inférieure est critiquée, de même que celle
entre insurrection légitime et illégitime, dans les deux
cas en raison des difficultés engendrées par une telle
distinction [99]. Le rapporteur, M. Desjardins, réplique
ainsi : « Il n'est pas possible aux Etats tiers de dire des
insurgés que les uns sont intéressants, les autres non.
Avec cette distinction, il n'y a pas de droit international
possible » [100], tandis que M. Pillet

« n'admet pas de distinction entre les Etats civilisés
et les autres. Du moment qu'une puissance a reconnu
un autre Etat, c'est une conséquence de cette reconnaissance que de laisser à l'Etat le droit de se défendre
librement contre les insurrections, sans essayer de
s'immiscer » [101].

Toujours en ce sens, M. Rolin-Jaecquemyns affirme que

« la distinction entre les insurrections légitimes et
celles qui ne le sont pas est juste, mais étrangère au
droit international ... car, si une insurrection excite

---

[98] *Id.*, p. 566 et 567.
[99] Rolin-Jaecquemyns, *ibid.*
[100] *Ibid.*, p. 567.
[101] *Ibid.*, p. 571.

la sympathie des uns, elle peut aussi exciter les antipathies des autres »[102].

Finalement, les amendements évoquant la «civilisation européenne», les «pays sauvages» ou «hors chrétienté» sont écartés. Reste, dans le texte de l'article premier, un renvoi à la reconnaissance qui conditionne le champ d'application de la résolution. Cette reconnaissance peut être interprétée dans une optique constitutive, comme laissant à chaque Etat un choix discrétionnaire, à la fois de reconnaître un gouvernement et, par conséquent, d'admettre pour lui une obligation consécutive de non-intervention. Libre à eux, par exemple, de ne pas reconnaître un gouvernement «hors chrétienté», «non européen» ou «sauvage», se laissant ainsi la possibilité d'intervenir en faveur des rebelles au sein de l'Etat concerné. En ce sens, la résolution de Neuchâtel énoncerait moins une règle juridique obligatoire que des standards que les Etats restent libres de respecter ou pas en fonction de leurs choix politiques.

2°. D'autant que, comme l'indique, *a contrario*, l'article 7, la neutralité ne joue en principe que s'il y a, outre la reconnaissance de gouvernement que l'on vient d'évoquer, une reconnaissance de belligérance[103]. Mais, ici encore, cette reconnaissance est-elle purement discrétionnaire, et en même temps constitutive? Dans l'affirmative, aucun «principe de neutralité» assimilable à une obligation n'en résulte, et on reste dans le schéma d'une simple faculté laissée aux Etats. A défaut d'opter pour la reconnaissance de belligérance, chaque Etat pourrait aider le gouvernement, et non les rebelles (comme il résulte de la règle énoncée à l'article 2). Mais on pourrait au contraire considérer que la reconnaissance n'est pas purement discrétionnaire, dans la mesure où

---

[102] *Ibid.*, p. 584.
[103] Roger Pinto, «Les règles du droit international concernant la guerre civile», *op. cit.*, p. 567.

l'article 8 de la résolution subordonne la reconnaissance à plusieurs conditions objectives, telles une «existence territoriale distincte», la présence d'«éléments d'un gouvernement régulier» exerçant un pouvoir de fait, et celle de troupes «organisées, soumises à la discipline militaire et se conformant aux lois et coutumes de la guerre» [104]. La reconnaissance serait alors non pas constitutive, mais déclarative des conditions énumérées, comme pourrait aussi le laisser penser l'article 4 de la résolution, qui ouvre la voie à une reconnaissance implicite de belligérance [105]. Toujours en ce sens, on remarquera qu'était initialement prévu un article 9, en vertu duquel «une tierce puissance n'a qualité pour procéder à une reconnaissance qu'autant que celle-ci est dictée par une juste cause, c'est-à-dire nécessaire pour la sauvegarde d'un intérêt national» [106]. Le texte tendait à la fois à restreindre la compétence discrétionnaire de chaque Etat, en ajoutant une condition à celles énoncées à l'article 8, et à la préserver, en lui laissant la possibilité de se référer à une «juste cause» en lien avec son «intérêt national». Il a rapidement été écarté pour son caractère trop légitimiste, comme l'indique cette déclaration de M. de Bar:

> «cet article pose un principe de morale politique, mais n'établit aucune règle de droit. A quoi reconnaître, en effet, qu'une cause est juste? Et qui s'érigera en juge des motifs d'intérêt national invoqués par l'Etat qui

---

[104] Texte complet de l'article 8 sur le site internet de l'Institut: http://www.idi-iil.org.

[105] Selon les termes de l'article 4, paragraphe 1,

> «[l]e gouvernement d'un pays où la guerre civile a éclaté peut reconnaître les insurgés comme belligérants, soit explicitement par une déclaration catégorique, soit implicitement par une série d'actes qui ne laissent pas subsister de doute sur ses intentions».

[106] *AIDI*, 1928, *op. cit.*, p. 604-605.

intervient indirectement dans la lutte entre un Etat et les ressortissants de celui-ci?»[107].

On en reviendrait donc ainsi à une prévalence du principe de neutralité, et resteraient dès lors uniquement, pour encadrer la reconnaissance de belligérance, les conditions tenant non pas à la légitimité de l'une des parties, mais des éléments plus «objectifs» de l'article 8 (pouvoir effectif sur une partie de territoire, gouvernement responsable, …). Rien n'indique cependant que, même dans le cas où ces éléments sont présents, on soit *obligé* de reconnaître la belligérance: l'article 8 *interdit* la reconnaissance si certaines conditions ne sont pas réunies; mais il *ne prescrit pas* la reconnaissance dans le cas contraire[108]. Il subsiste donc une ambivalence sur le statut de la neutralité, règle générale applicable dans certaines situations ou fruit du choix de l'Etat de procéder ou non à une reconnaissance de belligérance.

3°. Comme l'indique l'expression qui y est soulignée, l'article 2 semble ne pas exclure qu'on s'attaque au gouvernement, si on n'est pas «en paix» avec l'Etat concerné. Lors des débats préparatoires, certains ont proposé d'admettre les cas d'«intervention déclarée» ou «légitime»[109], ou de réduire la portée de l'obligation en ajoutant l'expression «à moins que la situation créée par l'insurrection ou par les mesures prises pour le rétablissement de la tranquillité ne mette en danger les intérêts vitaux de la tierce puissance»[110]. Une fois encore, il s'agissait ici de préserver un droit d'intervention au profit des Etats tiers, ces propositions réintroduisant la

---

[107] *Ibid.*, p. 605.

[108] Dans cet esprit, l'article 5 de la résolution prévoit que l'Etat tiers n'est pas tenu de procéder à une reconnaissance, même si le gouvernement de l'Etat concerné a reconnu les insurgés.

[109] Les expressions sont respectivement celles de MM. Holland et Kebedgy; *AIDI*, 1928, *op. cit.*, p. 575.

[110] Selon la suggestion de M. Streit; *ibid.*, p. 576.

notion de légitimité au détriment de celle de neutralité. Cependant, si les amendements rédigés en ce sens ont formellement été écartés, c'est en raison moins d'une opposition de principe que d'un argument logique :

> «Si l'Etat tiers déclare qu'il intervient, c'est la guerre. Le règlement est étranger à l'hypothèse. Quant au mot légitime, il ne saurait être question de faire ici une théorie de l'intervention.» [111]

Une telle justification renvoie à toutes les ambivalences du *jus ad bellum* de l'époque tel qu'il était, et est aujourd'hui, représenté [112]. Pour bon nombre d'auteurs, spécialement à partir du XXᵉ siècle, aurait prévalu une «thèse de l'indifférence», selon laquelle aucun principe juridique ne limiterait le recours à la guerre, chaque Etat choisissant discrétionnairement d'entrer en guerre (avec application consécutive du droit de la guerre) ou de rester en état de paix (avec application d'autres règles) [113]. Dans ce contexte, il suffirait à un Etat tiers d'entrer en guerre contre l'Etat concerné, pour qu'il puisse ensuite attaquer le gouvernement et prendre parti pour les rebelles, le tout sans jamais violer le droit international. Mais, selon une autre thèse, l'entrée en guerre n'est pas totalement discrétionnaire [114], l'Etat devant se fonder sur des justifications juridiques propres, ce qui résulterait d'un

---

[111] M. Renault, *ibid.*

[112] Voir la thèse d'Agatha Verdebout, précitée; *L'indifférence comme «culture pop». Une déconstruction du discours traditionnel sur le recours à la force au XIXᵉ siècle.*

[113] Voir par exemple Jan H. W. Verzijl, *International Law in Historical Perspective*, vol. I, Leyde, Sijthoff, 1968, p. 215 ; Ian Brownlie, *International Law and the Use of Force by States*, Oxford, Clarendon, 1968, p. 45 ; Stephen C. Neff, *War and the Law of Nations. A General History*, Cambridge, CUP, 2005, p. 231.

[114] Emmanuelle Jouannet, *Le droit international-libéral providence. Une histoire du droit international*, Bruxelles, Bruylant, 2011, p. 41.

examen de la pratique dans laquelle les Etats entrant
en guerre se justifiaient effectivement en avançant des
arguments juridiques[115]. Raisonner autrement reviendrait
à nier tout principe de non-intervention, et donc de
souveraineté, et ultimement à remettre en cause la notion
même de droit international[116]. On retrouve toujours la
même tension entre deux tendances contradictoires : dans
le premier cas, le principe de neutralité ne serait que le
fruit d'un choix discrétionnaire de chaque Etat d'entrer ou
non en guerre avec l'Etat soumis à une guerre civile alors
que, dans le second, ce principe s'imposerait comme une
règle générale essentiellement liée au principe de non-
intervention.

4°. Enfin, rappelons que le texte analysé est une
résolution de l'Institut de droit international, et non un
traité ou un accord informel entre Etats. Cette résolution
a certes été adoptée à une majorité significative, de trente-
deux voix contre une, avec trois abstentions[117]. Mais
reflète-t-elle, pour autant, le droit international positif ?
La lecture des débats préparatoires n'appelle pas à une
réponse univoque, les arguments échangés ne renvoyant
que partiellement à la pratique ou au droit existants,
et étant souvent formulés en termes de considérations
d'opportunité, comme on s'en sera rendu compte à la
lecture des quelques extraits reproduits plus haut. Outre
les nombreuses questions d'interprétation qu'elle suscite,
la résolution de Neuchâtel appelle donc une réflexion
sur son statut, codificateur ou non, du droit coutumier.
Pour tenter de dissiper ces ambiguïtés, on peut donc se

---

[115] Olivier Corten, «Droit, force et légitimité dans une
société internationale en mutation», dans *Le discours du droit
international. Pour un positivisme critique*, Paris, Pedone,
2009, p. 77-80.
[116] Hans Kelsen, «Théorie du droit international public»,
Recueil des cours, tome 84 (1953), p. 9 ss ; Paul Guggenheim,
Traité de droit international public, Genève, Librairie de
l'Université, 1954, p. 94-95.
[117] *AIDI*, 1928, *op. cit.*, p. 608.

pencher sur la pratique. Mais, comme on le constatera, celle-ci reflète ou nourrit les ambivalences plus qu'elle ne les dépasse.

2. *La guerre de Sécession aux Etats-Unis d'Amérique (1861-1865)*

Les faits généralement relatés comme ayant constitué la «guerre de Sécession» sont bien connus. Entre février et avril 1861, les Etats de la Confédération, situés au sud des Etats-Unis, se prévalent du droit à l'autodétermination tel qu'il résulterait de la Constitution et proclament l'indépendance. Washington réfute cette interprétation et estime que la séparation d'une partie des Etats ne peut s'opérer que dans un cadre négocié, et non unilatéralement. Un conflit armé met rapidement aux prises les deux parties, chacune contrôlant une partie substantielle du territoire des Etats-Unis. Comme on le sait, cette opposition se développe dans un contexte économique social et politique clivé, avec un Sud agraire et au mode de production fondé sur l'esclavage, et un Nord industriel fonctionnant sur la base du salariat et porteur d'idées libérales incarnées par Abraham Lincoln, dont l'arrivée à la présidence a été l'élément déclencheur du conflit[118].

Sur le plan du droit international, les Etats de la Confédération estiment avoir valablement accédé à l'indépendance, avec pour conséquence, selon eux, une véritable agression extérieure dont se seraient rendues coupables les forces du Nord[119]. Pour Washington, au contraire, on est en présence d'une guerre civile qui relève

---

[118] Quincy Wright, «The American Civil War (1861-1865)», dans R. Falk (dir. publ.), *The International Law of Civil War*, Baltimore et Londres, ASIL, John Hopkins Press, 1971, p. 33-41.

[119] Antoine Rougier, *Les guerres civiles et le droit des gens*, Paris, Larose, 1903, p. 69.

des affaires intérieures des Etats-Unis d'Amérique[120].
Les Etats tiers privilégieront dans l'ensemble la seconde
interprétation – celle de la «guerre de Sécession», et
non de la guerre internationale –, et ne procéderont pas
à une reconnaissance des Etats du Sud qui aurait été
qualifiée par les autorités états-unienne d'intervention
contraire au droit des gens[121]. La question qui se posera
alors sera celle du statut des forces rebelles. C'est dans ce
contexte qu'apparaîtra ce qui sera qualifié par la doctrine
de «reconnaissance de belligérance», une institution
destinée à prendre acte de l'existence du conflit et à
en déduire certaines obligations liées à la neutralité[122].
En même temps, ce précédent a révélé de nombreuses
ambiguïtés qui révèlent une fois encore une tension entre
les concepts de neutralité et de légitimité.

En premier lieu, il faut mentionner une grande diversité dans le comportement des Etats tiers par rapport au
conflit. Certains ont certes proclamé assez rapidement
leur neutralité. Le Royaume-Uni a fait, le premier, une
proclamation en ce sens, le 13 mai 1861. D'autres Etats
ont rapidement suivi, tels la France (le 10 juin), les
Pays-Bas (le 16 juin), l'Espagne (le 17 juin), le Brésil
(le 1er août), ou plus tard la Belgique, le Portugal et
la Prusse[123]. Ce statut de neutralité impliquait, outre
l'interdiction d'armer les autorités ou les rebelles[124], de
ne pas considérer les navires insurgés comme pirates,

---

[120] *Ibid.*

[121] *Ibid.*, p. 70 ; Quincy Wright, «The American Civil War
(1861-1865)», *op. cit.*, p. 85.

[122] Hans Wehberg, «La guerre civile et le droit
international», *op. cit.*, p. 30.

[123] Quincy Wright, «The American Civil War (1861-
1865)», *op. cit.*, p. 82.

[124] Après la guerre, le Royaume-Uni sera d'ailleurs
condamné par l'un des premiers tribunaux arbitraux de
l'histoire, dans l'affaire de l'*Alabama*, navire que les autorités
avaient laissé appareiller pour livrer des armes aux rebelles ;
ibid., p. 88 et 102-103.

de respecter le blocus proclamé par Washington dès le début du conflit, et même d'accepter des visites des navires à cette fin en haute mer [125]. Par contre, la Russie, la Confédération germanique et l'Autriche-Hongrie, particulièrement hostiles à toute velléité révolutionnaire, réfutent toute reconnaissance, un peu dans la lignée de la doctrine privilégiant le maintien du pouvoir en place caractéristique de la Sainte-Alliance. Ces Etats n'ont par ailleurs pas de relations maritimes avec les Etats-Unis susceptibles d'être affectées par la guerre, et peuvent donc se permettre de se cantonner à une position de type plutôt légitimiste [126]. Au vu de la réaction de l'ensemble des Etats, la neutralité n'est donc pas un principe qui s'est imposé de manière universelle.

D'ailleurs, et en deuxième lieu, il n'est pas évident de considérer que les Etats qui ont opté pour la neutralité l'aient fait en application d'une règle de droit international. Il suffit pour s'en convaincre de lire la proclamation de la reine Victoria, publiée le 13 mai 1861 :

« *Whereas we are happily at peace* with all sovereign powers and States:

And whereas hostilities have unhappily commenced between the Government of the United States of America and certain States styling themselves the Confederate States of America:

And whereas we, *being at peace with the Government of the Unites States have declared our royal determination* to maintain a strict and partial neutrality in the contest between the said contending parties:

We therefore have thought fit, by [and with] the advice of our privy council, to issue this our royal proclamation:

---

[125] *Ibid.*, p. 91.
[126] *Ibid.*, p. 82.

And we do hereby strictly charge and command all
our loving subjects to observe a strict neutrality in and
during the aforesaid hostilities, and to abstain from
violating or contravening either the laws and statutes
of the realm in this behalf or the law of nations in
relation thereto, as they will answer to the contrary at
their peril. » [127]

A première vue, la neutralité semble la résultante d'un
choix purement discrétionnaire, d'une simple «royal
determination». Comme l'indique le deuxième considérant, la reconnaissance paraît motivée non par des
considérations strictement juridiques (aucune obligation
en vertu d'un statut ou d'une règle n'est évoquée) ou
morales (la question de l'esclavage, en particulier, n'est
pas mentionnée), mais par un état de fait : les Confédérés
exerçaient effectivement un pouvoir, et il était nécessaire
d'en tenir compte, spécialement dans les relations
maritimes[128]. On aura aussi relevé la mention, à deux
reprises, d'un état de paix comme considérant pertinent
pour justifier un principe de neutralité. *A contrario*, on
pourrait donc penser que ce principe deviendrait inopérant
dans l'hypothèse d'une entrée en guerre du Royaume-
Uni. Et, si l'on opte pour la thèse de l'«indifférence»
qui est le plus souvent considérée aujoud'hui comme
prévalant à l'époque dans le domaine du *jus ad bellum*[129],
cela signifierait que la souveraine britannique se réserve
la compétence discrétionnaire d'entrer en guerre quand
bon lui semble.

Dans cette perspective, la neutralité apparaît comme
un statut purement conjoncturel, certainement pas

---

[127] http://en.wikisource.org/wiki/British_proclamation_of_
neutrality_in_the_American_Civil_War.

[128] Eliav Lieblich, *International Law and Civil War.
Intervention and Consent*, Londres et New York, Routledge,
2013, p. 99-103.

[129] Voir les références ci-dessus.

comme une règle s'imposant au Royaume-Uni ou, plus généralement, aux Etats tiers[130].

Mais, d'un autre côté, la pratique assez large de reconnaissance de neutralité par toutes les puissances impliquées pourrait être interprétée comme dénotant un devoir (émergeant?) d'abstention, à moduler en fonction de l'évolution de la situation sur le terrain. A partir du moment où les rebelles occupaient une part substantielle de territoire, et que les autorités fédérales l'avaient *de facto* reconnu – comme on l'a signalé, un blocus à leur encontre avait été décrété par le président Lincoln dès le début de la guerre –, un devoir d'abstention semblait devoir être respecté envers les deux parties. En tout état de cause, personne n'a semblé admettre un droit d'aider les *rebelles*, ni d'ailleurs de reconnaître la Confédération comme un Etat souverain. Si la reine relève que le Royaume-Uni est en paix, cela pourrait signifier qu'elle se doit dès lors de respecter le principe de non-intervention, sans qu'aucune réserve lui permette d'entrer arbitrairement en guerre pour y échapper. De ce point de vue, aucun droit d'aider les rebelles, que ce soit directement ou indirectement, ne semble ressortir de cette déclaration.

En troisième lieu, et au-delà des spécificités des faits, on est devant un dilemme fondamental lorsqu'on tente de déterminer la portée de ce précédent.

– Soit on opte pour le schéma de la compétence discrétionnaire et, en définitive, du pouvoir absolu; chaque Etat serait libre de proclamer son devoir de neutralité, ou au contraire de prendre parti pour le gouvernement, ou même pour les rebelles (en choisissant dans ce dernier cas d'entrer en guerre avec l'Etat concerné). Cette affirmation d'Eliav Lieblich

---

[130] Voir les déclarations des autres Etats commentées par Eliav Lieblich, *International Law and Civil War. Intervention and Consent*, op. cit., p. 104 ss.

est caractéristique de cette première tendance : « In the war prerogative-era, neutrality was not perceived as an obligation; it was simply a *status* that if States chose to adhere to, they could avoid being dragged into the conflict » [131]. Mais, alors, s'il suffit de décider d'entrer en guerre pour être délié de toute obligation, on peut se demander ce qu'il reste d'un ordre juridique international, le droit se réduisant aux pratiques, voire aux caprices des grandes puissances.

– Soit on préfère voir dans le régime de la neutralité une obligation coutumière s'imposant aux Etats, et ce en application des principes de non-intervention et d'égalité souveraine qui constitueraient la base de l'ordre juridique international de l'époque. Mais, au vu des éléments qui viennent d'être exposés, cette optique est parfois difficile à réconcilier avec une pratique qui est loin d'être uniforme.

Cette tension n'est cependant pas le propre de la guerre de Sécession aux Etats-Unis. On la retrouve aussi au sujet d'un autre précédent particulièrement symbolique, celui de la guerre d'Espagne, qui s'est déroulée plus de soixante-dix ans plus tard.

3. *La guerre d'Espagne (1936-1939)*

La guerre d'Espagne est sans doute *le* précédent emblématique concernant le débat sur l'implication des Etats tiers dans une guerre civile [132]. Il est ainsi généralement admis que « [t]he Spanish Civil War marked the end of any prospect of insulating a civil war situation from the overall currents of world politics » [133]. Les faits

---

[131] Voir par exemple *ibid.*, p. 91.

[132] Voir déjà George Scelle, « La guerre civile espagnole », *RGDIP*, 1938, p. 265-301.

[133] Richard Falk, « Introduction », dans R. Falk (dir. publ.), *The International Law of Civil War*, *op. cit.*, p. 14.

principaux sont connus : menée par le général Franco, une partie de l'armée déclenche une rébellion en juillet 1936, à partir du Maroc espagnol [134]. Le conflit s'est rapidement internationalisé avec, comme on le verra, l'intervention de divers Etats, agissant sous diverses formes [135]. Le gouvernement républicain, arrivé au pouvoir quelques semaines plus tôt, résiste pendant plusieurs années, avant d'être défait en avril 1939. Sur le plan politique, le conflit symbolise le clivage idéologique de l'époque entre un camp réactionnaire d'extrême droite, du côté des rebelles, et progressiste de gauche, du côté des autorités [136]. Sur le plan juridique, la guerre d'Espagne confirme les profondes ambiguïtés qui caractérisent le régime de la neutralité. Ces ambiguïtés apparaissent au vu du comportement des Etats, de certaines de leurs déclarations et, ici encore, de la conception même de l'ordre juridique international qui apparaît en arrière-plan.

Les Etats tiers ont adopté des attitudes très différentes au fur et à mesure du développement du conflit. Trois groupes peuvent être distingués. Un premier, composé de l'Allemagne, de l'Italie et du Portugal, a activement aidé les rebelles, que ce soit en leur fournissant des armes ou même en menant des actions militaires sur le terrain [137]. Guernica, ce village basque bombardé par l'armée du troisième Reich et immortalisé par l'une des plus célèbres toiles de Picasso, en constitue l'épisode emblématique.

---

[134] *Keesing's*, 1936, p. 2199-2200 ; voir plus généralement Hugh Thomas, *The Spanish Civil War*, Modern Library, 2001.

[135] Ann Van Wijnen et A. J. Thomas Jr, « International Legal Aspects of the Civil War in Spain », dans R. Falk (dir. publ.), *The International Law of Civil War*, *op. cit.*, p. 111-120.

[136] Eliav Lieblich, *International Law and Civil War. Intervention and Consent*, *op. cit.*, p. 112.

[137] Ann Van Wijnen et A. J. Thomas Jr, « International Legal Aspects of the Civil War in Spain », *op. cit.*, p. 113-114 ; voir aussi la justification apportée par Luis Le Fur, « La guerre d'Espagne et le droit », *RDI*, 1938, p. 94 ss.

Un deuxième groupe d'Etats, composé de l'URSS et du Mexique, a au contraire soutenu le gouvernement républicain, notamment en lui envoyant des armes[138]. Enfin, un troisième groupe a, à l'initiative de la France et de l'Angleterre, établi un régime de neutralité en application duquel aucune aide ne pouvait être octroyée à l'une ou l'autre partie[139]. Vingt-sept Etats (y compris, dans une certaine mesure, l'Allemagne, l'Italie et l'URSS) ont adhéré à ce régime, qui a entraîné l'établissement d'un comité de vérification, lequel ne disposait cependant d'aucune compétence pour sanctionner les violations (notamment de la part des puissances de l'Axe)[140]. Au vu de ces différences d'appréciation, la Société des Nations, saisie par le gouvernement espagnol, n'a pas pu se mettre d'accord sur des mesures à l'échelle universelle, préférant renvoyer à une gestion régionale de la question[141]. Dans ce contexte, il est difficile de dégager une pratique uniforme à partir de laquelle on pourrait établir et définir un principe de neutralité.

Si l'on s'en tient au cas de la guerre d'Espagne, le régime de neutralité provient donc d'un accord informel composé de proclamations unilatérales d'une trentaine d'Etats. On peut, à partir de là, formuler différentes hypothèses.

Selon une première hypothèse, cet accord marquerait l'avènement d'une règle générale de non-intervention

---

[138]   *Ibid.*, p. 118-120.

[139]   Eliav Lieblich, *International Law and Civil War. Intervention and Consent*, *op. cit.*, p. 115-121.

[140]   Ann Van Wijnen et A. J. Thomas Jr, «International Legal Aspects of the Civil War in Spain», *op. cit.*, p. 166-169; Hans Wehberg, «La guerre civile et le droit international», *op. cit.*, p. 67-81; Luis Le Fur, «La guerre d'Espagne et le droit», *op. cit.*, p. 65 ss.

[141]   Ann Van Wijnen et A. J. Thomas Jr, «International Legal Aspects of the Civil War in Spain», *op. cit.*, p. 170-174; Hans Wehberg, «La guerre civile et le droit international», *op. cit.*, p. 64-66.

dans les guerres civiles, avènement qui relaierait les progrès du *jus contra bellum* dans l'entre-deux-guerres[142], et dont les proclamations ne seraient que le signe. Dans cette conception, dès que les rebelles disposent d'une certaine organisation politique qui exerce son pouvoir sur une partie du territoire, on passerait du stade de simples troubles internes à celui de guerre civile.

Dans ce dernier cas, le régime de neutralité viendrait à s'appliquer «objectivement», sans qu'il soit plus nécessaire de procéder à une reconnaissance de belligérance, une telle reconnaissance n'ayant d'ailleurs pas été opérée en l'espèce[143].

Mais, selon une deuxième hypothèse, la neutralité ne serait le résultat que d'un choix souverain des seuls Etats concernés; elle aurait donc un caractère conventionnel dérogatoire au régime commun persistant de liberté. En ce sens, on peut relever, d'une part, que tous les Etats ne se sont pas joints à ce régime et, d'autre part, que ceux qui l'ont fait n'ont pas motivé leur choix en se référant spécifiquement à la mise en œuvre d'une obligation juridique.

Dans l'accord initial entre la France et l'Angleterre, on exprime la volonté d'éviter des complications dans les relations entre les deux peuples, et non le sentiment d'obéir à une règle de droit[144]. Et, de fait, l'adoption de ce régime de neutralité par la France, en dépit de ses liens politiques avec le régime républicain (les deux gouvernements sont issus de «fronts populaires» arrivés au pouvoir à la suite d'élections dans les années 1930), est généralement expliquée par le désir de maintenir une indispensable alliance avec la Grande-Bretagne dans

---

[142] Eliav Lieblich, *International Law and Civil War. Intervention and Consent, op. cit.*, p. 114.

[143] *Ibid.*, p. 118.

[144] *AJIL*, 1937, p. 580.

le contexte de la montée du nazisme en Allemagne[145]. Ainsi, ce n'est pas le sentiment d'obéir à ou de mettre en œuvre une obligation juridique qui fonderait, même en partie, le régime de neutralité, lequel s'expliquerait exclusivement par des options relevant de considérations de *realpolitik*.

Une troisième manière d'interpréter ces événements consiste à qualifier le régime de «neutralité» – un terme qui ne serait pas approprié, comme on le comprendra bientôt – de contraire au droit international. C'est notamment la position défendue par le Mexique, ainsi que par le gouvernement républicain espagnol lui-même. Selon eux, l'interdiction d'aider les autorités dans le cadre d'une guerre civile constituerait une violation du droit à l'égalité souveraine des Etats[146], d'autant que les rebelles avaient, dès l'origine, été soutenus activement par les puissances de l'Axe. Dans ce contexte, l'appui aux autorités constituait une sorte de contre-intervention, voire un acte de légitime défense collective. En établissant unilatéralement un régime de «neutralité», la France, l'Angleterre et les autres Etats auraient en réalité violé les droits souverains de l'Espagne. Ainsi, ce régime, loin de résulter de la mise en œuvre d'une obligation, constituerait un acte illicite.

Enfin, au-delà des particularités des circonstances factuelles propres à ce précédent, la guerre d'Espagne pose question par rapport à l'existence même d'un principe de non-intervention à l'époque.

D'un côté, ce principe, proclamé dans divers instruments juridiques, comme le Pacte de la Société des Nations ou le Pacte de Paris[147], est universellement

---

[145] Ann Van Wijnen et A. J. Thomas Jr, «International Legal Aspects of the Civil War in Spain», *op. cit.*, p. 114.

[146] Voir J. W. Garner, «Questions of International Law in the Spanish Civil War», *AJIL*, 1937, p. 68.

[147] Voir spécialement les articles 13 et 16 du Pacte de la SdN du 28 juin 1919 et I et II du Pacte de Paris du 27 août 1928.

reconnu comme impliquant une obligation de ne pas mener la guerre contre un Etat, que ce soit directement ou en armant des rebelles. Dès cette période, des débats, menés à l'initiative de l'Union soviétique qui estimait en avoir subi des conséquences lors de sa propre guerre civile, avaient lieu dans le cadre de la recherche d'une définition de l'agression[148]. Appliqué à l'Espagne, ce schéma implique que l'intervention des puissances de l'Axe, qui avait débuté dès le déclenchement du conflit, était totalement contraire au droit international. Cette violation grave du droit international aurait dû mener, on l'a vu, à reconnaître dans le chef de l'Etat espagnol, et donc de son gouvernement en place, un statut d'agressé[149]. La «neutralité» aurait ici plutôt impliqué de rétablir l'équilibre en soutenant le gouvernement à l'encontre des rebelles. Elle aurait aussi pu entraîner une obligation de non-reconnaissance du nouveau gouvernement Franco, dans la mesure où celui-ci n'a pu arriver au pouvoir que grâce à l'intervention illicite de l'Allemagne et de l'Italie. *Ex injuria jus non oritur* est un principe qui avait déjà été évoqué à l'époque, notamment à la suite de la crise en Mandchourie[150] et des différentes déclinaisons

---

[148] Ainsi, dès le 10 mars 1933, un comité composé de dix-sept Etats (parmi lesquels les Etats-Unis, le Royaume-Uni, la France, l'Allemagne et l'URSS) élabore un texte assimilant à l'agression divers actes, parmi lesquels l'

«appui donné à des bandes armées qui, formées sur son territoire, auront envahi le territoire d'un autre Etat, ou [le] refus, malgré la demande de l'Etat envahi, de prendre sur son propre territoire toutes les mesures en son pouvoir pour priver lesdites bandes de toute aide ou protection»;

texte reproduit dans E. Aroneanu, *La définition de l'agression. Exposé objectif*, Paris, éditions internationales, 1958, p. 281-282.

[149] Ann Van Wijnen et A. J. Thomas Jr, «International Legal Aspects of the Civil War in Spain», *op. cit.*, p. 164-165.

[150] Voir la résolution de la Société des Nations, 11 mars 1932 (*Official Journal League of Nations,* suppl. n° 101,

de la doctrine Stimson[151]. Comme on vient de le voir, c'est d'ailleurs en se fondant sur ce raisonnement que le Mexique – appuyé sur ce point par d'autres Etats comme la Russie, la Chine ou la Nouvelle-Zélande – a refusé de procéder à la reconnaissance de ce nouveau gouvernement, considérée comme incompatible avec les fondements mêmes de l'ordre juridique international[152].

D'un autre côté, comme on l'a vu, la position du Mexique est restée relativement isolée. En pratique, les puissances de l'Axe n'ont été ni sanctionnées, ni même condamnées formellement, que ce soit au sein de la Société des Nations ou en dehors. Ainsi, la pratique, et particulièrement le régime de neutralité tel qu'il a été conçu et appliqué sur le terrain, a avant tout abouti à une

---

p. 87), la résolution de l'Assemblée de la SdN du 24 février 1933 (*Official Journal League of Nations*, 1933, p. 525-526) ainsi que les autres documents présentés par Jean J. A. Salmon, *La reconnaissance d'Etat. Quatre cas : Mandchoukouo, Katanga, Biafra, Rhodésie du sud*, Paris, Armand Colin, 1971, p. 68-76 ; voir aussi Francis Paul Walters, *A History of the League of Nations*, Oxford, OUP, 1952, p. 472-473 ; pour une analyse approfondie des origines, des déclinaisons et des limites de ce principe, voir Anne Lagerwall, *Le Principe* Ex injuria jus non oritur *en droit international contemporain*, Bruxelles, Bruylant, 2015.

[151] Note du secrétaire d'Etat américain Stimson adressé aux gouvernements chinois et japonais, le 7 janvier 1932, cité dans Hackworth, G. H., *Digest of International Law*, vol. I, United States Government printing office, Washington, 1940, p. 334 ; Henry L. Stimson, *The Far-Eastern Crisis*, New York, Londres, Harper and Brothers Pub., 1936 ; John Dugard, *Recognition and the United Nations*, Cambridge, Grotius Publications Limited, 1987, p. 27-35 ; David Turns, « The Stimson Doctrine of Non-Recognition : Its Historical Genesis and Influence on Contemporary International Law », *ChJIL*, 2003, p. 105-143 ; Mikulas Fabry, *Recognizing States. International Society et the Establishment of New States Since 1776*, Oxford, OUP, 2010, p. 135-137 ; voir aussi James Crawford, *The Creation of States in International Law*, 2e éd., Oxford, OUP, 2006, p. 75.

[152] Ann Van Wijnen et A. J. Thomas Jr, « International Legal Aspects of the Civil War in Spain », *op. cit.*, p. 161-163.

consécration de la politique de force en faveur des rebelles, ce qui constitue la négation du régime de neutralité. Dans cette mesure, le principe de non-intervention lui-même paraît avoir une portée particulièrement limitée, ce qui semblera se confirmer pendant cette période par d'autres événements: intervention de l'Italie en Éthiopie, actions militaires de l'Allemagne en Autriche puis en Tchécoslovaquie, invasion des pays baltes par l'URSS, ...[153]. Dans chacun de ces cas, non seulement aucune sanction n'a été administrée, mais encore aucune condamnation universelle n'a été prononcée, spécialement au sein d'une Société des Nations généralement considérée comme impuissante, voire tout simplement inutile. De ce point de vue, l'existence même d'un ordre juridique contraignant peut encore être mise en doute, une conclusion radicale qui deviendra difficilement soutenable après l'adoption de la Charte des Nations Unies.

Section 2. *Le principe de neutralité après la Charte: règle générale ou exception?*

L'adoption de la Charte des Nations Unies est généralement considérée comme consacrant un changement radical en ce qui concerne le principe de non-intervention[154]. Cette fois, ce dernier est exprimé de manière particulièrement claire et même radicale, comme excluant

---

[153] Axel Serup, *L'article 16 du Pacte et son interprétation dans le conflit italo-éthiopien*, Paris, Rousseau, 1938; Olivier Corten et Anne Lagerwall, «Article 16», dans R. Kolb (dir. publ.), *Commentaire sur le Pacte de la Société des Nations*, Bruxelles, Bruylant, 2014.

[154] Voir par exemple Manfred Lachs, «Le droit international, l'ordre mondial et les Nations Unies», dans *Mélanges Charles Chaumont*, Bruxelles, Pedone, 1984, p. 389-390; Klaus Kress, «Major Post-Westphalian Shifts and Some Important Neo-Westphalian Hesitations in the State Practice on the International Law on the Use of Force», *JUFIL*, 2014, p. 13-14.

tout recours à la force dans les relations internationales, sauf cas exceptionnels de légitime défense ou d'action de sécurité collective menée dans le cadre du chapitre VII de la Charte [155]. Dans ce contexte, un «régime de neutralité» perd tout son sens dans les relations *internationales*: tout Etat voit sa souveraineté protégée, sans devoir se déclarer neutre pour y parvenir [156]. Par ailleurs, tout Etat a le droit d'aider un autre Etat à repousser une agression, en application du mécanisme de la légitime défense collective [157]. Et une telle action ne lui fait aucunement perdre son droit au respect de sa souveraineté.

Mais qu'advient-il du principe de neutralité dans l'ordre intérieur? A vrai dire, c'est à ce moment qu'il a été affirmé avec le plus de vigueur. Ce principe découle en effet, non seulement de l'interdiction de l'intervention dans les affaires relevant de la compétence nationale (selon une logique exposée plus haut), mais aussi du droit des peuples à disposer d'eux-mêmes.

Ainsi, selon la résolution 2625 (XXV) de l'Assemblée générale des Nations Unies:

> «En vertu du principe de l'égalité de droits des peuples et de leur droit à disposer d'eux-mêmes,

---

[155] Voir par exemple Ian Brownlie, *International Law and the Use of Force by States*, Oxford, OUP, 1962; Christine Gray, *International Law and the Use of Force*, 3e éd., Oxford, OUP, 2008.

[156] Charles Chaumont, «Nations Unies et neutralité», *Recueil des cours*, tome 89 (1956), p. 1-59; T. Komarnicki, «The Place of Neutrality in the Modern System of International Law», *Recueil des cours*, tome 80 (1952), p. 411.

[157] CIJ, affaire des *Activités militaires et paramilitaires au Nicaragua et contre celui-ci*, *CIJ Recueil 1986*, p. 104-105, par. 196-199; affaire des *Plates-formes pétrolières*, *CIJ Recueil 2003*, p. 27, par. 51; Institut de droit international, résolution sur la légitime défense, session de Santiago, 27 octobre 2007, par. 8 (http://www.idi-iil.org/idiF/navig_chron2003.html); Derek W. Bowett, «Collective Self-Defence under the Charter of the United Nations», *BYBIL*, 1955-1956, p. 130-161.

principe consacré dans la Charte des Nations Unies, tous les peuples ont le droit de déterminer leur statut politique, en toute liberté et sans ingérence extérieure, et de poursuivre leur développement économique, social et culturel, et tout Etat a le devoir de respecter ce droit conformément aux dispositions de la Charte… » [158]

De même, en vertu de l'article 1er commun aux Pactes de l'ONU de 1966, «tous les peuples ont le droit de disposer d'eux-mêmes. En vertu de ce droit, ils déterminent librement leur statut politique et assurent librement leur développement économique, social et culturel» [159]. Dès lors que chaque peuple se voit reconnaître le droit de déterminer son statut politique sans ingérence étrangère, on imagine mal que des Etats tiers puissent soutenir l'une des parties à un conflit purement interne. Le droit des peuples – et non des gouvernements – semble ainsi a priori exclure toute possibilité d'intervention extérieure [160]. Cela ne signifie pas, pour autant, que le droit international ne connaisse aucune règle que les parties au conflit sont tenues de respecter. On peut spécialement mentionner en ce sens les principes protecteurs des droits de la personne,

---

[158] «Le principe de l'égalité de droits des peuples et de leur droit à disposer d'eux-mêmes», alinéa 1.

[159] Texte dans *RTNU*, vol. 999, p. 188 (droits civils et politiques) et vol. 993, p. 3 ; voir nos commentaires dans Olivier Corten et Pierre Klein, *Droit d'ingérence ou obligation de réaction?*, 2e éd., Bruxelles, Bruylant, 1996, p. 252 ss.

[160] Louise Doswald-Beck, «The Legal Validity of Military Intervention by Invitation of the Government», *op. cit.*, p. 242-244 ; Théodore Christakis et Karine Bannelier, «*Volenti non fit injuria?* Les effets du consentement à l'intervention militaire», *op. cit.*, p. 120 ; Rosalyn Higgins, «The Legal Limits to the Use of Force by Sovereign States. United Nations Practice», *BYBIL*, 1961, p. 309 ; Geneviève Burdeau, «La situation internationale de l'Etat révolutionnaire et la réaction des Etats tiers», dans SFDI, *Révolution et droit international*, Paris, Pedone, 1990, p. 174.

tout comme les éventuelles résolutions adoptées par le
Conseil de sécurité dans un cas particulier.

Quant au premier élément, il est évident que la
neutralité n'implique pas la possibilité de se livrer à des
exactions ou à des violations quelconques des nombreuses
règles applicables en cas de conflit interne, qu'il s'agisse
de *jus in bello* à proprement parler ou de règles plus
générales applicables en temps de paix comme en temps
de guerre. Ce régime ne remet nullement en cause le
principe de neutralité, dans la mesure où il s'impose, on
le sait, également aux deux parties[161]. Dans ce schéma,
la rébellion, tout comme sa répression, ne sont *en tant
que telles* ni permises ni interdites, ce qui ne signifie pas
que l'Etat (ou que les rebelles) ne doivent pas respecter
les droits individuels de chaque personne lorsqu'ils
conduisent leurs actions[162]. La neutralité subsiste donc :
on ne se prononce pas sur la légalité ni sur la légitimité
de la cause de chacun des protagonistes ; on réglemente
plutôt les modalités de leurs actions qui doivent, d'un
côté comme de l'autre, respecter les droits fondamentaux
découlant des conventions, instruments et principes
protecteurs de la personne.

Par ailleurs, les compétences conférées au Conseil de
sécurité de prendre des mesures, y compris coercitives,
en cas de menace contre la paix, ne remettent pas
davantage en cause le principe de neutralité[163]. Le
Conseil peut certes, en application même de la Charte
(et plus spécialement de son article 2, paragraphe 7, qui
énonce le principe de non-intervention, mais réserve le
cas des mesures de coercition prises en vertu du chapitre

---

[161] Voir par exemple Cedric Ryngaert, «Human Rights
Obligations of Armed Groups», *RBDI*, 2008, p. 355-381.

[162] Olivier Corten, «Le droit international est-il lacunaire
sur la question de la sécession?», dans M. Kohen (dir. publ.),
Secession. International Law Perspectives, Cambridge, CUP,
2006, p. 239-240.

[163] *Ibid.*, p. 240-241.

VII), intervenir dans des conflits internes [164]. Mais l'objet de son action doit être de maintenir ou de rétablir la paix internationale, et non de promouvoir tel ou tel type de gouvernement. Ainsi, tout comme les droits de la personne doivent être respectés par toutes les parties, ces dernières, qu'elles soient gouvernementales ou rebelles, peuvent toutes faire l'objet de mesures coercitives dans l'hypothèse où elles menacent ou rompent la paix internationale. Ici encore, et même si on reviendra sur les limites de ce raisonnement, le principe de neutralité subsiste, dans le respect des principes de non-intervention et du droit des peuples à disposer d'eux-mêmes.

Tout cela ne signifie pas, loin s'en faut, que le principe de neutralité ne suscite pas certaines ambiguïtés. Ces ambiguïtés peuvent être aisément décelées dans certains textes de référence (1) mais aussi, et peut-être surtout, dans des situations concrètes. Particulièrement riches d'enseignement se révèlent à cet égard les épisodes de la crise du Katanga (2) et de l'affaire du Nicaragua (3), qui seront examinés successivement. Pour chacune de ces étapes, ce qui retiendra spécialement notre attention est l'existence et la signification d'exceptions qui, on le verra, semblent parfois tellement déterminantes qu'elles paraissent remettre en cause l'existence même du principe...

1. Le reflet des ambiguïtés dans les textes de référence : la résolution de Wiesbaden (1975) de l'Institut de droit international

Pas plus après qu'avant l'adoption de la Charte, il n'existe de texte conventionnel à portée universelle exposant le régime juridique de la neutralité dans

---

[164] Hans Wehberg, « L'interdiction du recours à la force. Le principe et les problèmes qui se posent », *Recueil des cours*, tome 78 (1951), p. 74 ; Dietrich Schindler, « Le principe de non-intervention dans les guerres civiles », *op. cit.*, p. 498-499.

les conflits internes. En revanche, l'Institut de droit international a, lors de sa session de Wiesbaden de 1975, adopté une résolution sur «Le principe de non-intervention dans les guerres civiles». Cette résolution remplace, en quelque sorte, celle de 1900, laquelle correspondait à un contexte juridique fort différent[165]. En revanche, le point commun de ces deux textes est qu'ils révèlent de profondes ambiguïtés qui entourent la définition et la portée du principe de neutralité. Dans le deuxième cas comme dans le premier, c'est dans son volet externe, relatif aux pouvoirs des Etats tiers, que le principe de neutralité est appréhendé[166]. Aucun élément ne permet en revanche de remettre en cause ce principe dans son acception interne, la rébellion comme sa répression n'étant en tant que telles ni interdites, ni autorisées, et restant manifestement encore dans la sphère des compétences nationales de l'Etat. Voici donc les quelques passages pertinents de la résolution.

«*Article 2. Interdiction de l'assistance*

1. Les Etats tiers s'abstiendront d'assister les parties à une *guerre civile* sévissant sur le territoire d'un autre Etat...».

Article 3. Exceptions

Nonobstant les dispositions de l'article 2, les Etats tiers peuvent:

---

[165] Dietrich Schindler, «Le principe de non-intervention dans les guerres civiles», Rapport provisoire, *op. cit.*, p. 441-450; Rapport définitif, *AIDI*, 1973, p. 546.

[166] Ce volet est évoqué par la Commission du droit international en 1949, dans son «Projet de déclaration des droits et devoirs des Etats», dont l'article 4 dispose: «Tout Etat a le devoir de s'abstenir de fomenter la guerre civile sur le territoire d'un autre Etat et d'empêcher que des activités ne s'organisent sur son propre territoire en vue de la fomenter» (texte de la déclaration, annexée à la résolution 375 (IV) de l'Assemblée générale des Nations Unies du 6 décembre 1949, sur: http://www.un.org/law/ilc/).

a) fournir une *aide humanitaire* conformément à l'article 4 ;

b) continuer une *aide technique ou économique qui ne serait pas de nature à exercer une influence substantielle sur l'issue de la guerre civile* ;

c) prêter une assistance ordonnée, autorisée ou recommandée par l'Organisation des Nations Unies conformément à la Charte et aux autres règles du droit international… ».

Article 5. Intervention étrangère

Lorsqu'il apparaît qu'au cours d'une guerre civile, une intervention s'est produite en violation des dispositions ci-dessus, les Etats tiers, sous réserve des mesures ordonnées, autorisées ou recommandées par l'Organisation des Nations Unies, ne peuvent fournir d'assistance à l'autre partie qu'en se conformant à la Charte et à toute autre règle pertinente du droit international. »[167]

Plusieurs ambiguïtés se dégagent de ce texte.

1°. Quant à son champ d'application, on aura relevé qu'il ne s'applique qu'en cas de «guerre civile». Cette notion est définie à l'article 1 – non reproduit ci-dessus –, par référence aux critères traditionnels d'une lutte entre des parties qui exercent chacune un pouvoir sur une partie de territoire[168]. Afin d'éviter les controverses et ambiguïtés précédemment relevées sur le statut – déclaratif ou constitutif – de la reconnaissance, on a retenu la notion de «gouvernement établi»,

---

[167] Nous soulignons ; texte complet (en français et en anglais) dans *AIDI*, 1975, p. 544-549, ainsi que sur le site internet de l'Institut : http://www.idi-iil.org/idiF/resolutionsF/1975_wies_03_fr.pdf.

[168] La disposition exclut ainsi du champ d'application les «troubles localisés ou les émeutes» (article 1, paragraphe 2 *a)*).

c'est-à-dire effectif[169]. Sont expressément exclus, en
revanche, les «troubles localisés» et les «émeutes»[170]
– avec toutes les difficultés qu'entraîne la qualification
de semblables situations[171] – mais aussi les «conflits
de décolonisation»[172]. Outre les difficultés pratiques
que peut susciter l'interprétation de ces expressions, la
question du régime juridique applicable aux situations
non visées par la résolution demeure incertaine[173]. Doit-
on en déduire qu'en cas de simples troubles internes ou
d'émeutes, on peut aider les forces gouvernementales
alors que, dans les conflits de décolonisation, on pourrait
aider les forces rebelles? On pourrait être tenté de le
penser[174], mais la résolution ne dit rien de tel[175] et, à vrai
dire, ces questions sont particulièrement controversées,
spécialement dans le deuxième cas[176].

2°. Quant à son interprétation dans le cas des guerres
civiles, la résolution ouvre la voie à de multiples questions

---

[169] Rapport provisoire de M. Schindler, *AIDI*, 1973, p. 426-
427.
[170] Le rapporteur évoque le seuil entre de simples troubles
et une guerre civile, qui ne serait pas franchi «tant qu'il n'y a
pas de mouvement organisé d'une certaine importance ayant
pour but de renverser le gouvernement établi ou d'ériger un
nouvel Etat sur une partie du territoire national»; *ibid.*, p. 428;
voir aussi p. 450-451, ainsi que le Rapport définitif, p. 555.
[171] Voir notamment M. Castren, *AIDI*, 1973, p. 576.
[172] Selon les termes de l'article 1, paragraphe 2 de la
résolution.
[173] Eliav Lieblich, *International Law and Civil War.
Intervention and Consent*, *op. cit.*, p. 135.
[174] Voir en ce sens la position de M. Zourek, *AIDI*, 1975,
p. 419-421 (et p. 449, 148-150), ainsi que celle de M. Yasseen,
p. 426 et 463.
[175] Voir l'opposition de M. Hambro, *ibid.*, p. 424, ainsi que
les propos du rapporteur, p. 429.
[176] Voir aussi les débats reproduits dans *AIDI*, 1975, p. 436-
440 et 472-474, ainsi que M. O'Connell, p. 139, M. Rousseau,
p. 142-143. Voir déjà le rapport provisoire de M. Schindler,
AIDI, 1973, p. 417-422 ainsi que son Rapport définitif, *ibid.*,
p. 550-551.

quant à la portée des exceptions énoncées à l'article 3. Il
en va ainsi de la notion d'« aide humanitaire » (qualifiée
de « purement humanitaire » dans l'article 4). Dans son
commentaire, le rapporteur estime qu'« il ne semble
pas que l'on puisse faire exception à cette règle dans
le cas d'aide militaire à des peuples opprimés » [177], tout
en réservant le cas d'une aide non militaire qui, dans
ce cas, pourrait être considérée comme « légitime » [178].
D'autres vont plus loin, en souhaitant prendre en compte
« le problème de l'intervention d'humanité quand
l'existence d'un groupe ethnique, religieux ou social
est menacée d'extermination en conséquence d'une
guerre civile » [179]. D'autres encore estiment au contraire
qu'« il faut éviter la résurrection de la trop célèbre
« intervention d'humanité », qui a si souvent servi de
prétexte à des ingérences dans les affaires intérieures des
Etats » [180]. Philip Jessup réaffirme dans ce contexte toute
l'importance de préserver le principe de neutralité :

> « In the present state of the world in which the
> sovereign state persists, albeit each state is bound
> to the others through a still primitive form of
> international governmental organization, it must
> be held that the interest of the world community in
> peace is greater than the assertion of an individual or
> group of individuals that his or their rights are being
> disregarded. If the state has relinquished its right to
> resort to war, so the individual must relinquish any
> right to overthrow his own government by force. This,
> in pragmatic terms, means merely that he adds to the
> usual risks of rebellion the risk of international aid
> to the government he attacks . . . Until international

---

[177] *AIDI*, 1975, p. 416.

[178] *AIDI*, 1975, p. 416 ; voir aussi M. Wengler, p. 147-148.

[179] M. von der Heydte, *ibid.*, p. 421 ; voir aussi M. Münch,
p. 138 (et *AIDI*, 1973, p. 586), M. O'Connell, p. 140.

[180] M. Chaumont, *ibid.*, p. 137.

organization or international government reaches a
stage of greater political maturity, international law
must avoid stretching is arm into a state in case of
civil war. »[181]

Finalement, dans le préambule de sa résolution, l'Institut
ne tranche pas, préférant «réserv[er] l'étude ultérieure
des questions nées du danger d'extermination d'un
groupe ethnique, religieux ou social, ou d'autres graves
violations des droits de l'homme au cours d'une guerre
civile»[182]. Mais on ne sait pas quelle conséquence en
déduire par rapport à la notion d'aide humanitaire au
sens de l'article 3.

3°. De même, et toujours dans le cadre de l'article 3,
on peut se demander ce que signifie une «aide technique
ou économique qui ne serait pas de nature à exercer
une influence substantielle sur l'issue de la guerre
civile». Comment déterminer ce qu'est une «influence
substantielle»?[183] Cela permettrait-il d'aider l'une quelconque des parties, y compris la rébellion, en lui fournissant des fonds? On pourrait tenter de le penser mais,
d'un autre côté, cela semblerait réduire drastiquement à la
fois le principe de neutralité et, plus fondamentalement,
celui de non-intervention. Comme le remarque un des
membres de l'Institut, répondre objectivement à la
question de l'«influence substantielle» paraît «impossible en pratique, à moins qu'il existe une juridiction

---

[181] *AIDI*, 1975, p. 143.

[182] Dès l'origine, le rapporteur avait relevé le caractère
controversé de la question de l'intervention d'humanité
(Dietrich Schindler, «Le principe de non-intervention dans
les guerres civiles», *op. cit.*, p. 480-482; voir aussi Rapport
définitif, *op. cit.*, p. 557), qui est d'ailleurs confirmé plusieurs
décennies plus tard au sein de l'Institut; «Les résolutions de
l'Institut de droit international sur la légitime défense et l'action
humanitaire», *Revue belge de droit international*, 2007, p. 598-
626.

[183] M. Castren, *AIDI*, 1973, p. 576, M. Miaja de la Muela,
ibid., p. 582.

internationale à laquelle on peut s'adresser, ce qui n'est généralement pas le cas»[184].

4°. Dans le même sens, la rédaction de l'article 5, qui couvre l'hypothèse de la «contre-intervention», semble apporter plus de questions que de réponses[185]. La fin de son énoncé, qui affirme que l'on ne peut «contre-intervenir» que dans le respect de la Charte, paraît répéter une évidence, à moins qu'il soit interprété comme ouvrant la porte à ce que, dans certains cas, ce respect ne s'impose pas. Par ailleurs, l'article 5 suggère – sans affirmer – que l'on pourrait aider des rebelles en riposte à une aide préalablement apportée par un autre Etat au gouvernement, indiquant une stricte symétrie qui ne paraît guère refléter le statut préférentiel reconnu, en pratique et par la doctrine, aux autorités[186].

5°. On touche là à une cinquième ambiguïté, qui renvoie au statut juridique de la résolution. Celle-ci peut être considérée comme consacrant la thèse «radicale» de la neutralité, dans la mesure où elle expose une stricte symétrie entre une interdiction d'aider les rebelles comme les forces gouvernementales. Ainsi, non seulement la rébellion (comme sa répression) ne serait ni permise ni interdite (conception minimale de la neutralité), mais les Etats tiers seraient tenus de n'apporter leur soutien ni aux rebelles ni aux forces gouvernementales. Une telle position ne peut cependant pas s'appuyer sur une doctrine unanime[187]. Ainsi, la thèse de la symétrie

---

[184] M. Bindschedler, *ibid.*, p. 423; voir aussi M. Dehousse, p. 461, M. Jessup, p. 155.

[185] Voir déjà Dietrich Schindler, «Le principe de non-intervention dans les guerres civiles», *op. cit.*, p. 456-459.

[186] En ce sens, voir les propos du rapporteur dans *AIDI*, 1975, p. 415-416, ainsi que M. Schachter, *id.*, p. 418.

[187] Dietrich Schindler, «Le principe de non-intervention dans les guerres civiles», *op. cit.*, p. 428-441; Robert Kolb, Ius contra bellum. *Le droit international relatif au maintien de la paix*, Bruxelles, , 2ᵉ éd., *op. cit.*, p. 326-327; Rudolf Randelzhofer et Olivier Dörr, «Article 2 (4)», dans B. Simma

privilégiée par l'Institut a été critiquée par certains, selon lesquels la pratique existante témoignerait d'une certaine dissymétrie en faveur du gouvernement[188]. Selon cette thèse, tant il ne ferait aucun doute que l'aide aux rebelles, énoncée dans divers instruments juridiques, serait prohibée, tant l'aide au gouvernement, si elle est fondée sur un consentement donné conformément au droit international, ne pourrait être considérée comme interdite[189]. L'Institut se prononce en sens contraire. Mais entend-il codifier ou proposer un développement progressif du droit international ? En 1973, le rapporteur, Dietrich Schindler, affirmait s'être « efforcé de cristalliser les règles du droit international en vigueur, sur la base de la doctrine et de la pratique des Etats, en tenant compte des récents développements en ce domaine »[190]. En 1975, il concédait toutefois qu'il « demeure néanmoins difficile d'identifier avec certitude le contenu du droit actuel »[191], en admettant que la règle énoncée à l'article 2 « s'écarte de la règle classique, d'après laquelle l'assistance au gouvernement établi est licite, du moins jusqu'au moment où l'Etat tiers reconnaît les insurgés comme

---

et al. (dir. publ.), *The Charter of the United Nations. A Commentary*, 3ᵉ éd., Oxford, OUP, 2009, p. 214-215.

[188] Eliav Lieblich, *International Law and Civil War. Intervention and Consent, op. cit.*, p. 140-152 ; voir aussi la position sceptique de Klaus Kress, « Major Post-Westphalian Shifts and Some Important Neo-Westphalian Hesitations in the State Practice on the International Law on the Use of Force », *op. cit.*, p. 17-18.

[189] Voir l'exposé de cette doctrine classique par Robert Kolb, Ius contra bellum. *Le droit international relatif au maintien de la paix*, 2ᵉ éd., *op. cit.*, p. 326-327 ; voir aussi L. C. Green, « Le statut des forces rebelles en droit international », *RGDIP*, 1962, p. 17 ; J. H. Leurdijk, « Civil War and Intervention in International Law », *NILR*, 1977, p. 159.

[190] Dietrich Schindler, « Le principe de non-intervention dans les guerres civiles », Rapport définitif, *op. cit.*, p. 545.

[191] *AIDI*, 1975, p. 413, ainsi que p. 445. En ce sens, M. El-Erian, p. 423.

belligérants» [192]. D'autres membres de l'Institut ont plus clairement estimé que cette disposition relevait de la *lex ferenda* [193], mais plusieurs autres ont au contraire estimé que ce principe «correspond[ait] à la fois à la justice et à la pratique la plus répandue» [194], ou que l'article 2 était «inspiré avec sagesse de la *lex lata*» [195]. On sent là un certain malaise parmi les membres de l'Institut, qui interprètent la pratique existante dans des sens manifestement différents [196]. Et, comme on le constatera à présent, il est vrai que cette pratique laisse elle-même une marge considérable d'appréciation.

2. *La crise du Katanga (1960-1963)*

Le 11 juillet 1960, la province du Katanga déclarait son indépendance par rapport à l'Etat du Congo, lui-même devenu indépendant le 30 juin de la même année [197]. Cette tentative de sécession dura jusqu'au 14 janvier 1963, date à laquelle le dirigeant du Katanga, Moïse Tshombe, proclame officiellement la fin de la sécession [198]. Entretemps, la crise katangaise a donné

---

[192] *Ibid.*, p. 414. Dans un autre passage, le rapporteur semble cependant estimer que la règle peut s'appuyer sur une pratique et sur une doctrine récentes; *ibid.*, p. 445-446.

[193] M. Dehousse, *ibid.*, p. 422, M. Bindschedler, p. 423 (et p. 454), M. Doehring, p. 424 (et p. 453), M. McWhinney, p. 424-425 (et p. 454), M. Feliciano, p. 427, M. Sucharitkul, p. 454, M. Rosenne, p. 454-455, M. von der Heydte, p. 455, M. Rousseau, p. 142.

[194] M. Castren, *ibid.*, p. 417-418 (voir aussi p. 134).

[195] M. Schachter, *id.*, p. 418 (et p. 455-456); en ce sens, M. Skubiszewski, p. 419, M. Chaumont, p. 137 (et *AIDI*, 1973, p. 530), M. Miaja de la Muela, p. 137-138, M. Zourek, p. 151, M. Ago, p. 154-155, M. Röling, p. 155.

[196] Voir encore *AIDI*, 1975, p. 431-435.

[197] *Keesing's*, 1960, p. 17640-17641; extraits pertinents de la déclaration dans Jean J. A. Salmon, *La reconnaissance d'Etat. Quatre cas : Mandchoukouo, Katanga, Biafra, Rhodésie du sud*, *op. cit.*, p. 104-105.

[198] *Ibid.*, p. 115.

lieu à des réactions et des prises de positions diverses au sujet du principe de neutralité, lequel a, pour la première fois après l'adoption de la Charte, été mis à l'épreuve d'un conflit sécessionniste[199]. Comme on le constatera, ce principe a une fois de plus montré ses ambiguïtés, que ce soit au vu de la pratique contrastée des Etats ou de l'interprétation qui en a été faite, dans son volet interne comme dans son volet externe.

La pratique des Etats n'a pas été uniforme, loin s'en faut[200]. Plusieurs Etats ont soutenu le Katanga dans son entreprise irrédentiste, sans pour autant aller jusqu'à un acte formel de reconnaissance[201]. En premier lieu, il faut évidemment mentionner la Belgique, ancienne puissance coloniale qui est intervenue militairement dès les lendemains de l'indépendance du Congo[202], officiellement

---

[199] Voir de manière générale J. Gérard-Libois, *Sécession au Katanga*, Bruxelles, CRISP, Léopoldville, Institut national d'études politiques, 1963 ; W. J. Ganshof van der Meersch, *Fin de la souveraineté belge au Congo*, Documents et réflexions, Bruxelles, Institut royal des relations internationales, La Haye, Martinus Nijhoff, 1963 ; Claude Leclercq, *L'ONU et l'affaire du Congo*, Paris, Payot, 1964, sp. p. 44-65. Voir aussi Thomas Franck et John Carey, *The Legal Aspects of the United Nations Action in the Congo*, New York, Oceana Pub., 1963 ; Donald W. McNemar, « The Postindependence War in the Congo », dans Richard A. Falk (dir. publ.), *The International Law of Civil War*, Baltimore, John Hopkins Press, 1971, p. 272 ss ; Catherin Hoskyns, *The Congo Since Independence, January 1960-December 1961*, Oxford, OUP, 1965 ; Lee C. Buchheit, *Secession. The Legitimacy of Self-Determination*, New Haven/ Londres, Yale Univ. Press, 1978, p. 141-153.

[200] Donald W. McNemar, « The Postindependence War in the Congo », *op. cit.*, p. 278-280.

[201] John Dugard, *Recognition and the United Nations*, *op. cit.*, p. 86-90.

[202] Pour un exposé des faits, on se référera notamment à W. J. Ganshof van der Meersch, *Fin de la souveraineté belge au Congo*, Documents et réflexions, Bruxelles, Institut royal des relations internationales, La Haye, Martinus Nijhoff, 1963 ; Claude Leclercq, *L'ONU et l'affaire du Congo*, Paris, Payot, 1964, spécialement p. 44-65. Voir aussi Thomas Franck et John

pour sauver ses ressortissants[203] mais aussi, selon nombre d'analystes, pour protéger ses intérêts économiques, particulièrement importants dans la province minière du Katanga[204]. La déclaration d'indépendance du 11 juillet n'intervient qu'après l'envoi de troupes belges sur le terrain, et aurait pu difficilement avoir lieu sans le soutien actif de l'ancienne métropole[205]. Mais le Katanga a également pu bénéficier du soutien d'autres Etats, comme la France, le Royaume-Uni, le Portugal, l'Afrique du Sud, la Rhodésie, ou les Etats du «groupe de Brazzaville» (Congo Brazzaville, Cameroun, Côte d'Ivoire, Dahomey, Gabon, Haute-Volta, Madagascar, Mauritanie, Niger, République centrafricaine, Sénégal, Tchad)[206]. A l'inverse, de nombreux Etats ont soutenu les autorités de Léopoldville en s'opposant à toute velléité sécessionniste tout en dénonçant l'intervention des troupes belges: on pense spécialement à l'Union soviétique et à ses alliés, ainsi qu'à la plupart des Etats du mouvement des non-alignés, qui ont clairement exprimé leur position lors des débats qui ont eu lieu à l'ONU à la suite de la plainte formellement déposée

---

Carey, *The Legal Aspects of the United Nations Action in the Congo*, New York, Oceana Pub., 1963; Donald W. McNemar, «The Postindependence War in the Congo», dans Richard A. Falk (dir. publ.), *The International Law of Civil War, op. cit.*, p. 253 ss.

[203] S/PV.877, 20 juillet 1960, p. 18, par. 91 et p. 21, par. 106.

[204] Voir le remarquable et iconoclaste ouvrage de David Van Reybrouck, *Congo. Une histoire*, Paris, Actes Sud, 2012, p. 319 ss, ainsi que Fatsah Ouguergouz et Djacoba Liva Tehindrazanarivelo, «La problématique de la sécession en Afrique», dans M. Kohen (dir. publ.), *Secession. International Law Perspectives*, Cambridge, CUP, 2006, p. 266, note 27.

[205] Romain Yakemtchouk, «A propos de quelques cas de reconnaissance d'Etat et de gouvernement en Afrique», *RBDI*, 1970, p. 515-516.

[206] Jean J. A. Salmon, *La reconnaissance d'Etat. Quatre cas: Mandchoukouo, Katanga, Biafra, Rhodésie du sud, op. cit.*, p. 120.

contre la Belgique par le gouvernement congolais[207].
Finalement, avec l'appui de certaines puissances comme
les Etats-Unis qui ne s'étaient engagées ni en faveur
ni contre l'intervention belge[208], les forces de l'ONUC
seront envoyées sur le terrain pour remplacer les troupes
belges, forces qui resteront en place jusqu'à la fin de
la crise[209]. Au final, le principe de neutralité semble
avoir prévalu mais, en même temps, au vu du contexte
conflictuel que l'on vient de décrire, c'est au prix de
profondes ambiguïtés dans son interprétation, qu'il
s'agisse principalement de son volet externe (qui a été
au centre des débats en raison de l'intervention militaire
belge) mais aussi, incidemment, interne. D'un côté, en
effet, certains éléments plaident pour la remise en cause
du principe alors que, de l'autre, on pourrait interpréter le
précédent comme en ayant consacré la teneur.

Dans un premier temps, on pourrait estimer que la
crise katangaise est loin de consacrer une quelconque
neutralité, dans la mesure où on peut souligner un
soutien actif au gouvernement congolais contre la
sécession[210]. Ce soutien peut évidemment être constaté
dans les faits : l'ONU a donné suite aux appels des
autorités gouvernementales en appelant au retrait des

---

[207] Télégramme du 12 juillet 1960, texte reproduit dans
J. Gérard-Libois et B. Verhaegen, *Congo 1960*, tome II, Les
dossiers du CRISP, Centre de recherche et d'information
socio-politiques, Bruxelles, n.d., p. 544. Voir par exemple les
positions de la Tunisie (S/PV.873, 13 juillet 1960, p. 12, par.
79), de l'URSS (*ibid.*, p. 18, par. 103), de la Pologne (*ibid.*,
p. 30, par. 151 et S/PV.878, 21 juillet 1960, p. 19, par. 89-92) et
de l'Equateur (*ibid.*, p. 25, par. 128).

[208] S/PV.873, 13 juillet 1960, p. 15, par. 95.

[209] Voir notamment la résolution 146 (1960) du 9 août 1960.

[210] Théodore Christakis, *Le droit à l'autodétermination en
dehors des situations de décolonisation, op. cit.*, p. 210 ; Donald
W. McNemar, « The Postindependence War in the Congo », *op.
cit.*, p. 289-290 ; Barbara Delcourt, « La question du monopole
de la violence dans un monde globalisé », *Revista de Estudios
Juridicos*, 2006, p. 393.

troupes belges[211] puis en déployant une force militaire au Katanga[212]. Cette force sera progressivement amenée à lutter contre les militaires katangais, au prix d'un certain nombre de victimes dans ses rangs[213]. Dans l'ensemble, on peut légitimement estimer que l'appui de l'ONU au gouvernement a joué un rôle déterminant dans l'échec de la sécession. Mais, au-delà de ces faits, c'est aussi dans l'ordre du discours que l'on peut relever certains éléments déterminants. Particulièrement emblématique à cet égard est la résolution 169 (1961)[214], adoptée après l'assassinat de Patrice Lumumba, alors Premier ministre du Congo.

Après avoir rappelé les résolutions antérieures pertinentes, le Conseil :

> «*Réaffirmant* les principes et les buts de l'Organisation des Nations Unies en ce qui concerne le Congo (Léopoldville), tels qu'ils sont énoncés dans lesdites résolutions, à savoir :
>
> *a)* Maintenir l'intégrité territoriale et l'indépendance politique de la République du Congo,

---

[211] Voir en ce sens les résolutions 143 (1960) du 14 juillet 1960 (par. 1), 145 (1960) du 22 juillet 1960 (par. 1), 146 (1960) du 9 août 1960 (par. 2), 161 (1961) du 21 février 1961 (par. 2).

[212] Rosalyn Higgins, *United Nations Peacekeeping 1946-1967*, Documents and Commentary, III, Africa, Oxford, OUP, 1980.

[213] Donald W. McNemar, «The Postindependence War in the Congo», *op. cit.*, p. 255-256; Paul-Henry Gendebien, *L'intervention des Nations Unies au Congo 1960-1964*, Bruxelles, éd. De Gruyter, 1967, p. 131.

[214] Voir cependant déjà la résolution 161 (1961) du 21 février 1961, par laquelle le Conseil

> «[d]emande instamment que les Nations Unies prennent immédiatement toutes mesures appropriées pour empêcher le déclenchement d'une guerre civile au Congo, notamment des dispositions concernant le cessez-le-feu, la cessation de toutes opérations militaires, la prévention des combats et le recours à la force, si besoin est, en dernier ressort» (par. 1).

b) Aider le Gouvernement central du Congo à rétablir et maintenir l'ordre public,

c) Empêcher le déclenchement d'une guerre civile au Congo, ...

Déplorant toute action armée menée contre l'autorité du Gouvernement de la République du Congo, en particulier les activités sécessionnistes et l'action armée qui sont actuellement menées par l'administration provinciale du Katanga avec l'aide de ressources de l'extérieur et de mercenaires étrangers, et rejetant entièrement l'allégation selon laquelle le Katanga serait une « nation souveraine indépendante », ... ;

Reconnaissant le Gouvernement de la République du Congo comme la seule autorité chargée de la conduite des affaires extérieures du Congo, ... :

1. Réprouve énergiquement les activités sécessionnistes illégalement menées par l'administration provinciale du Katanga avec l'appui de ressources de l'extérieur et secondées par des mercenaires étrangers...;

3. *Souligne* que lesdites activités doivent cesser immédiatement et demande à tous les intéressés d'y renoncer...

9. *Affirme* son *plein et ferme appui au Gouvernement central du Congo et sa résolution d'aider ce gouvernement*, conformément aux décisions de l'Organisation des Nations Unies, à maintenir l'ordre public et l'intégrité nationale, de fournir une assistance technique et d'exécuter lesdites décisions... » [215]

Comme l'indiquent les passages soulignés, l'ONU semble clairement s'engager en faveur de l'une des parties au

---

[215] Nous soulignons.

conflit[216]. Plus fondamentalement, on constate qu'elle qualifie les activités sécessionnistes d'«illégales», ce qui apparaît bel et bien incompatible avec le principe de neutralité dans les guerres civiles[217].

Mais, d'un autre côté, on pourrait estimer que ce principe n'a pas fondamentalement été remis en cause[218]. D'abord, et de manière générale, on aura relevé que l'intervention militaire belge a fait l'objet de multiples condamnations au nom de la souveraineté du Congo[219]. Dans ce contexte, c'est donc essentiellement en riposte à une première intervention militaire extérieure que l'aide au gouvernement de Léopoldville a été accordée, spécialement par l'ONU. Certains extraits de la résolution 169 (1961) sont clairs, tout comme ceux d'autres résolutions pertinentes[220]. Dans cette perspective, c'est pour faire respecter le volet externe du principe de neutralité que l'ONU aurait agi dans cette crise. A l'analyse, l'ONU a d'ailleurs toujours nié pouvoir prendre parti en faveur des sécessionnistes, mais aussi du gouvernement central. A plusieurs reprises, les actions des

---

[216] Georg Nolte, «Secession and External Intervention», dans M. Kohen (dir. publ.), *Secession. International Law Perspectives, op. cit.*, p. 68.

[217] Rosalyn Higgins, *The Development of International Law Through the Political Organs of the United Nations*, Oxford, OUP, 1963, p. 445.

[218] En ce sens, Mohamed Bennouna, *Le consentement à l'ingérence militaire dans les conflits internes, op. cit.*, p. 108-122; Christian Walter, «Security Council Control over Regional Action», *loc. cit.*, p. 147; Louise Doswald-Beck, «The Legal Validity of Military Intervention by Invitation of the Government», *op. cit.*, p. 240-241; Donald W. McNemar, «The Postindependence War in the Congo», *op. cit.*, p. 292 et 295-296.

[219] Voir par exemple les positions de la Tunisie (S/PV.873, 13 juillet 1960, p. 12, par. 79), de l'URSS (*ibid.*, p. 18, par. 103), de la Pologne (*ibid.*, p. 30, par. 151 et S/PV.878, 21 juillet 1960, p. 19, par. 89-92) et de l'Equateur (*ibid.*, p. 25, par. 128).

[220] Résolutions 143 (1960) du 14 juillet 1960, 161 (1961) du 21 février 1961 (par. 2).

forces des Nations Unies contre les mercenaires soutenant
les sécessionnistes ont formellement été justifiées par la
légitime défense[221]. Plus fondamentalement, dès le 9 août
1960, le Conseil

> «réaffirme que la force des Nations Unies au Congo
> ne sera partie à aucun conflit interne, constitutionnel
> ou autre, qu'elle n'interviendra en aucune façon dans
> un tel conflit ou ne sera pas utilisée pour en influencer
> l'issue»[222].

Cet extrait fait écho aux propos prononcés à l'époque par
le Secrétaire général:

> «les unités des Nations Unies ne doivent pas devenir
> parties à des conflits internes, elles ne peuvent pas être
> utilisées pour faire prévaloir une solution politique
> donnée des problèmes en suspens ou pour influencer
> un équilibre décisif pour une telle solution...; nous
> n'avons ni l'intention ni le droit de nous élever contre
> un mouvement quelconque fait par le gouvernement
> central pour asseoir son autorité au Katanga. D'autre
> part, nous ne pouvons pas davantage ... apporter notre
> soutien actif aux efforts du gouvernement central. Les
> deux choses doivent rester séparées»[223].

A la fin du conflit, le nouveau Secrétaire général faisait
encore la déclaration suivante:

> «Que l'on prenne, par exemple, le principe de non-
> intervention dans les affaires politiques intérieures

---

[221] Mohamed Bennouna, *Le consentement à l'ingérence
militaire dans les conflits internes, op. cit.*, p. 116 et p. 210-211;
Donald W. McNemar, «The Postindependence War in the
Congo», *op. cit.*, p. 292.

[222] Résolution 146 (1960) du 9 août 1960.

[223] 18 juillet 1960, S/4389 (cité dans Jean J. A. Salmon, *La
reconnaissance d'Etat. Quatre cas: Mandchoukouo, Katanga,
Biafra, Rhodésie du sud, op. cit.*, p. 127) et S/PV.889, 21 août
1960.

du Congo. Ce principe a été respecté et l'ONU s'est scrupuleusement abstenue de se prononcer pour ou contre un Congolais, membre du gouvernement ou candidat à un tel poste, que ce soit sur le plan national ou sur le plan provincial. L'ONU a évité toute intervention si ce n'est pour s'opposer à la sécession en général, comme le demandaient les résolutions du Conseil de sécurité et les suggestions d'ordre constitutionnel figurant dans le Plan de réconciliation nationale, qui, après tout, ne constituait qu'une proposition que chaque partie était libre d'accepter ou de rejeter. L'Opération des Nations Unies au Congo s'est également conformée au principe selon lequel la force ne devait pas être employée à des fins politiques, bien que la Force des Nations Unies au Congo ait, il est vrai, par sa présence et son activité mêmes, beaucoup contribué à donner effectivement poids à l'opposition de l'ONU à la sécession, que ce soit au Katanga, au Kasai ou dans d'autres régions du pays. » [224]

Une telle déclaration exprime bien toutes les ambiguïtés du discours tenu à propos de la crise katangaise [225]. Le principe de neutralité est réaffirmé, tout en admettant que la sécession a été combattue … mais au nom à la fois de résolutions de l'ONU qui condamnaient l'ingérence extérieure en sa faveur et de la circonstance que cette sécession était contraire à un plan accepté par toutes les parties, dans l'intérêt du maintien de la paix [226].

De telles ambiguïtés se répéteront dans de nombreux conflits ultérieurs. Dès 1967, dans le contexte de la

---

[224] Rapport du 4 février 1963, S/5240, p. 14-15, par. 37-38.
[225] Voir Antonio Tancredi, « Secession and the Use of Force », dans Ch. Walter, A. Von Ungern-Sternberg et Kavus Abushov (dir. publ.), *Self-Determination and Secession in International Law*, Oxford, OUP, 2014, p. 81-82.
[226] Mohamed Bennouna, *Le consentement à l'ingérence militaire dans les conflits internes, op. cit.*, p. 117.

crise du Biafra, les Etats africains proclamaient leur
«condamnation de tout acte de sécession dans chaque
Etat membre»[227], le Secrétaire général des Nations
Unies affirmant quant à lui que «l'ONU, en sa qualité
d'organisation internationale, n'a jamais accepté,
n'accepte pas et n'acceptera jamais le principe de la
sécession d'une partie d'un de ses Etats membres»[228].
Cependant, quelques années plus tard, en 1974, l'ONU
admettait le Bangladesh comme Etat membre, et
consacrait ainsi la sécession de ce territoire de l'Etat
du Pakistan, en 1971[229]. Un schéma que l'on retrouvera
dans de nombreux précédents après la fin de la guerre
froide, comme on le constatera ultérieurement[230]. A ce
stade, si l'on s'en tient au Katanga, on constate que, dès
la première crise sécessionniste de son histoire, l'ONU a
dû composer entre la réaffirmation formelle du principe
de neutralité et sa confrontation avec la pratique, laquelle
a dicté des interprétations toutes particulières et pas
toujours cohérentes.

---

[227] Résolution de la Conférence des chefs d'Etat et de
gouvernement de l'OUA, Kinshasa, 14 septembre 1967, OUA/
CCEG, résolution AHG/51 (IV), citée dans Jean J. A. Salmon,
*La reconnaissance d'Etat. Quatre cas: Mandchoukouo,
Katanga, Biafra, Rhodésie du sud, op. cit.*, p. 161-162; voir
aussi à ce sujet Stéphane Doumbé-Billé, «La déclaration
d'indépendance du Biafra», dans R. Kherad (dir. publ.), *Les
déclarations d'indépendance*, Paris, Pedone, 2012, p. 93-115;
F. Wodie, «La sécession du Biafra et le droit international
public», *RGDIP*, 1969, p. 1018-1060.

[228] Nations Unies, *Chronique mensuelle*, vol. VII, 1970,
p. 38.

[229] John Dugard, *The Secession of States and Their Recog-
nition in the Wake of Kosovo, op. cit.*, p. 187-191; James
Crawford, «State Practice and International Law in Relation to
Secession», *BYBIL*, 1999, p. 114-115.

[230] *Infra* chapitre III; voir John Dugard, *The Secession of
States and Their Recognition in the Wake of Kosovo, op. cit.*,
p. 87-88.

3. *L'affaire des* Activités militaires et paramilitaires au Nicaragua et contre celui-ci *(1986)*

Un autre exemple caractéristique de la période de la guerre froide est le précédent du Nicaragua. A l'origine, il s'agit d'une guerre civile, opposant le gouvernement sandiniste (lui-même arrivé au pouvoir à l'issue d'une révolution couronnée de succès en 1979) et des rebelles qualifiés de «contre-révolutionnaires» *(contras)* [231]. Après l'arrivée au pouvoir du président Reagan, les Etats-Unis se sont progressivement engagés dans le conflit en soutenant les *contras*, que ce soit en menant des actions militaires à leur appui ou en aidant directement les rebelles, par des livraisons d'armes, une aide logistique ou encore financière. Comme on le sait, le Nicaragua a alors saisi la Cour internationale de Justice, qui a condamné les Etats-Unis, principalement pour violation des principes de non-recours à la force et de non-intervention [232].

Une lecture de l'arrêt de la Cour n'est pas sans intérêt pour cerner l'existence, mais aussi les ambiguïtés, du principe de neutralité. Trois passages méritent à cet égard d'être mentionnés.

Le premier renvoie directement au choix souverain de déterminer son régime politique :

---

[231] CIJ, affaire des *Activités militaires et paramilitaires au Nicaragua et contre celui-ci*, *CIJ Recueil 1986*, p. 21 ss, par. 20 ss. Une abondante littérature est consacrée à un exposé du contexte politique de ce différend ; voir notamment Pierre Harrisson, *Etat-Unis* contra *Nicaragua*, Genève, CETIM, 1988. En 1984, un «tribunal des peuples sur les interventions américaines au Nicaragua», présidé par François Rigaux, a rendu une «sentence» condamnant les Etats-Unis pour violation du droit international (texte complet dans *Tribunal des peuples sur les interventions américaines au Nicaragua*, Bruxelles, Vie ouvrière/Contradictions/les éditions ouvrières, 1985, p. 19-46).

[232] *CIJ Recueil 1986*, p. 146-147.

« Le Congrès des Etats-Unis a aussi, dans sa conclusion, exprimé l'opinion que le Gouvernement du Nicaragua avait pris des « mesures révélant l'intention d'établir une dictature communiste totalitaire ». Quelque définition qu'on donne du régime du Nicaragua, l'adhésion d'un Etat à une doctrine particulière ne constitue pas une violation du droit international coutumier : conclure autrement reviendrait à priver de son sens le principe fondamental de la souveraineté des Etats sur lequel repose tout le droit international, et la liberté qu'un Etat a de choisir son système politique, social, économique et culturel. En conséquence, les choix politiques internes du Nicaragua, à supposer même qu'ils répondent à la description qui en est donnée dans la conclusion du Congrès, ne peuvent pas légitimer, sur le plan juridique, les diverses conduites reprochées au défendeur à son égard. La Cour ne saurait concevoir la création d'une règle nouvelle faisant droit à une intervention d'un Etat contre un autre pour le motif que celui-ci aurait opté pour une idéologie ou un système politique particulier. » [233]

A priori, on est là devant une consécration on ne peut plus nette du principe de neutralité, d'abord dans son volet interne : on peut difficilement imaginer affirmation plus péremptoire du choix de chaque Etat de déterminer son régime politique, quel qu'il soit (y compris, donc, s'il s'agit d'une « dictature … totalitaire »). Dans la même perspective, on peut relever que la Cour reste parfaitement neutre quant à la légitimité de la contre-révolution en tant que telle, qui n'est jamais évoquée tout au long de l'arrêt. Quant au volet externe, il est évidemment au centre de l'affaire, et la Cour axe tout le raisonnement qui aboutit à la condamnation des Etats-Unis sur la neutralité, en la reliant au principe de non-intervention dans les affaires relevant de la compétence nationale des Etats. En même

---

[233] *Ibid.*, p. 133, par. 263.

temps, et d'un autre côté, les ambiguïtés de ce dernier apparaissent tout particulièrement à la lecture de ce même extrait. Il faut en effet relever que le Nicaragua était, déjà à l'époque, lié par un grand nombre de règles protégeant les droits de la personne, via des engagements contractés à la fois à l'échelle universelle (Pacte des Nations Unies) et à l'échelle régionale (Convention interaméricaine des droits de l'homme, Organisation des Etats américains). Ces règles garantissent à tous les individus un certain nombre de droits civils et politiques (liberté d'expression et d'association, droit à la vie privée, interdiction de la torture et des traitements inhumains et dégradants, ...) mais aussi politiques (droit d'élire et d'être élu). La Convention interaméricaine renvoie dans ce contexte à plusieurs reprises à une « société démocratique », ou à une « forme démocratique représentative de gouvernement »[234], tandis que la Charte de l'OEA énonce que la « solidarité des Etats américains et les buts élevés qu'ils poursuivent exigent de ces Etats une organisation politique basée sur le fonctionnement effectif de la démocratie représentative »[235]. Dans ce contexte, il semble délicat d'affirmer sans autre forme de limite un choix d'établir une « dictature ... totalitaire », une expression certes ouverte à l'interprétation, mais qui semble par définition difficilement conciliable avec le concept de démocratie représentative en général, et avec le respect des droits individuels énoncés plus haut, en particulier. On touche là à une certaine ambiguïté, car l'affirmation abstraite de la liberté de choisir son régime politique doit être conciliée avec le respect des engagements (souverainement) souscrits par chaque Etat dans le domaine des droits de la personne[236].

---

[234] Selon les termes de l'article 29 de la Convention interaméricaine des droits de l'homme.

[235] Article 3 de la Charte de l'OEA.

[236] James Crawford, « Democracy and International Law », *BYBIL*, 1993, p. 121.

La « neutralité » dans le choix du type de régime politique apparaît, dans ce contexte, toute relative. On ne peut
d'ailleurs que rappeler à cet égard que le gouvernement
sandiniste avait organisé lui-même des élections en
1984[237].

Une autre ambiguïté, qui concerne cette fois le volet
externe de ce principe, ressort de ce passage de l'arrêt de
la Cour :

> « ... le principe de non-intervention relève du droit
> international coutumier. Or il perdrait assurément
> toute signification réelle comme principe de droit si
> l'intervention pouvait être justifiée par une simple
> demande d'assistance formulée par un groupe
> d'opposants dans un autre Etat, en l'occurrence des
> opposants au régime du Nicaragua, à supposer qu'en
> l'espèce cette demande ait été réellement formulée. On
> voit mal en effet ce qui resterait du principe de non-
> intervention en droit international si l'intervention,
> *qui peut déjà être justifiée par la demande d'un*
> *gouvernement,* devait aussi être admise à la demande
> de l'opposition à celui-ci. Tout Etat serait ainsi en
> mesure d'intervenir à tout coup dans les affaires
> intérieures d'un autre Etat, à la requête, tantôt de son
> gouvernement, tantôt de son opposition »[238].

L'expression soulignée semble indéniablement remettre
en cause le principe de neutralité, dans la mesure où la Cour
insiste sur la distinction entre l'aide au gouvernement, en
principe permise, et l'aide aux rebelles, rigoureusement
interdite[239]. En ce sens, une partie de la doctrine insiste
sur la pratique de coopération militaire qui a abouti, dans

---

[237] *Ibid.*, p. 120.

[238] Nous soulignons ; *CIJ Recueil 1986*, p. 126, par. 246.

[239] Voir Charles J. Le Mon, « Unilateral Intervention by
Invitation in Civil Wars : the Effective Control Test Tested »,
International Law and Politics, 2003, p. 749-750.

nombre de précédents, à un soutien des gouvernements en place dans le cadre de leur lutte contre des forces d'opposition [240]. Mais, d'un autre côté, la Cour utilise l'expression «peut» être justifiée, ce qui laisse entendre que l'aide au gouvernement ne l'est pas nécessairement dans tous les cas de figure. Aussi, une autre partie de la doctrine estime que l'aide au gouvernement, si elle est en principe autorisée, ne l'est plus en certaines circonstances, spécialement lorsqu'il s'agit de prendre parti dans un conflit interne qui a atteint les dimensions d'une guerre civile [241]. On retrouve trace des conceptions antérieures à l'entrée en vigueur de la Charte exposées plus haut, et un certain nombre de précédents postérieurs à 1945 peuvent être interprétés en ce sens, les aides aux forces gouvernementales étant le plus souvent justifiées non par un pouvoir discrétionnaire, mais par des arguments comme ceux de la simple aide technique, ou aussi de la «contre-intervention», avec toutes les incertitudes entourant la définition de ces catégories qu'on a mises en évidence en analysant la résolution de Wiesbaden adoptée par l'Institut de droit international en 1975 [242]. Si cette dernière interprétation se révèle fondée, le principe de neutralité comprend un volet externe, même s'il revêt une portée modérée, puisque le gouvernement et les rebelles ne peuvent être mis exactement sur un même pied. Pour en revenir au prononcé de la Cour, le problème est qu'il ne tranche ni en faveur, ni à l'encontre de cette thèse et, en tout état de cause, qu'il ne précise

---

[240] Voir *supra*, notamment les débats au sein de l'Institut de droit international; voir un aperçu de la controverse doctrinale dans Rudolf Randelzhofer et Olivier Dörr, «Article 2 (4)», dans B. Simma *et al.* (dir. publ.), *The Charter of the United Nations. A Commentary*, 3ᵉ éd., Oxford, OUP, 2009, p. 214-215.

[241] Eliav Lieblich, *International Law and Civil Wars. Intervention and Consent, op. cit.*, p. 150-151; Olivier Corten, *Le droit contre la guerre*, 2ᵉ éd., *op. cit.*, p. 472-473.

[242] O. Corten, *op. cit.*, p. 496-512.

pas quand une aide au gouvernement «peut» être justifiée[243].

Enfin, un troisième extrait de cet arrêt de référence doit être mentionné :

> «... avant de parvenir à une conclusion sur la nature de l'intervention prohibée, la Cour doit s'assurer que la pratique des Etats justifie cette conclusion. Or un certain nombre d'exemples d'interventions étrangères dans un Etat au bénéfice de forces d'opposition au gouvernement de celui-ci ont pu être relevés au cours des dernières années. *La Cour ne songe pas ici au processus de décolonisation. Cette question n'est pas en cause en la présente affaire.* La Cour doit examiner s'il n'existerait pas des signes d'une pratique dénotant la croyance en une sorte de droit général qui autoriserait les Etats à intervenir, directement ou non, avec ou sans force armée, pour appuyer l'opposition interne d'un autre Etat, dont la cause paraîtrait particulièrement digne en raison des valeurs politiques et morales avec lesquelles elle s'identifierait. L'apparition d'un tel droit général supposerait une modification fondamentale du droit international coutumier relatif au principe de non-intervention»[244].

Comme on le sait, la Cour conclura par la négative, au prix d'une subtile distinction entre une pratique interventionniste, observée dans moult situations, et un discours formellement respectueux du principe de non-intervention, consistant à rechercher des arguments juridiques classiques susceptibles de justifier l'action[245]. Mais cette conclusion ne vaut, comme

---

[243] Klaus Kress, «Major Post-Westphalian Shifts and Some Important Neo-Westphalian Hesitations in the State Practice on the International Law on the Use of Force», *op. cit.*, p. 18.

[244] Nous soulignons ; *CIJ Recueil 1986*, p. 108, par. 206.

[245] *CIJ Recueil 1986*, p. 98, par. 186.

l'indique le passage souligné, qu'en dehors du cadre de la décolonisation. Faut-il en déduire qu'*a contrario*, une intervention en faveur d'une cause légitime comme l'autodétermination [246] ne serait pas contraire au droit international ? C'est ce que prétend une partie de la doctrine [247] qui, s'appuyant sur la position de nombreux Etats, appartenant essentiellement au mouvement des non-alignés ou au bloc socialiste, évoquaient même une agression coloniale conférant au peuple concerné un droit de légitime défense [248]. On pourrait aussi s'appuyer sur

[246] Voir par exemple Paolo Rubino, « Colonialism and the Use of Force by States », dans A. Cassese (dir. publ.), *The Current Legal Regulation of the Use of Force*, Dordrecht, Martinus Nijhoff, 1986, p. 133, ainsi que Heather A. Wilson, *International Law and the Use of Force by National Liberation Movements*, Oxford, Clarendon Press, 1988, p. 127-130.

[247] G. Starouchenko, « La liquidation du colonialisme et le droit international », dans G. Tounkine (dir. publ.), *Droit international contemporain*, Moscou, éd. du progrès, 1972, p. 134-135 ; CIJ, affaire de la *Namibie*, avis consultatif du 21 juin 1971, opinion individuelle du juge Ammoun, *CIJ Recueil 1971*, p. 70.

[248] Voir par exemple l'URSS (A/AC.134/SR.39, 21 mars 1969 dans A/AC.134/SR.25-51, p. 122), la Roumanie (A/C.6/SR.1164, 1er décembre 1969, p. 368, par. 11 ; A/AC.134/SR.59, 22 juillet 1970 dans A/AC.134/SR.52-66, p. 64), le Guyana (A/AC.134/SR.95, 1er mars 1972 dans A/AC.134/SR.79-91, p. 37), la Syrie (A/C.6/SR.1204, 21 octobre 1970, p. 165, par. 5), la Biélorussie (A/C.6/SR.1206, 26 octobre 1970, p. 177, par. 16 ; A/C.6/SR.1441, 19 novembre 1973, p. 245, par. 6), l'Afghanistan (A/C.6/SR.1206, 26 octobre 1970, p. 180, par. 50 ; A/C.6/SR.1352, 6 novembre 1972, p. 243, par. 22), la Tchécoslovaquie (A/C.6/SR.1206, 26 octobre 1970, p. 181, par. 62), Madagascar (A/C.6/SR.1206, 26 octobre 1970, p. 183, par. 75), le Togo (A/C.6/SR.1208, 27 octobre 1970, p. 195, par. 19), la Zambie (A/C.6/SR.1276, 4 novembre 1971, p. 178, par. 28 ; A/C.6/SR.1351, 6 novembre 1972, p. 234, par. 8), l'Ukraine (A/C.6/SR.1348, 2 novembre 1972, p. 213, par. 4), l'Irak (A/C.6/SR.1348, 2 novembre 1972, p. 214, par. 12 ; A/C.6/SR.1440, 16 novembre 1973, p. 243, par. 55) , le Kenya (A/C.6/SR.1350, 3 novembre 1972, p. 231, par. 33 ; A/C.6/SR.1442, 20 novembre 1973, p. 255, par. 24), la RDA (A/C.6/

certains passages de résolutions de l'Assemblée générale
des Nations Unies qui affirment la légitimité d'une lutte
d'autodétermination et le droit des peuples en cause de
« rechercher et de recevoir un appui conforme aux buts et
principes de la Charte des Nations Unies » [249]. D'un autre
côté, la Cour ne dit rien de tel, explicitement en tout cas.
Il est donc, ici encore, possible de neutraliser le passage
comme excluant de son champ d'application le cas de la
décolonisation, sans trancher cette dernière dans un sens
ou l'autre [250]. Rien n'empêcherait donc de considérer que
le principe de non-intervention continue à s'appliquer
à ces situations. En ce sens, l'extrait repris plus haut
subordonne un appui au respect de la Charte, ce qui
peut être interprété comme empêchant tout engagement
de type militaire, conformément à la doctrine défendue
de manière persistante par les Etats occidentaux qui
se sont toujours opposés à toute notion de légitime
défense, individuelle ou collective, en faveur des peuples
coloniaux [251]. D'ailleurs, la pratique semble dénoter une

SR.1441, 19 novembre 1973, p. 246, par. 17), la Chine (A/C.6/
SR.1442, 20 novembre 1973, p. 260, par. 75), Haïti (A/C.6/
SR.1443, 20 novembre 1973, p. 263, par. 17). Voir encore,
de manière plus implicite mais claire, le Sri Lanka (A/C.6/
SR.1349, 3 novembre 1972, p. 225, par. 76), le Sénégal (A/C.6/
SR.1444, 21 novembre 1973, p. 273, par. 18), et le Soudan
(A/C.6/SR.1444, 21 novembre 1973, p. 274, par. 28). Pour
d'autres exemples, consulter Olivier Corten, *Le droit contre la
guerre*, 2e éd., *op. cit.*, p. 210-230.

[249] Résolution 2625 (XXV), principe du droit des peuples
à disposer d'eux-mêmes, par. 5; voir aussi résolution 1514
(XV), 14 décembre 1960, par. 4; article 7 de la *Définition
de l'agression* annexée à la résolution 3314 (XXIX) de
l'Assemblée générale, adoptée sans vote le 14 décembre 1974.

[250] Klaus Kress, «Major Post-Westphalian Shifts and Some
Important Neo-Westphalian Hesitations in the State Practice on
the International Law on the Use of Force», *op. cit.*, p. 17.

[251] Voir notamment le Royaume-Uni (A/C.6/S.R.1163,
29 novembre 1969, p. 357, par. 25; *Report of the Special
Committee on Principles of International Law concerning
Friendly relations and co-operation among States*, Supplément

réticence des Etats tiers à assumer un soutien militaire aux mouvements de libération nationale, comme le montre notamment les précédents des Etats de la ligne de front par rapport aux mouvements de libération nationale du temps de l'*apartheid* en Afrique du sud[252]. On peut donc, tout aussi bien, interpréter cet extrait comme ne justifiant nullement l'appui militaire extérieur à une lutte de libération nationale.

Finalement, et à ce stade, on constate que le principe de neutralité, s'il s'est progressivement affirmé comme l'un des éléments fondamentaux du droit international contemporain – spécialement dans la mesure où on le relie aux principes de souveraineté et de non-intervention –, a dès l'origine renfermé un grand nombre d'ambiguïtés ou d'ambivalences. Dans son volet interne, selon lequel la rébellion (comme sa répression) n'est ni permise ni interdite, il a subi des tensions liées aux questions de la sécession (on l'a vu dans le cas du Katanga) et du droit à l'autodétermination (on vient de le relever dans l'affaire Nicaragua), ainsi que du développement des droits de la personne. Dans son volet externe, le principe de

---

n° 18, A/8018, 1970, p. 112, par. 228), la France (*Report of the Special Committee on Principles of International Law concerning Friendly relations and co-operation among States*, supplément n° 18, A/8018, 1970, p. 91, par. 151), les Etats-Unis (A/AC.119/SR.15, 8 septembre 1964, p. 15, p. 19 ; voir aussi A/AC.119/SR.17, 9 septembre 1964, p. 17), l'Australie (A/AC.119/SR.17, 9 septembre 1964, p. 14 ; voir aussi A/AC.125/SR.19, 21 mars 1966, p. 6, par. 5 ; A/AC.125/SR.26, 25 mars 1966, p. 13-14, par. 31-32), le Canada (A/AC.125/SR.23, 24 mars 1966, p. 11, par. 36 ; voir aussi A/AC.125/SR.66, 1er août 1967, p. 16-17).

[252] Voir par exemple les positions du Botswana (*Lettre du 12 janvier 1977 adressée au Président du Conseil de sécurité par le représentant du Botswana*, S/12275, 12 janvier 1977) ou de l'ANC niant toute forme de soutien militaire de la part du Lesotho (S/PV.2409, 16 décembre 1982, p. 20, par. 183). Pour plus de détails, voir Olivier Corten, *Le droit contre la guerre*, 2e éd., *op. cit.*, p. 225-226.

neutralité génère aussi deux tensions qui paraissent en partie s'opposer. D'une part, si l'on constate une grande réticence à admettre une aide aux rebelles, cette dernière ne semble a priori pas totalement exclue lorsqu'entre en jeu le phénomène de la décolonisation, sans pour autant que cela ne ressorte clairement de la jurisprudence ou de la pratique. D'autre part, si la possibilité de coopérer avec un gouvernement n'est remise en cause par personne, un appui militaire à la répression d'une rébellion organisée et disposant d'un certain pouvoir territorialisé peut être mis en cause, mais dans des conditions qui restent relativement indéterminées (comme l'illustrent les exceptions de l'«aide technique ou économique qui ne serait pas de nature à exercer une influence substantielle sur l'issue de la guerre civile» ou de la «contre-intervention»).

On ne s'est, à ce stade préliminaire, intéressé qu'au droit international antérieur à la fin de la guerre froide. Si, à présent, on prend en compte les changements qui sont intervenus depuis, on ne peut d'emblée que jeter davantage de doutes encore sur la persistance et la portée du principe de neutralité. La proclamation d'un «nouvel ordre mondial» est en effet allée de pair avec l'idée d'une progression des idées démocratiques et de valeurs universelles amenées à transcender le principe de non-intervention, en tout cas dans le sens strict qu'on lui donnait jusque-là[253]. Cette émergence d'un principe de «légitimité démocratique», comme on l'a alors appelé de manière générale, était en effet de nature à favoriser un droit international moins procédural que substantiel, en ce sens que, tout en restant axé sur la coopération entre Etats, il garantirait le respect de valeurs universelles par-delà les frontières[254]. On l'aura compris, un tel mouvement heurte, de front cette fois, le principe

---

[253] *Supra* introduction.
[254] Voir Emmanuelle Jouannet, *Le droit international-libéral providence. Une histoire du droit international*, *op. cit.*

de neutralité. Qu'on mette ce dernier en relation avec le principe de non-intervention (chapitre II), le droit à l'autodétermination des peuples (chapitre III) ou avec les droits de la personne (chapitre IV), la légitimité de la cause devrait dicter de profondes modifications dans le régime juridique international. A l'analyse, comme on le verra, aucune évolution radicale ne peut être établie.

Ce que l'on peut affirmer, en revanche, c'est la persistance et le développement d'ambivalences qu'il est délicat, voire impossible, de surmonter, même si on peut tendre à la gérer au cas par cas (chapitre V).

CHAPITRE II

LES TENSIONS CONTEMPORAINES
LIÉES AU PRINCIPE DE NON-INTERVENTION

> « For the very first time ever,
> When they had a revolution in Nicaragua,
> There was no interference from America
> Human rights in America
> Well the people fought the leader,
> And up he flew...
> With no Washington bullets what else
> could he do? »[255]

Publiée en 1980 sur leur triple album *Sandinista!*, cette chanson du célèbre groupe britannique *The Clash* nous offre une vigoureuse défense du principe de neutralité. La rébellion sandiniste – qui avait renversé le régime dictatorial d'Anastasio Somoza en 1979 – et par répercussion « les droits de l'homme », n'ont pu triompher que grâce à l'absence (« pour la toute première fois ») d'intervention extérieure de la part des Etats-Unis. Dans la même perspective, sont par ailleurs dénoncées dans d'autres couplets de la chanson les ingérences des Etats-Unis à Cuba ou au Chili, et soviétique en Afghanistan, peu respectueuses des droits des peuples concernés. En un certain sens, et tout en exprimant ici un engagement perceptible dans bien d'autres de leurs productions[256], *The Clash* font ici écho à la doctrine défendue par l'Institut de droit international à sa session de Wiesbaden quelques années plus tôt, en 1975 : la neutralité impose un devoir

---

[255] *The Clash*, « Washington Bullets », sorti sur l'album *Sandinista!*, CBS, 1980.

[256] Voir par exemple Pat Gilbert, *Passion is a Fashion. The Real Story of the Clash*, 2ᵉ éd., Londres, 2009.

d'abstention de la part des Etats tiers, y compris à l'égard du gouvernement en place[257].

A l'inverse, le principe de neutralité est fustigé dans d'autres médias touchant le grand public, spécialement après la fin de la guerre froide. Dans le film *No man's land*, sorti en 2001, le dialogue suivant se développe entre une journaliste et un soldat de la FORPRONU:

> «Pourquoi faites-vous tout ça?
> – Parce que j'en ai ras-le-bol d'observer et de ne rien faire.
> – Et qu'est-ce que vous feriez?
> – Ce que je ferais? Moi j'arrêterais les fous furieux qui sont en train de massacrer ce pays; on a tout ce qu'il faut pour ça!
> – Je croyais que vous étiez neutres.»
> – La neutralité, ça existe pas; face à un meurtre, ne rien faire pour l'empêcher, c'est déjà choisir.»
> – C'est magnifique! vous répétez ça devant ma caméra?
> – He, je suis peut-être fou, mais pas stupide.»[258]

Ces deux exemples introduisent bien les ambivalences touchant le principe de neutralité en lien avec le principe de non-intervention. D'un côté, s'en passer pourrait revenir à permettre aux grandes puissances d'imposer leurs visions à tous les peuples de la planète, au mépris des droits et des aspirations de ces derniers: le risque est l'impérialisme et la négation du droit. Mais, d'un autre côté, en certaines circonstances, la neutralité favorise, à l'intérieur d'un Etat, l'acteur qui est en position de force, lequel pourrait impunément imposer sa propre volonté, y compris par la force brutale. Se pose ainsi une double question, qui touche aux volets interne et externe du principe de neutralité:

---

[257] Voir les développements ci-dessus, chapitre I.
[258] *No man's land*, réalisé par Danis Tanovic, 2001, avec notamment Branko Đurić, Rene Bitorajac et Filip Šovagović.

– D'abord, ne doit-on pas concevoir certains cas où la non-intervention, et plus spécialement l'interdiction du recours à la force, traditionnellement limitée aux relations internationales, devrait être garantie *au sein* de chaque Etat? Dans ce cas, la rébellion, comme sa répression, deviendraient prohibées par le droit international... et l'usage de la violence ne constituerait plus une affaire intérieure de l'Etat.

– Ensuite, et parallèlement, ne peut-on – voire doit-on – pas intervenir pour favoriser l'une des parties à un conflit interne, et ce au nom de la légitimité de sa cause?

Ces deux questions seront abordées successivement pour montrer que, dans chacun des cas, aucune réponse univoque ne s'impose d'un examen du droit international contemporain, celui-ci révélant plutôt des tensions entre des conceptions et interprétations opposées.

Section 1. *Le principe de neutralité à l'intérieur de l'Etat à l'épreuve*

On sait qu'en vertu de l'article 2, paragraphe 4 de la Charte des Nations Unies, les Etats s'abstiennent, «dans leurs relations internationales», de recourir à la force. *A contrario*, le recours à la force:

> «ne doit pas ... s'appliquer aux guerres civiles ou aux rébellions, dès lors qu'aucun Etat étranger n'est en cause. Certes, la Charte ne peut pas consacrer le droit à l'insurrection, mais elle ne peut pas non plus interdire l'insurrection contre un Etat, ni sa répression par ledit Etat, pourvu que l'une et l'autre restent limitées au territoire de l'Etat en question» [259].

---

[259] Selon les termes du représentant de la Chine à l'ONU; A/C.6/S.R.875, 15 novembre 1965, p. 216, par. 5; voir Klaus Kress, «Major Post-Westphalian Shifts and Some Important Neo-Westphalian Hesitations in the State Practice on the International Law on the Use of Force», *JUFIL*, 2014, p. 14.

Aucune disposition de la Charte n'énonce ni ne réglemente donc un «droit» d'utiliser la force sur son propre territoire. Il s'agit d'une prérogative déduite directement de la souveraineté de chaque Etat, traduction juridique du concept sociologique de «monopole de la violence légitime»[260]. Aucun texte, qu'il s'agisse d'une modification formelle de la Charte ou de l'adoption de résolutions adoptées par l'ensemble de ses Etats membres, n'a remis en cause ce schéma[261]. Ainsi, la définition de l'agression limite cette dernière à «l'emploi de la force armée par un Etat contre la souveraineté, l'intégrité territoriale ou l'indépendance politique d'un autre Etat», et ne cite comme cas de figure que des actions menées par un Etat contre un autre Etat[262]. Cette définition a été élaborée en 1974, mais a été considérée comme coutumière par la Cour internationale de Justice en 1986[263] puis en 2005[264]. Elle a aussi été réaffirmée en 2010 par l'Assemblée des Etats parties au Statut de la Cour pénale internationale à Kampala, lors de la définition du crime d'agression[265]. Dans ce contexte, une action militaire menée à *l'intérieur* d'un Etat, que ce soit par la rébellion contre des forces gouvernementales, ou par des forces gouvernementales contre la rébellion, ne peut être qualifiée d'agression ou de recours à la force contraire à la Charte. C'est notamment ce qu'a constaté la Cour internationale de Justice dans l'affaire de la

---

[260] Selon l'expression de Max Weber, *Le savant et le politique*, Paris, Plon, 10/18, 2000, p. 124.

[261] Olivier Corten, *Le droit contre la guerre*, 2ᵉ éd., *op. cit.*, p. 195-305.

[262] Résolution 3314 (XXIX), adoptée le 14 décembre 1974, articles 1 et 3.

[263] CIJ, affaire des *Activités militaires*, *CIJ Recueil 1986*, p. 103, par. 195.

[264] CIJ, affaire des *Activités armées*, *CIJ Recueil 2005*, p. 223, par. 146.

[265] Résolution RC/Res.6, http://www.icc-cpi.int/Menus/ASP/ReviewConference/Crime+of+Aggression.htm.

Délimitation maritime et des questions territoriales entre Qatar et Bahreïn, en mentionnant que les actes d'autorité – y compris coercitifs – posés par le cheikh de Qatar à l'intérieur de son propre Etat « participaient de l'exercice de son autorité sur son territoire », et ne constituaient dès lors pas « un recours illicite à la force… » [266].

Si l'on s'en tient à la jurisprudence et aux textes pertinents, le principe de neutralité semble donc être resté intact.

C'est cependant au vu du développement de la pratique que certains auteurs ont pu estimer, dès les années 1990, que l'interdiction du recours à la force avait tendance à s'étendre à l'intérieur des Etats [267], ce qui a pu mener au constat de « l'émergence d'un *jus contra bellum* dans les conflits armés internes » [268]. On a ainsi pointé un nombre substantiel de précédents dans lesquels un tel recours

---

[266] *CIJ Recueil 2001*, p. 69, par. 96.

[267] Rapport d'Alain Pellet déposé devant la Cour suprême du Canada dans le cadre de l'affaire portant sur la question de la sécession du Québec ; « Avis juridique sur certaines questions de droit international soulevées par le renvoi » annexé aux *Rapports d'experts de l'amicus curiae*, Cour suprême du Canada, cité dans Théodore Christakis, *Le droit à l'autodétermination en dehors des situations de décolonisation*, *op. cit.*, p. 253 ; Antonio Cassese, « Article 51 », dans J. P. Cot et A. Pellet (dir. publ.), *La Charte des Nations Unies. Commentaire article par article*, 3ᵉ éd., Paris, Economica, 2005, p. 1333 ; Kirsti Samuels, *Political Violence and the International Community : Developments in International Law and Policy*, Leyde, Boston, Martinus Nijhoff, 2007, p. 215.

[268] Eric David, *Principes de droit des conflits armés*, 5ᵉ éd., Bruxelles, Bruylant, 2012, p. 84 ; voir aussi Kirsti Samuels, « *Jus ad Bellum* and Civil Conflicts : A Case Study of the International Community's Approach to Violence in the Conflict of Sierra Leone », *JCSL*, 2003, p. 338 ; Jochen Abraham Frowein, « Globale und regionale Friedenssicherung nach 50 Jahren Vereinte Nationen », *Zeitschrift für Schweizerisches Recht*, 1995, p. 269, cité dans Klaus Kress, « Major Post-Westphalian Shifts and Some Important Neo-Westphalian Hesitations in the State Practice on the International Law on the Use of Force », *op. cit.*, p. 20.

à la force avait été condamné, tantôt par l'ONU, tantôt seulement par des Etats agissant individuellement. Pour ne reprendre que quelques exemples (dont certains n'ont pas été évoqués par cette doctrine, mais qui illustrent bien le propos), on mentionnera les guerres civiles en Yougoslavie (1991-1992)[269], en Bosnie-Herzégovine (1992-1995)[270], en Géorgie (1993-2008)[271], en Russie (et

---

[269] Au sein du Conseil de sécurité, le représentant des Etats-Unis dénonce une «agression à l'intérieur de la Yougoslavie qui représente, par conséquent, une menace directe pour la paix et la sécurité internationales» (S/PV. 3009, 25 septembre 1991, p. 59-60); voir Barbara Delcourt, *Droit et souverainetés. Analyse critique du discours européen sur la Yougoslavie*, Bruxelles, éd. Peter Lay, 2003, p. 125 ss.

[270] Dans sa résolution 48/88 du 20 décembre 1993, l'Assemblée générale condamne ainsi «les éléments militaires extrémistes des Croates de Bosnie pour leurs actes d'agression contre la République de Bosnie-Herzégovine»; voir aussi Théodore Christakis, *L'ONU, le chapitre VII et la crise yougoslave*, Paris, Montchrestien, 1996, p. 47-50. Le 15 mai 1992, peu après le déclenchement de la guerre en Bosnie, le Conseil de sécurité «*[e]xige* que toutes les parties et les autres intéressés en Bosnie-Herzégovine … coopèrent avec les efforts de la Communauté européenne pour parvenir rapidement à une solution politique négociée *dans le respect du caractère inacceptable de tout changement de frontière par la force*» (résolution 752 (1992), par. 1; nous soulignons; voir aussi la résolution 757 (1992) du 30 mai 1992, 3e considérant, résolution 820 (1993) du 17 avril 1993, 5e considérant; résolution 824 (1993) du 6 mai 1993, par. 2; résolution 859 (1993) du 25 août 1993, par. 6). Voir Thomas M. Franck, «Postmodern Tribalism and the Right to Secession», dans C. Brölmann, R. Lefever et M. Lieck (dir. publ.), *Peoples and Minorities in International Law*, Dordrecht, Londres, Boston, Martinus Nijhoff, 1993, p. 26-27; Barbara Delcourt et Olivier Corten, *Ex-Yougoslavie: droit international, politique et idéologies*, Bruxelles, Bruylant, 1998, p. 26 ss.

[271] Dans sa résolution 876 (1993) du 19 octobre 1993, le Conseil de sécurité «exige que toutes les parties s'abstiennent de recourir à la force…» (par. 4); voir aussi la résolution 881 (1993) du 4 novembre 1993, par. 3 ainsi que la résolution 1225 (1999) du 28 janvier 1999, par. 6 et la résolution 1311 (2000) du 28 juillet 2000), par. 5; résolution 876 (1993) du 19 octobre

plus spécifiquement en Tchétchénie)[272], en Côte d'Ivoire (2003-2011)[273], ou encore au Yémen (depuis 2011)[274]. Dans chacun de ces précédents, la violence armée a été dénoncée alors qu'elle s'exerçait au sein du territoire d'un Etat, ce qui tend indéniablement à mettre en cause le principe de neutralité dans son acception traditionnelle.

On aura cependant relevé que, dans aucun des précédents existants, il n'est affirmé que l'article 2, paragraphe 4 de la Charte – ou plus généralement le principe de non-intervention – s'appliquerait désormais au sein d'un territoire étatique[275]. Il y a là une première

---

1993, par. 2 ; voir encore la résolution 1096 (1997) du 30 janvier 1997, 7e considérant, ainsi que les résolutions 1339 (2001) du 31 janvier 2001, par. 10, 1364 (2001) du 31 juillet 2001, par. 15, 1427 (2002) du 29 juillet 2002, par. 8, 1462 (2003) du 30 janvier 2003, par. 10, 1494 (2003) du 30 juillet 2003, par. 19, 1524 (2004) du 30 janvier 2004, par. 22, 1554 (2004) du 29 juillet 2004, par. 22, 1582 (2005) du 28 janvier 2005, par. 24, 1615 (2005) du 29 juillet 2005, par. 25. Concernant la situation au Soudan, voir par exemple les résolutions 1590 (2005) du 24 mars 2005, 11e considérant et 1591 (2005) du 29 mars 2005, 9e considérant et par. 1.

[272] Communiqué de la présidence au nom de l'UE sur la Tchétchénie (Bruxelles, 17 janvier 1995), *DAI*, 1995, p. 160 ; déclaration de l'UE (Bruxelles, 17 janvier 1995), *DAI*, 1995, p. 177 ; déclaration de l'UE (Bruxelles, 1er avril 1995), *DAI*, 1995, p. 318 ; déclaration de l'UE sur la crise tchétchène du 18 janvier 1996, *DAI*, 1996, p. 243.

[273] Voir par exemple la résolution 1584 (2005) du 1er février 2005, 5e considérant.

[274] Dans sa résolution 924 (1994) du 1er juin 1994, le Conseil

« rappelle à tous les intéressés que leurs différends de nature politique ne peuvent être résolus par l'usage de la force et les exhorte à reprendre immédiatement les négociations afin de pouvoir aboutir à un règlement pacifique de leurs différends et au rétablissement de la paix et de la stabilité » (par. 3) ;

voir aussi la résolution 931 (1994) du 29 juin 1994, par. 6.

[275] Olivier Corten, *Le droit contre la guerre*, 2e éd., *op. cit.*, p. 203-210.

ambiguïté car, après tout, on pourrait imaginer que, si tant est qu'on estime que telle doit être l'évolution du droit international, elle soit assumée comme telle en proposant clairement une nouvelle interprétation de cette disposition fondamentale. Tel ne semble cependant pas être le cas[276].

Comme on le constatera dans les lignes qui suivent, un examen des précédents pertinents permet de comprendre que c'est plutôt par le biais d'autres principes ou institutions de droit international que ceux déduits de l'article 2, paragraphe 4 de la Charte qu'on a tenté de limiter la violence intra-étatique. Ces principes sont essentiellement reliés à l'action du Conseil de sécurité dans le domaine du maintien de la paix et de la sécurité internationales.

Dans cette perspective, on verra qu'une telle action s'appuie généralement sur le constat de violations des droits de la personne (1), évoquées en lien avec la notion de menace contre la paix (2), et occasionnellement associées à la violation d'accords de paix applicables dans des situations internes (3). En revanche, l'interdiction du recours à la force au sens de l'article 2, paragraphe 4 n'est pas invoquée en tant que telle pour régir l'usage de la violence à l'intérieur des Etats. Cela n'empêche pas, on le constatera, que des ambiguïtés ressortent non seulement des faits, mais aussi des discours juridiques produits par les Etats ou les organisations internationales pertinentes.

---

[276] En ce sens: Pierre Klein, «Le droit international contemporain a-t-il étendu l'interdiction du recours à la force aux situations internes aux Etats?», dans P. d'Argent *et al.* (dir. publ.), *Les limites du droit international. Essais en l'honneur de Joe Verhoeven*, Bruxelles, Bruylant, 2014, p. 169-182; Yoram Dinstein, *Non-International Armed Conflicts in International Law*, *op. cit.*, p. 5-6; Barbara Delcourt, «La question du monopole de la violence dans un monde globalisé», *Revista de Estudios Juridicos*, 2006, p. 393 ss.

1. La condamnation de la violence
au nom des droits de la personne :
l'exemple de la Syrie

La guerre civile a éclaté en Syrie dans le contexte du
« printemps arabe », au mois de mars 2011[277]. Depuis, et
jusqu'à l'heure où nous écrivons ces lignes, le conflit a
perduré, avec ses nombreuses exactions qui ont causé
des dizaines de milliers de victimes, civiles pour la
plupart. Selon la Commission d'enquête indépendante
créée par le Conseil des droits de l'homme, les forces
gouvernementales comme les forces rebelles se sont
rendues coupables de graves violations du droit international humanitaire[278]. Alors que, dans un premier
temps, certains Etats comme la Chine estimaient que
la situation relevait essentiellement de la compétence
nationale de la Syrie[279], différents organes de l'ONU,
y compris le Conseil de sécurité, ont rapidement pris
position. Le Conseil a agi par la voie de déclarations et de
résolutions même si, comme on le verra, plusieurs projets
n'ont pas été adoptés en raison de l'usage de leur droit de
veto par la Russie et la Chine. Cet usage a essentiellement
été justifié par la crainte d'un interventionnisme de la
part d'Etats étrangers, ce qui renvoie à une défense du
principe de neutralité dans son volet externe[280].

---

[277] *Keesing's*, 2011, p. 50369-50370.
[278] Voir notamment les rapports de la Commission
d'enquête internationale indépendante sur la République arabe
syrienne : rapport du 23 novembre 2011, S-17/2/Add.1 ; rapport
du 22 février 2012, A/HRC/19/69 ; rapport du 15 août 2012, A/
HRC/21/50 ; rapport du 5 février 2013, A/HRC/22/59 ; rapport
du 4 juin 2013, A/HRC/23/58 ; rapport du 16 août 2013, A/
HRC/24/46 ; rapport du 12 février 2014, A/HRC/25/65 ; rapport
du 13 août 2014, A/HRC/27/60.
[279] Voir par exemple S/PV.6627, 4 octobre 2011, p. 5.
[280] Jean-Yves de Cara, « The Arab Uprisings Under the
Light of Intervention », *GYIL*, 2012, p. 49. Pour des références
précises, voir les extraits cités ci-dessous.

Par rapport au volet interne du principe de neutralité, on constatera que la position du Conseil de sécurité et des Etats s'est révélée profondément ambivalente. D'un côté, certains éléments laissent penser que le Conseil a entendu prohiber tout recours à la force par toutes les parties au conflit. D'un autre côté, il n'est pas certain, spécialement au vu de son insistance sur les violations des droits de la personne, qu'il n'ait pas plus spécifiquement visé le recours excessif à la force contre les civils, sans pour autant nier la possibilité de prendre les armes en se limitant à des objectifs strictement militaires. En faveur de la première hypothèse, on peut mentionner un certain nombre d'extraits de déclarations ou de résolutions, dans lesquelles le Conseil :

« demande qu'il soit mis fin immédiatement à toutes les violences » [281] ;

« [d]emande à toutes les parties syriennes, y compris l'opposition, de mettre fin immédiatement à la violence armée sous toutes ses formes » [282] ;

« condamne également, quels qu'en soient les auteurs, tous les actes de violence commis en Syrie… » [283] ;

« [e]xige que toutes les parties mettent fin immédiatement à toutes formes de violence, quels qu'en soient les auteurs » [284].

On aura constaté l'évolution terminologique, de la demande à l'exigence, en passant par la condamnation. La même position a été défendue par des acteurs régionaux, comme la Ligue des Etats arabes qui, le 26 octobre 2011, à sa session extraordinaire au Caire, a appelé « à

---

[281] S/PRST/2011/16, 3 août 2011.

[282] Résolution 2042 (2012), 14 avril 2012, par. 4 ; résolution 2043 (2012), 21 avril 2012, par. 4.

[283] Déclaration du président du Conseil de sécurité, S/2013/15, 2 octobre 2013.

[284] Résolution 2139 (2014), 22 février 2014, par. 2.

mettre immédiatement et totalement fin à la violence »[285].
Plusieurs Etats se sont prononcés dans le même sens au
sein du Conseil comme la Russie[286], l'Inde[287], la Chine[288],
ou encore l'Azerbaïdjan[289]. Le 30 juin 2012, le « Groupe
d'action pour la Syrie »[290] a publié un communiqué
selon lequel « [t]outes les parties doivent s'engager à
nouveau à faire cesser durablement la violence armée
sous toutes ses formes »[291]. Par ailleurs, et on reviendra
sur ce point, la Ligue arabe a, dans une résolution du 26
mars 2013, évoqué la « légitime défense » pour justifier
une aide aux rebelles syriens, victimes de la répression
du régime[292]. A ce stade, on peut penser que, même si
l'article 2, paragraphe 4 de la Charte n'est jamais cité
ni évoqué, l'interdiction du recours à la force semble

---

[285] Voir la position de la Ligue arabe exprimée par le
représentant du Qatar, S/PV.6710, 31 janvier 2012, p. 3 ; voir
aussi le Maroc, *ibid.*, p. 23.

[286] Russie, S/PV.6710, 31 janvier 2012, p. 27 ; S/PV.6751,
14 avril 2012, p. 3.

[287] Inde, S/PV.6710, 31 janvier 2012, p. 30 ; voir aussi
S/PV.6756, 21 avril 2012, p. 11.

[288] S/PV.7038, 27 septembre 2013, p. 11.

[289] S/PV.7038, 27 septembre 2013, p. 9.

[290] Composé des Secrétaires généraux de l'Organisation des
Nations Unies et de la Ligue des Etats arabes, les ministres des
Affaires étrangères de la Chine, des Etats-Unis d'Amérique,
de la Fédération de Russie, de la France, du Royaume-Uni de
Grande-Bretagne et d'Irlande du Nord, de la Turquie, de l'Irak
(président du Sommet de la Ligue des Etats arabes), du Koweït
(président du Conseil des ministres des Affaires étrangères de
la Ligue des Etats arabes) et du Qatar (président du Comité
arabe de suivi de la situation en Syrie de la Ligue des Etats
arabes) et la Haute Représentante de l'Union européenne pour
les Affaires étrangères et la politique de sécurité.

[291] Par. 5*a)* ; S/2012/538, 19 juillet 2012, annexe.

[292] *24th Arab Summit Issues Doha Declaration*, 26 mars
2013,http://arableaguesummit2013.qatarconferences.org/news/
news-details-17.html. Voir Klaus Kress, « Major Post-Westphalian Shifts and Some Important Neo-Westphalian Hesitations
in the State Practice on the International Law on the Use of
Force », *op. cit.*, p. 36-37.

applicable à l'intérieur d'un Etat, et plus seulement dans les «relations internationales».

D'un autre côté, de nombreux autres extraits tendent à accréditer la thèse selon laquelle la condamnation concerne essentiellement non pas la violence en tant que telle – spécialement lorsqu'elle vise des combattants – mais celle qui, en violation des droits de la personne et du droit international humanitaire, s'exerce contre des civils. En ce sens, le Conseil de sécurité lui-même «condamne les violations généralisées des droits de l'homme et l'emploi de la force contre des civils par les autorités syriennes»[293], et dénoncera plus tard l'emploi et la fabrication d'armes chimiques[294], avant d'

> «[e]xige[r] également que toutes les parties mettent immédiatement fin à toutes *attaques contre les civils*, ainsi qu'à l'emploi sans discrimination d'armes dans des zones peuplées, tels que les tirs d'obus et les bombardements aériens, tels que l'emploi de barils d'explosifs, et de méthodes de guerre qui sont de nature à causer des maux superflus ou des souffrances inutiles, ...»[295].

Comme cette dernière résolution le laisse entendre, ce sont davantage les modalités que le principe de l'usage de la force dans le cadre de la guerre civile qui sont fustigées. La dénonciation de l'usage de la force contre les civils est aussi présente dans les projets de résolutions qui ont été rejetés par les veto russe et chinois[296]. On

---

[293] S/PRST/2011/16, 3 août 2011.

[294] Résolution 2118 (2013) du 27 septembre 2013.

[295] Nous soulignons; résolution 2139 (2014), 22 février 2014, par. 3.

[296] Le premier en octobre 2011, déposé par l'Allemagne, la France, le Portugal et le Royaume-Uni (par. 1 et 4*c*)); le second, déposé par l'Allemagne, l'Arabie saoudite, le Bahreïn, la Colombie, l'Egypte, les Emirats arabes unis, les Etats-Unis d'Amérique, la France, la Jordanie, le Koweït, la Libye, le Maroc, Oman, le Portugal, le Qatar, le Royaume-Uni, le

la retrouve surtout dans les chefs d'Etats opposés au
gouvernement syrien, qui fustigent la violence du régime
«contre sa population»[297] ou des «civils innocents»[298],
la «répression violente de son propre peuple»[299],
une «réaction excessive» à des manifestations pacifiques[300], «la force disproportionnée»[301], la «violence
meurtrière»[302] ou encore les «assauts contre les populations civiles»[303]. Caractéristiques également, cette
déclaration de la Bosnie-Herzégovine, qui condamne
«fermement la poursuite des violences et du recours
à la force, qui sont inadmissibles au titre du droit
international humanitaire et du droit des droits de

Togo, la Tunisie et la Turquie le 4 février 2012 (S/2012/77, 4
février 2012, par. 1); le troisième par l'Allemagne, les Etats-
Unis d'Amérique, la France, le Portugal et le Royaume-Uni
le 19 juillet 2012 (S/2012/538, 19 juillet 2012, 4ᵉ considérant);
le quatrième par de nombreux Etats (Albanie, Allemagne,
Andorre, Arabie saoudite, Australie, Autriche, Belgique, Bots-
wana, Bulgarie, Canada, Chili, Chypre, Côte d'Ivoire, Croatie,
Danemark, Emirats arabes unis, Espagne, Estonie, Etats-
Unis d'Amérique, ex-République yougoslave de Macédoine,
Finlande, France, Géorgie, Grèce, Hongrie, Iles Marshall,
Irlande, Islande, Italie, Japon, Jordanie, Lettonie, Libye, Liech-
tenstein, Lituanie, Luxembourg, Malte, Mexique, Monaco,
Monténégro, Norvège, Nouvelle-Zélande, Pays-Bas, Panama,
Pologne, Portugal, Qatar, République centrafricaine, Répu-
blique de Corée, République démocratique du Congo, Répu-
blique de Moldavie, République tchèque, Roumanie, Royaume-
Uni de Grande-Bretagne et d'Irlande du Nord, Saint-Marin,
Samoa, Sénégal, Serbie, Seychelles, Slovaquie, Slovénie,
Suède, Suisse, Turquie et Ukraine); S/2014/348, 22 mai 2014.

   [297] Portugal, S/PV.6627, 4 octobre 2011, p. 6.
   [298] Royaume-Uni, S/PV.6751, 14 avril 2012, p. 2.
   [299] Allemagne, S/PV.6710, 31 janvier 2012, p. 24; voir
aussi les Etats-Unis, S/PV.6810, 19 juillet 2012, p. 10.
   [300] Etats-Unis, S/PV.6751, 14 avril 2012, p. 10; voir aussi
Allemagne, S/PV.6627, 4 octobre 2011, p. 11; Brésil, *id.*, p. 12;
Pakistan, S/PV.6710, 31 janvier 2012, p. 25.
   [301] Royaume-Uni, S/PV.6627, 4 octobre 2011, p. 7.
   [302] Portugal, S/PV.6710, 31 janvier 2012, p. 21.
   [303] France, S/PV.6810, 19 juillet 2012, p. 4.

l'homme»[304], ou l'appel des Etats-Unis à ce que
«cesse immédiatement toutes les attaques contre les
civils»[305]. Enfin, l'Assemblée générale a, dans plusieurs
résolutions, condamné «l'usage *excessif* de la force»[306],
«le recours *accru* aux armes lourdes»[307] ou «l'emploi de
la force *contre les civils*»[308], sans que le recours en tant
que tel à la force soit jamais considéré comme contraire à
l'article 2, paragraphe 4 de la Charte. La terminologie de
ce dernier est, en revanche, reprise lorsque l'Assemblée
rappelle aux Etats de s'abstenir, «dans leurs relations
internationales», de recourir à la menace ou à l'emploi
de la force[309]. La distinction entre les relations entre
Etats, auxquelles s'applique le *jus contra bellum*, et la
violence à l'intérieur d'un territoire national, qui est
régie par d'autres principes, semble de ce point de vue
bel et bien maintenue.

Au vu de l'ensemble de ces éléments, on perçoit
cependant une profonde ambiguïté. D'une part, les Etats
ont, dans une situation donnée et à un moment donné,
indéniablement appelé à l'arrêt de l'usage de la force à
l'intérieur d'un Etat[310]. Mais, d'autre part, rien n'indique

---

[304] S/PV.6627, 4 octobre 2011, p. 10.

[305] S/PV.6710, 31 janvier 2012, p. 14.

[306] Nous soulignons; résolution 66/176 du 19 décembre
2011, par. 1.

[307] Nous soulignons; résolution 66/253B du 3 août 2012,
par. 1.

[308] Nous soulignons; résolution 66/253A du 16 février
2012, par. 2 (voir aussi le par. 3).

[309] Résolution 66/176 du 19 décembre 2011, 8e considérant;
résolution 67/262, 4 juin 2013, 21e considérant; voir Pierre
Klein, «Le droit international contemporain a-t-il étendu
l'interdiction du recours à la force aux situations internes aux
Etats?», *op. cit.*, p. 277.

[310] Dans une perspective similaire, certains présentent le
printemps arabe comme «a response by large segments of the
citizenry to *internal aggression* by their own governments»
(italiques dans l'original), ce qui tend à concevoir l'interdiction
du recours à la force comme applicable à l'intérieur d'un Etat;
Jackson Nyamaya et Andrew Coleman, «Changing the Guard

que cet appel se fonde sur l'existence d'une règle qui, désormais, aurait étendu de manière générale cette interdiction au-delà des «relations internationales»[311]. Il semble plutôt que ce soient les graves violations du droit international des droits de la personne ou du droit humanitaire qui ont amené les Etats à prendre cette position particulière. Un lien qui pose davantage de questions qu'il n'apporte de réponse car, comme on le détaillera ultérieurement, les droits de la personne constituent un facteur qui peut plaider contre, mais aussi *pour* la possibilité – voire le devoir – d'utiliser la force au sein d'un Etat pour rétablir l'ordre[312]. Par ailleurs, et c'est un élément que l'on détaillera à présent, il est difficile de ne pas relier les positions dans la crise syrienne aux compétences particulières du Conseil de sécurité en application du chapitre VII de la Charte.

2. *Les compétences du Conseil de sécurité en vertu du chapitre VII : l'exemple de la Libye*

Les premières manifestations contre le régime de la Jamahiriya arabe libyenne ont débuté au mois de janvier 2011, et ont rapidement mené les autorités de Tripoli à une répression violente[313]. Le mouvement populaire s'est développé, à partir de l'Est, et a gagné Benghazi,

---

– the Price of Democracy : Lessons from the Arab Spring on Constitutionalism», dans Carlo Panara et Gary Wilson (dir. publ.), *The Arab Spring. New Patterns for Democracy and International Law*, Leyde, Boston, 2013, p. 3.

[311] En ce sens, Pierre Klein, «Le droit international contemporain a-t-il étendu l'interdiction du recours à la force aux situations internes aux Etats ?», *op. cit.*

[312] *Infra* chapitre IV.

[313] *Premier rapport du procureur de la Cour pénale internationale au Conseil de sécurité de l'ONU en application de la résolution 1970 (2011)*, Bureau du Procureur, CPI, par. 32 ss ; http://www.icc-cpi.int/NR/rdonlyres/475CEF98-A4CB-4C15-8D1B-F81DF80CF47C/0/ReportOTPFra.pdf; *Keesing's Contemporary Archives*, 2011, p. 50309-50310.

l'une des principales villes du pays. Alors que la rébellion s'organisait et que les combats s'intensifiaient, le Conseil de sécurité a rapidement pris des mesures tendant à juguler le conflit, d'abord en exigeant l'arrêt de la violence, en établissant un embargo sur les armes et en saisissant la Cour pénale internationale pour juger de tous les crimes qui auraient été commis sur le terrain, puis en établissant une zone d'exclusion aérienne et en autorisant les Etats à user de tous les moyens nécessaires pour la protection des civils[314]. C'est dans ce contexte qu'une intervention militaire a été menée par plusieurs Etats, agissant notamment dans le cadre de l'OTAN, et a abouti au renversement du régime du colonel Kadhafi[315]. Le Conseil a ensuite adopté plusieurs résolutions tendant à favoriser une transition pacifique et une normalisation de la situation[316], normalisation qui est loin de s'être réalisée rapidement, comme en atteste notamment la reprise de combats violents en 2014[317].

---

[314] Résolutions 1970 (2011) du 26 février 2011 et 1973 (2011) du 17 mars 2011.

[315] Olivier Corten et Vaios Koutroulis, «The Illegality of Military Support to Rebels in the Libyan War: Aspects of *jus contra bellum* and *jus in bello*», *JCSL*, 2013, p. 1-35; Christian Henderson, «International Measures for the Protection of Civilians in Libya and Côte d'Ivoire», *ICLQ*, 2011, p. 667-778; Marie-José Domestici-Met, «Protecting Libya on Behalf of the International Community», *GoJIL*, 2011, p. 961-889; Sandra Szurek, «La responsabilité de protéger: du prospectif au prescriptif... et retour. La situation de la Libye devant le Conseil de sécurité», *Droits*, 2012, n° 56, p. 59-96.

[316] Voir notamment les résolutions 2009 (2011) du 16 septembre 2011, 2016 (2011) du 27 octobre 2011, 2017 (2011) du 31 octobre 2011, 2022 (2011) du 2 décembre 2011, 2040 (2012) du 12 mars 2012, 2095 (2013) du 14 mars 2013, 2144 (2014) du 14 mars 2014, 2146 (2014) du 19 mars 2014, 2174 (2014) du 27 août 2014.

[317] Voir par exemple *Rapport du Secrétaire général sur la mission d'appui des Nations Unies en Libye*, 5 septembre 2014, S/2014/653.

On reviendra sur les aspects externes du principe de neutralité ultérieurement mais, à ce stade, on constate que ce principe semble mis en cause dans son volet interne : le recours à la force à l'intérieur d'un Etat paraît bel et bien, dans ce cas particulier, avoir été considéré comme contraire au droit international. Un tel précédent inspire toutefois de sérieuses interrogations quant au point de savoir si cette mise en cause a été opérée au nom d'une évolution d'une règle de droit international, ou uniquement *in casu*, au vu des spécificités de l'espèce. Ces interrogations renvoient non seulement, comme dans le cas de la Syrie, au lien entre l'interdiction de la violence et le respect des droits de la personne, mais aussi, et c'est là sa spécificité, au lien à opérer entre ces éléments et les compétences du Conseil de sécurité au titre du chapitre VII de la Charte.

La première ambiguïté est assez aisée à déceler dès la lecture des textes et positions pertinents. Dans sa résolution 1970 (2011) du 26 février, le Conseil « exige qu'il soit immédiatement mis fin à la violence »[318] alors que, dans la résolution 1973 (2011) du 17 mars, il « exige un cessez-le-feu immédiat et la cessation totale des violences… »[319]. On est incontestablement devant une obligation de ne pas recourir à la force à l'intérieur d'un Etat, que la Libye devra respecter en application de l'article 25 de la Charte. Mais cette obligation résulterait-elle par ailleurs d'une règle générale émergente étendant la portée de l'article 2, paragraphe 4 au-delà des « relations internationales » ? Rien ne permet de l'affirmer avec certitude, et on relève d'abord que le Conseil insiste constamment sur le lien entre les violences et de graves violations des droits de la personne. Il fustige ainsi, dans les mêmes paragraphes des deux résolutions que l'on vient de citer,

---

[318] Par. 1 de la résolution.
[319] Par. 1 de la résolution.

les «attaques et exactions contre la population civile», tout en dénonçant par ailleurs la «répression exercée contre des manifestants pacifiques»[320], «la violence et l'usage de la force contre des civils»[321], les «attaques généralisées et systématiques actuellement commises en Jamahiriya arabe libyenne contre la population civile»[322]. Dans ce contexte, on pourrait penser que, si le régime avait limité ses actions violentes à une répression ciblée et proportionnée ne visant que des manifestants en armes ou, après que la situation ait dégénéré en conflit armé non international, des objectifs militaires, aucune condamnation pour violation du droit international n'aurait été prononcée. En ce sens, le Conseil «exhorte» les autorités à «faire preuve de la plus grande retenue, à respecter les droits de l'homme et le droit international humanitaire»[323], sans expressément leur interdire toute opération de maintien de l'ordre.

On touche ici à une autre ambiguïté, liée aux spécificités des pouvoirs du Conseil de sécurité. Ce dernier n'est supposé intervenir dans une situation relevant a priori de la compétence nationale d'un Etat (comme des troubles internes ou une guerre civile) qu'en cas de situation prévue au chapitre VII soit, à tout le moins, une menace contre la paix internationale[324]. C'est pourquoi, dans les deux résolutions précitées, le Conseil se prévaut de sa «responsabilité principale du maintien de la paix et de la sécurité internationale qui lui est

---

[320] Résolution 1970 (2011), 2ᵉ considérant.

[321] Résolution 1970 (2011), 1ᵉʳ considérant.

[322] *Ibid.*, 6ᵉ considérant; résolution 1973 (2011), 5ᵉ considérant.

[323] Résolution 1970 (2011), par. 2*a)*.

[324] Voir l'intitulé du chapitre VII ainsi que le libellé de l'article 39 de la Charte; Olivier Corten, *Le droit contre la guerre*, 2ᵉ éd., *op. cit.*, p. 524-538 et Linos-Alexandre Sicilianos, «Entre multilatéralisme et unilatéralisme: l'autorisation par le Conseil de sécurité de recourir à la force», *Recueil des cours*, tome 339 (2008), p. 42-57.

assignée par la Charte des Nations Unies»[325] et déclare agir «en vertu du chapitre VII»[326], tout en qualifiant la situation en Libye de «menace pour la paix et la sécurité internationale»[327]. Semble ainsi s'opérer un lien entre obligation de cesser les violences, respect des droits de la personne ou du droit humanitaire, et impératif de maintien de la paix susceptible de justifier des mesures coercitives. Ce schéma fait écho à une doctrine et une pratique déjà assez anciennes assimilant violations des droits de la personne et menace contre la paix[328]. Il cadre aussi parfaitement avec le concept de «responsabilité de protéger» – sur lequel on reviendra –, qui confère au Conseil de sécurité un rôle associant maintien de la paix et répression des crimes internationaux les plus graves[329]. Si on va au bout de cette logique, initiée dans les années 1990 et pouvant s'appuyer depuis sur une abondante pratique[330], l'interdiction de l'usage de

---

[325] Résolution 1970 (2011), 15e considérant.

[326] Résolution 1970 (2011), 16e considérant.

[327] Résolution 1973 (2011), 21e considérant.

[328] Voir déjà résolution 721 (VIII) du 8 décembre 1953, *Question du conflit racial en Afrique du sud provoqué par la politique d'apartheid du Gouvernement de l'Union Sud-Africaine.* Plus récemment: document final du Sommet mondial de 2005, A/RES/60/1, 24 octobre 2005, par. 9 et 71. Voir aussi Pierre d'Argent, Jean d'Aspremont Lynden, Frédéric Dopagne, Raphaël van Steenberghe, «Article 39», dans J. P. Cot, M. Forteau et A. Pellet (dir. publ.), *La Charte des Nations Unies. Commentaire article par article*, 3e éd., Paris, Economica, 2005, p. 1155-1157; Jochen Frowein et Nico Krisch, «Article 39», dans B. Simma *et al.* (dir. publ.), *The Charter of the United Nations. A Commentary*, 2e éd., Oxford, OUP, 2002, p. 724-725.

[329] Assemblée générale, résolution 60/1, adoptée sans vote le 16 septembre 2005, par. 139; voir *infra* chapitre IV, ainsi que Sandra Szurek, «La responsabilité de protéger: du prospectif au prescriptif... et retour. La situation de la Libye devant le Conseil de sécurité», *op. cit.*, p. 63-78.

[330] Voir notamment les résolutions 836 (1993) du 4 juin 1993 (Bosnie-Herzégovine), 929 (1994) du 22 juin 1994

la force à l'intérieur de l'Etat ne découlerait pas d'une règle générale émergente, mais ne serait valable que si et dans la mesure où le Conseil le décide, en cas de menace contre la paix internationale. Mais une question se pose alors, spécialement au vu du précédent libyen : à partir de quand la situation dans un Etat peut-elle être qualifiée comme telle ? Les graves violations du droit humanitaire évoquées à l'appui de la qualification étaient-elles suffisamment établies au moment où le Conseil s'est réuni ? Dans ses résolutions, le Conseil de sécurité ne juge guère utile d'offrir des éléments de justification à ce sujet[331]. Dans la première d'entre elles, il ne prend d'ailleurs même pas la peine d'affirmer l'existence d'une menace contre la paix, mais se contente d'en appeler au chapitre VII. Tout au plus évoque-t-il « le sort tragique des réfugiés et des travailleurs étrangers forcés de fuir la violence »[332]. La deuxième résolution reprend la même formule, avant d'indiquer, sans plus de précision, que « la situation en Jamahiriya arabe libyenne reste une menace pour la paix et la sécurité internationales »[333]. L'examen des débats ayant précédé l'adoption de ces deux résolutions n'apporte pas d'éléments décisifs permettant de justifier cette qualification pour caractériser ce qui, à ce moment, semblait un conflit encore strictement limité au territoire libyen[334].

Au final, on se trouve devant une alternative. Soit on estime que le précédent libyen doit être associé aux

---

(Rwanda), 1264 (1999) du 15 septembre 1999 (Timor oriental), … ; voir Robert Kolb, *Ius contra bellum. Le droit international relatif au maintien de la paix*, 2ᵉ éd., Bruxelles, Bruylant, Bâle, Lichtenhahn, 2009, p. 102.

[331] Sandra Szurek, « La responsabilité de protéger : du prospectif au prescriptif… Et retour. La situation de la Libye devant le Conseil de sécurité », *op. cit.*, p. 75-77.

[332] Résolution 1970 (2011), 7ᵉ considérant ; voir aussi résolution 1973 (2011), 15ᵉ considérant.

[333] Résolution 1973 (2011), 21ᵉ considérant.

[334] S/PV.6491, 26 février 2011 ; S/PV.6498, 17 mars 2011.

nombreux autres dans lesquels l'interdiction de l'usage de la force a été proclamée comme devant s'appliquer à l'intérieur des Etats. Se dessinerait ainsi une sorte de coutume naissante étendant le champ d'application de la règle énoncée à l'article 2, paragraphe 4 de la Charte. Soit, dans une perspective plus restrictive, on estime que le précédent de la Libye montre que l'interdiction de recourir à la force à l'intérieur d'un Etat ne peut s'appliquer que si et dans la mesure où le Conseil de sécurité le décide, et non de manière générale. Formellement, le principe de neutralité serait alors, dans son volet interne, préservé : rien n'exclurait en principe ni de déclencher une rébellion ni de la réprimer, pourvu que l'on respecte les droits de la personne et le droit humanitaire et que, par conséquent, le Conseil n'adopte pas de résolution dérogeant à ce régime général. Cependant, dans la mesure où la notion de menace contre la paix a été interprétée très largement dans un grand nombre de précédents [335], la neutralité se voit, en pratique, souvent mise en cause. Un des éléments parfois évoqués à cet égard, comme on le verra à présent, est l'existence d'accords de paix conclus par les parties à un conflit interne, existence qui devrait être prise en compte pour restreindre l'usage intérieur de la violence.

3. L'existence d'accords de paix entre des parties à un conflit interne : l'exemple de la République centrafricaine

La République centrafricaine est le théâtre d'une guerre civile depuis de nombreuses années [336]. En 2007

---

[335] Voir Erika de Wet, *The Chapter VII Powers of the United Nations Security Council*, Oxford, Hart Pub., 2004, p. 133-177 ; Olivier Corten, *Le droit contre la guerre*, 2e éd., *op. cit.*, p. 524-531.

[336] Dès 1996, trois mutineries avaient amené les troupes françaises à intervenir à la demande des autorités gouvernementales ; *Keesing's*, 1996, p. 41033 et 41081 ; en avait résulté la conclusion des accords de Bangui (25 janvier 1997),

et 2008, deux accords de paix[337] sont conclus entre le président Bozizé et les forces rebelles, sous l'égide de l'ONU et avec l'appui des forces françaises[338]. La rébellion a cependant repris en 2012, dans le cadre d'une coalition dénommée «Seleka», qui a progressivement gagné du terrain et réussi à susciter le départ de Bozizé, le 24 mars 2013[339]. Les nouvelles autorités, sous la présidence de Michel Djotodia, se révèlent cependant incapables de rétablir l'ordre dans le pays, qui est agité par divers affrontements entre des milices chrétiennes et musulmanes[340]. En décembre 2013, alors qu'est évoquée une «situation prégénocidaire»[341], le Conseil de sécurité

---

et la création d'une mission interafricaine de surveillance des accords de Bangui (MISAB) puis de la mission des Nations Unies en République centrafricaine (MINURCA); voir notamment *Rapport présenté par le Secrétaire général en application de la résolution 1136 (1997) concernant la situation en République centrafricaine*, S/1998/61, 23 janvier 1998.

[337] La notion d'accord de paix sera ici entendue au sens large, comme recouvrant les accords visant à mettre fin à des hostilités, qu'il s'agisse d'accords d'armistice, de cessez-le-feu ou de paix *stricto sensu* (avec dans ce dernier cas un certain nombre de dispositions supposées régler le fond du conflit); voir notamment Christine Bell, *On the Law of Peace. Peace Agreements and the Lex Pacificatoria,* Oxford, OUP, 2008, p. 64-66; Richard Reeve Baxter, «Armistices and other forms of suspension of hostilities», *Recueil des cours,* tome 149 (1976), p. 351-399.

[338] Accord de Syrte du 2 février 2007; texte intégral sur http://theirwords.org/media/transfer/doc/1_cf_fdpc_ufdr_2007_01-cbcf455c1186b42399c094252ea16e98.pdf; Accord de Libreville du 21 juin 2008; http://reliefweb.int/sites/reliefweb.int/files/resources/A18A0936ED8044A7852575D90078F063-Rapport_complet.pdf

[339] *Keesing's,* 2012, p. 52369; 2013, p. 52418, et 52531-52532.

[340] *Ibid.,* p. 52716, 52826, 52936.

[341] *Ibid.,* p. 52996. Voir aussi *Rapport du Secrétaire général sur la République centrafricaine établi en application du paragraphe 22 de la résolution 2121 (2013) du Conseil de sécurité,* S/2013/677, 15 novembre 2013, p. 1-4, par. 3-13; S/PV.7072, 5 décembre 2013, p. 4 (France).

autorise la France à intervenir[342]. L'«opération Sangaris» aboutit, en janvier 2014, à la nomination d'une nouvelle présidente, Catherine Samba-Panza[343]. Le 23 juillet de la même année, un nouvel accord de paix a été signé à Brazzaville[344]. La situation ne s'est cependant pas, pour autant, totalement apaisée, l'instabilité continuant de caractériser l'ensemble de la région, au moins dans les mois qui ont suivi[345].

Dès le début de son implication, le Conseil de sécurité a insisté sur l'arrêt de toutes les hostilités à l'intérieur du pays, à l'origine à destination des rebelles, ensuite plus généralement. Le 19 décembre 2012,

> «[l]es membres du Conseil ont exigé que les groupes armés mettent fin aux hostilités immédiatement, se retirent des villes qu'ils ont prises et arrêtent leur progression vers Bangui, et leur ont enjoint de reprendre des activités pacifiques et de respecter l'Accord de paix global de Libreville»[346].

Le 27 décembre, ils «exigent à nouveau que les groupes armés mettent fin aux hostilités immédiatement, se retirent des villes qu'ils ont prises et cessent leur marche

---

[342] Résolution 2127 (2013) du 5 décembre 2013, par. 50.

[343] *Rapport du Secrétaire général sur la situation en République centrafricaine*, S/2013/287, 31 décembre 2013, p. 1-2, par. 4; *Rapport du Secrétaire général sur la République centrafricaine, établi en application du paragraphe 48 de la résolution 2127 (2013) du Conseil de sécurité*, S/2014/142, 3 mars 2014, p. 5-6, par. 18-25.

[344] *Keesing's*, 2014, p. 53456.

[345] *Rapport du Secrétaire général sur la situation en République centrafricaine*, S/2014/562, 1er août 2014; voir aussi *Rapport du Secrétaire général sur la situation en République centrafricaine*, S/2014/857, 28 novembre 2014 et S/PV.7329, 9 décembre 2014.

[346] Déclaration à la presse, 19 décembre 2012, SC/10867, http://www.un.org/News/fr-press/docs//2012/SC10867.doc.htm.

sur Bangui »[347]. Le 24 janvier 2013, le Conseil condamne « les attaques militaires perpétrées par des groupes armés et les tentatives de remise en cause de l'entreprise de consolidation de la paix en République centrafricaine » et il « [a]ppelle à la mise en œuvre prompte et intégrale de l'Accord de cessez-le-feu signé entre le gouvernement et la coalition « Seleka »[348]. Lorsque cette dernière parvient au pouvoir, le Conseil « condamne » le fait que cette coalition a « pris le pouvoir par la force le 24 mars 2013 » et estime que ses dirigeants ont « violé l'accord de Libreville »[349], tout en se déclarant « prêt à envisager les mesures appropriées qui s'imposent contre ceux dont les agissements compromettent la paix, la stabilité et la sécurité, y compris ceux qui violent les accords de transition, font obstacle au processus de transition et attisent la violence » et en « [e]xige[ant] que tous les éléments de la Seleka et tous les autres groupes armés déposent immédiatement les armes »[350].

En janvier 2014, le Conseil condamnera encore des attaques survenues depuis le mois de décembre, notamment à Bangui[351] et, le 10 avril, il « [e]xige de toutes les milices et de tous les groupes armés qu'ils déposent les armes, mettent fin immédiatement à toute forme de violence ou d'activité déstabilisante »[352].

Comme dans les précédents de la Syrie et de la Libye, le Conseil de sécurité en vient à prohiber le recours à la force à l'intérieur d'un Etat, en contradiction apparente avec le principe de neutralité. En même temps, il le fait non pas en vertu d'une nouvelle interprétation de l'article 2, paragraphe 4 de la Charte qui s'appliquerait

---

[347] Déclaration à la presse, SC/10874, 27 décembre 2012.
[348] Résolution 2088 (2013), 24 janvier 2013.
[349] Résolution 2121 (2013), 10 octobre 2013, 14e et 16e considérants.
[350] Résolution 2121 (2013), 10 octobre 2013, par. 5 et 8.
[351] Résolution 2134 (2014), 28 janvier 2014.
[352] Résolution 2149 (2014), 10 avril 2014, par. 6; voir aussi la déclaration du 18 décembre 2014, S/PRST/2014/28.

désormais au-delà des «relations internationales», mais d'une décision *ad hoc*, fondée sur plusieurs facteurs. La protection des droits de la personne est mentionnée dans divers extraits des déclarations et résolutions qui n'ont pas été reproduits plus haut[353], de même, en toute logique, que le critère de la responsabilité du Conseil de sécurité pour le maintien de la paix et de la sécurité internationale[354]. Sur ce dernier point, on considère que la détérioration de la situation en République centrafricaine n'est pas sans lien avec des activités déstabilisatrices d'organisations comme la LRA *(Lord's Resistance Army)*, qui opère dans d'autres pays de la région[355].

Mais, comme l'indiquent divers extraits que l'on vient de reproduire, la spécificité de ce précédent est surtout à rechercher dans la mention d'accords de paix comme fondement de l'interdiction de la violence intérieure. En l'espèce, les accords précités de 2007 et 2008 prévoyaient un «arrêt immédiat des hostilités et l'abstention de tout acte militaire ou toute autre forme de violence»[356] puis un engagement à respecter un cessez-le-feu[357]. Dans ce contexte, pour justifier ses compétences en vertu du chapitre VII de la Charte, le Conseil va opérer un lien logique entre la menace contre la paix internationale et

---

[353] Voir par exemple S/PRST/2012/28, 19 décembre 2012; résolution 2121 (2013), 10 octobre 2013, 4e considérant et par. 6; résolution 2134 (2014), 28 janvier 2014, 5e considérant.

[354] Voir notamment résolution 2127 (2013), 5 décembre 2013, 31e et 32e considérants.

[355] Voir par exemple *Déclaration du Président du Conseil de sécurité du 29 mai 2013*, S/PRST/2013/6; *Déclaration du Président du Conseil de sécurité du 25 novembre 2013*, S/PRST/2013/18; *Déclaration du Président du Conseil de sécurité du 12 mai 2014*, S/PRST/2014/8.

[356] Accord de Syrte, 2 février 2007; http://theirwords.org/media/transfer/doc/1_cf_fdpc_ufdr_2007_01-cbcf455c1186b4 2399c094252ea16e98.pdf.

[357] Accord de Libreville du 21 juin 2008; http://reliefweb. int/sites/reliefweb.int/files/resources/A18A0936ED8044 A7852575D90078F063-Rapport_complet.pdf.

le respect d'accords de paix visant à régir une situation interne, réitérant un schéma reproduit dans de nombreux précédents[358] depuis la crise haïtienne de 1994[359]. L'idée est que la violation d'un accord de paix, même interne, génère une menace à l'échelle internationale, justifiant ainsi la compétence du Conseil[360]. Si l'on suit ce schéma, le principe de neutralité serait préservé : les parties à un conflit interne sont à l'origine libres de recourir à la violence mais, si elles optent pour un accord prescrivant un cessez-le-feu et un processus de paix, elles savent que le Conseil de sécurité pourra s'appuyer sur ces accords pour exiger la fin de l'usage de la force à l'intérieur de l'Etat concerné[361]. Un raisonnement qui peut être retenu, si l'on s'en tient à une interprétation particulièrement formaliste. En pratique, les parties subissent de telles pressions de la part d'organismes ou d'Etats tiers qu'elles sont presque contraintes de conclure de tels accords[362]. L'idée qu'elles préserveraient pleinement leur droit à

---

[358] Résolution 1484 (2003) du 30 mai 2003, par. 1 et 4 (République démocratique du Congo), résolution 1464 (2003) du 4 février 2003, par. 9 (Côte d'Ivoire).

[359] Résolution 940 (1994) du 31 juillet 2014, par. 4, ainsi qu'Olivier Corten, « La résolution 940 du Conseil de sécurité autorisant une intervention militaire en Haïti : l'émergence d'un principe de légitimité démocratique ? », *EJIL*, 1995, p. 116-133 ; Jure Vidmar, « Human Rights, Democracy and the Legitimacy of Governments in International Law : Practice of States and UN Organs », dans C. Panara et G. Wilson (dir. publ.), *The Arab Spring. New Patterns for Democracy and International Law*, Leyde, Boston, Martinus Nijhoff, 2013, p. 61-62.

[360] Olivier Corten, « La résolution 940 du Conseil de sécurité autorisant une intervention militaire en Haïti : l'émergence d'un principe de légitimité démocratique ? », *op. cit.*, p. 126-128.

[361] Olivier Corten et Pierre Klein, « Are Agreements Between States and Non-State Entities Rooted in the International Legal Order ? », dans E. Cannizaro (dir. publ.), *The Law of Treaties Beyond the Vienna Convention*, Oxford, OUP, 2011, p. 20.

[362] Olivier Corten et Pierre Klein, « L'action des Nations Unies en Côte d'Ivoire : jusqu'où le Conseil de sécurité peut-il intervenir dans l'ordre juridique interne des Etats ? », dans

l'autodétermination interne paraît, dans ce contexte, largement relever de la fiction. Le schéma libéral qui consiste à se référer à leur consentement pour préserver le principe de neutralité apparaît donc, à tout le moins, ambigu.

L'ambiguïté peut aussi être illustrée par la question, centrale, du statut juridique de tels accords[363]. Trois options sont a priori envisageables:

– Selon une première, qui ressort notamment d'une affaire jugée par le Tribunal spécial pour la Sierra Leone, de tels accords n'auraient aucun statut particulier en droit international[364]. Au vu de leurs dispositions[365], il est clair qu'ils relèveraient en réalité soit de l'ordre juridique interne[366] – avec un statut quasi constitutionnel – soit d'engagements de type

---

Mélanges en l'honneur de Raymond Ranjeva, Paris, Pedone, 2012, p. 80.

[363] Olivier Corten et Pierre Klein, «Are Agreements Between States and Non-State Entities Rooted in the International Legal Order?», *op. cit.*, p. 3-24; Christine Bell, *On the Law of Peace. Peace Agreements and the Lex Pacificatoria*, *op. cit.*, et de la même auteure, «Peace Agreements: Their Nature and Legal Status», *AJIL*, 2006, p. 373-412.

[364] Arrêt de la chambre d'appel du Tribunal spécial pour la Sierra Leone dans l'affaire *Prosecutor c. Morris Kallon, Brima Bazzy Kamara*, aff. SCSL-2004-15-AR72(E) et SCSL-2004-16-AR72(E), 13 mars 2004; voir aussi, pour une analyse d'ensemble de la jurisprudence du TPIY sur cette question, Luisa Vierucci, «"Special Agreements" Between Conflicting Parties in the Case-Law of the ICTY», dans B. Swart, A. Zahar et G. Sluiter (dir. publ.), *The Legacy of the International Criminal Tribunal for the Former Yugoslavia*, Oxford, OUP, 2011, spécialement les conclusions p. 422.

[365] Outre les exemples qui suivent, voir Olivier Corten et Pierre Klein, «Are Agreements Between States and Non-State Entities Rooted in the International Legal Order?», *op. cit.*, p. 11-16.

[366] Voir par exemple *Accord signé par le Gouvernement de la République d'Angola et l'UNITA-Renovada le 18 février 1999*, S/1999/268, 11 mars 1999.

moral ou politique [367]. Cela n'empêche évidemment pas que le Conseil de sécurité, qui appuie de toute façon son action sur des appréciations plus factuelles que juridiques – il faut en effet rappeler que sa compétence ne dépend pas de l'établissement préalable d'un fait internationalement illicite [368] –, puisse estimer que leur violation constitue une menace contre la paix internationale. Pour autant, on ne pourrait conclure à une violation du droit international ou à une mise en cause de la responsabilité internationale du ou des acteurs pour la seule raison qu'ils n'auraient pas respecté ces accords, une démarche qui n'est d'ailleurs pas opérée par le Conseil lui-même [369].

---

[367] Voir par exemple *Mémorandum d'accord sur le processus de paix*, que le gouvernement de la République d'Angola et l'UNITA ont signé le 4 avril 2002, préambule, S/2002/483, 26 avril 2002.

[368] Jochen Ab. Frowein et Nico Krisch, «Introduction to Chapter VII», dans B. Simma (dir. publ.), *The Charter of the United Nations*, *op. cit.*, p. 705; Verra Gowlland-Debbas, «Security Enforcement Action and Issues of State Responsibility», *ICLQ*, 1994, p. 61; Mathias Forteau, *Droit de la sécurité collective et droit de la responsabilité internationale de l'Etat*, Paris, Pedone, 2006, notamment p. 68-69, 107, 489; Nicholas Tsagourias, «Necessity and the Use of Force: A Special Regime», *NYIL*, 2010, p. 30; voir aussi Hans Kelsen, *The Law of the United Nations. A Critical Analysis of Its Fundamental Problems*, Londres, Stevens et Sons Limited, 1951, p. 732-737.

[369] Le Conseil de sécurité peut certes condamner des parties, mais parce que ces dernières n'ont pas respecté ses propres résolutions, ou encore des règles applicables en vertu du droit international général (spécialement dans le domaine des droits de la personne). Mais il n'opère pas de lien direct entre la violation d'un accord interne et une responsabilité internationale; voir les nombreux exemples dans Olivier Corten et Pierre Klein, «Are Agreements Between States and Non-State Entities Rooted in the International Legal Order?», *op. cit.*, p. 16-23, ainsi qu'Olivier Corten et Anne Lagerwall, «La violation d'un cessez-le-feu constitue-t-elle nécessairement

– Selon une deuxième interprétation possible, un accord de paix pourrait avoir le statut de traité international, certes pas conclu entre Etats (et donc régi par la Convention de Vienne de 1969) et/ou entre organisations internationales (et donc régi par la Convention de Vienne de 1986), mais en application du droit international coutumier général, lequel admettrait d'autres types de traités [370]. Rien n'empêcherait, sur la base de la volonté des parties constatée dans les textes pertinents, de considérer que ces instruments sont régis par l'ordre juridique international. Dans cette optique, une interdiction du recours à la force qui y serait contenue serait obligatoire en droit international, qu'elle résulte non d'une nouvelle règle générale, mais bien d'un accord particulier. Ce dernier pourrait d'ailleurs – et c'est souvent le cas en pratique – renvoyer à des actes qui ne constituent pas nécessairement un usage de la force au sens de la Charte, comme de simples manœuvres militaires ou mouvements de troupes, l'achat d'armements ou même des «agressions verbales» [371], de la propagande [372]

---

une atteinte à l'interdiction du recours à la force?», *RHDI*, 2008, p. 92-94.

[370] Voir l'article 3 de la Convention de Vienne de 1969 sur le droit des traités, relatif aux «accords internationaux conclus entre Etats et d'autres sujets de droit international», et le commentaire à ce sujet d'Yves Le Bouthillier et Jean-François Bonin, «Article 3», dans O. Corten et P. Klein (dir. publ.), *The Vienna Conventions on the Law of Treaties. A Commentary*, Oxford, OUP, 2011, p. 73, par. 19.

[371] *Accord de cessez-le-feu et de cessation immédiate des hostilités à la frontière tadjiko-afghane et à l'intérieur du pays pendant la durée des pourparlers*, S/1994/1102, 27 septembre 1994, annexe I, p. 4–5.

[372] General Agreement for Peace between the Government of the Republic of the Philippines and the Rebolusyonaryong Alyansang Makabansa–Soldiers of the Filipino People – Young Oôcers'Union, done in Quezon City this 13 day of October 1995, article 1, section 1; http://www.ucdp.uu.se/gpdatabase/peace/Phi%2019951013.pdf.

ou de «campagne publique» contre l'autre partie[373]. Comme le montrent ces exemples, on semble là dans un domaine bien différent du *jus contra bellum* au sens de la Charte des Nations Unies[374], lequel renvoie à une définition plus stricte de l'usage de la «force»[375].

– Selon une troisième interprétation, un accord de ce type pourrait être interprété non seulement comme un traité, mais comme traduisant une volonté particulière d'étendre l'article 2, paragraphe 4 de la Charte à l'intérieur d'un Etat. Cette extension ne relèverait donc pas d'une évolution générale de la coutume, mais d'une dérogation conventionnelle au champ d'application initialement restreint aux «relations internationales»[376]. C'est en ce sens que s'est prononcée la mission européenne d'enquête sur la Géorgie, dans son rapport de 2009[377]. Analysant le texte d'accords entre le gouvernement géorgien et

---

[373] Annexe 1 de l'*Accord de cessez-le-feu entre le gouvernement de transition du Burundi et le mouvement Conseil national pour la défense de la démocratie-forces pour la défense de la démocratie (CNDD-FDD)*, 2 décembre 2002, S/2002/1329, B1.2.

[374] Pour d'autres exemples en ce sens, Olivier Corten et Pierre Klein, «Are Agreements Between States and Non-State Entities Rooted in the International Legal Order?», *op. cit.*, p. 8-9.

[375] Olivier Corten, *Le droit contre la guerre*, 2ᵉ éd., *op. cit.*, p. 67-140; comp. Tom Ruys, «The Meaning of "Force" and the Boundaries of the *Jus ad Bellum*: Are "Minimal" Uses of Force Excluded From UN Charter Article 2 (4)?», *AJIL*, 2014, p. 159-210.

[376] Antonio Tancredi, «Secession and the Use of Force», dans Ch. Walter, A. Von Ungern-Sternberg et K. Abushov (dir. publ.), *Self-Determination and Secession in International Law*, Oxford, OUP, 2014, p. 71-72.

[377] *Report*, septembre 2009 (http://rt.com/files/politics/georgia-started-ossetian-war/iiffmcg-volume-ii.pdf), vol. II, p. 239 ss, ainsi que p. 281; voir Alexander Lott, «The Tagliavini Report Revisited: *Jus ad Bellum* and the Legality of the Russian Intervention in Georgia», *Utrecht JIEL*, 2012, vol. 28, p. 7-10.

les rebelles d'Ossétie du Sud, la mission a estimé que les parties avaient entendu appliquer entre elles les principes fondamentaux de la Charte, dont l'article 2, paragraphe 4 de la Charte[378]. Le problème, en analysant de près les textes en question, est que ces derniers ne se réfèrent jamais spécifiquement à cette disposition…[379]. Plus généralement, on ne connaît d'ailleurs aucun accord de paix de ce type qui la reprendrait pour la rendre applicable à l'intérieur d'un Etat[380]. Il reste que le cas de figure évoqué par la mission est, au moins théoriquement, concevable.

On l'aura compris, il n'est pas évident de trancher le débat de manière générale. Tout d'abord, les accords de paix peuvent contenir des textes assez diversifiés, plus ou moins ouverts à telle ou telle interprétation[381]. Certains sont manifestement ancrés dans l'ordre juridique national, d'autres se réfèrent au droit international, sans que cela ne soit toujours très clair. On le comprend parfaitement, puisqu'on se trouve dans un schéma où les forces rebelles tentent généralement d'internationaliser le cadre juridique du conflit, tandis que les autorités gouvernementales ont plutôt logiquement tendance à se

---

[378] *Report*, septembre 2009, *op. cit.*, vol. II, p. 239-240.

[379] François Dubuisson et Anne Lagerwall, «Le conflit de Géorgie de 2008 au regard du *jus contra bellum* et à la lumière du Rapport de la mission d'enquête internationale de 2009», *RBDI*, 2009, p. 459-461; Olivier Corten, «Le rapport de la mission d'enquête internationale indépendante sur le conflit en Géorgie: quel apport au *jus contra bellum*?», *RGDIP*, 2010, p. 55.

[380] Voir l'abondante pratique analysée dans Olivier Corten et Pierre Klein, «Are Agreements Between States and Non-State Entities Rooted in the International Legal Order?», *op. cit.*, p. 6-11.

[381] Voir les nombreux exemples de textes sur la base de données du *Uppsala Conflict Data Program Database*, de l'Université d'Uppsala: http://www.ucdp.uu.se/gpdatabase/search.php.

cantonner au droit constitutionnel ou national. Dans ce contexte, les dispositions finalement adoptées, résultat d'un compromis, sont souvent peu explicites, avec pour conséquence une difficulté de dégager une interprétation convaincante, même en se limitant à un accord particulier.

A fortiori, il paraît difficile de dégager de la pratique une volonté générale d'étendre le champ d'application de l'article 2, paragraphe 4 de la Charte au-delà des «relations internationales». Dans son rapport de 2009 que l'on vient d'évoquer, la mission d'enquête internationale indépendante sur le conflit en Géorgie elle-même n'a pas prétendu qu'une telle volonté se dégageait; dans sa logique, c'est uniquement par le biais d'une dérogation spécifique que l'article 2, paragraphe 4 pouvait trouver application entre un Etat et un groupe rebelle (en l'occurrence sécessionniste)[382]. Outre les limites déjà évoquées au sujet du texte même des accords pertinents, un tel raisonnement ne va pas sans poser problème au regard du caractère impératif de l'interdiction du recours à la force, qui s'accommode mal d'une application différenciée en fonction de la volonté d'acteurs, au cas par cas[383]. En suivant le raisonnement de la mission, l'ensemble du *jus contra bellum* deviendrait en effet un corps de règles applicables «à la carte», à l'intérieur de certains Etats et pas d'autres, et en fonction de l'existence ou non d'accords dérogatoires. Cela impliquerait que, dans les cas de violations de tels accords, la légitime défense pourrait être invoquée par, ou à l'encontre, d'un groupe non étatique, avec une éventuelle dimension collective permettant à des Etats tiers d'intervenir dans

---

[382] La mission rappelle même que: «a government is generally not prevented from using armed force in internal conflicts e.g. against insurgents starting a civil war or against territorial entities fighting violently for secession»; http://www.ceiig.ch/Report.html), vol. II, p. 239.

[383] Olivier Corten, «Le rapport de la mission d'enquête internationale indépendante sur le conflit en Géorgie: quel apport au *jus contra bellum*?», *op. cit.*, p. 59-60.

le conflit. On peut douter que ce schéma soit compatible avec la qualification de *jus cogens* de l'ensemble du régime de prohibition de recours à la force, lequel est supposé s'appliquer universellement et uniformément, indépendamment d'accords particuliers. La pratique des Etats semble, y compris dans le cas de la Géorgie, conforme à cette dernière position, ni l'article 2, paragraphe 4 ni la légitime défense n'ayant été invoqués lors des débats qui ont eu lieu au sujet de cette situation au sein des organes compétents de l'ONU[384]. A la lecture des procès-verbaux pertinents, les accords de paix sont plutôt considérés comme étant limités à une dimension soit politique, soit essentiellement nationale[385]. Plus généralement, la pratique montre que si l'article 2, paragraphe 4 est cité pour critiquer une action militaire d'un Etat contre un autre, il ne l'est pas lorsqu'un accord de paix conclu entre deux parties à l'intérieur d'un Etat a été violé[386]. Une différence de traitement qui semblerait

---

[384] François Dubuisson et Anne Lagerwall, «Le conflit de Géorgie de 2008 au regard du *jus contra bellum* et à la lumière du Rapport de la mission d'enquête internationale de 2009», *op. cit.*, p. 461-462. Voir aussi, plus généralement au sujet de ce conflit, James A. Green et Christopher P. M. Waters (dir. publ.), *Conflict in the Caucasus: Implications for International Legal Order*, Londres, Palgrave Macmillan, 2010.

[385] S/PV.5951 et S/PV.5952, 8 août 2008; *Lettre datée du 11 août 2008, adressée au président du Conseil de sécurité par le représentant permanent de la Fédération de Russie auprès de l'Organisation des Nations Unies*, S/2008/545; *Lettre datée du 9 août 2008, adressée au président du Conseil de sécurité par le représentant permanent de la Géorgie auprès de l'Organisation des Nations Unies*, S/2008/537; voir aussi http://en.wikipedia.org/wiki/International_reaction_to_the_2008_South_Ossetia_war; «UK Materials on International Law», *BYBIL*, 2008, p. 782; «Contemporary Practice of the U.S.», *AJIL*, 2009, p. 138-140; *Digest of US Practice in IL 2008*, Washington, IL Institute, 2009, p. 866-870.

[386] Olivier Corten et Anne Lagerwall, «La violation d'un cessez-le-feu constitue-t-elle nécessairement une atteinte à l'interdiction du recours à la force?», *op. cit.*, p. 93-94.

bien témoigner du maintien de la distinction de principe entre les deux types de situations.

On le constate, de tels accords suscitent le débat juridique et ne permettent certainement pas de donner une réponse univoque à la question de la remise en cause du principe traditionnel de neutralité. Pour simplifier, il semble bien que l'on reste confronté, une fois encore, à l'alternative suivante :

– Soit on estime que la pratique dans son ensemble, qui recouvre à la fois la référence à des accords de paix, mais aussi à des résolutions du Conseil de sécurité prohibant la violence intérieure, le cas échéant en opérant un lien avec des violations des droits de la personne, témoigne d'une extension de la règle en général. Il ne serait plus crédible d'affirmer, aujourd'hui, qu'il n'existe *aucune* limite de principe au recours à la force par l'une des parties à un conflit interne. Selon certains, on pourrait même déduire des événements du « printemps arabe » que « [w]hen a government uses force against a people as a part of a strategy to deny self-determination and human rights, it violates Article 2, Paragraph 4 of the United Nations Charter . . . »[387].

– Soit, au contraire, on envisage chacun de ces précédents de manière individualisée, comme constituant autant de cas particuliers dictés par les spécificités de la cause. Dans cette optique, aucune évolution de la règle générale ne pourrait être observée, le principe de neutralité étant préservé de manière générale[388]. Il n'existerait que des interdictions spécifiques, dépendant de l'accord des parties elles-mêmes ou d'une décision du Conseil de sécurité, l'article 2,

---

[387] Jordan J. Paust, « International Law, Dignity, Democracy, and the Arab Spring », *Cornell ILJ*, 2013, p. 10.

[388] Voir par exemple Klaus Kress, « Major Post-Westphalian Shifts and Some Important Neo-Westphalian Hesitations in the State Practice on the International Law on the Use of Force », *op. cit.*, p. 25.

paragraphe 4 de la Charte n'étant en revanche ni cité ni applicable en tant que tel[389].

Il est difficile de trancher définitivement en faveur de l'une ou l'autre de ces conceptions, la pratique ainsi que les discours officiels qui l'accompagnent témoignant plutôt des ambiguïtés et des ambivalences du principe de non-intervention. Comme on le constatera à présent, le constat vaut pour sa dimension interne, mais aussi pour sa dimension externe, qui touche aux pouvoirs des tiers de s'ingérer dans un conflit.

Section 2. Le principe de neutralité dans son volet externe à l'épreuve

Comme on l'a indiqué précédemment, le principe de neutralité se décline également sur un plan externe, dans le sens où il prescrirait de ne pas prendre parti dans un conflit interne, que ce soit en faveur des rebelles mais aussi, au moins en certaines circonstances, en faveur du gouvernement. On a vu que ce volet renfermait de profondes ambiguïtés dès l'origine de sa formulation, avant la Charte des Nations Unies[390]. La résolution adoptée en 1975 par l'Institut de droit international avait, on l'a vu également, établi un système résolument fondé sur le principe de neutralité mais, outre les exceptions relativement ouvertes qu'il comprenait (possibilité d'une «aide technique … qui ne serait pas de nature à exercer une influence substantielle sur l'issue de la guerre civile», ou encore d'un appui militaire au gouvernement faisant suite à un appui préalable d'un autre Etat en faveur des rebelles), on s'est interrogé sur le statut – codificateur ou non – de ce texte[391]. Ce dernier

---

[389] Voir Antonio Tancredi, «Secession and the Use of Force», *op. cit.*, p. 72-75 ; Yoram Dinstein, *Non-International Armed Conflicts in International Law*, *op. cit.*, p. 5-6.

[390] *Supra* chapitre I.

[391] *Supra* chapitre I, section 2.

a en tout cas été rappelé à la session de Rhodes, dans une résolution consacrée à l'«assistance sollicitée»[392], dans laquelle l'Institut a généralement transposé les règles de la résolution de Wiesbaden aux «situations de tensions internes, de troubles intérieurs, comme les émeutes, les actes isolés et sporadiques de violence et autres actes analogues, y compris les actes de terrorisme, n'atteignant pas le seuil des conflits armés non internationaux…»[393].

En pareil cas, l'Institut estime qu'une aide militaire à un gouvernement est admise, mais dans le respect de la Charte et du droit des peuples à disposer d'eux-mêmes, ce qui a pour effet d'exclure une telle aide «lorsqu'elle a pour objet de soutenir un gouvernement établi contre sa propre population»[394].

Cette position assez rigoureuse de l'Institut en faveur du principe de neutralité ne doit cependant pas masquer la fracture doctrinale qui continue à prévaloir sur la question de la possibilité, ou non, de l'aide militaire à un gouvernement, que ce dernier soit confronté à une guerre civile ou à des troubles internes.

– Pour les uns, la position de l'Institut est conforme au droit international contemporain. Elle s'appuie à la fois sur des principes généraux, comme le droit des peuples (et non des gouvernements) à déterminer leurs régimes politiques sans ingérence extérieure, et sur un grand nombre de précédents, desquels il ressortirait une réticence de principe des Etats à assumer un appui aux autorités pour réprimer une

---

[392] Préambule de la résolution, disponible sur: http://www.idi-iil.org/idiF/reso lutionsF/2011_rhodes_10_C_fr.pdf.

[393] Article 2 de la résolution.

[394] Article 3 de la résolution; voir Georg Nolte, «The Resolution of the *Institut de droit international* on Military Assistance on Request», *RBDI*, 2012, p. 241-262; voir aussi la critique de Yoram Dinstein, *Non-International Armed Conflicts in International Law*, Cambridge, CUP, 2014, p. 76-78.

rébellion[395]. Le plus souvent, voire dans chacun des
nombreux cas litigieux, les Etats justifieraient leurs
interventions par l'argument de l'«aide technique»,
assurée dans le cadre de la coopération militaire[396], ou
alors par celui de la «contre-intervention», les rebelles
ayant prétendument été aidés en premier lieu par des
puissances étrangères[397].

– A l'inverse, d'autres auteurs considèrent qu'aucune
limite autre que celle tenant aux modalités du consentement (assuré par les autorités effectives et reconnues,
libre, antérieur à l'intervention, certain, pertinent...)
ne restreindrait l'aide au gouvernement d'un Etat aux
prises avec une rébellion[398]. L'accent est mis sur une
pratique abondante témoignant d'une coopération
effective entre autorités contre les forces rebelles,

---

[395] Olivier Corten, *Le droit contre la guerre*, 2e éd., *op. cit.*,
p. 472-512.
[396] *Ibid.*, p. 482-487. On cite souvent en ce sens la coopération
militaire entre la France et plusieurs Etats africains; Louise
Doswald-Beck, «The Legal Validity of Military Intervention by Invitation of the Government», *op. cit.*, p. 218-221;
Christopher J. Le Mon, «Unilateral Intervention by Invitation
in Civil Wars: the Effective Control Test Tested», *op. cit.*,
p. 768-772; Mohamed Bennouna, *Le consentement à
l'ingérence militaire dans les conflits internes*, *op. cit.*, p. 44-
49; voir aussi Christine Gray, *International Law and the Use
of Force*, 3e éd., *op. cit.*, p. 96-98; Antonio Tanca, *Foreign
Armed Intervention in Internal Conflict*, *op. cit.*, p. 162; Philippe
Chapal, «Les interventions militaires de la France», dans
J. F. Guilhaudis et M. Torelli (dir. publ.), *Force armée et diplo-
matie*, tome I, Dordrecht, Martinus Nijhoff, Bruxelles, Bruylant,
1985, p. 83-84.
[397] Olivier Corten, *Le droit contre la guerre*, 2e éd., *op.
cit.*, p. 496-512, avec de nombreux exemples cités qui vont de
l'intervention militaire de 1958 du Royaume-Uni et des Etats-
Unis en Jordanie et au Liban en 1958 et de l'action militaire
de la Belgique à Stanleyville en 1964, jusqu'à l'opération
militaire de la France au Mali en 2013, opération sur laquelle
on reviendra *infra* chapitre III, section 2.
[398] Voir par exemple Eliav Lieblich, *International Law and
Civil War. Intervention and Consent*, *op. cit.*, p. 140-152.

souvent qualifiées de criminelles ou de terroristes. Dans ce contexte, les justifications formelles, qu'il s'agisse de l'aide technique ou de la contre-intervention, se révéleraient complètement artificielles.

Ici encore, on est donc confronté à une tension entre le discours justificatif officiel (qui tend à ne pas remettre en cause le principe de neutralité, en se prévalant de ses exceptions ou de ses limites) et les réalités de terrain (qui témoignent souvent d'une prise de parti en faveur des autorités contre les rebelles)[399]. Dans la suite de ce chapitre, cette tension sera illustrée par trois précédents qui correspondent à trois cas de figure différents. Dans le cas de la Côte d'Ivoire, on a un exemple emblématique témoignant de l'interventionnisme accru de la part de l'ONU dans une guerre civile, ce qui ne manque pas de mettre en jeu le principe de neutralité, à l'instar de ce qu'on avait pu constater lors de la crise du Katanga[400] dans les années 1960 (1). Dans un deuxième temps, on envisagera le précédent de l'opération militaire des Etats du Conseil de coopération du golfe à Bahreïn en 2011, qui illustre bien le cas de figure classique d'un appui militaire au gouvernement dans une crise interne (2). Enfin, on reviendra sur le cas de la guerre civile en Syrie pour aborder la question délicate d'une aide militaire aux rebelles à l'encontre des autorités (3). Comme on le constatera, cette pratique se révèle profondément délicate à interpréter, les discours produits constituant de nouvelles illustrations de l'ambivalence entre la volonté de maintenir formellement le principe de neutralité et les tentations de le contourner dans de nombreux cas particuliers.

---

[399] Voir les réflexions d'Ana Peyro Llopis, «Le système de sécurité collective entre anarchie et fiction. Observations sur la pratique récente», dans *Droit du pouvoir, pouvoir du droit. Mélanges offerts à Jean Salmon*, Bruxelles, Bruylant, 2007, p. 1402-1405.

[400] *Supra* chapitre I, section 2.

1. *L'interventionnisme de l'ONU :*
l'exemple de la Côte d'Ivoire

La Côte d'Ivoire a été déchirée par une guerre civile pendant une longue période, s'étendant de 2002 à 2011[401]. Dans un premier temps, une rébellion dans le nord du pays s'est développée en vue de destituer le président élu, Laurent Gbagbo[402]. En dépit de nombreuses tentatives de règlement, le conflit s'est enlisé et a perduré jusqu'à de nouvelles élections en novembre 2010. Après de vives contestations sur l'identité de son vainqueur, c'est finalement Alassane Ouattara qui a été reconnu comme président légitime en avril 2011, Laurent Gbagbo étant capturé puis finalement déféré à la Cour pénale internationale pour être jugé[403]. La crise a donné lieu à une implication appuyée des organisations internationales, et spécialement du Conseil de sécurité. En ce sens, le principe de neutralité, particulièrement en ce qu'il implique le choix pour un Etat de déterminer son

---

[401] Parmi l'abondante bibliographie relative à ce sujet, voir Christian Bouquet, *Géopolitique de la Côte d'Ivoire. Le désespoir de Kourouma*, Paris, Armand Colin, 2005 ; Thomas Hofnung, *La crise en Côte d'Ivoire. Dix clés pour comprendre*, Paris, La découverte, 2005 ; Anicet Maxime Djéhoyry, *La guerre de Côte d'Ivoire. La dernière expédition coloniale*, Paris, L'Harmattan, 2007 ; Mamadou Koulibaly, *La guerre de la France contre la Côte d'Ivoire*, Paris, L'Harmattan, 2003.

[402] *Rapport du Secrétaire général sur la Côte d'Ivoire*, S/2003/374, 26 mars 2003, p. 2 ss, ainsi que UA, *Communiqué sur la situation en Côte d'Ivoire, publié par l'Organe central du mécanisme pour la prévention, la gestion et le règlement des conflits au niveau des ambassadeurs à l'issue de sa quatre-vingt-quatrième session ordinaire*, S/2002/1091, 24 septembre 2002, ainsi que Pierre Weiss, «L'opération Licorne en Côte d'Ivoire. Banc d'essai de la nouvelle politique française de sécurité en Afrique», *AFRI*, 2004, p. 313-326.

[403] *Kessing's*, 2011, p. 50381-50382 et 50436 ; *Vingt-sixième rapport du Secrétaire général sur l'Opération des Nations Unies en Côte d'Ivoire*, S/2011/211, 30 mars 2011, par. 15 et ss.

régime politique sans ingérence extérieure, a été mis en tension [404].

L'ambiguïté du précédent ressort d'abord de l'ampleur de la mise en cause, en pratique, de ce principe. Dans un premier temps, le Conseil de sécurité s'est contenté de « demand[er] à toutes les parties de résoudre la crise actuelle par des voies pacifiques » [405], avant de « faire sien » un accord (de Linas-Marcoussis) contenant un cessez-le-feu et d'autoriser la France à prendre « toutes les mesures nécessaires » pour le faire respecter [406], de créer une force des Nations Unies (l'ONUCI) en appui de cette mission [407], puis d'établir un embargo visant les personnes mettant en danger le processus de paix [408]. Cependant, le 21 octobre 2005, le Conseil a ensuite adopté une résolution sans précédent dans la mesure où, loin de se contenter d'obliger les parties à ne pas recourir à la violence, il a pris des décisions touchant a priori au cœur même des choix souverains de l'Etat ivoirien. Le Conseil a notamment décidé que :

- le président Gbagbo « demeurera chef de l'Etat » après l'issue de son mandat, le 31 octobre 2005 ;
- le 31 octobre 2005 sera la date ultime pour la nomination d'un nouveau Premier ministre ;
- « les ministres rendront compte au Premier ministre, qui exercera pleinement son autorité sur son cabinet » ;
- « si un ministre ne participe pas pleinement audit gouvernement, son portefeuille doit être repris par le Premier ministre » ;

---

[404] Olivier Corten et Pierre Klein, « L'action des Nations Unies en Côte d'Ivoire : jusqu'où le Conseil de sécurité peut-il intervenir dans l'ordre juridique interne des Etats ? », dans *Mélanges Raymond Ranjeva*, Paris, Pedone, 2012, p. 55-81.

[405] Déclaration à la presse du président du Conseil de sécurité, 31 octobre 2001, SC/7558.

[406] Résolution 1464 (2003), 4 février 2003.

[407] Résolution 1528 (2004), 27 février 2004.

[408] Résolution 1572 (2004), 15 novembre 2004.

– « le Premier ministre doit disposer de tous les pouvoirs nécessaires, conformément à l'Accord de Linas-
Marcoussis, ainsi que de toutes les ressources finan-
cières, matérielles et humaines voulues, en particulier
dans les domaines de la sécurité, de la défense et
des affaires électorales, en vue d'assurer le bon fonctionnement du Gouvernement, de garantir la sécurité et le redéploiement de l'administration et des
services publics sur l'ensemble du territoire ivoirien… »[409].

Contrairement aux cas examinés jusque-là, le Conseil
intervient ici dans les modalités de l'organisation interne
du pouvoir, y compris en définissant les compétences
des membres du gouvernement ivoirien[410]. Et cette
résolution, comme les autres qui ont été adoptées pour
régir cette situation, a été adoptée à l'unanimité et sans
contestation aucune. On peut légitimement se demander,
dans ce contexte, ce qu'il reste de la souveraineté de la
Côte d'Ivoire et, au-delà, du principe selon lequel chaque
peuple a le droit de déterminer lui-même son régime
politique[411]. La question est d'autant plus légitime que,
on le sait, la France est intervenue en 2011 sur la base
des résolutions pertinentes du Conseil de sécurité[412]
pour assurer la passation de pouvoir au vainqueur des
élections selon les Nations Unies, Alassane Ouattara, et
ce en assurant la neutralisation et l'arrestation de Laurent
Gbagbo, qui estimait avoir gagné les élections en se

---

[409] Résolution 1633 (2005).
[410] Olivier Corten et Pierre Klein, « L'action des Nations
Unies en Côte d'Ivoire : jusqu'où le Conseil de sécurité peut-il
intervenir dans l'ordre juridique interne des Etats ? », *op. cit.*,
p. 63-66.
[411] *Ibid.*, p. 70-81.
[412] Résolution 1975 (2011), 30 mars 2011, par. 6 ; voir déjà
résolutions 1933 (2010), 30 juin 2010, par. 17 et 1967 (2011),
17 janvier 2011, par. 8.

prévalant d'une décision du Conseil constitutionnel[413]. Une opération qui a suscité quelques critiques d'Etats comme la Russie, l'Afrique du Sud et l'Angola, et ce au nom du principe de non-intervention[414].

En même temps, une lecture formaliste de ce précédent est susceptible de préserver les apparences du maintien du principe de neutralité. D'abord, on aura relevé que le Conseil de sécurité ne s'appuie pas sur une règle générale, mais sur ses compétences de prendre des mesures spécifiques, *ad hoc*, dans le cadre de sa responsabilité dans le maintien de la paix et de la sécurité internationale. Il semble s'inscrire dans le cadre de la politique de l'ONU, qui consiste à présenter son action dans le cadre d'un conflit interne comme neutre, en particulier lorsqu'est mise en œuvre une opération – coercitive ou non – de maintien de la paix[415]. En avril 2013, le Conseil a par exemple réaffirmé au sujet de telles opérations les «principes fondamentaux ... du consentement des parties [et] d'impartialité...»[416]. Et, en pratique, les objectifs assignés ont toujours renvoyé au

---

[413] Pour la position officielle de la France, voir «Pratique française du droit international», *AFDI*, 2011, p. 764-765; voir plus généralement Yejoon Rim, «Two Governments and One Legitimacy: International Responses to the Post-Election Crisis in Côte d'Ivoire», *LJIL*, 2012, p. 683-705; Eliav Lieblich, *International Law and Civil Wars. Intervention and Consent*, *op. cit.*, p. 213-216.

[414] Nicolas Cook, *Côte d'Ivoire Post-Gbagbo: Crisis Recovery*, Congressional Research Service, CRS Report for Congress, 3 mai 2011, www.crs.gov, p. 6 (citant des dépêches de l'agence Reuters), ainsi que l'agence AFP, «L'Angola considère Gbagbo comme «président élu de Côte d'Ivoire», 6 avril 2011; voir aussi http://english.ruvr.ru/2011/04/05/48510139.html (pour la Russie) et http://www.dfa.gov.za/docs/speeches/2011/mash0405a.html ou http://yakocotedivoire.over-blog.com/article-cote-d-ivoire-l-afrique-divisee-sur-l-engagement-de-l-onu-et-de-la-france-71171858.html (pour l'Afrique du Sud).

[415] Voir déjà Derek Bowett, *United Nations Force – A Legal Study*, New-York, Washington, Praeger, 1964, p. 78.

[416] Résolution 2100 (2013) du 25 avril 2013, 3e considérant.

maintien de la paix ou de la sécurité intérieure, mais sans prétendre imposer telle ou telle solution particulière[417]. De même, le Conseil rappelle systématiquement sa responsabilité du maintien de la paix pour justifier son action, la qualification de menace contre la paix étant motivée à de multiples reprises et sur la base de divers facteurs, dont la proximité de la Côte d'Ivoire avec d'autres guerres civiles meurtrières qui ont déchiré l'Ouest de l'Afrique, que ce soit au Liberia ou en Sierra Leone[418]. Mais, plus précisément, on peut souligner deux éléments tendant à réconcilier cette pratique interventionniste avec le respect de la souveraineté ivoirienne, le premier tenant à l'objectif, le second aux moyens utilisés par l'ONU.

Premièrement, quant à l'objectif de l'ensemble des mesures adoptées, il ne consiste pas, si l'on s'en tient aux discours justificatifs produits, à prescrire telle ou telle forme de gouvernement ou de régime politique. Comme on l'a souligné plus haut lorsqu'on a évoqué le précédent de la République centrafricaine, l'idée est plutôt de garantir le respect d'accords préalablement

---

[417] Pablo Antonio Fernandez Sanchez, *Operaciones de las Naciones Unidas para el Mantenimiento de la Paz,* vol. I, *op. cit.*, p. 124-133 ; Nicholas Tsagourias, «Consent, Neutrality/Impartiality and the Use of Force in Peacekeeping: Their Constitutional Dimension», *JCSL*, 2007, p. 465 ss.

[418] Voir notamment *Rapport du Secrétaire général sur l'Opération des Nations Unies en Côte d'Ivoire*, S/2003/274, 26 mars 2003, p. 11 et 14 ; *Premier rapport du Secrétaire général sur l'opération des Nations Unies en Côte d'Ivoire*, S/2004/443, 2 juin 2004, p. 11 ; *Deuxième rapport du Secrétaire général sur l'Opération des Nations Unies en Côte d'Ivoire*, S/2003/1069, 4 novembre 2003, p. 11 ; *Rapport du Secrétaire général sur la coopération entre la mission des Nations Unies en Sierra Leone, la mission des Nations Unies au Liberia et la mission des Nations Unies en Côte d'Ivoire et la possibilité pour ces missions de réaliser des opérations frontalières,* S/2005/135, 2 mars 2005, p. 1 ; résolutions 1479 (2003) du 13 mai 2003, 1609 (2005) du 24 juin 2005.

acceptés par les parties[419], accords que le Conseil de sécurité a «fait sien[s]»[420] ou «entériné[s]»[421]. C'est dans cette perspective que le Secrétaire général précise que «la communauté internationale *ne peut se substituer à la volonté politique des dirigeants et du peuple ivoiriens* pour faire avancer le processus de paix conformément aux accords auxquels ils ont librement souscrits»[422] ou rappelle que les forces des Nations Unies «ont été déployées en Côte d'Ivoire à la demande des autorités nationales, en vue d'appuyer le processus de paix et *non pour imposer une solution partisane à la crise que traverse le pays*»[423]. Une telle conception se reflète dans les positions des Etats[424], ainsi que dans plusieurs résolutions du Conseil de

---

[419] Il s'agissait en l'occurrence des accords de Linas-Marcoussis du 26 janvier 2003 (annexe à la *Lettre du 27 janvier 2003 adressée au président du Conseil de sécurité par le représentant permanent de la France*, S/2003/99) ainsi que, dans une moindre mesure, de l'«accord de Kléber», Conférence des chefs d'Etats sur la Côte d'Ivoire, 25/26 janvier 2003, Paris, conclusions (S/2003/99, annexe à la *Lettre du 27 janvier 2003 adressée au président du Conseil de sécurité par le représentant permanent de la France*) et des accords «Accra II» (6-8 mars 2003 ; voir *Rapport du Secrétaire général sur la Côte d'Ivoire*, 26 mars 2003, S/2003/374, p. 8), «Accra III» (*Deuxième rapport du Secrétaire général sur l'opération des Nations Unies en Côte d'Ivoire*, S/2004/697, 27 août 2004, p. 4-5, par. 15) et de Pretoria (6 avril 2005, annexe I à la *Lettre datée du 25 avril 2005, adressée au président du Conseil de sécurité par le représentant permanent de l'Afrique du Sud auprès de l'Organisation des Nations Unies* (S/2005/270, 25 avril 2005), par. 3).

[420] Résolution 1464 (2003) du 4 février 2003.

[421] *Déclaration du président du Conseil de sécurité*, S/PRST/2004/18, 25 mai 2004.

[422] Nous soulignons ; S/2005/186, 18 mars 2005, p. 19, par. 86.

[423] *Ibid.*, par. 87 (nous soulignons).

[424] Voir par exemple les représentants de l'Angola (S/PV. 4793, 25 juillet 2003, p. 13), de la Guinée (*ibid.*, p. 14), du Bénin (S/PV.5152, 28 mars 2005, p. 13), de la Tanzanie (*ibid.*,

sécurité, lequel insiste sur la circonstance qu'il ne fait
que faire respecter «l'engagement de tous les acteurs
ivoiriens eux-mêmes»[425]. Dans ce contexte, l'ONU n'a
jamais souhaité soutenir les forces gouvernementales
dans leur lutte contre les rebelles, notamment dans leur
tentative de reconquérir les parties du territoire ivoirien
qui avaient échappé à leur contrôle à la suite du coup
de force qui a débuté en septembre 2002. Au contraire,
la violation de la «zone de confiance» séparant les
territoires qui étaient contrôlés par chacune des parties
a fait l'objet d'une condamnation sans équivoque des
forces gouvernementales, lesquelles ont également été
soumises à un embargo et à un régime de sanctions[426].
Par ailleurs, en insistant sur la nécessité de respecter
les accords de paix, le Conseil a consacré en partie les
revendications des rebelles: place dans le gouvernement
de réconciliation nationale, nomination du Premier
ministre, supervision internationale du processus électoral… Ainsi, les exigences du Conseil, qu'elles portent
sur le cessez-le-feu ou sur le règlement politique du
conflit, s'adressent aux deux parties, sans que l'une
d'entre elles soit favorisée. L'encadrement du processus
électoral obéit à la même logique: il n'est pas question
d'imposer tel ou tel dirigeant, ou telle ou telle ligne
politique, aux Ivoiriens. C'est en ce sens que le Secrétaire général souligne que «*[l]e mandat de certification
confié aux Nations Unies a donc été mis en place de
leur plein gré par les Ivoiriens eux-mêmes*, à titre de
précaution supplémentaire garantissant la crédibilité du

---

p. 15), de la Russie (*ibid.*, p. 29), de l'Algérie (S/PV.5169,
26 avril 2005, p. 10), du Japon (*ibid.*, p. 11).

[425] SC/8043, 26 mars 2004.

[426] On relèvera en ce sens que le représentant de la Côte
d'Ivoire à l'ONU s'est plaint occasionnellement d'une forme
de partialité que l'organisation aurait témoignée au bénéfice
des forces d'opposition; voir par exemple S/PV.5152, 28 mars
2005, p. 26.

scrutin»[427]. Il ne s'agirait donc que de garantir qu'ils puissent eux-mêmes exprimer ce choix, qu'il s'agira ensuite de faire respecter[428]. Loin d'être remis en cause, le libre choix du peuple est donc garanti par les Nations Unies, et ce dans le respect formel du principe de neutralité[429]. Le cas de Laurent Gbagbo est instructif à cet égard puisque, soutenu en 2002-2003 lorsqu'il faisait l'objet d'une tentative de coup d'Etat, il sera combattu en 2010-2011 lorsqu'il refusera le résultat des élections. Ainsi, si l'on suit cette logique, «impartiality does not exclude the use of coercion provided that all parties are dealt with evenhandedly for the same infraction»[430].

---

[427] Nous soulignons; *Vingt-sixième rapport du Secrétaire général sur l'opération des Nations Unies en Côte d'Ivoire*, S/2011/211, 30 mars 2011, par. 74-75; voir aussi S/PV.5152, 28 mars 2005, p. 7.

[428] Voir par exemple *Déclaration du président du Conseil de sécurité*, S/PRST/2004/12, 30 avril 2004; *Déclaration à la presse du président du Conseil de sécurité concernant la Côte d'Ivoire*, SC/8094, 14 mai 2004; *Déclaration du président du Conseil de sécurité*, S/PRST/2004/29, 4 août 2004; *Déclaration à la presse du président du Conseil de sécurité*, SC/7732, 15 avril 2005; *Déclaration du président du Conseil de sécurité*, S/PRST/2005/49, 14 octobre 2005; *Déclaration du président du Conseil de sécurité*, S/PRST/2006/14, 29 mars 2006; *Déclaration du président du Conseil de sécurité*, S/PRST/2006/32, 19 juillet 2006; *Déclaration du président du Conseil de sécurité*, S/PRST/2008/42, 7 novembre 2008; *Déclaration du président du Conseil de sécurité*, S/PRST/2009/16, 29 mai 2009; *Déclaration du président du Conseil de sécurité*, S/PRST/2009/25, 29 septembre 2009; résolution 1911 (2010) du Conseil de sécurité, 28 janvier 2010, par. 4, résolution 1933 (2010) du Conseil de sécurité, 30 juin 2010, par. 14.

[429] Olivier Corten et Pierre Klein, «L'action des Nations Unies en Côte d'Ivoire: jusqu'où le Conseil de sécurité peut-il intervenir dans l'ordre juridique interne des Etats?», *op. cit.*, p. 69 ss.

[430] Nicholas Tsagourias, «Consent, Neutrality/Impartiality and the Use of Force in Peacekeeping: Their Constitutional Dimension», *op. cit.*, p. 481.

Deuxièmement, les moyens utilisés pour assurer le respect de la volonté du peuple ivoirien apparaissent eux aussi formellement compatibles avec le principe de non-intervention. Les Etats (principalement la France) et les organisations régionales concernées (au premier rang desquelles la Communauté économique des Etats de l'Afrique de l'Ouest (CEDEAO) agissent sous l'égide du Conseil de sécurité qui, on l'a souligné, s'appuie sur ses responsabilités au titre du chapitre VII de la Charte[431]. Dans cette mesure, on reste dans un schéma libéral basé sur le consentement de l'Etat : en adhérant à la Charte des Nations Unies, la Côte d'Ivoire a préalablement accepté que le Conseil dispose de pouvoirs coercitifs en cas de menace contre la paix internationale. Il ne peut donc y avoir violation de l'article 2, paragraphe 7 de la Charte qui, tout en énonçant le principe de non-intervention, précise que «ce principe ne porte en rien atteinte à l'application des mesures de coercition prévues au chapitre VII»[432]. Le consentement ivoirien vise non seulement les objectifs de l'action de l'ONU (le respect des accords de paix librement acceptés) mais aussi les moyens, y compris coercitifs, utilisés pour réaliser ces objectifs.

A l'issue de ce raisonnement, on pourrait donc conclure que le précédent ivoirien n'est aucunement problématique au regard du principe de non-intervention, et en même temps de neutralité. Il ne s'agirait donc pas de prendre parti en faveur des autorités ou des rebelles, mais

---

[431] Olivier Corten et Pierre Klein, «L'action des Nations Unies en Côte d'Ivoire : jusqu'où le Conseil de sécurité peut-il intervenir dans l'ordre juridique interne des Etats?», *op. cit.*, p. 60-61.
[432] Georg Nolte, «Article 2 (7)», dans B. Simma *et al.* (dir. publ.), *The Charter of the United Nations. A Commentary*, 2ᵉ éd., *op. cit.*, p. 168-170; Gilbert Guillaume, «Article 2, paragraphe 7», dans J. P. Cot *et al.* (dir. publ.), *La Charte des Nations Unies. Commentaire article par article*, 3ᵉ éd., *op. cit.*, p. 505-507.

de mettre en œuvre leur volonté commune dans le cadre du maintien de la paix. En même temps, un tel schéma paraît particulièrement formaliste, voire artificiel, si on le confronte à la réalité du terrain. Concrètement, les Etats tiers comme l'ONU mettent une telle pression sur les parties au conflit interne pour qu'elles acceptent des plans de paix qu'on peut difficilement croire en une authentique «liberté de choix»[433]. Et, concrètement, il est difficile de ne pas constater un appui en faveur de l'une ou l'autre des parties au conflit interne, comme lors de la controverse entre Ouattara et Gbagbo à la suite des élections de novembre 2010[434]. Le précédent de la Côte d'Ivoire révèle en tout cas les sérieuses tensions qui touchent au principe de neutralité, même lorsque c'est l'ONU qui supervise l'intervention extérieure. Dans d'autres cas, qui seront évoqués à présent, c'est en dehors du cadre de l'ONU que ce principe de neutralité sera mis à l'épreuve.

2. *L'intervention des Etats en faveur du gouvernement:* *l'exemple de Bahreïn*

Pour illustrer cette mise à l'épreuve, on peut mentionner l'intervention de l'Arabie saoudite, en coordination avec d'autres Etats membres du Conseil de coopération du Golfe, dans le cadre des troubles qui s'étaient développés dans l'Etat de Bahreïn au mois de mars 2011[435]. Cette

---

[433] Olivier Corten et Pierre Klein, «L'action des Nations Unies en Côte d'Ivoire: jusqu'où le Conseil de sécurité peut-il intervenir dans l'ordre juridique interne des Etats?», *op. cit.*, p. 79-80.

[434] Voir à cet égard *infra* chapitre IV, section 2.

[435] *Keesing's*, 2011, p. 50371-50372; le Conseil de coopération du Golfe compte six Etats membres: Arabie Saoudite, Emirats arabes unis, Koweït, Oman, Qatar et Bahreïn (voir le site de cette organisation: http://www.gcc-sg.org/). Voir l'exposé des faits dans Jean-Yves de Cara, «The Arab Uprisings in the Light of Intervention», *GYIL*, 2012, p. 15-17.

action collective a essentiellement consisté à aider le
gouvernement en place à réprimer des manifestations
populaires qui s'étaient développées dans le cadre
de ce qu'on a désigné ailleurs comme le «printemps
arabe»[436].

A priori, on semble ici remettre en cause le principe
de neutralité, et on imagine sans mal les réactions
indignées qui auraient suivi un éventuel appui extérieur
d'une organisation régionale aux gouvernements libyen
du colonel Kadhafi ou syrien de Bachar el-Assad pour
réprimer les manifestations auxquelles ces régimes ont
fait face. Pourtant, et à l'inverse, l'opération menée
à Bahreïn n'a suscité que de très timides réactions[437].
Le seul Etat l'ayant, à notre connaissance, condamné
fermement est l'Iran, qui a dénoncé une «intervention
militaire étrangère» ayant «pour seul but de fournir un
appui au gouvernement pour étouffer les revendications
légitimes de son peuple»[438]. En revanche, les Etats-Unis[439]

---

[436] Une commission d'enquête a été établie par l'émir du
Bahreïn et a rendu un rapport sur les événements; *Report
of the Independent Commission of Inquiry*, 10 décembre
2011; http://files.bici.org.bh/BICIreportEN.pdf. Voir aussi
les nombreuses autres sources citées par Alexandra Jaupart
et Agatha Verdebout; «L'intervention des forces du Conseil
de coopération du Golfe (CCG) au Bahreïn», rubrique *«jus
contra bellum»* des ressources documentaires du site du Centre
de droit international de l'ULB; http://iusadbellum.files.word
press.com/2011/07/2011-arabie-saoudite-bahrein1. pdf).

[437] Jean-Yves de Cara, «The Arab Uprisings in the Light of
Intervention», *op. cit.*, p. 22-23.

[438] *Lettres identiques datées du 15 avril 2011, adressées au
Secrétaire général, au président de l'Assemblée générale et au
président du Conseil de sécurité par le chargé d'affaires par
intérim de la mission permanente de la République islamique
d'Iran auprès de l'Organisation des Nations Unies*, 19 avril
2011, S/2011/253, p. 2.

[439] Interview d'Hilary Clinton, «Interview with Steve
Inskeep of NPR», Egypte, 16 mars 2011, disponible sur http://
www.state.gov/secretary/rm/2011/03/158443.htm.

et l'Union européenne[440], apparemment embarrassés par la tournure des événements, ont appelé à la négociation et à la retenue, mais sans condamner clairement l'opération[441]. De son côté, le Secrétaire général de l'ONU a «not[é] avec préoccupation que des troupes du royaume d'Arabie saoudite et des Emirats arabes unis sous l'égide du Conseil de coopération du Golfe seraient entrées sur le territoire de Bahreïn», et déclaré «pense[r] vraiment que des moyens pacifiques devraient être adoptés pour garantir l'unité et la stabilité nationale»[442]. Mais l'intervention n'a pas été condamnée, et ni le Conseil de sécurité ni l'Assemblée générale n'ont cru opportun de traiter de cette situation. On pourrait donc estimer qu'on est ici en présence d'un précédent remettant en cause le principe selon lequel on ne peut aider un gouvernement en conflit avec une partie de sa population[443], même si certaines incertitudes subsistent concernant l'existence d'une *opinio juris* générale, au vu de l'ambiguïté de certaines des réactions qui viennent d'être exposées.

D'un autre côté, on pourrait l'interpréter dans un sens différent, en insistant sur le caractère limité des troubles

---

[440] Conseil de l'Union européenne, «Council conclusions on Bahrain», Bruxelles, 21 mars 2011, communiqué de presse, disponible sur http://www.consilium.europa.eu/uedocs/cms_data/docs/pressdata/EN/foraff/120067.pdf.

[441] Le Secrétaire général a quant à lui encouragé un «processus de dialogue et un environnement favorable à des réformes crédibles à Bahreïn»; ONU, «Bahreïn: Ban Ki-moon inquiet de l'entrée de soldats saoudiens et émiriens», Service d'information, 14 mars 2011, disponible sur http://www.un.org/apps/newsFr/storyF.asp?NewsID=24714&Cr=Bahreïn&Crl=&Kwl=bahre%EFn&Kw2=&Kw3=.

[442] ONU, «Bahreïn: Ban Ki-moon inquiet de l'entrée de soldats saoudiens et émiriens», Service d'information, 14 mars 2011, disponible sur http://www.un.org/apps/newsFr/storyF.asp?NewsID=24714&Cr=Bahrein&Crl=&Kwl=bahre%EFn&Kw2=&Kw3=.

[443] Klaus Kress, «Major Post-Westphalian Shifts and Some Important Neo-Westphalian Hesitations in the State Practice on the International Law on the Use of Force», *op. cit.*, p. 27.

internes et sur l'appui extérieur offert par les Etats du
Conseil de coopération du Golfe. Dans cette perspective,
on se trouverait devant une «aide technique» à un
gouvernement pour qu'il maintienne l'ordre sur son
territoire, dans le cadre d'une coopération militaire et
policière normale et non, pour reprendre les termes qui
seront adoptés par l'Institut de droit international quelques
mois plus tard dans sa résolution de Rhodes, d'une action
ayant pour objet de «soutenir un gouvernement établi
contre sa propre population»[444]. C'est d'ailleurs de cette
manière que l'intervention a été officiellement justifiée
par le Secrétaire général du Conseil de coopération du
Golfe :

> «... la décision d'envoyer des troupes du Bouclier de
> la Péninsule représente un engagement collectif pour
> la sécurité du Royaume de Bahreïn et pour la sécurité
> de ses citoyens et résidents. ... les pays du CCG
> s'opposent fermement à toute ingérence extérieure
> dans les affaires du Royaume de Bahreïn, soulignant
> que la violation de sa sécurité et de sa stabilité est
> aussi dangereuse pour la sécurité et la stabilité des
> pays du Conseil de coopération du Golfe»[445].

De même, les autorités du Qatar ont présenté l'opération
comme s'inscrivant dans le cadre d'un «duty to contri-
bute in restoring order and security»[446]. Toujours si
l'on suit cette ligne de raisonnement, il faudrait opérer

---

[444] Article 3 de la résolution précitée.

[445] Secrétariat général du Conseil de coopération du Golfe,
Riyad, 15 mars 2011, par. 2, disponible sur : http://www.
gccsg.org/indexbde1.html?action=News& Sub=ShowOne&ID
=1931&T=A) (traduction libre de l'arabe). Voir ensuite *Statement of GCC Foreign Ministers Following 119th Ministerial
Council Session*, 15 juin 2011, *Royal Embassy of Saudi Arabia
in Washington*; http://www.lcil.cam.ac.uk/arab_spring/arab-
spring-bahrain.

[446] *AFP*, 18 mars 2011, cité dans Jean-Yves de Cara, «The
Arab Uprisings in the Light of Intervention», *op. cit.*, p. 27.

une nette différence entre la situation au Bahreïn, dans laquelle il ne s'agit que de manifestations et de troubles limités, d'une part, et celle en Libye ou en Syrie, où on aurait rapidement été en présence d'une rébellion organisée exerçant son autorité effective sur une partie du territoire national, d'autre part. Dans le premier cas, une aide militaire extérieure ne pourrait être considérée comme contraire au principe de neutralité, puisque l'on resterait dans un schéma classique de maintien de l'ordre et d'opération de police, envisagé dans les relations entre un gouvernement et ses citoyens, sans qu'il soit question d'un véritable conflit armé non international.

Bien entendu, on pourrait rester sceptique devant cette justification qui, comme dans la déclaration précitée du Secrétaire général, oppose «engagement collectif pour la sécurité» à une «ingérence extérieure dans les affaires du Royaume», sans qu'il soit très aisé de tracer une limite entre les deux notions. On retrouve encore une fois cette tension entre, d'une part, une pratique interventionniste qui consiste à prendre parti dans un conflit interne et, d'autre part, un discours justificatif qui revient à nier formellement toute ingérence. A cet égard, la réserve de l'«aide technique» ou de l'exclusion du «sout[ien à] un gouvernement établi contre sa propre population» reste floue et discutable dès qu'on la confronte à certains précédents, comme celui du Bahreïn. On pourrait opérer la même démonstration au sujet de l'argument de la «contre-intervention», qui permettrait cette fois d'intervenir dans un véritable conflit armé non international contre la rébellion, pour le motif que cette dernière aurait elle-même été soutenue depuis l'étranger. Le cas du Mali offre à cet égard un exemple emblématique mais, comme il est intrinsèquement lié à un problème de sécession, il sera analysé dans le chapitre suivant, lors duquel on constatera qu'il n'est pas évident de déterminer exactement à partir de quand un soutien extérieur en faveur de forces irrégulières peut justifier un appui armé aux autorités[447]. A ce stade, il nous reste à mettre en évidence une autre tension qui traverse le principe de neutralité, celle qui renvoie à un éventuel appui non plus au gouvernement mais aux rebelles contre un Etat souverain.

3. *L'intervention exceptionnelle en faveur des rebelles : retour sur le précédent syrien*

On a déjà exposé les principaux événements qui ont mené au déclenchement de la guerre civile en Syrie, pour insister sur les ambiguïtés de ce précédent au regard du volet interne du principe de neutralité[448]. Comme on l'a vu, la thèse traditionnelle selon laquelle le recours à la force à l'intérieur d'un Etat ne serait ni interdit ni permis a été sérieusement écornée dans ce cas particulier, sans qu'il soit aisé d'en déduire une mise à l'écart pure et simple. Si l'on s'intéresse à présent à l'aspect externe du principe de neutralité, on ne pourra là aussi que constater une certaine remise en cause, dans la mesure où plusieurs Etats ont apporté une aide militaire, les uns (comme la Russie, l'Iran et le Bélarus) aux forces gouvernementales, les autres (Etats-Unis, Royaume-Uni, France, Jordanie, Arabie saoudite, Qatar, …) aux forces rebelles[449]. On s'intéressera ici tout particulièrement à l'appui aux rebelles, qui constitue certainement une spécificité de la crise syrienne[450]. Lors de son sommet

---

[447] *Infra* chapitre III, section 2.

[448] *Supra* section 1 du présent chapitre.

[449] Voir les nombreuses sources citées par Mélanie De Groof, *Arms Transfers to the Syrian Arab Republic. Practice and Legality*, Bruxelles, GRIP, 2013, p. 35-41.

[450] Voir Tom Ruys, «Of Arms, Funding and "Non-lethal Assistance" – Issues Surrounding Third-State Intervention in the Syrian Civil War», *ChJIL*, 2014, p. 13-53. Certains auteurs ont estimé que l'aide aux rebelles était en tout état de cause, spécialement après le précédent de la Libye, conforme au droit international ; Jordan J. Paust, «International Law, Dignity, Democracy, and the Arab Spring», *Cornell ILJ*, 2013, p. 15 ss.

tenu à Doha en mars 2013, la Ligue des Etats arabes a ainsi affirmé pouvoir aider militairement l'opposition – à laquelle a été par ailleurs reconnu le droit d'occuper le siège de l'Etat syrien[451].

Selon les termes de la déclaration, la ligue proclame

> « the right of each member state, in accordance with its wish, to provide all means of self-defense, including military support to back the steadfastness of the Syrian people and the free army »[452].

Pourtant, comme on l'a mentionné plus haut[453], l'aide aux forces irrégulières est, en principe, strictement prohibée en droit international, ce qui a été confirmé par la Cour internationale de Justice, que ce soit dans l'affaire des *Activités militaires et paramilitaires au Nicaragua et contre celui-ci* en 1986[454], ou dans celles des *Activités armées sur le territoire du Congo*, en 2005[455]. Dans ce contexte, on verra cependant que la pratique d'aide aux rebelles en Syrie s'est accompagnée d'un discours qui, même si c'est au prix de sérieuses ambiguïtés, ne doit pas nécessairement être interprété comme une remise en cause du principe de non-intervention.

Tout d'abord, on relèvera que ce principe est loin d'avoir été universellement critiqué, y compris après que les autorités syriennes aient été accusées d'avoir utilisé des armes chimiques contre la population, en août

---

[451] Voir à ce sujet *infra* chapitre III, section 2.

[452] *24th Arab Summit Issues Doha Declaration*, 26 mars 2013, http://arableaguesummit2013.qatarconferences.org/news/news-details-17.html. Selon la presse, l'Irak et l'Algérie auraient émis des réserves, tandis que le Liban se serait distancié de la déclaration; http://www.20minutes.fr/monde/1126145-20130326-20130326-syrie-pays-arabes-accordent-droit-armer-rebelles.

[453] *Supra* chapitre I, section 2.

[454] *CIJ Recueil 1986*, p. 108, par. 206; p. 126, par. 246.

[455] *CIJ Recueil 2005*, p. 226-227, par. 161-165.

2013[456]. Certes, dans les jours qui ont suivi, certains Etats[457] ont laissé entendre qu'ils pourraient utiliser la force contre le régime, le Royaume-Uni évoquant même l'existence d'un «droit d'intervention humanitaire» comme base juridique[458]. Cependant, il serait excessif d'en déduire une remise en cause formelle du principe de neutralité, et ce pour des raisons tenant d'une part à la position britannique elle-même, d'autre part aux réactions des autres Etats.

En consultant la position juridique britannique, on relève que l'intervention est supposée obéir à plusieurs conditions strictes.

Ainsi, par exemple:

«the proposed use of force must be necessary and proportionate to the aim of relief of humanitarian need and must be strictly limited in time and scope to this aim (i.e. the minimum necessary to achieve that end and for no other purpose)»[459].

---

[456] *United Nations Mission to Investigate Allegations of the Use of Chemical Weapons in the Syrian Arab Republic. Report on the Alleged Use of Chemical Weapons in the Ghouta Area of Damascus on 21 August 2013*, note du Secrétaire général, A/67/997–S/2013/553, 16 septembre 2013; voir aussi Mika Hayashi, «Reacting to the Use of Chemical Weapons: Options for Third States», *JUFIL*, 2014, p. 88-91.

[457] Outre le Royaume-Uni, dont la position est analysée ici, on peut évoquer les Etats-Unis et la France; voir la position de ces Etats exposée dans *Digest of State Practice 1 July 31 December 2013*, *JUFIL*, 2014, p. 172-177. On a également évoqué dans le même sens la position du Danemark; Anders Henriksen et Marc Schack, «The Crisis in Syria and Humanitarian Intervention», *JUFIL*, 2014, p. 127.

[458] Prime Minister's Officer, Chemical weapon use by Syrian Regime: UK government's Legal Position, 29 août 2013; https://www.gov.uk/government/publi cations/chemical-weapon-use-by-syrian-regime-uk-government-legal-position/ chemi cal-weapon-use-by-syrian-regime-uk-government-legal-position-html-version.

[459] www.gov.uk, *op. cit.*

Si l'on suit cette logique, le caractère exclusivement humanitaire de l'action semble exclure des objectifs politiques comme le soutien aux rebelles, l'action n'étant destinée qu'à délivrer une aide humanitaire de manière impartiale. Cela étant, il se pourrait que, dans un cas particulier, cette condition puisse justifier une action dirigée contre les autorités, pour autant qu'il s'agisse de la seule action envisageable pour sauver des vies. C'est d'ailleurs en ce sens que le Royaume-Uni, la France et les Etats-Unis avaient interprété la résolution 1973 (2011) du Conseil de sécurité qui, dans le cas de la Libye, autorisait l'adoption de toutes les «mesures nécessaires» pour «protéger les populations et zones civiles menacées d'attaque»[460]. Même si elle ne paraît pas couvrir un quelconque changement de régime, une telle expression a mené progressivement les coalisés à mener des actions militaires contre les autorités et, parallèlement, à aider de manière substantielle les rebelles[461]. Il semble donc bien

---

[460] Résolution 1973 (2011) du 17 mars 2011, par. 4.

[461] Olivier Corten et Vaios Koutroulis, «The Illegality of Military Support to Rebels in the Libyan War: Aspects of *jus contra bellum* and *jus in bello*», *op. cit.*, p. 9-19; voir aussi Klaus Kress, «Major Post-Westphalian Shifts and Some Important Neo-Westphalian Hesitations in the State Practice on the International Law on the Use of Force», *op. cit.*, p. 32, ainsi que Kalkidan Obse, «The Arab Spring and the Question of Legality of Democratic Revolution in Theory and Practice: A Perspective based on the African Union Normative Framework», *LJIL*, 2014, p. 836-838; Jure Vidmar, «Human Rights, Democracy and the Legitimacy of Governments in International Law: Practice of States and UN Organs», dans Carlo Panara et Gary Wilson (dir. publ.), *The Arab Spring. New Patterns for Democracy and International Law*, Leyde, Boston, Martinus Nijhoff, 2013, p. 66-67; Gary Wilson, «The United Nations Security Councol, Libya and Resolution 1973: Protection of Civilians or Tool for Regime Change?», *ibid.*, p. 108-121; Mohamed A. E. Youssef, «Security Council Resolution 1973: A New Interpretation of the Notion of Protection of Civilians», *ibid*, p. 164-165; Vasiliki Saranti, «Pro-democratic Intervention, Invitation or "Responsibility

que le caractère impartial de l'intervention humanitaire puisse se révéler quelque peu artificiel en pratique.

En tout état de cause, cette interprétation particulière de la nécessité a été condamnée dans le cas de la Libye par de nombreux Etats, qu'il s'agisse notamment[462] de la Russie[463], de la Chine[464], mais aussi d'organisations ou d'Etats africains[465] ou plus généralement appartenant au mouvement des non-alignés[466]. La même crainte d'une intervention militaire en faveur des rebelles a suscité des oppositions dans le cas de la Syrie[467]. La perspective ouverte par le Royaume-Uni et la France en août 2013 a ainsi donné lieu à de vives réticences de la part de plusieurs Etats[468], qu'il s'agisse de la Chine ou de la Russie, mais

---

to Protect"? Challenges to International Law From the "Arab Spring"», *ibid.*, p. 199-200; Yoram Dinstein, *Non-International Armed Conflicts in International Law*, Cambridge, CUP, 2014, p. 91 et 102.

[462] Voir les nombreux exemples et références reprises dans Y. Dinstein, *op. cit.*, p. 16-19.

[463] Voir notamment S/PV.6620, 16 septembre 2011, p. 3.

[464] Voir notamment S/PV/6528, 4 mai 2011, p. 10.

[465] *African Union (Peace and Security Council) 268th meeting* (Addis Ababa, 10 mars 2011) PSC/PR/COMM.2 (CCLXV).

[466] NAM, *XVI Ministerial Conference and Commemorative Meeting of the Non-Aligned Movement (Bali – Indonesia, 23-27 May 2011) – Final Document*, NAM 2011/Doc. 1/Rev.1; voir aussi la position des Etats de l'Organisation de la coopération islamique OIC (Secrétaire général), *Ihsanoglu: Political solution to the Libyan crisis is the only way to bring lasting peace to Libya*, 7 mai 2011, www.oic-oci.org.

[467] Anders Henriksen et Marc Schack, «The Crisis in Syria and Humanitarian Intervention», *op. cit.*, p. 141-142; Mika Hayashi, «Reacting to the Use of Chemical Weapons: Options for Third States», *op. cit.*, p. 114-119.

[468] Voir «Intervention en Syrie: le tour du monde des divisions», *Le Monde*, 6 septembre 2013; http://www.lemonde. fr/proche-orient/visuel/2013/09/06/syrie-la-carte-du-debat-international_3472670_3218.html, ainsi que «La plupart des pays émergents sont contre une intervention en Syrie», *Le Monde*, 5 septembre 2013, http://mobile.lemonde.fr/interna

aussi du Brésil, de l'Argentine, de l'Allemagne ou encore de la Belgique[469]. Certains Etats ont clairement réaffirmé la nécessité de pouvoir s'appuyer sur une résolution du Conseil de sécurité, une résolution ayant d'ailleurs été adoptée, le 27 septembre 2013, dans laquelle le Conseil réaffirme son autorité pour décider des mesures à prendre en application du chapitre VII[470].

Un examen des débats ayant précédé son adoption confirme que la possibilité d'utiliser la force au nom d'un droit d'intervention humanitaire n'a pas été acceptée par la communauté internationale des Etats dans son ensemble[471]. Toujours dans le même sens, la Russie a constamment justifié la menace ou l'utilisation de son veto dans le cas syrien en affirmant qu'après le précédent libyen, il était à craindre que les termes d'une résolution du Conseil de sécurité soient interprétés abusivement pour s'ingérer dans les affaires intérieures de la

---

tional/article/2013/09/05/les-pays-emergents-du-g20-majori tairement-opposes-a-une-intervention-en-syrie_3471993 _3210.html. Voir les déclarations reprises dans *Digest of State Practice 1 July 31 December 2013*, *JUFIL*, 2014, p. 177-179.

[469] Voir les médias belges, reprenant la position officielle du gouvernement, les 27 et 28 août 2013 ; http://www.rtbf.be/info/ monde/detail_intervention-en-syrie-la-belgique-pas-prete-a-s-engager-sans-preuves?id=8076071&fb_action_ids=101531 64816765106&fb_action_types=og.recommends&fb_ source=other_multiline &action_object_map=%7B%221015 3164816765106%22%3A152767471595156 %7D&action_ type_map=%7B%2210153164816765106%22%3A%22og. recommends%22%7D&action_ref_map=%5B%5D.

[470] Voir spécialement les par. 21 et 22 de la résolution 2118 (2013).

[471] S/PV.7038, 27 septembre 2013 ; voir les déclarations de la Russie (p. 3), de la Chine (p. 10), et de l'Argentine (p. 14). Les Etats-Unis eux-mêmes ont justifié leur refus de s'engager militairement par l'absence d'une résolution du Conseil de sécurité, qui interdisait de comparer le cas de la Syrie avec celui de la Libye ; «Contemporary Practice of the United States», *AJIL*, 2012, p. 651-652.

Syrie[472]. Bref, on se trouve dans une situation où le principe de neutralité semble avoir été mis en cause par certains Etats, mais sans que ceux-ci l'aient véritablement assumé ni encore moins que l'ensemble des autres Etats l'aient accepté[473].

Une autre ambiguïté ressort de la doctrine, mise en avant tout au long de l'année 2013, selon laquelle certaines formes limitées d'aide aux rebelles seraient admissibles. Déjà dans la crise libyenne, certains Etats avaient tenu à fournir aux rebelles une aide consistant en un volet humanitaire et un volet civil, tout en s'assurant que les fonds transférés ne soient pas utilisés pour des « military equipments or activities »[474]. Dans le cas de la Syrie, en février 2013, le Secrétaire d'Etat des Etats-Unis a par exemple officiellement justifié l'octroi d'une aide financière de 60 millions de dollars de la manière suivante :

> « [We] have supported the Syrian Opposition Coalition with *training, organization, and some of the communications resources that they need to reach out to the Syrian people.* We continue to increase our *humanitarian support* for those who are suffering . . . It will *strengthen the organizational capacity of the Syrian Opposition Coalition.* It will help war-torn communities be able to survive devastating situations with respect to sanitation, food delivery, medical care. It will speed the delivery of basic goods and *services*

---

[472] S/PV.6627, 4 octobre 2011, p. 4 et S/PV.6756, 21 avril 2012, p. 2 ; S/PV.7180, 22 mai 2014, p. 14 (Russie). L'Afrique du Sud s'est prononcée dans le même sens (S/PV6710, 21 janvier 2012, p. 33) de même, comme on pouvait s'y attendre, par la Syrie elle-même (*ibid.*, p. 34).

[473] Eliav Lieblich, *International Law and Civil Wars. Intervention and Consent, op. cit.*, p. 233-235.

[474] « Contemporary Practice of the US », *AJIL*, 2011, p. 782. Pour la position britannique, voir les propos de William Hague en avril 2011 ; http://www.guardian.co.uk/politics/2011/apr/04/uk-libyan-rebels-william-hague.

including security and education. It will help to initiate discussions with those who are providing for public order and for justice as the transition itself unfolds. And we will help the SNC, Free Syrian Army, and the civilian opposition to feed those in need and tend to the sick and the wounded. » [475]

Dans son allocution à la Chambre des communes, son homologue britannique, William Hague, a annoncé une aide de plusieurs millions de livres pour fournir «non lethal equipment for the protection of civilians», c'est-à-dire : «protective equipment [including] armed four-wheel drive vehicles to help opposition figures move around more freely» ainsi que «personal protection equipment including body armour» [476]. On le constate, l'idée serait ici qu'une aide aux rebelles «non létale» ne serait pas interdite par le droit international dans la mesure où, par définition, cette aide ne pourrait causer de victimes, mais serait essentiellement «humanitaire» ou, à tout le moins, «défensive» [477]. Il semble cependant qu'un certain flou entoure ces concepts, comme en

---

[475] Nous soulignons ; John Kerry, conférence de presse, Rome, 28 février 2013 ; http://www.cfr.org/syria/secretary-kerrys-press-conference-syria-assistance-february-2013/p30123). Voir déjà «Contemporary Practice of the United States», *AJIL*, 2012, p. 653.

[476] Voir les propos de William Hague en février 2013 à la Chambre des communes ; http://www.youtube.com/watch?v=hmjXE_pp8is ; nous soulignons.

[477] Voir encore d'autres déclarations de la deuxième moitié de l'année 2013 dans *Digest of State Practice 1 July 31 December 2013*, *JUFIL*, 2014, p. 180. On notera que, parallèlement, la Russie a affirmé pouvoir poursuivre des livraisons d'armes défensives au gouvernement syrien, sans que cela ne suscite de critiques sous l'angle du droit international, sans doute parce que l'aide est alors accordée aux autorités gouvernementales, et non aux forces rebelles ; Klaus Kress, «Major Post-Westphalian Shifts and Some Important Neo-Westphalian Hesitations in the State Practice on the International Law on the Use of Force», *op. cit.*, p. 27-29.

témoigne la mention d'une aide logistique visant l'organisation politique, mais aussi de la sécurité des forces
d'opposition.

Sur un plan strictement juridique, une telle doctrine
suscite de sérieuses interrogations[478]. On pourrait
l'interpréter comme une mise en œuvre de la réserve
évoquée par la Cour internationale de Justice dans
l'affaire des *Activités militaires au Nicaragua*, précitée :

> «[I]l n'est pas douteux que la *fourniture d'une
> aide strictement humanitaire* à des personnes ou à
> des forces se trouvant dans un autre pays, quels que
> soient leurs affiliations politiques ou leurs objectifs,
> ne saurait être considérée comme une intervention
> illicite ou à tout autre point de vue contraire au droit
> international. »[479]

La Cour a sur cette base admis que n'était pas constitutive
d'une intervention illicite «la fourniture de denrées
alimentaires, de vêtements, de médicaments et toute
autre aide humanitaire», ce qui exclut «la fourniture
d'armes, de systèmes d'armes, de munitions ou autres
équipements, véhicules ou matériels *susceptibles d'être
utilisés pour infliger des blessures graves ou causer la
mort de personnes*»[480]. Pourrait-on considérer qu'une
aide «non létale» échappe à cette catégorie, et donc à
l'interdiction? Rien n'est moins sûr, si on se rappelle
que la résolution 2625 (XXV) de l'Assemblée générale,
considérée comme exprimant le droit coutumier[481],

---

[478] Tom Ruys, «Of Arms, Funding and "Non-lethal Assistance" – Issues Surrounding Third-State Intervention in the
Syrian Civil War», *op. cit.*, p. 47-50.

[479] *CIJ Recueil 1986*, p. 124, par. 242.

[480] *CIJ Recueil 1986*, p. 125, par. 243 ; nous soulignons.

[481] CIJ, affaire des *Activités militaires et paramilitaires
au Nicaragua et contre celui-ci, CIJ Recueil 1986*, p. 98-101,
par. 187-190 ; affaire des *Conséquences juridiques de l'édification d'un mur dans le territoire palestinien occupé, CIJ
Recueil 2004*, p. 171-172, par. 87 ; affaire des *Activités*

prévoit de manière très générale que «[c]haque Etat a le devoir de s'abstenir d'organiser ou d'encourager des actes de guerre civile ou des actes de terrorisme sur le territoire d'un autre Etat, d'y aider ou d'y participer, ...»[482], et que la Cour a notamment condamné un simple «soutien financier», ou encore la «fourniture d'armes, de renseignements et de soutien logistique»[483], en concluant que les Etats-Unis ont violé le principe de non-intervention :

> «en entraînant, armant, équipant, et approvisionnant les forces *contras*, et en encourageant, appuyant et assistant de toute autre manière des activités militaires et paramilitaires au Nicaragua et contre celui-ci...»[484].

A la lecture de ces termes, on a bel et bien l'impression que l'appui apporté par les Etats-Unis et par le Royaume-Uni aux rebelles syriens est incompatible avec le principe de non-intervention. C'est sans doute ce qui explique les critiques qui ont suivi les déclarations précitées (y

---

armées sur le territoire du Congo, CIJ Recueil 2005, p. 226, par. 162; voir aussi affaire de la *Menace ou de l'emploi d'armes nucléaires, CIJ Recueil 1996*, p. 264, par. 102.

[482] Résolution 2625 (XXV) du 24 octobre 1970, principe du non-recours à la force, 9e paragraphe. De même, en application de la résolution 42/22, adoptée sans vote par l'Assemblée générale de l'ONU le 18 novembre 1987, résolution considérée par la doctrine comme pertinente pour préciser les contours du *jus contra bellum* (Christine Gray, *International Law and the Use of Force*, 3e éd., *op. cit.*, p. 9; Olivier Corten, *Le droit contre la guerre*, 2e éd., *op. cit.*, p. 53-54), «Les Etats s'acquittent de l'obligation que leur impose le droit international de s'abstenir d'organiser, d'encourager et d'appuyer des actes paramilitaires, terroristes ou subversifs, y compris des actes de mercenaires, dans d'autres Etats, ou d'y participer, ou de tolérer sur leur territoire des activités organisées en vue de la préparation de tels actes» (point I.6 de la déclaration).

[483] CIJ, affaire des *Activités militaires, CIJ Recueil 1986*, p. 124, par. 242.

[484] *Idem*, p. 146, par. 292, par. 3) de l'arrêt de la Cour.

compris parmi des Etats européens comme l'Allemagne, la Belgique, l'Irlande ou la Finlande)[485]. En même temps, l'intérêt de cet épisode est de pointer la difficulté de définir précisément les limites de l'exception de l'aide «humanitaire», spécialement lorsqu'on la confronte au principe de neutralité[486]. Sans doute pourrait-on revenir au critère, repris dans la résolution de Wiesbaden de 1975, selon lequel serait tolérée l'aide humanitaire, mais aussi l'«aide technique ou économique qui ne serait pas de nature à exercer une influence substantielle sur l'issue de la guerre civile»[487]. Encore devra-t-on dans chaque situation particulière interpréter ces termes, ce qui, comme le précédent syrien le confirme, n'est pas toujours évident[488].

* * *

En définitive, on constate que le principe de neutralité est constamment soumis à d'intenses tensions, qui sont essentiellement de deux types:

---

[485] http://www.reuters.com/article/2013/03/02/us-syria-crisis-aid-idUSBRE 92104P20130302; http://abcnews.go.com/ International/wireStory/eu-remains-split-shipping-arms-syrian-rebels-18789623#.UVbbYL_cjjA; http://www.huffing tonpost.co.uk/2013/03/22/syria-hague-clashes-over-plans-to-arm-rebels_n_2934624.html. Cette pratique a évidemment été immédiatement dénoncée par la Syrie elle-même, qui a envoyé plusieurs lettres de protestations au Conseil de sécurité; voir par exemple lettres du 29 juillet 2013, S/2013/449, lettre du 25 novembre 2013, S/2013/690; voir les autres documents cités dans *Digest of State Practice 1 July 31 December 2013*, *JUFIL*, 2014, p. 181-182.

[486] Klaus Kress, «Major Post-Westphalian Shifts and Some Important Neo-Westphalian Hesitations in the State Practice on the International Law on the Use of Force», *op. cit.*, p. 35-36.

[487] Nous soulignons; article 3*b)* de la résolution précité *supra* chapitre I, section 2.

[488] Voir Tom Ruys, «Of Arms, Funding and "Non-lethal Assistance" – Issues Surrounding Third-State Intervention in the Syrian Civil War», *op. cit.*, p. 50.

- D'abord, on relève un écart considérable entre une pratique, en apparence incompatible avec le principe, et un discours, qui tend formellement à le préserver. On a sélectionné dans les lignes qui précèdent quelques exemples emblématiques, comme la Côte d'Ivoire ou la Syrie, mais il en existe bien d'autres que l'on pourrait envisager sous cet angle.
- Ensuite, au sein même de ce discours, les tensions se manifestent par les ambiguïtés relatives à l'interprétation de certains termes ou catégories juridiques, comme la «menace contre la paix», les accords de paix conclus par les parties à un conflit interne, l'aide «technique» à un gouvernement ou l'aide «humanitaire» aux rebelles. Ici encore, il ne s'agit que d'exemples, auxquels on en ajoutera d'autres par la suite.

Le principe de neutralité a ceci de particulier – et d'intéressant – qu'il entretient en effet des liens non seulement avec la prohibition de l'intervention, mais aussi avec le droit des peuples à disposer d'eux-mêmes ou plus généralement les droits de la personne. De nombreux précédents peuvent – voire doivent – d'ailleurs être analysés en prenant l'ensemble de ces principes fondamentaux en compte, comme on le constatera dans les chapitres qui suivent.

CHAPITRE III

LES TENSIONS CONTEMPORAINES LIÉES AU DROIT DES PEUPLES À DISPOSER D'EUX-MÊMES

« Declare independence
Don't let them do that to you !
Declare independence
Don't let them do that to you !
Justice
Start your own currency
Make your own stamp
Protect your language . . .
Make your own flag . . .
Damn colonists
Ignore their patronizing
Tear off their blindfolds
Open their eyes . . .
Declare independence
Don't let them do that to you !
Declare independence ! »[489]

Dans ce morceau sorti en janvier 2008, Björk martèle un chant patriotique en faveur de l'indépendance des peuples : « Start your own currency, Make your own stamp, Protect your langage, Make your own flag . . . » Au fur et à mesure que se développe la chanson et que s'intensifie un rythme martial, le ton est de plus en plus frénétique, pour confiner à l'hystérie dans le final : « Raise your flag, higher, higher ! . . . Declare independence ! Don't let them do that to you ! » Mais à quel peuple Björk s'adresse-t-elle ? « Damn colonists ; Ignore their patronizing », clame-t-elle, et on pense ici à la catégorie des peuples coloniaux, au sens des résolutions 1514 (XV)

---

[489] Björk, « Declare Independence », 2008 (sorti en single, et préalablement sur l'album *Volta*).

et 1541 (XV) de l'Assemblée générale des Nations Unies. D'un autre côté, le contexte tend vers une interprétation plus large : comme l'illustre sa vidéo officielle (où l'on remarque les blasons de ces deux pays repris sur des brassards portés par les personnages)[490], la chanson a dès l'origine été dédiée aux îles Féroé et au Groenland, toutes deux des dépendances danoises, comme l'Islande (la patrie de Björk) l'était antérieurement. Lors de ses concerts, Björk a par ailleurs évoqué le Tibet, puis le Kosovo (qui venait de suivre le conseil contenu dans la chanson avec la seconde proclamation d'indépendance de ce territoire en février 2008), et plus tard l'Ecosse[491]. On peut donc penser que la chanson défend une définition – mais laquelle? – très large du «peuple colonial». En tout état de cause, la distinction traditionnelle opérée en droit international entre les peuples qui ont le droit à l'autodétermination, d'une part, et les minorités qui ne bénéficient pas de ce droit, d'autre part, est complètement ignorée.

Par répercussion, le principe de neutralité, supposé régir cette deuxième situation – la sécession n'étant ni interdite ni autorisée –[492], est vigoureusement contesté.

Une même réflexion se retrouve dans le domaine du cinéma, avec cet extrait du film *Non ou la vaine gloire de commander*, sorti sur les écrans en 1990 et réalisé par Manoel de Oliveira. La scène se déroule en Angola,

---

[490] https://www.youtube.com/watch?v=pXVlQTC2yB0.

[491] http://en.wikipedia.org/wiki/Declare_Independence et http://www.nme.com/news/bjork/79830#sZhz35ujMwHc AZI4.99.

[492] John Dugard, *The Secession of States and Their Recognition in the Wake of Kosovo, op. cit.*, p. 88 («There is no rule of law expressly permitting secession, but, on the other hand, there is no rule of law expressly prohibiting secession»); voir aussi Antonio Tancredi, «Secession and the Use of Force», dans Ch. Walter, A. Von Ungern-Sternberg et Kavus Abushov (dir. publ.), *Self-Determination and Secession in International Law*, Oxford, OUP, 2014, p. 68.

où ont été envoyés des soldats portugais du temps de la décolonisation.

Les soldats s'interrogent sur leur rôle, alors qu'ils sont envoyés en mission contre les rebelles :

> « Qu'est-on venu faire ici ?
> – Voyons, mon adjudant, défendre nos colonies ! Ou mieux, les provinces d'outre-mer, n'est-ce pas mon adjudant ?
> – Provinces d'outre-mer... Pauvres de nous ! Et pauvres nègres ! Cette histoire dure depuis quatorze ans... Et les plus intéressés tirent de loin les ficelles ... Les Russes, les Américains, même les Européens. Les Chinois ! Tous ces types-là, soit par politique, soit pour l'économie.
> – Pour le droit des peuples.
> – [un sourire narquois aux lèvres] Oh, adjudant Brio, que c'est beau ! Les sentiments humanitaires... Les grandes puissances n'en ont que quand elles sont bien grasses... C'est ce que je dis, nous ne sommes pas contre les rebelles seulement. Eux, ce sont les boucs émissaires ! Derrière, il y a des communistes, des Russes, des Américains ! Nous les Portugais, nous sommes contre le monde...
> – On nous traite de colonialistes, mais les Russes barbotent la moitié de l'Europe sans problème. Et c'est pareil pour les Chinois. Ils ont démantelé le Tibet et l'exploitent pour leur bon plaisir. » [493]

Ici aussi, on retrouve une critique de la distinction juridique traditionnelle, réservant le droit à l'autodétermination aux peuples coloniaux, définis de telle manière que sont exclues les minorités se trouvant sur des territoires qui ne sont pas séparés géographiquement de la métropole. C'est sur la base de tels critères, dénoncés comme arbitraires,

---

[493] *Non ou la vaine gloire de commander*, réalisé par Manoel de Oliveira, 1990, avec notamment Luís Miguel Cintra, Diogo Dória et Miguel Guilherme.

que, dans le premier cas, la lutte serait légitime tandis que, dans le second prévaudrait le principe de neutralité qui, en pratique, permet à l'Etat concerné de réprimer la rébellion. Une différence de tonalité apparaît cependant entre la chanson et l'extrait de film : alors que la première semble plaider pour une remise en cause du principe de neutralité au profit des rebelles – suggérant une définition très large du peuple –, le second semble plutôt privilégier la conception inverse, en défendant la thèse d'un élargissement du principe de neutralité aux situations coloniales. Ainsi, le droit international traditionnel serait remis en cause, mais dans deux directions qui s'opposent, l'une tendant à conférer une portée élargie, l'autre une portée restreinte au droit des peuples à disposer d'eux-mêmes. Ces deux tendances seront explorées dans la suite de ce chapitre qui, à l'instar des autres, s'appuiera sur des précédents récents pour illustrer les tensions qui agitent le principe de neutralité.

Section 1. Un droit à l'autodétermination élargi en faveur des rebelles ?

Alors qu'il a longtemps été considéré comme un principe essentiellement politique[494], personne ne conteste plus aujourd'hui la valeur juridique du droit des peuples à disposer d'eux-mêmes, que la Cour internationale de Justice a qualifié de « droit opposable *erga omnes* » et comme l'« un des principes essentiels du droit international contemporain »[495]. Ce constat laisse

---

[494] Voir Jean Salmon, « Le droit des peuples à disposer d'eux-mêmes. Aspects juridiques et politiques », dans *Le nationalisme, facteur belligène*, Bruxelles, Bruylant, 1972, p. 347-370.

[495] CIJ, affaire du *Timor oriental*, *CIJ Recueil 1995*, p. 102, par. 29 ; voir aussi CIJ, affaire des *Conséquences juridiques de l'édification d'un mur dans le territoire palestinien occupé*, *CIJ Recueil 2004*, p. 172, par. 88 et p. 199, par. 156 et, auparavant, CIJ, affaire *Conséquences juridiques pour les Etats de la présence continue de l'Afrique du Sud en Namibie (Sud-Ouest africain) nonobstant la résolution 276 (1970) du Conseil de*

cependant entière la question de l'interprétation d'un tel
droit, et c'est à ce stade que les tensions et oppositions
se manifestent, entre une tendance que l'on peut qualifier
de «restrictive», et une autre d'«extensive» du droit à
l'autodétermination.

La première s'appuie sur la circonstance que le droit
à l'autodétermination est classiquement réservé aux
«peuples», et ne peut donc valablement être invoqué par
tous les mouvements rebelles, quels qu'ils soient, ayant
des revendications irrédentistes[496]. Plus précisément,
les résolutions pertinentes de l'Assemblée générale
ont distingué trois catégories de peuples qui peuvent
revendiquer un droit à l'indépendance: les peuples
coloniaux (non seulement soumis à une subjugation mais
aussi ethniquement, culturellement et surtout géographiquement séparés)[497], sous occupation étrangère
(comme le sont les peuples palestinien ou sahraoui) ou
sous régime raciste (comme l'étaient les peuples sud-
africain et sud-rhodésien)[498]. *A contrario*, les minorités
au sein d'Etats existants ne sont pas assimilables à des
peuples distincts de celui de l'Etat sur le territoire duquel
elles se situent[499]. En tout état de cause, l'ONU, qui a été

_____

sécurité, CIJ Recueil 1971, p. 31-32, par. 52-53; affaire du
Sahara occidental, CIJ Recueil 1975, p. 31-33, par. 54-59.

[496] Voir de manière générale Théodore Christakis, *Le droit à
l'autodétermination en dehors des situations de décolonisation*,
op. cit.

[497] Voir spécialement les résolutions 1514 (XV) du 14 décembre 1960 («Déclaration sur l'octroi de l'indépendance aux
pays et aux peuples coloniaux») et 1541 (XV) du 15 décembre
1960 («Principes qui doivent guider les Etats membres pour
déterminer si l'obligation de communiquer des renseignements
prévus à l'alinéa *e)* de l'article 73 de la Charte des Nations
Unies, leur est applicable ou non»).

[498] Voir entre autres, outre la résolution 2615 (XXV) du
24 octobre 1970, la résolution 3103 (XXVIII) adoptée par
l'Assemblée générale le 12 décembre 1973.

[499] Dietrich Schindler, «Le principe de non-intervention
dans les guerres civiles», *AIDI*, 1973, p. 454-455; Helen

à la base de la création de ce droit, détient un pouvoir de qualification qu'elle exerce en élaborant une liste des «territoires autonomes» ou en désignant explicitement les peuples qui ont le droit à l'autodétermination en raison d'une occupation étrangère ou d'un régime raciste [500].

Cette conception restrictive du droit des peuples à disposer d'eux-mêmes, qui en limite la portée aux situations coloniales ou post-coloniales, a été remise en cause depuis un certain temps [501]. De manière générale, certains auteurs s'appuient sur la caractère évolutif et dynamique du principe d'autodétermination, qui devrait trouver application au-delà du phénomène historiquement situé – et aujourd'hui largement dépassé – de la décolonisation [502]. L'article 1er commun des deux Pactes des Nations Unies de 1966 reconnaissant que «*tous les peuples* ont le droit de disposer d'eux-

Quane, «The United Nations and the Evolving Right to Self-Determination», *ICLQ*, 1998, p. 554 et 555-556; voir aussi Malcolm Shaw, «Peoples, Territorialism and Boundaries», *EJIL*, 1997, p. 481; *Title to Territory in Africa. International Legal Issues*, Oxford, Clarendon Press, 1986, p. 140-141; Rosalyn Higgins, *Problems and Process. International Law and How We Use It*, Oxford, Clarendon Press, 1994, p. 127; Thomas Musgrave, *Self-Determination and National Minorities*, Oxford, Clarendon Press, 1997, p. 150.

[500] Mohammed Bedjaoui, «Article 73», dans J. P. Cot, A. Pellet et M. Forteau (dir. publ.), *La Charte des Nations Unies. Commentaire article par article*, 3e éd., Paris, Economica, 2005, p. 1764; Olivier Corten et Pierre Klein, *Droit d'ingérence ou obligation de réaction?*, 2e éd., Bruxelles, Bruylant, 1996, p. 259-261.

[501] Daniel Turp, «Le droit de sécession en droit international public», *CYIL*, 1982, p. 24-77; Jean Charpentier, «Autodétermination et décolonisation», dans *Mélanges offerts à Charles Chaumont*, Paris, Pedone, 1984, p. 118-119.

[502] John Dugard, *The Secession of States and Their Recognition in the Wake of Kosovo, op. cit.*, p. 94 ss, notamment p. 120-121; voir aussi Paul Tavernier, «Variations sur le thème de l'autodétermination des peuples (de Reims à La Haye)», dans *Droit du pouvoir, pouvoir du droit. Mélanges offerts à Jean Salmon*, Bruxelles, Bruylant, 2007, p. 1095-1112.

mêmes»[503], le droit international ouvrirait un droit à
l'indépendance qui permettrait de corriger les multiples
injustices historiques, résultant notamment du tracé
arbitraire de frontières, y compris d'ailleurs par les
puissances coloniales[504]. Plus particulièrement a été
évoquée, spécialement ces dernières années, une théorie
de la «sécession-remède» qui limiterait un tel droit à des
situations exceptionnelles[505].

En application de cette théorie, lorsqu'une minorité
subit une intense répression qui s'accompagne d'exactions et de crimes, elle peut exceptionnellement invoquer
un droit à l'autodétermination, considéré comme la
seule forme de réparation possible de la violation[506].
En pareille situation, il ne serait donc plus question de

---

[503] Nous soulignons; texte dans *RTNU*, vol. 999, p. 188
(droits civils et politiques) et vol. 993, p. 3 (droits économiques,
sociaux et culturels). Le libellé a été réitéré notamment dans la
Déclaration sur les relations amicales, annexée à la résolution
2626 (XXV) du 24 octobre 1970, et dans la *Déclaration de
Vienne* de 1993, annexée à la résolution 48/121 de l'Assemblée
générale de l'ONU du 14 février 1994; voir aussi CIJ, affaire
des *Conséquences juridiques de l'édification d'un mur dans le
territoire palestinien occupé*, *CIJ Recueil 2004*, p. 171-172,
par. 88.
[504] Lee C. Buchheit, *Secession. The Legitimacy of Self-
Determination*, New Haven, Londres, Yale Univ. Press, 1978,
p. 7.
[505] Voir par exemple Théodore Christakis, *Le droit à
l'autodétermination en dehors des situations de décolonisation*,
op. cit., p. 296-297; Christian Tomuschat, «Secession and
Self-determination», dans M. Kohen (dir. publ.), *Secession.
International Law Perspectives*, Cambridge, CUP, 2006, p. 38-
42; John Dugard et David Raic, «The role of recognition in the
law and practice of secession», *ibid.*, p. 101-137.
[506] Voir Robert Kolb, «Autodétermination et «sécession-
remède» en droit international public», dans *Global Trends:
Law, Policy et Justice. Essays in Honour of Professor Giuliana
Ziccardi Capaldo*, New York, Oceana, 2013, p. 57-77; Jure
Vidmar, «Remedial Secession in International Law: Theory
and (lack of) Practice», *St Anthony International Review*, 2010,
p. 37-56.

principe de neutralité, lequel devrait plier en faveur de la légitimité de la rébellion[507].

Dès l'origine, cette théorie doctrinale repose sur une interprétation particulière des textes comme de la pratique. Sur le plan textuel, tout le raisonnement repose sur ce paragraphe de la résolution 2625 (XXV) de l'Assemblée générale des Nations Unies, que l'on retrouve dans la partie consacrée au droit à l'autodétermination :

> « rien dans les paragraphes précédents ne sera interprété comme autorisant ou encourageant une action, quelle qu'elle soit, qui démembrerait ou menacerait, totalement ou partiellement, l'intégrité territoriale ou l'unité politique de tout Etat souverain et indépendant *se conduisant conformément au principe de l'égalité de droits et du droit des peuples à disposer d'eux-mêmes énoncé ci-dessus et doté ainsi d'un gouvernement représentant l'ensemble du peuple appartenant au territoire sans distinction de race, de croyance ou de couleur* »[508].

Interprétant *a contrario* le passage souligné, certains auteurs estiment que, lorsqu'un gouvernement se rend coupable de graves exactions à l'encontre d'une minorité, il ne peut plus prétendre représenter l'ensemble du peuple de l'Etat concerné, et dès lors invoquer son intégrité territoriale pour s'opposer à une déclaration d'indépendance de la minorité qui serait opprimée[509].

---

[507] John Dugard, *The Secession of States and Their Recognition in the Wake of Kosovo, op. cit.*, p. 141.

[508] Nous soulignons. Une telle « clause de sauvegarde » se retrouve dans d'autres instruments ; voir par exemple *Déclaration du cinquantième anniversaire de l'Organisation des Nations Unies*, résolution 50/6 adoptée par l'Assemblée générale le 9 novembre 1995.

[509] Voir par exemple Théodore Christakis, *Le droit à l'autodétermination en dehors des situations de décolonisation, op. cit.*, p. 296-297 et Christian Tomuschat, « Secession and Self-determination », dans M. Kohen (dir. publ.), *Secession.*

D'un autre côté, une telle interprétation a été dénoncée comme ne correspondant pas à la volonté des rédacteurs du texte et, fondamentalement, comme conférant un droit qui n'y était pas contenu[510]. Sur le plan de la pratique, les promoteurs de la «sécession-remède» se sont essentiellement[511] appuyés sur le cas du Bangladesh, devenu indépendant après une répression exercée par le gouvernement pakistanais en 1971[512]. Mais, d'un autre

---

International Law Perspectives, Cambridge, CUP, 2006, p. 38-42; Antonio Cassese, *Self-Determination of Peoples. A Legal Re-Appraisal*, Cambridge, CUP, 1995, p. 118-119.

[510] Helen Quane, «The United Nations and the Evolving Right to Self-Determination», *ICLQ*, 1998, p. 563 ss; Malcolm Shaw, «Peoples, Territorialism and Boundaries», *EJIL*, 1997, p. 482-483; Olivier Corten, «A propos d'un désormais «classique»: *Le droit à l'autodétermination en dehors des situations de décolonisation*, de Théodore Christakis», *RBDI*, 1999, p. 329-349.

[511] Est parfois aussi évoquée une certaine pratique sur le continent africain, spécialement l'affaire *Congrès du peuple katangais c. République du Zaïre* (communication 75/92, 22 mars 1995, http://www.achpr.org/fr/communications/decision/75.92/), devant la Commission africaine des droits de l'homme et des peuples, laquelle, sans la mettre en œuvre, semble admettre la pertinence de la doctrine de la «sécession-remède»; voir par exemple John Dugard, *The Secession of States and Their Recognition in the Wake of Kosovo, op. cit.*, p. 148-149, ainsi que l'analyse de Fatsah Ouguergouz et Djacoba Liva Tehindrazanarivelo, «La problématique de la sécession en Afrique», dans M. Kohen (dir. publ.), *Secession. International Law Perspectives, op. cit.*, p. 274 ss.

[512] Ved Nanda, «Self-Determination outside the Colonial Context: the Birth of Bangladesh in Retrospect», *Houston Journal of International Law*, 1978-1979, p. 83-93; Muthu-cumaraswamy Sornarajah, «Internal Colonialism and Humanitarian Intervention», *Georgia Journal of International and Comparative Law*, 1981, p. 67-77; Joshua Castellino, «The Secession of Bangladesh in International Law: Setting New Standards?», *Asian Yearbook of International Law*, 2000, p. 87-95; John Dugard, *Recognition and the United Nations*, Grotius Publications Limited, Cambridge, 1987, p. 76; Jonathan Charney, «Commentary – Self-Determination: Chechnya,

côté, un examen attentif des discours produits à l'époque montre que l'autodétermination n'a (pour ainsi dire) pas été invoquée par les Etats[513], le Bangladesh n'étant d'ailleurs reconnu par l'ONU qu'après qu'Islamabad ait lui-même procédé à une reconnaissance, en 1974[514]. Enfin, sur le plan jurisprudentiel, on cite parfois[515] l'avis de la Cour suprême du Canada dans l'affaire du *Renvoi relatif à la sécession du Québec*, cette juridiction ayant évoqué la théorie de la sécession-remède, pour affirmer aussitôt que ses conditions d'application n'étaient pas présentes dans le cas sous examen[516]. En sens inverse, on a cependant relevé que la Cour avait simplement estimé qu'

> « un droit de sécession ne prend naissance en vertu
> du principe de l'autodétermination des peuples en
> droit international que dans le cas d'«un peuple»
> gouverné en tant que partie d'un empire colonial,
> dans le cas d'«un peuple» soumis à la subjugation,

Kosovo, and East Timor», *Vanderbilt Journal of Transnational Law*, 2001, p. 455-468.

[513] L'Inde avait furtivement évoqué ce principe devant le Conseil de sécurité (S/PV.1613, 13 décembre 1971, p. 22), mais une telle argumentation n'avait pas été reprise par les autres Etats ; James Crawford, « State Practice and International Law in Relation to Secession», *BYBIL*, 1999, p. 114-115.

[514] *Ibid.* et, du même auteur, James Crawford, *The Creation of States in International Law*, 2ᵉ éd., Oxford, OUP, 2006, p. 393 ; John Dugard, *Recognition and the United Nations*, *op. cit.*, p. 75-76.

[515] John Dugard, *The Secession of States and Their Recognition in the Wake of Kosovo*, *op. cit.*, p. 147-148 ; voir aussi, plus implicitement, James Crawford, *The Creation of States in International Law*, 2ᵉ éd., *op. cit.*, p. 119.

[516] Décision du 20 août 1998, [1998] 2 RCS 217, spécialement par. 134-138 ; http://scc-csc.lexum.com/scc-csc/scc-csc/fr/item/1643/index.do ; voir notamment les commentaires de Patrick Dumberry, «Lessons Learned from the *Quebec Secession Reference* before the Supreme Court of Canada», dans M. Kohen (dir. publ.), *Secession. International Law Perspectives*, *op. cit.*, p. 422 ss.

à la domination ou à l'exploitation étrangères, et aussi, *peut-être*, dans le cas d'«un peuple» empêché d'exercer utilement son droit à l'autodétermination à l'intérieur de l'Etat dont il fait partie» [517].

Dans le même sens, elle précise:

> «[b]ien qu'on ne *sache pas encore avec certitude si cette troisième thèse reflète réellement une norme juridique internationale établie*, il est inutile pour les fins du présent renvoi d'en décider. Même *en supposant que cette troisième situation puisse créer un droit* de sécession unilatérale en vertu du droit international, on ne peut affirmer que le contexte québécois actuel s'en rapproche» [518].

Comme les termes soulignés le montrent, la juridiction canadienne se garde bien de prétendre trancher le débat sur l'existence d'un droit à la sécession-remède.

La pratique récente a-t-elle permis de lever ces ambiguïtés en consacrant la thèse de la «sécession-remède», ou a fortiori un droit plus général à la sécession? A nouveau, on verra que cette pratique a surtout révélé les tensions qui s'exercent sur la conception traditionnellement restrictive du droit des peuples à disposer d'eux-mêmes, sans pour autant qu'une nouvelle conception se détache clairement. Trois illustrations seront apportées en ce sens.

D'abord, on traitera du cas emblématique du Kosovo, qui montre toutes les difficultés pratiques de distinguer la reconnaissance d'un Etat sur la base du droit (en l'occurrence des peuples à disposer d'eux-mêmes) ou sur la base d'un fait (l'indépendance effective du gouvernement concerné) (1). Dans un deuxième temps sera abordé le précédent de la Géorgie, qui montre par

---

[517] Décision précitée, résumé de la réponse sous la question 2; nous soulignons.

[518] *Ibid.*, par. 135; nous soulignons.

ailleurs le caractère délicat du critère de la répression ou de l'oppression qui conditionnerait l'existence d'un droit à la «sécession-remède» (2). Enfin, le cas de la Crimée confirmera les relations ambivalentes entre les critères de légitimité, d'effectivité et de légalité qui caractérisent le plus souvent les crises sécessionnistes (3).

1. *Reconnaissance du droit à l'autodétermination ou simple reconnaissance d'Etat? L'exemple du Kosovo*

Comme rappelé plus haut, le Kosovo a proclamé son indépendance en 2008, plus précisément le 17 février. La Serbie a vigoureusement contesté cette proclamation, et estime que le Kosovo fait toujours partie de son territoire, même s'il est sous administration de l'ONU depuis 1999, administration qui se poursuit théoriquement depuis[519]. En août 2014, le Kosovo avait été reconnu par quelque cent dix Etats, soit plus de la moitié des membres de l'ONU[520]. Entretemps, la question de la licéité de sa

---

[519] Dans son avis consultatif du 22 juillet 2010, la Cour relève que «le représentant spécial du Secrétaire général continue d'exercer ses fonctions au Kosovo» (*CIJ Recueil 2010*, p. 441, par. 92); voir ensuite, entre autres, *Rapport du Secrétaire général sur la mission d'administration intérimaire des Nations Unies au Kosovo*, S/2014/558, 1er août 2014. Le rapport est officiellement soumis «en application de la résolution 1244 (1999) du Conseil de sécurité» pour «lui rendre compte à intervalles réguliers de l'exécution du mandat de la mission, faire le point des activités de la MINUK» (p. 1, par. 1). Le rapport ne peut cependant manquer de mentionner ensuite les «autorités du Kosovo», sans se prononcer sur leur statut. La même ambiguïté se retrouve au vu de la carte annexée au rapport, qui désigne la ligne séparant le Kosovo (du reste) de la Serbie comme une «international boundary», tout en précisant que les frontières reprises sur la carte «do not imply official endorsement or acceptance by the United Nations» (p. 28).

[520] http://en.wikipedia.org/wiki/International_recognition_of_Kosovo.

déclaration d'indépendance a fait l'objet d'un avis de la Cour internationale de Justice qui, en juillet 2010, a considéré que cette déclaration n'avait «pas violé le droit international»[521], sans pour autant affirmer qu'elle y était conforme, spécialement en vertu du droit des peuples à disposer d'eux-mêmes[522]. Au total, ce précédent montre toute la difficulté d'interpréter les règles traditionnelles relatives à la création d'Etat. Selon ces dernières, l'absence d'un droit à l'indépendance n'implique pas que, dans les faits, une sécession ne puisse aboutir à la création d'un Etat indépendant, disposant d'un territoire, d'une population et d'un gouvernement souverain[523].

La reconnaissance d'un Etat peut alors s'opérer sur la base d'un constat d'ordre *factuel* (le fait accompli de l'indépendance), sans que l'on puisse en déduire une reconnaissance d'un *droit* à l'indépendance, comme l'a rappelé la Cour suprême du Canada dans son avis précité :

> «[i]l est vrai que le droit international peut fort bien, selon les circonstances, s'adapter pour reconnaître une réalité factuelle ou politique, indépendamment de la légalité des démarches qui y ont donné naissance»[524].

En ce sens, de très nombreux Etats ont été reconnus comme tels sans pour autant qu'on y ait vu la réalisation d'un droit à l'autodétermination, soit que ce dernier n'existait tout simplement pas à l'époque (Etats-Unis, Etats latino-américains, Belgique, Grèce, …), soit que l'accession à l'indépendance ait été réalisée sur la base des effectivités, souvent à la suite d'un accord entre les

---

[521] *CIJ Recueil 2010*, p. 453, par. 122.

[522] *Ibid.*, p. 438, par. 82-83.

[523] *Ibid.*, p. 436, par. 79 *in fine*. Voir par ailleurs Marcelo Kohen, «Introduction», dans M. Kohen (dir. publ.), *Secession. International Law Perspectives, op. cit.*, p. 4-5 ; Andrea Gioia, «Kosovo's Statehood and the Role of Recognition», *IYIL*, 2008, p. 24-25.

[524] Décision du 20 août 1998, (1998) 2 RCS 217, précité, par. 141.

protagonistes (démantèlement de la Tchécoslovaquie, de l'Union soviétique, accession à l'indépendance du Sud-Soudan, …) [525].

Le précédent du Kosovo montre cependant qu'en pratique, cette subtile distinction entre *droit* à l'indépendance et *réalité* de celle-ci est souvent très délicate à opérer. De manière générale, s'il est aisé de constater qu'aucune résolution adoptée par les Nations Unies n'a reconnu au peuple du Kosovo un droit à disposer de lui-même, la diversité, et souvent l'incohérence, des prises de position des différents Etats et acteurs pertinents rend pour le moins délicate la démonstration de l'existence d'une règle coutumière avec des contours clairs et précis [526].

Un premier élément significatif à cet égard est le discours produit par les autorités du Kosovo elles-mêmes. Dans sa déclaration d'indépendance du 17 février 2008, le «gouvernement du Kosovo» ne se réfère ni à un droit du peuple de disposer de lui-même, ni plus précisément à une théorie de la «sécession-remède» [527]. Tout au contraire, la déclaration contient une clause selon laquelle «Kosovo is a special case arising from Yugoslavia's non-consensual breakup and is not a precedent for any other situation» [528]. La stratégie consiste manifestement à apaiser les craintes que la reconnaissance du Kosovo puisse être utilisée pour ouvrir la boîte de Pandore du droit à l'autodétermination. Cependant, et d'un autre côté, les autorités kosovares ont

---

[525] Voir de manière générale James Crawford, *The Creation of States in International Law*, 2ᵉ éd., *op. cit.*, p. 374 ss.

[526] Antonello Tancredi, «Neither Authorized nor Prohibited? Secession and International Law after Kosovo, South Ossetia and Abkhazia», *IYIL*, 2008, p. 43.

[527] «Kosovo Declaration of Independence», *ILM*, 2008, vol. 47, p. 467. Une interprétation différente est défendue par le juge Simma dans sa déclaration jointe à l'avis de la Cour; *CIJ Recueil* 2010, p. 479, par. 6.

[528] *Ibid.*, préambule.

été manifestement tentées de se référer à ce droit,
comme elles l'avaient fait en 1991 après une première
déclaration d'indépendance à l'époque laissée sans
effet[529]. Leur position juridique exprimée devant la
Cour dans le cadre de la procédure consultative paraît
a priori sans ambiguïté sur ce point : après avoir affirmé
que le droit à l'autodétermination ne se limitait pas aux
situations de décolonisation, que le gouvernement serbe
ne pouvait plus prétendre représenter le « peuple du
Kosovo » et que ce dernier avait été qualifié comme tel
par le Conseil de sécurité, les auteurs de la déclaration
d'indépendance affirment que, dans ces circonstances,
« there can be no doubt that the people of Kosovo
were entitled to the right of self-determination »[530]. En
même temps, un léger doute semble subsister malgré
tout, puisque les mêmes auteurs s'empressent aussitôt
d'ajouter qu'au vu de la formulation de la question qui
lui a été posée, la Cour n'est pas tenue de se prononcer
sur ce point et peut simplement vérifier que la déclaration
ne contrevient à aucune règle juridique particulière
sans, donc, se prononcer sur l'existence ou non d'un
droit qui en constituerait le fondement juridique[531]. En
d'autres termes, les autorités du Kosovo semblent ici en
revenir à la thèse exprimée dans leur propre déclaration,
selon laquelle l'indépendance constituerait plus un fait

---

[529] « Resolution of the Assembly of the Republic of Kosova
on Independence », « Resolution of the Assembly of Kosova »,
7 septembre 1990 et « Constitution of the Republic of Kosova »,
préambule, 7 septembre 1990 ; documents reproduits dans Marc
Weller (dir. publ.), *The Crisis in Kosovo 1989-1999 – From the
Dissolution of Yugoslavia to Rambouillet and the Outbreak of
Hostilities, International Documents and Analysis*, volume 1,
p. 65-72.
[530] *Written contribution of the Republic of Kosovo*, 17 avril
2009, p. 157-158, par. 8.40 (disponible sur : http://www.icj-cij.
org/docket/index.php?p1=3&p2=4&k=21&case=141&code=
kos&p3=1).
[531] *Ibid.*, p. 158, par. 159.

– exceptionnel – accompli que le résultat de l'exercice d'un droit.

La même ambivalence ressort d'un examen de la position des Etats qui ont soutenu le Kosovo. D'un côté, la plupart de ces Etats ne se sont pas référés au droit des peuples à disposer d'eux-mêmes lorsqu'ils ont reconnu ce qu'ils ont considéré être un Etat. Si on excepte quelques rares cas (Albanie[532], Afghanistan[533], Emirats arabes unis[534]), dans la plupart des reconnaissances, l'indépendance est présentée comme un *fait*, inévitable, dont il convient de prendre acte, et non comme le résultat de l'exercice d'un *droit*[535]. La même impression résulte d'une lecture du procès-verbal de la première réunion qui a eu lieu au sein du Conseil de sécurité au lendemain de la déclaration d'indépendance : aucun Etat, y compris parmi ceux qui soutiennent le Kosovo, n'évoque le droit des peuples à disposer d'eux-mêmes ou encore un droit à la «sécession-remède»[536]. Mais, d'un autre côté, plusieurs de ces Etats ont, devant la Cour internationale de Justice, défendu une interprétation large du droit des peuples à disposer d'eux-mêmes. On peut en ce sens

---

[532] «Statement of Prime Minister of Albania Mr Sali Berisha on Recognition of Independence of Kosova», 18 février 2008, publié sur le site internet du Conseil des ministres albanais : http://www.keshilliministrave.al/index.php?fq=brenda&m=news&lid=7323&gj=gj2.

[533] «The Statement of Islamic Republic of Afghanistan on the Recognition of Independence of Kosovo», 18 février 2008, publié sur le site internet des Affaires étrangères, http://www.mfa.gov.af/detail.asp?Lang=e&Cat=2&ContID=562.

[534] «UAE recognises Kosovo», *Emirates News Agency,* 14 octobre 2008, http://www.wam.org.ae.

[535] Voir par exemple la position de la France devant la Cour internationale de Justice dans le cadre de l'avis sur le Kosovo : exposé écrit de la France (avril 2009), p. 36 ss (tous les exposés écrits et oraux sont disponibles sur le site internet de la Cour : http://www.icj-cij.org). Voir aussi l'analyse d'Andrea Gioia, «Kosovo's Statehood and the Role of Recognition», *op. cit.*, p. 8-9.

[536] S/PV.5839, 18 février 2008.

citer la Jordanie [537], la Lituanie [538], l'Estonie [539], l'Allemagne [540], les Pays-Bas [541], la Pologne [542], la Suisse [543], la
Finlande [544], l'Irlande [545], ou l'Albanie [546]. La démarche
peut s'expliquer par des considérations de stratégie
judiciaire, l'inexistence d'un droit à l'autodétermination
n'étant pas d'emblée concédée devant la Cour. De là à en
déduire qu'on se trouve bien devant une *opinio juris* des
quelques (car la plupart des Etats, même ceux qui avaient
reconnu le Kosovo, ne se sont pas référés à ce droit)
Etats concernés, il y a un pas à franchir car, si tel était
le cas, comment expliquer que les mêmes n'aient pas
évoqué ce droit lorsqu'ils ont procédé à leur reconnaissance, préférant alors jouer la carte de l'argument *sui
generis*? [547]

De même, si les Etats alliés du Kosovo avaient la
conviction de l'existence d'un droit à la sécession-

---

[537] Jordanie, Al Hussein, CR 2009/31, 9 décembre 2009,
36-37, par. 35-38.

[538] Exposé écrit de la Lituanie (avril 2009), p. 1-2.

[539] Exposé écrit de l'Estonie (avril 2009), p. 5-11.

[540] Exposé écrit de l'Allemagne (avril 2009), p. 34-35.

[541] Exposé écrit des Pays-Bas (avril 2009), 7-8, par. 3.5-
3.7, p. 13, par. 3.21, Lijnzaad, CR 2009/32, 10 décembre 2009,
p. 9-10, par. 5-10.

[542] Exposé écrit de la Pologne (avril 2009), p. 25-26,
par. 6.1-6.10.

[543] Exposé écrit de la Suisse (avril 2009), p. 16-18, par. 60-
68, 26, par. 96, (juillet 2009), p. 2, par. 6.

[544] Exposé écrit de la Finlande (avril 2009), p. 3-7, par. 6-
12.

[545] Exposé écrit de l'Irlande (avril 2009), p. 8-10, par. 28-
32.

[546] En ce sens aussi, ce qui est logique au vu des modalités
de sa reconnaissance, voir Exposé écrit de l'Albanie (avril
2009), p. 33, par. 59.

[547] Andrea Gioia, «Kosovo's Statehood and the Role of
Recognition», *op. cit.*, p. 30; Antonello Tancredi, «Neither
Authorized nor Prohibited? Secession and International Law
after Kosovo, South Ossetia and Abkhazia», *op. cit.*, p. 47-
48.

remède, pourquoi ne l'ont-ils pas invoqué à la fin des années 1990, et spécialement lors de l'intervention militaire de 1999 ?[548] Si un tel droit pouvait être invoqué, on aurait pu s'attendre à ce qu'il le soit au moment où les graves violations des droits de la personne ont été dénoncées avec le plus de vigueur, et non près de dix ans après à l'occasion d'une procédure devant la Cour[549].

La situation se complique encore si on analyse la position des Etats qui ont contesté l'indépendance du Kosovo, position qui est elle aussi loin de se caractériser par la cohérence[550].

Certes, la plupart ont expressément écarté toute possibilité d'appliquer en l'espèce le droit à l'auto-détermination, à l'instar de plusieurs Etats d'Amérique latine (Argentine[551], Bolivie[552], Brésil[553] et Venezuela[554]),

---

[548] Antonello Tancredi, «A normative "due process" in the creation of States through secession», dans M. Kohen (dir. publ.), *Secession. International Law Perspectives*, *op. cit.*, p. 185-186 ; Georg Nolte, «Secession and External Intervention», *ibid.*, p. 92 ; Photini Pazartzis, «Secession and International Law: the European dimension», *ibid.*, p. 370 ; Barbara Delcourt et Olivier Corten, *Ex-Yougoslavie : droit international, politique et idéologies*, Bruxelles, Bruylant, 1998, p. 34 ; Jean d'Aspremont, «Regulating Statehood: The Kosovo Status Settlement», *LJIL*, 2007, p. 658 ; Julie Ringelheim, «International Reactions to the Kosovo Crisis», *RBDI*, 1999, p. 536-537.

[549] On reviendra sur ce point ci-dessous, dans le cadre de l'examen de la situation en Géorgie.

[550] James Summers, «Kosovo», dans *Self-Determination and Secession in International Law*, *op. cit.*, p. 251-253.

[551] Exposé écrit de l'Argentine (avril 2009), p. 38-39, par. 97 (juillet 2009), p. 26, par. 59, Ruiz Cerutti, 2 décembre 2009, p. 45, par. 25.

[552] Exposé écrit de la Bolivie (juillet 2009), p. 2 par. 7, Calzadilla Sarmiento, CR 2009/28, 4 décembre 2009, p. 11, par. 19.

[553] Brésil, Denot Medeiros, CR 2009/28, 4 décembre 2009, p. 15, par. 5.

[554] Venezuela, Fleming, CR 2009/33, 11 décembre 2009, p. 13-16, par. 29-40.

d'Asie (Azerbaïdjan[555], Iran[556], Chine[557] et Vietnam[558]),
d'Europe orientale (Bélarus[559] et Roumanie[560]) et occidentale (Chypre[561] et Espagne[562]) ou encore d'Afrique
(Burundi[563]). D'autres Etats ont, cependant, choisi de
rester silencieux sur ce point, laissant ouverte la question
de leur position juridique[564]. Enfin, la Russie a choisi,
pour des raisons que l'on comprendra ultérieurement, de
soutenir l'existence d'un droit à la « sécession-remède »
... pour mieux ensuite affirmer que les conditions de son
application n'étaient pas remplies en l'espèce[565]. Bref,
de ce côté également, il n'est pas aisé de dégager une
position juridique claire.

Et ce n'est pas en se tournant vers l'avis finalement
rendu par la Cour que les doutes et incertitudes pourront
être facilement dissipés. Certes, la circonstance que le
cas du Kosovo soit, comme tout autre, analysé au regard
des règles du droit international général semble écarter
tout argument fondé sur son caractère prétendument *sui*

---

[555] Exposé écrit de l'Azerbaïdjan (avril 2009), p. 5, par. 25,
Mehdiyev, CR 2009/27, 3 décembre 2009, p. 24, par. 40-41.

[556] Exposé écrit de l'Iran (avril 2009), p. 6-7, par. 4.1-4.2.

[557] Exposé écrit de la Chine (avril 2009), p. 3-7, Xue
Hanqin, CR 2009/29, 7 décembre 2009, p. 35-36, par. 22-26.

[558] Vietnam, Nguyen Thi Hoang Anh, CR 2009/33, 11 décembre 2009, p. 20, par. 13.

[559] Bélarus, Gritsenko, CR 2009/27, 3 décembre 2009, 30-
31.

[560] Exposé écrit de la Roumanie (avril 2009), p. 40, par. 138,
Dinescu, CR 2009/32, 10 décembre 2009, p. 27-35, par. 4-29.

[561] Chypre, Lauwe, CR 2009/29, 7 décembre 2009, p. 36-
37, par. 140-147, p. 47, par. 60.

[562] Exposé écrit de l'Espagne (avril 2009), p. 17 (juillet
2009), p. 5, par. 8, Escobar Hernández, CR 2009/30, 8 décembre
2009, p. 17-19.

[563] Burundi, d'Aspremont, CR 2009/28, 4 décembre 2009,
p. 38-39.

[564] Andrea Gioia, « Kosovo's Statehood and the Role of
Recognition », *op. cit.*, p. 9-12.

[565] Exposé écrit de la Russie (avril 2009), p. 31-32, par. 88,
Gevorgian, CR 2009/30, 8 décembre 2009, p. 41-44, par. 8-22.

generis[566]. Pour le reste, cependant, on ne peut pas dire que l'avis fera date sur le plan de la définition et des limites du droit des peuples à disposer d'eux-mêmes[567]. Deux passages doivent être lus parallèlement pour s'en rendre compte.

D'abord, la Cour relève:

«[u]n certain nombre de participants à la présente procédure ont fait valoir – seulement, il est vrai, à titre d'argument secondaire dans presque tous les cas – que la population du Kosovo avait le droit de créer un Etat indépendant, soit au nom d'un droit à l'autodétermination, soit en vertu de ce qu'ils ont présenté comme un droit de «sécession-remède» appliqué à la situation au Kosovo. La Cour a déjà relevé (voir paragraphe 79 ci-dessus) que l'évolution du droit des peuples à disposer d'eux-mêmes était l'un des principaux développements du droit international au cours de la seconde moitié du XXe siècle. La question de savoir si, en dehors du contexte des territoires non autonomes ou de celui des peuples soumis à la subjugation, à la domination ou à l'exploitation étrangères, le droit international relatif à l'autodétermination autorise une partie de la population d'un Etat existant à se séparer de cet Etat a cependant suscité des réponses radicalement différentes parmi les participants à la

---

[566] Théodore Christakis, «The ICJ Advisory Opinion on Kosovo: Has International Law Something to Say about Secession?», *LJIL*, 2011, p. 80-81; John Dugard, *The Secession of States and Their Recognition in the Wake of Kosovo*, *op. cit.*, p. 258.

[567] Voir, louant la retenue de la Cour: Marc Weller, «Modesty Can Be a Virtue: Judicial Economy in the ICJ *Kosovo* Opinion», *LJIL*, 2011, p. 129-130; Christian Walter, «The Kosovo Advisory Opinion. What It Says and What It Does Not Say», dans Ch. Walter, A. Von Ungern-Sternberg et Kavus Abushov (dir. publ.), *Self-Determination and Secession in International Law*, *op. cit.*, p. 13-26.

présente procédure qui se sont prononcés à ce sujet. Des divergences similaires se sont fait jour sur les questions de savoir si le droit international prévoit un droit de «sécession-remède» et, dans l'affirmative, dans quelles circonstances celui-ci s'appliquerait. Des vues très différentes ont également été exprimées sur le point de savoir si les circonstances présentées par certains participants comme donnant naissance à un droit de «sécession-remède» étaient effectivement réunies dans le cas du Kosovo. *La Cour ne juge pas nécessaire de trancher ces questions en l'espèce.* L'Assemblée générale n'a demandé l'avis de la Cour que sur le point de savoir si la déclaration d'indépendance du Kosovo était conforme au droit international. Or, les controverses relatives à la portée du droit à l'autodétermination ou à l'existence d'un droit de «sécession-remède» se rapportent en réalité à la question du droit de se séparer d'un Etat. Ainsi que la Cour l'a déjà indiqué (voir paragraphes 49 à 56 ci-dessus), cette question sort du cadre de celle qui a été posée par l'Assemblée générale, et presque tous les participants en conviennent. Pour répondre à cette dernière, il suffit à la Cour de déterminer si la déclaration d'indépendance a violé le droit international général ou la *lex specialis* créée par la résolution 1244 (1999) du Conseil de sécurité»[568].

A ce stade, la position de la Cour se caractérise par une grande prudence, puisqu'elle choisit de ne pas se prononcer en se plaçant dans un schéma relevant du principe de neutralité – il s'agit de vérifier si la déclaration n'est pas interdite, sans préjudice du point de

---

[568] CIJ, *Conformité au droit international de la déclaration unilatérale d'indépendance relative au Kosovo, avis, CIJ Recueil 2010*, p. 438, par. 82-83 ; nous soulignons.

savoir si elle est permise par le droit[569]. Faut-il en déduire que l'avis reste entièrement sans pertinence sur le point de savoir si la théorie de la sécession-remède est admise en droit international ?

Un autre passage est susceptible de remettre sérieusement en doute cette hypothèse. Comme on le détaillera ultérieurement, pour répondre aux Etats qui critiquaient la déclaration d'indépendance du Kosovo en l'opposant au principe du respect de l'intégrité territoriale de la Serbie, la Cour affirme que : « la portée du principe de l'intégrité territoriale est … limitée à la sphère des relations interétatiques »[570].

Cet énoncé n'est pas sans répercussion sur la théorie de la « sécession-remède ». Il faut en effet rappeler que cette théorie se fonde principalement sur la clause de sauvegarde précitée de la résolution 2625 (XXV) de l'Assemblée générale de l'ONU[571]. Le raisonnement suivi est, en substance, le suivant : en règle générale, un groupe sécessionniste est tenu de respecter l'intégrité territoriale de l'Etat au sein duquel il opère ; cependant, exceptionnellement, si le gouvernement de cet Etat viole le droit à l'autodétermination interne de son propre peuple, ce gouvernement ne peut plus invoquer son intégrité territoriale pour s'opposer à une sécession conçue alors comme un « remède » à une violation grave du droit international[572]. Dans ces circonstances, exceptionnelles, insistons sur ce point, le droit international « autoriserait » (pour reprendre le terme contenu dans la clause) une action visant à démembrer l'intégrité territoriale de l'Etat « fautif ». En le détaillant, on comprend que

---

[569] Théodore Christakis, « The ICJ Advisory Opinion on Kosovo : Has International Law Something to Say about Secession ? », *op. cit.*, p. 76-78.

[570] *CIJ Recueil 2010*, p. 437, par. 80 ; nous soulignons.

[571] Voir la citation de cette clause ci-dessus, dans le cadre de l'exposé de l'argumentation de l'Albanie.

[572] Voir la doctrine évoquée plus haut, qui défend la thèse de la « sécession-remède ».

ce raisonnement est logiquement incompatible avec
l'affirmation selon laquelle le respect de l'intégrité
territoriale est une obligation qui est « limitée à la sphère
des relations interétatiques », selon les termes de l'avis.
Car, si ce principe ne s'applique qu'entre Etats, il est
inopposable à une entité sécessionniste mais, en même
temps, une telle entité ne peut invoquer un « droit » à le
violer. La « neutralité juridique » joue dans les deux sens :
le droit international n'oblige pas les sécessionnistes à
respecter l'intégrité territoriale d'un Etat (qui ne leur
est applicable qu'en vertu du droit interne), mais il ne
leur confère pour autant aucun titre juridique tendant à
le remettre en cause. En d'autres termes, la prémisse sur
laquelle repose toute la théorie de la « sécession-remède »
– l'application du principe de l'intégrité territoriale dans
les relations entre l'Etat et les sécessionnistes – est niée
par la Cour. Dans cette mesure, on pourrait considérer
que l'avis rendu par la Cour internationale de Justice à
propos du Kosovo constitue un précédent qui s'oppose à
la doctrine de la « sécession-remède »[573].

Mais, en même temps, on ne peut que conclure à
la profonde ambiguïté de la position de la Cour qui,
d'un côté affirme ne pas vouloir se prononcer sur cette
doctrine, et de l'autre adopte un point de vue qui semble
la condamner, il est vrai de manière indirecte[574]. La ligne
de raisonnement de la Cour est d'autant moins claire
que, dans une autre partie encore de son avis, elle évoque
incidemment un « peuple du Kosovo »[575], une expression
qui pourrait être interprétée comme une forme de
reconnaissance d'un droit à l'autodétermination[576] alors

---

[573] Olivier Corten, « Territorial integrity narrowly inter-
preted: Reasserting the Classical Inter-State Paradigm of International Law », *LJIL*, 2011, vol. 24, p. 87-94.

[574] John Dugard, *The Secession of States and Their
Recognition in the Wake of Kosovo*, *op. cit.*, p. 247-248.

[575] *CIJ Recueil 2010*, p. 448, par. 109.

[576] John Dugard, *The Secession of States and Their
Recognition in the Wake of Kosovo*, *op. cit.*, p. 245-246.

qu'on vient de le voir, cette reconnaissance est loin d'être assumée. L'examen des opinions séparées des juges ne permet guère de dissiper l'ambiguïté, deux d'entre eux soutenant la thèse de la sécession-remède[577], un autre semblant la condamner[578], alors que les autres se gardent soigneusement de se prononcer sur ce point[579].

Le précédent du Kosovo donne ainsi lieu à de constantes oscillations de positions de la part de tous les acteurs concernés. Dans tous les exemples que l'on vient de mentionner, le choix entre la voie de l'autodétermination (et donc une sécession fondée sur un droit), d'une part, et le schéma de la neutralité (et donc une sécession qui ne serait ni permise ni interdite, mais qui résulterait d'un simple fait), d'autre part, n'est pas résolument assumé. La distinction entre les deux cas de figure, affirmée avec beaucoup de netteté dans le droit international contemporain, s'estompe et se brouille à l'épreuve de la pratique. Un constat qui ne concerne d'ailleurs pas, loin s'en faut, que le cas particulier du Kosovo.

2. Les difficultés de définir les conditions qui permettraient d'invoquer la « sécession-remède » : les cas de l'Ossétie du Sud et de l'Abkhazie

Lorsque l'Ossétie du Sud et l'Abkhazie ont proclamé leurs indépendances respectives, dès le début des

---

[577] Opinion individuelle du juge Cançado Trindade, *CIJ Recueil 2010*, p. 584-595, par. 177-181; opinion individuelle du juge Yusuf, *ibid.*, p. 620-625, par. 7-17.

[578] Opinion dissidente du juge Koroma, *ibid.*, p. 474-177, par. 20-25.

[579] Déclaration du juge Simma, *ibid.*, p. 479-480, par. 6-7; opinion individuelle du juge Sepulveda-Amor, *ibid.*, p. 499, par. 35; opinion dissidente du juge Bennouna, *ibid.*, p. 500-501, par. 3; opinion dissidente du juge Skotnikov, *ibid.*, p. 521-522, par. 17.

années 1990[580], ces entités ne se sont pas prévalues de
la doctrine de la «sécession-remède»[581]. Les arguments
se sont plutôt fondés, d'une part sur une interprétation
particulière du droit de l'URSS, lequel n'aurait pas admis
l'indépendance de la Géorgie dans les frontières de cette
république soviétique[582], d'autre part, et ultérieurement,
sur la persistance d'une situation consacrant *de facto*
l'indépendance de ces entités vis-à-vis des autorités
de Tbilissi[583]. Le droit des peuples à disposer d'eux-
mêmes n'a donc, à notre connaissance, pas été invoqué
à ce stade. Lorsque la Géorgie a lancé une offensive
militaire tendant à récupérer le contrôle sur ces entités

---

[580] Voir, pour un exposé des principaux éléments de fait et
de droit pertinents; Christopher Waters, «South Ossetia», dans
Ch. Walter, A. Von Ungern-Sternberg et Kavus Abushov (dir.
publ.), *Self-Determination and Secession in International Law*,
op. cit., p. 175-190 et Farhad Mirzayev, «Abkhazia», *ibid.*,
p. 191-213.
[581] http://en.wikisource.org/wiki/Act_of_State_
Independence_of_the_Republic_of_Abkhazia. Pour la chrono-
logie des faits, voir notamment *Keesing's*, 1989, p. 36592;
décembre 1990, p. 37920.
[582] Voir le point de vue transmis par l'Ossétie du Sud à
la mission d'enquête dont on analysera le rapport ci-dessous
(rapport, vol. III, p. 503).
[583] Voir les principaux accords prévoyant le déploiement de
ces forces de maintien de la paix : accord sur les principes de
règlement du conflit entre la Géorgie et l'Ossétie, conclu par
la Fédération de Russie et la République de Géorgie le 24 juin
1992, dont une traduction officieuse en anglais est disponible sur
le site du *Regionalism Research Center of Georgia*, http://www.
rrc.ge/law/xels_1992_06_24_e.htm?lawid=368&lng_3=en ;
accord de cessez-le-feu passé entre la Fédération de Russie et la
République de Géorgie à Moscou le 3 septembre 1992, annexe
à la lettre datée du 8 septembre 1992, adressée au président
du Conseil de sécurité par le chargé d'affaires par intérim de
la mission permanente de la Fédération de Russie auprès de
l'ONU, S/24523 ; accord relatif au cessez-le-feu en Abkhazie
et au mécanisme qui permet d'en contrôler le respect, 27 juillet
1993 (dit «accord de Sochi»), annexe au rapport établi par le
Secrétaire général en application de la résolution 849 (1993) du
Conseil de sécurité, S/26250.

irrédentistes, celles-ci se sont plaintes de graves violations des droits de la personne[584], sans pour autant en déduire un droit à la sécession. Lorsqu'elle a été amenée à justifier son intervention militaire qui a repoussé les forces géorgiennes, puis sa reconnaissance de ces deux entités comme des Etats, la Russie s'est pourtant bel et bien prévalu d'un droit à la sécession-remède[585] :

> « En prenant cette décision, la Russie s'est appuyée sur les dispositions de la Charte des Nations Unies, de l'Acte final d'Helsinki et d'autres documents internationaux fondamentaux, y compris la Déclaration de 1970 relative aux principes du droit international touchant les relations amicales et la coopération entre les Etats. Il est indispensable de souligner que, conformément à cette Déclaration, chaque Etat doit s'abstenir de tout acte de violence privant les peuples de leur droit à l'autodétermination, à la liberté et à l'indépendance et respecter dans ses actions les principes de l'égalité et de l'autodétermination des peuples. Il ne fait aucun doute que le régime de M. Saakashvili ne correspond absolument pas aux normes élevées établies par la communauté internationale. »[586]

C'est cependant la première fois que la Russie se prévaut de cette théorie, y compris dans le cadre des événements en Géorgie[587]. L'ambiguïté de la position des Etats qui ont soutenu les entités sécessionnistes se vérifie aussi au vu des actes de reconnaissance effectués ensuite par

---

[584] Voir par exemple *Human Rights Watch*, *World Report 2009*, p. 375-376.

[585] Antonello Tancredi, «Neither Authorized nor Prohibited? Secession and International Law after Kosovo, South Ossetia and Abkhazia», *op. cit.*, p. 50.

[586] Intervention du représentant de la Fédération de Russie, S.PV.5969, 28 août 2008, p. 9.

[587] La Fédération de Russie a voté pour la résolution 1808 (2008) du Conseil de sécurité par laquelle le Conseil

le Nicaragua[588], le Venezuela[589] et Nauru[590]. Il est en effet difficile d'en déduire que ces Etats aient invoqué eux aussi la doctrine de la sécession-remède[591], la reconnaissance semblant plus se fonder sur un état de fait que sur l'existence d'un droit. A fortiori, il est difficile d'interpréter comme une illustration de cette doctrine les reconnaissances de Vanuatu et de Tuvalu qui auraient été accordées puis retirées, pour des raisons délicates à élucider[592]. En tout état de cause, la plupart des autres Etats ont condamné cette tentative de sécession, en se prévalant de manière générale de l'intégrité territoriale de la Géorgie[593]. Comme dans le cas du Kosovo, on

« réaffirme l'attachement de tous les Etats Membres à la souveraineté, l'indépendance et l'intégrité territoriale de la Géorgie à l'intérieur de ses frontières internationalement reconnues, et *appuie* tout ce que font les Nations Unies et le Groupe des amis du Secrétaire général, guidés par leur volonté de promouvoir un règlement du conflit entre la Géorgie et l'Abkhazie uniquement par des moyens pacifiques et dans le cadre fixé par ses résolutions ».

[588] Décrets du Nicaragua n° 46-2008 et n° 47-2008 adoptés le 3 septembre 2008 et dont le texte est disponible sur le site internet du gouvernement aux liens suivants : http://www.cancilleria.gob.ni/publicaciones/r_abjasia.pdf et http://www.cancilleria.gob.ni/publicaciones/r_osetia_s.pdf.

[589] « Chavez recognises Georgia rebels », *BBC*, 10 septembre 2008, http://news.bbc.co.uk/ ; « Venezuela recognises Georgian separatists regions », *The Guardian*, 10 septembre 2008, http://www.guardian.co.uk.

[590] « Pacific island recognises Georgian rebel region », Agence *Reuters,* 15 décembre 2009, http://in.reuters.com/article/idINIndia-44730620091215.

[591] Dans le cadre de l'avis rendu par la CIJ sur le Kosovo, le Venezuela s'est même clairement prononcé contre cette doctrine : Venezuela, Fleming, CR 2009/33, 11 décembre 2009, p. 13-16, par. 29-40.

[592] http://en.wikipedia.org/wiki/International_recognition_of_Abkhazia_and_South_Ossetia.

[593] Voir les déclarations des représentants du Royaume-Uni (S/PV.5953, 10 août 2008, p. 12), de la Croatie (*ibid.*, p. 13), des Etats-Unis (S/PV.5961, 19 août 2008, p. 9 et S/PV.5969, 28 août 2008, p. 15), du Panama (S/PV.5953, 10 août 2008,

ne peut que constater une profonde division des Etats et, y compris dans le chef de ceux qui ont soutenu les proclamations d'indépendance, une sérieuse ambiguïté quant à l'existence d'une *opinio juris* attestant la présence d'une doctrine de la « sécession-remède » [594].

Mais il y a plus. Même si l'on se place dans l'hypothèse de l'existence d'un tel droit, il est pour le moins hasardeux de se risquer à définir précisément les conditions de son exercice. Du côté de la Russie, comme on l'a constaté, il ne ferait « aucun doute » que le régime géorgien ne correspondrait « absolument pas » aux « normes élevées établies par la communauté internationale ». Mais de quelles normes s'agit-il exactement ? Dans d'autres déclarations, la Russie est allée jusqu'à affirmer qu'« on a procédé à un génocide en Ossétie du Sud » [595]. Mais une

---

p. 16); déclaration des ministres des Affaires étrangères des Etats de l'OTAN, communiqué de presse (2008) 104, 19 août 2008, dont le texte est disponible sur le site suivant : http://www.nato.int/cps/fr/natolive/official_texts_29950. htm?mode=pressrelease. Voir également les positions de l'Australie (« Smith to hold talks with Russia over rebel provinces », 27 août 2008, http://www.abc.net.au/news/stories/ 2008/08/27/2348052.htm?section=australia), du Canada (« Déclaration du ministre Emerson sur la situation en Géorgie », 26 août 2008, http://www.international.gc.ca/media/aff/news-communiques/2008/386468.aspx?lang=fra), de l'Allemagne (citée dans un article de presse de la *BBC*, « Reaction to Russia's recognition of rebels », 26 août 2008, http://news. bbc.co.uk/2/hi/europe/7582367.stm), de la République tchèque et du Danemark (« EU leaders condemn Russia in shadow of Kosovo », 26 août 2008, http://euobserver.com/9/26644). Voir également d'autres déclarations adoptées par plusieurs Etats et publiées sur le site consacré à la reconnaissance de l'Abkhazie et de l'Ossétie du Sud, http://en.wikipedia.org/wiki/ International_recognition_of_Abkhazia_and_South_Ossetia_ independence#UN_member_states_2.

[594] Antonello Tancredi, « Neither Authorized nor Prohibited ? Secession and International Law after Kosovo, South Ossetia and Abkhazia », *op. cit.*, p. 49-53.

[595] Intervention du représentant de la Fédération de Russie, S.PV.5969, 28 août 2008, p. 7 ; voir aussi *Statement by President*

telle affirmation pose plus de questions qu'elle n'apporte de réponse[596]. Cela signifie-t-il que la «sécession-remède» n'entre en jeu qu'en cas de perpétration d'actes de «génocide»?[597] Par ailleurs, en quoi les actions militaires de Tbilissi peuvent-elles être qualifiées comme telles? La Russie soulignait, dans le cadre de la procédure d'avis de la Cour internationale de Justice sur le Kosovo, que la sécession-remède ne devrait être admissible que dans des «cas exceptionnels [qui] doivent être limités à ceux où les circonstances sont tout à fait extrêmes»[598], ce qui n'était pas, selon elle, le cas en l'espèce[599]. Mais en quoi ces «circonstances tout à fait extrêmes» qui n'étaient pas présentes au Kosovo se seraient-elles retrouvées dans le précédent géorgien? La Russie n'explique pas en quoi les autorités géorgiennes auraient eu l'intention spécifique de détruire, comme tel[600], un

---

of Russia Dmitry Medvedev, 26 août 2008; http://eng.kremlin. ru/speeches/2008/08/26/1543_type82912_205752.shtml.

[596] Antonello Tancredi, «Neither Authorized nor Prohibited? Secession and International Law after Kosovo, South Ossetia and Abkhazia», *op. cit.*, p. 52-53.

[597] Tel n'est pas nécessairement l'opinion des défenseurs de la théorie. John Dugard, par exemple, estime plus généralement que «[t]he people must have been subjected to widespread and gross violations of their fundamental human rights» (*The Secession of States and Their Recognition in the Wake of Kosovo, op. cit.*, p. 147).

[598] Exposé écrit de la Russie (avril 2009), p. 22, par. 88.

[599] Exposé écrit de la Russie (avril 2009), p. 27, par. 101-102.

[600] Selon l'expression de l'article II de la Convention sur la prévention et la répression du crime de génocide de 1948. Selon les termes de la Cour internationale de Justice,

«[i]l ne suffit pas que les membres du groupe soient pris pour cible en raison de leur appartenance à ce groupe, c'est-à-dire en raison de l'intention discriminatoire de l'auteur de l'acte. Il faut en outre que les actes visés à l'article II soient accomplis dans l'intention de détruire, en tout ou en partie, le groupe comme tel. Les termes «comme tel» soulignent cette intention de détruire le groupe protégé» (CIJ, affaire de l'*Application de la Convention sur le génocide, CIJ Recueil 2007*, p. 121, par. 87).

groupe national des «Ossètes du Sud»[601]. Au vu de la position russe exprimée au sein du Conseil de sécurité, ce qui semble en réalité visé, ce sont les modalités de l'action militaire qui aurait causé des victimes civiles[602], mais il devient alors difficile de distinguer le crime de guerre de l'authentique génocide. En ce sens, il semble délicat de réconcilier la qualification russe avec la jurisprudence internationale existante, laquelle fait bien la distinction entre un nettoyage ethnique, d'une part, et un véritable génocide, d'autre part[603]. Quant aux Etats occidentaux, qui comme on l'a vu insistent sur la nécessité de respecter l'intégrité territoriale de la Géorgie comme seul argument en défaveur de l'indépendance de l'Ossétie du Sud et de l'Abkhazie, il est parallèlement assez difficile de les comprendre. En quoi l'intégrité territoriale ferait ici obstacle à des proclamations d'indépendance alors que, dans le cas du Kosovo, tel ne serait pas le cas?

Dans cette dernière situation, à quelles conditions exactement la «sécession-remède» pourrait-elle être valablement invoquée? Faut-il pouvoir établir l'existence d'un «génocide», et dans l'affirmative faut-il suivre la définition assez restrictive de la notion retenue par les juridictions internationales? La question est d'autant plus délicate dans le cas du Kosovo que, au moment de la proclamation d'indépendance, en février 2008, personne ne prétendait qu'un génocide, ni même que de graves violations du droit international, étaient en cours[604]. De

---

[601] En ce sens, *Independent International Fact-Finding Mission on the Conflict in Georgia, Report*, septembre 2009 (http://www.ceiig.ch/Report.html), vol. II, p. 145, note 80, ainsi que p. 426-429.

[602] Intervention du représentant de la Fédération de Russie, S/PV.5952, 8 août 2008, p. 3-5.

[603] CIJ, affaire de l'*Application de la Convention sur le génocide*, *CIJ Recueil 2007*, p. 122-123, par. 190; TPIY, Affaire *Stakic*, IT-97-24-T, chambre de première instance, jugement du 31 juillet 2003, par. 519.

[604] Anne Peters, «Does Kosovo Lie in the *Lotus*-Land of Freedom?», *LJIL*, 2011, p. 103; Hurst Hannum, «The

telles violations avaient été invoquées près de dix ans
plus tôt, pour justifier l'intervention militaire des Etats
de l'OTAN, en mars 1999[605]. Mais, à cette époque, aucun
des Etats intervenants n'avait déduit de cette violation un
droit du peuple du Kosovo à l'autodétermination[606]. Ce
droit avait même été expressément écarté dans plusieurs

Advisory Opinion on Kosovo: An Opportunity Lost, or a
Poisoned Chalice Refused?», *LJIL*, 2011, p. 157.

[605] Voir par exemple: Réponse du sous-secrétaire d'Etat
à une question au gouvernement de sa Majesté, 2 novembre
1998, «United Kingdom Materials on International Law»,
BYBIL, 1998, p. 593, ainsi que *BYBIL*, 1999, p. 571-598;
BYBIL, 2000, p. 640-642; *4th Report of the House of Commons
Foreign Affairs Committee*, HC28-I, cité dans *ICLQ*, 2000,
p. 876; «Netherlands State Practice», *NYIL*, 2000, p. 190 et
198. Pour autant, l'argumentation de l'ensemble des Etats
intervenants ne s'est pas révélée des plus cohérente, de sorte
qu'il serait excessif d'en déduire de leur part une *opinio juris*
en faveur d'un «droit d'intervention humanitaire»; Anne
Peters, «Le droit d'ingérence et le devoir d'ingérence – Vers
une responsabilité de protéger», *RDIDC*, 2002, p. 300-301;
Jane Stromseth, «Rethinking humanitarian intervention: the
case for incremental change», dans J. L. Holzgrefe et Robert
O. Keohane (dir. publ.), *Humanitarian Intervention. Ethical,
Legal and Political Dilemmas*, Cambridge, CUP, 2003,
p. 234-240; François Dubuisson, «La problématique de la
légalité de l'opération «Force alliée» contre la Yougoslavie:
enjeux et questionnements», dans O. Corten et B. Delcourt (dir.
publ.), *Droit, légitimation et politique extérieure. L'Europe et la
guerre du Kosovo*, Bruxelles, Bruylant, 2001, p. 174.

[606] Voir par exemple Déclaration à la presse de M. Javier
Solana, Secrétaire général de l'OTAN, Communiqué PR
(1999) 040, 23 mars 1999 (texte disponible sur: www.nato.
int). L'OTAN dénonce «la poursuite de la répression et de
la violence contre la population civile du Kosovo» ou «la
catastrophe humanitaire qui frappe maintenant le Kosovo»,
mais sans jamais évoquer le droit des peuples à disposer d'eux-
mêmes. Voir aussi la position de la Belgique devant la Cour
internationale de Justice dans l'affaire relative à la *Licéité de
l'emploi de la force*, qu'il s'agisse de la Belgique (CR 1999/15,
10 mai 1999, p. 16), ou celle des Pays-Bas, (S/PV.3989, 26 mars
1999, p. 4) du Royaume-Uni (*ibid.*, p. 11) et de l'Allemagne
(*id.*, p. 17-18), devant le Conseil de sécurité.

déclarations[607]. A l'analyse, c'est plutôt la thèse de la situation *sui generis* ou du *special case* qui a été soutenue, plusieurs Etats allant même jusqu'à affirmer que l'on était en aucun cas devant un précédent[608], de crainte sans doute d'ouvrir la voie à des revendications irrédentistes dans d'autres parties de l'Europe ou du monde. Une crainte qui, au vu de bon nombre d'événements ultérieurs, n'était peut-être pas sans fondement...

Dans ce contexte, une comparaison des cas sud-ossète, abkhaze et kosovar montre d'abord la difficulté d'établir l'existence d'un droit à la sécession-remède *de lege lata*. On peut en ce sens citer le rapport de la «Mission d'enquête internationale indépendante sur le conflit en Géorgie»[609] qui, après avoir évoqué l'extrait précité de la résolution 2625 (XXV) généralement évoqué pour fonder l'existence de ce droit, estime :

---

[607] Déclaration du «Groupe de contact» du 29 avril 1998, *DAI*, 1er juillet 1998, p. 494 ; voir aussi la *Déclaration du groupe de contact sur le Kosovo* du 8 janvier 1998, *DAI*, 15 mars 1998, p. 206, la Déclaration de l'UE du 9 avril 1996, *BYBIL*, 1996, p. 708, et *RGDIP*, 1996, p. 864, ainsi que la *Lettre franco-allemande du 1er janvier 1998 adressée à la RFY*, *DAI*, 1er janvier 1998, p. 36, et la *Lettre de la Grande-Bretagne à la RFY du 7 mai 1996*, *BYBIL*, 1996, p. 707.

[608] Voir spécialement l'Allemagne (A/54/PV.8, 22 septembre 1999, p. 12), la Belgique (A/54/PV.14, 25 septembre 1999, p. 19) et la France (entretien du ministre des Affaires étrangères Hubert Védrine avec la presse indienne, 18 février 2000, *Base documentaire des déclarations françaises depuis 1990*, http://www.diplomatie.fr.) ou les Etats-Unis (Vaughan Lowe, «International Legal Issues Arising in the Kosovo Crisis», *ICLQ*, 2000, p. 938) ; voir aussi Olivier Corten, *Le droit contre la guerre*, 2e éd., *op. cit.*, p. 864-865 ; Tarcisio Gazzini, «NATO's Role in the Collective Security System», *JCSL*, 2003, p. 259.

[609] La mission a été créée par le Conseil de l'Union européenne ; décision du Conseil 2008/901/CFSP du 2 décembre 2008. Elle était composée des experts suivants : Théo Boutruche (France), René Kosimik (Suisse), Otto Luchterhandt (Allemagne), Angelika Nussberger (Allemagne), Anne Peters (Allemagne) et Nikolas Stürchler (Suisse).

« This paragraph endorses the principle of territorial integrity, but at the same time makes it conditional on a representative and non-discriminatory government. Some authors argue that it follows *a contrario* from this clause that territorial integrity need not be respected if the government does not represent the whole people, but discriminates against one group.

The proposition is that if internal self-determination is persistently denied to a people, and when all peaceful and diplomatic means to establish a regime of internal self-determination have been exhausted, that people may be entitled to secession as the *ultima ratio* ("remedial secession") . . .

However, this savings clause as such, figuring only in a non-binding General Assembly resolution, is not in itself hard law. It has so far not become customary law. It rather constitutes a deviation from general state practice which might be explained by its drafting history and the desire to formulate a political compromise . . .

The international community can react to extreme forms of oppression in other forms than by granting a right to secession, e.g. by adopting sanctions without questioning the territorial integrity of the oppressive state.

State practice outside the colonial context has been "extremely reluctant" to accept unilateral secession of parts of independent states, and since 1945 no state created by unilateral secession has been admitted to the United Nations against the explicit wish of the state from which it had separated.

With a view to that state practice, the prevailing scholarly opinion shares the view that – as a matter of international law as it stands – the savings clause does not imply that whenever the principles of non-discrimination and adequate representation are violated a "people" can lawfully claim a right to secession. »[610]

La mission envisage également le précédent du Kosovo et relève que nombre d'Etats l'ont présenté comme un cas *sui generis*, ce qui la mène à affirmer que, « in any case, it is more than doubtful that a new rule of customary international law has been created on the basis of the Kosovo case »[611]. Mais, en tout état de cause, et à supposer même qu'on ne partage pas l'avis de la mission, ces mêmes précédents attestent toute la difficulté de déterminer à quelle condition cette « sécession-remède » pourrait naître, même *de lege ferenda*. On pourrait évidemment tenter de contourner la difficulté en s'en remettant à une qualification centralisée, établie par les organes compétents des Nations Unies[612]. Mais, en ce cas, force est de constater qu'aucune déclaration ni décision n'a jamais été adoptée tendant à reconnaître un droit à la « sécession-remède », que ce soit dans les cas que l'on vient de citer ou dans d'autres[613]. Et certainement pas, comme on le comprendra à présent, dans le cas particulièrement controversé de la Crimée.

3. *La délicate articulation des éléments d'effectivité et de légalité : l'exemple de la Crimée*

A ce stade, on a mesuré toute la porosité qui caractérise en pratique la séparation de principe entre existence d'un

---

[610] Rapport, septembre 2009 (http://able2know.org/topic/136898-1), vol. II, p. 137-138.

[611] *Ibid.*, p. 139.

[612] Voir à ce sujet Olivier Corten, « Les visions des internationalistes du droit des peuples à disposer d'eux-mêmes : une approche critique », *Civitas Europa*, 2014, p. 106-108.

[613] Olivier Corten et Anne Lagerwall, « La doctrine de la « sécession-remède » à l'épreuve de la pratique récente », dans *L'homme dans la société internationale. Mélanges offerts à Paul Tavernier*, Bruxelles, Bruylant, 2013, p. 187-205.

droit à l'autodétermination (et donc d'une proclamation
d'indépendance fondée sur le droit existant), d'une part,
et simple fait sécessionniste (caractérisé par la neutralité
juridique), d'autre part. Un autre élément est encore
susceptible de compliquer les distinctions théoriques,
c'est celui que l'on pourrait qualifier de «légalité».
En application de ce dernier, le «fait sécessionniste»
ne pourrait être valablement pris en compte lorsqu'il
résulterait directement d'une violation grave du droit
international. L'effectivité devrait donc plier devant une
considération de légalité, que l'on peut exprimer par la
formule latine bien connue : *ex injuria jus non oritur*[614].
Dans son projet sur la responsabilité internationale dont
l'Assemblée générale a pris note en 2001, la Commission
du droit international évoque en son article 40 une
«violation grave par l'Etat d'une obligation découlant
d'une norme impérative du droit international général»,
avant d'affirmer dans son article 41, paragraphe 2 : «[a]
ucun Etat ne doit reconnaître comme licite une situation
créée par une violation grave au sens de l'article 40, ni
prêter aide ou assistance au maintien de cette situation »[615].
Les exemples classiques illustrant ce schéma[616] sont

---

[614] Anne Lagerwall, *Le principe* Ex Injuria Jus non Oritur
en droit international, Bruxelles, Bruylant, 2015; Paul
Guggenheim, «La validité et la nullité des actes juridiques
internationaux», *Recueil des cours*, tome 74 (1949), p. 226;
Robert Jennings et Arthur Watts, *Oppenheim's International
Law, vol. I, Peace*, Longman, Londres et New York, 1996, 9e
éd., p. 183-184; voir Denis Alland, *Droit international public*,
PUF, Paris, 2000, p. 111 et p. 122; Antonio Cançado Trindade,
«International Law for Humankind: Towards a New *Jus
Gentium*», *Recueil des cours*, tome 316 (2005), p. 142.

[615] Texte annexé à la résolution 56/83 de l'Assemblée
générale en date du 12 décembre 2001. Des dispositions
similaires se retrouvent dans le projet d'article sur la responsabilité des organisations internationales (articles 41 et
42).

[616] Voir aussi les autres exemples donnés par la Commission,
ACDI, 2001, vol. II, 2e partie, p. 122-123.

ceux de la Mandchourie[617] et de Chypre-Nord[618]. Dans les deux cas, les «Etats» sécessionnistes (de la Chine dans le premier cas, de Chypre dans le second) n'ont pas été reconnus en raison de l'intervention militaire extérieure (du Japon dans le premier cas, de la Turquie dans le second). Cette intervention qui a en quelque sorte «vicié» les effectivités par ailleurs bien réelles, Pékin comme Nicosie ne pouvant plus prétendre exercer leurs autorités respectives sur les territoires concernés[619]. La Cour internationale de Justice a rappelé ce cas de figure – tout en l'écartant dans les faits particuliers de la cause – dans son avis relatif à la déclaration d'indépendance du Kosovo[620]. Ainsi, le critère d'effectivité (et avec lui le régime de neutralité qui y correspond) est encadré par le droit international de deux manières: d'une part, ce dernier peut aboutir à conférer une légitimité à l'une des parties, lorsqu'entre en jeu le droit des peuples à disposer d'eux-mêmes; d'autre part, il peut ôter toute légitimité à des effectivités si ces dernières sont les conséquences directes de graves violations du droit international[621].

---

[617] *Supra* chapitre I, section 1.

[618] Voir les résolutions 541 (1983) du 18 novembre 1983 et 550 (1984) du 11 mai 1984 adoptées par le Conseil de sécurité, par lesquelles ce dernier demande aux Etats de ne pas reconnaître la République turque de Chypre Nord et condamne les activités sécessionnistes.

[619] John Dugard, *The Secession of States and Their Recognition in the Wake of Kosovo*, *op. cit.*, p. 28; James Crawford, *The Creation of States in International Law*, 2ᵉ éd., *op. cit.*, p. 143-147; Antonello Tancredi, «A normative "due process" in the creation of States through secession», *op. cit.*, p. 194-207.

[620] *CIJ Recueil 2010*, p. 437-438, par. 81. Voir Théodore Christakis, «Les conflits de sécession en Crimée et dans l'est de l'Ukraine et le droit international», *JDI*, 2014, p. 748.

[621] Théodore Christakis, «L'Etat en tant que «fait primaire»: réflexions sur la portée du principe d'effectivité», dans M. Kohen (dir. publ.), *Secession. International Law Perspectives*, *op. cit.*, p. 161-170 et, du même auteur, «L'obligation de non-reconnaissance des situations créées par le recours

Bien entendu, les difficultés entourant la mise en œuvre de ces principes généraux ne sont pas minces. D'abord, elles renvoient au débat sur le critère d'une «violation grave par l'Etat d'une obligation découlant d'une norme impérative du droit international général», selon l'expression retenue par la Commission du droit international[622]. Dans les cas de la Mandchourie et de Chypre[623], il s'agit d'une violation de l'interdiction du recours à la force; dans d'autres (comme la Namibie, les Bantoustans ou la Rhodésie du Sud[624], ou encore la Palestine[625]), principalement du droit des peuples à disposer d'eux-mêmes. Mais, comme la formulation très générale retenue par la commission l'illustre, rien n'exclut a priori que d'autres violations encore puissent être prises en compte, en référence par exemple aux droits de la personne ou au droit international humanitaire[626]. Il faudrait, dans ce cas, déterminer à partir de quand les violations sont suffisamment graves pour tempérer des effectivités en lien avec la création d'un nouvel Etat[627].

---

illicite à la force ou d'autres actes enfreignant des règles fondamentales», dans Ch. Tomuschat et J. M. Thouvenin (dir. publ.), *The Fundamental Rules of the International Legal Order.* Jus Cogens *and Obligations* Erga Omnes, La Haye, Martinus Nijhoff, 2006, p. 127-166.

[622] Voir ci-dessus, les termes de l'article 41 du projet sur la responsabilité internationale.

[623] Voir les références ci-dessus.

[624] *ACDI*, 2001, vol. II, 2ᵉ partie, p. 123, par. 8.

[625] CIJ, affaire de l'*Edification d'un mur en territoire palestinien occupé, CIJ Recueil 2004*, p. 200, par. 159 et p. 202, par. 163.

[626] La Commission évoque notamment le génocide ou la torture; *ACDI*, 2001, vol. II, 2ᵉ partie, p. 120-121, par. 4-5.

[627] En ce sens, la mention de la *Republika Srpska* comme précédent de ce type par la Cour internationale de Justice (*CIJ Recueil 2010*, p. 437, par. 81; voir le détail ci-dessous) suscite l'interrogation: la Cour vise-t-elle une intervention militaire extérieure dans la guerre civile en Bosnie-Herzégovine de la part de la République fédérale de Yougoslavie? Ou penserait-elle aux graves violations du droit international humanitaire

Ensuite, et à supposer une telle violation établie, on doit s'interroger sur les conséquences exactes qui doivent en découler sur le plan des effectivités [628]. Dans son avis sur la *Namibie*, la Cour internationale de Justice a ainsi énoncé que :

> « D'une manière générale, la non-reconnaissance de l'administration sud-africaine dans le territoire ne devrait pas avoir pour conséquence de priver le peuple namibien des avantages qu'il peut tirer de la coopération internationale. En particulier, alors que les mesures prises officiellement par le gouvernement sud-africain au nom de la Namibie ou en ce qui la concerne après la cessation du mandat sont illégales ou nulles, cette nullité ne saurait s'étendre à des actes, comme l'inscription des naissances, mariages ou décès à l'état civil, dont on ne pourrait méconnaître les effets qu'au détriment des habitants du territoire. » [629]

Ainsi, une éventuelle illégalité ne vicie pas nécessairement toutes les effectivités, spécialement celles qui sont le résultat d'une administration « normale ». On semble ici tenter de réaliser un compromis entre la rigueur du principe *ex injuria jus non oritur*, qui renvoie à la réaffirmation de l'importance de la règle violée, et des considérations pragmatiques tendant à prendre en compte certaines réalités qui s'imposent inéluctablement sur le terrain [630].

---

commises, notamment, par les forces serbes de Bosnie ? Aucun élément plaidant dans un sens ou l'autre ne ressort de l'avis. Voir aussi la critique de John Dugard, *The Secession of States and Their Recognition in the Wake of Kosovo, op. cit.*, p. 169-170.

[628] Anne Lagerwall, *Le principe* Ex Injuria Jus non Oritur *en droit international, op. cit.*

[629] *CIJ Recueil 1971*, p. 56, par. 125.

[630] On retrouve ce même souci dans la jurisprudence de la Cour européenne des droits de l'homme, notamment relative à Chypre Nord ; voir par exemple l'affaire *Loizidou c. Turquie*

Ici encore, cependant, une prise en compte de la
pratique confirme toutes les difficultés de mettre en
œuvre ces principes généraux. Le cas de la Crimée
est certainement emblématique à cet égard. Sans
exposer à ce stade l'ensemble des événements qui ont
caractérisé la crise ukrainienne (crise sur laquelle on
reviendra par ailleurs)[631], rappelons brièvement la
séquence chronologique suivante, caractérisée ici par
une succession en trois étapes. Tout d'abord, à la suite
du changement de régime en Ukraine qui a lieu le 22
février 2014, de nombreuses sources d'information font
état d'une implication de forces russes en Crimée[632].
Cette implication se serait traduite, d'une part par
l'envoi de soldats de l'armée russe sur le terrain et,
d'autre part, par des liens étroits avec des forces locales
en Crimée qui ne souhaitaient pas obéir aux nouvelles
autorités de Kiev, considérées comme illégitimes et
inconstitutionnelles[633]. C'est dans ce contexte que, le
11 mars 2014, la «République de Crimée» proclame
son indépendance, indépendance qui sera entérinée par
un référendum organisé le 16 mars avec près de 97%
des voix exprimées[634]. En application de ce dernier, la
Crimée est ensuite rattachée à la Russie, à la suite d'un
accord conclu le 18 mars 2014[635] puis d'une loi adoptée

---

du 18 décembre 1996, par. 45 ou affaire *Chypre c. Turquie* du
10 mai 2001, par. 86 et 90-98.

[631] *Infra* chapitre IV, section 2.

[632] *Keesing's*, 2014, p. 53188. Ces éléments mènent le Sous-
secrétaire général aux affaires politiques à affirmer au sein du
Conseil de sécurité que «nous savons qu'il y a un renforcement
continu des contingents russes en Crimée», et ce dès le 3 mars
2014 (S/PV.7125, p. 2).

[633] *Keesing's*, 2014, p. 53188; voir à ce sujet les propos du
représentant de la Fédération de Russie, S/PV.7125, 3 mars
2014, p. 3-4.

[634] *Keesing's*, 2014, p. 53242; http://fr.wikipedia.org/wiki/
Référendum_de_2014_en_Crimée.

[635] *Keesing's*, 2014, p. 53241; traduction non officielle du
traité sur: https://www.academia.edu/6481091.

le 21 mars[636]. Auparavant, la Russie avait reconnu
l'indépendance de la «République autonome de Crimée
et de Sébastopol»[637]. En revanche, la plupart des Etats
se sont refusés à reconnaître tant l'indépendance de
cet Etat autoproclamé que son rattachement consécutif
à la Russie. A notre connaissance, seul un petit groupe
d'Etats (dont le Nicaragua, Cuba, la Syrie, le Venezuela,
l'Afghanistan et le Bélarus) a clairement reconnu
les résultats du référendum[638]. Après qu'un projet de
résolution n'ait pu être adopté par le Conseil de sécurité
en raison d'un veto de la Russie[639], l'Assemblée générale
a, le 27 mars 2014, adopté une résolution, par 100 voix
contre 11 et 58 abstentions, «affirm[ant] son attachement
à la souveraineté, à l'indépendance politique, à l'unité
et à l'intégrité territoriale de l'Ukraine à l'intérieur de
ses frontières internationalement reconnues»[640]. Dans

---

[636] Texte officiel sur: http://eng.kremlin.ru/acts/6912.

[637] Déclaration du ministère des Affaires étrangères de la
Russie sur l'adoption de la Déclaration d'indépendance de la
République autonome de Crimée et de la ville de Sébastopol,
le ministère des Affaires étrangères de la Fédération de
Russie, site officiel, 11 mars 2014; http://www.mid.ru/bdomp/
brp_4.nsf/7b52686a865d7fd943 256999005bcbb4/ 517962855
dd13cb744257c9a00318ae0!OpenDocument.

[638] *Keesings*, 2014, p. 53243; http://en.wikipedia.org/wiki/
Republic_of_Crimea#International_status; http://en.wikipedia.
org/wiki/Political_status_of_Crimea#Russia; http://en.wikipe
dia.org/wiki/Annexation_of_Crimea_by_the_Russian_
Federation# Recognition.

[639] S/PV.7138, 15 mars 2014, p. 3, le projet de résolution
(S/2014/189, 15 mars 2014) étant proposé par les Etats suivants;
Albanie, Allemagne, Australie, Autriche, Belgique, Bulgarie,
Canada, Chypre, Croatie, Danemark, Espagne, Estonie, Etats-
Unis d'Amérique, Finlande, France, Géorgie, Grèce, Hongrie,
Irlande, Islande, Italie, Japon, Lettonie, Liechtenstein, Lituanie,
Luxembourg, Malte, Monténégro, Norvège, Nouvelle-Zélande,
Pays-Bas, Pologne, Portugal, République de Moldavie,
République tchèque, Roumanie, Royaume-Uni de Grande-
Bretagne et d'Irlande du Nord, Slovaquie, Slovénie, Suède,
Turquie et Ukraine.

[640] Résolution 68/262.

ce contexte, on ne s'étonnera pas qu'il soit délicat de
dégager une position juridique commune, d'autant que la
cohérence ne caractérise pas, loin s'en faut, la position de
chacun des acteurs concernés [641].

Si on revient tout d'abord sur celle des autorités
de la «République de Crimée», il n'est pas évident
de déterminer quel est le registre juridique qu'elles
privilégient [642]. D'un côté, l'indépendance est proclamée «sur la base des dispositions de la Charte des
Nations Unies et des nombreux autres instruments internationaux reconnaissant le droit des peuples à l'autodétermination» [643]. On se place ici dans l'hypothèse de
la légitimité de la lutte d'un peuple qui exercerait son
droit à disposer de lui-même mais, à l'analyse, il est bien
difficile de déterminer en quoi le «peuple criméen» serait
susceptible de s'en prévaloir: s'agirait-il d'un «peuple
colonial», sous «occupation étrangère» ou soumis à un
«régime raciste», pour reprendre les catégories énoncées
dans les résolutions pertinentes de l'Assemblée générale?
Ou alors serait-on dans l'hypothèse exceptionnelle de la
«sécession-remède»?

Mais, dans ce dernier cas, où seraient les actes de
«génocide» ou les autres graves violations des droits

---

[641] On ne s'intéressera pas ici à la question des sanctions
prises par l'Union européenne et de leur licéité; voir à cet
égard Francesco Martucci, «La réaction multidimensionnelle
de l'Union européenne dans la crise ukrainienne», *JDI*, 2014,
p. 765-785; Charlotte Beaucillon, «Crise ukrainienne et
mesures restrictives de l'Union européenne: quelle contribution
aux sanctions internationales à l'égard de la Russie?», *JDI*,
2014, p. 787-807.

[642] Pour une analyse des principaux éléments factuels et
juridiques entourant la crise, voir Christian Walter, «Postcript:
Self-Determination, Secession, and the Crimean Crisis 2014»,
dans *Self-Determination and Secession in International Law*,
op. cit., p. 295 ss.

[643] Texte français repris: https://iusadbellum.files.wordpress.
com/2011/07/2014-intervention-de-la-fc3a9dc3a9ration-de-
russie-en-ukraine-annexion-de-la-crimc3a9e.pdf.

de l'homme qui auraient justifié le droit à l'auto-détermination?

L'ambiguïté est à ce stade manifeste, et elle vaut tant pour la Crimée que pour la Russie elle-même. Celle-ci s'est en effet prévalue du droit des peuples à disposer d'eux-mêmes, mais sans davantage de précision[644] : est-ce à dire que, dorénavant, toute minorité qui organise un référendum aurait *ipso facto* un droit à l'indépendance, indépendamment de toute autre condition?

Au sein de l'Assemblée générale, le délégué russe a affirmé que

> «[l]a violence est devenue la règle du jeu politique. Tout cela a atteint une sorte de seuil nécessaire qui a conduit les Criméens à prendre une décision sur l'autodétermination et la réunification avec la Russie»[645].

Mais il n'a pas précisé comment l'on pourrait déterminer un tel «seuil». Dans certaines de ses interviews, le président Poutine a souligné l'incohérence de la position des Etats-Unis et de leurs alliés, qui auraient ouvert la voie à un droit à la sécession dans le cas du Kosovo pour en regretter les conséquences ailleurs, que ce soit en Géorgie (en 2008) ou en Ukraine (en 2014)[646]. Mais il n'a pas été en mesure d'expliquer, dans ce cas, pourquoi Moscou ne reconnaîtrait pas, dorénavant, le droit à l'autodétermination au «peuple du Kosovo». De même, certains alliés de Moscou, qui refusent de reconnaître le Kosovo, ont par ailleurs affirmé soutenir le droit à l'autodétermination de manière très large dans

---

[644] S/PV.7144, 19 mars 2014, p. 8; A/68/PV.80, 27 mars 2014.

[645] A/68/PV.80, 27 mars 2014, p. 4.

[646] «Putin: US wars in Afghanistan, Iraq, Libya distorted intl law, 4 March 2014», disponible sur : https://www.youtube.com/watch?v=3avPZTP4sxU; transcription écrite sur : http://eng.kremlin.ru/news/6763.

le cas de la Crimée[647]. Les ambiguïtés se renforcent encore si l'on prend en compte un autre extrait de la proclamation d'indépendance des autorités de Crimée, qui se réfèrent à l'avis rendu par la Cour internationale de Justice sur le Kosovo, pour affirmer qu'«une déclaration unilatérale d'indépendance de la part d'un Etat ne viole pas le droit international»[648]. Le changement de registre est remarquable, puisqu'on renvoie ici non plus à l'hypothèse d'une lutte légitime car fondée sur un droit à l'autodétermination, mais à celle d'un état de fait qui n'est ni autorisé ni admis par le droit international, conformément au principe de neutralité applicable *en dehors* des cas d'autodétermination. Dans la même perspective, il n'est pas clair, pour certains des quelques Etats qui ont reconnu l'intégration de la Crimée dans la Russie, s'ils l'ont fait au nom du droit des peuples à disposer d'eux-mêmes ou au vu, sur le terrain, des effectivités qui ont consacré la perte d'autorité sur le territoire criméen par les autorités de Kiev[649].

Si on se penche à présent sur les Etats qui ont remis en cause l'indépendance puis l'intégration de la Crimée, on semble a priori devant une défense du principe de légalité tel qu'évoqué plus haut, les condamnations étant prononcées sur la base de la maxime *ex injuria jus non oritur*[650]. Dans la résolution précitée, l'Assemblée générale:

---

[647] Nicaragua, A/68/PV.80, p. 14; République populaire démocratique de Corée, *ibid.*, p. 22-23.

[648] Déclaration précitée.

[649] Voir par exemple http://president.gov.by/en/news_en/view/president-of-the-republic-of-belarus-alexander-lukashenko-answers-questions-of-mass-media-representatives-on-8348/.

[650] Enrico Milano, «The non-recognition of Russia's annexation of Crimea: three different legal approaches and one unanswered question», *QIL*, 2014, p. 35-55; Régis Bismuth, «La crise ukrainienne et le droit international. Odyssée dans le *conundrum* des réactions décentralisées à l'illicite», *JDI*, 2014,

« *Demande* à tous les Etats, organisations internationales et institutions spécialisées de ne reconnaître aucune modification du statut de la République autonome de Crimée et de la ville de Sébastopol sur la base de ce référendum et de s'abstenir de tout acte ou contact susceptible d'être interprété comme valant reconnaissance d'une telle modification de statut. » [651]

Comme l'a affirmé le représentant de l'Ukraine, « [l]a déclaration d'indépendance de la République de Crimée est la conséquence directe de l'emploi ou de la menace de l'emploi de la force de la Fédération de Russie contre l'Ukraine » [652]. Une position défendue clairement par plusieurs autres Etats, qu'il s'agisse de la France [653], des Etats-Unis [654], de la Corée [655], de l'Australie [656], de l'Allemagne [657], du Royaume-Uni [658], de la Lituanie [659], de la Jordanie [660], du Luxembourg [661], du Liechtenstein [662], du Canada [663], de l'Islande [664], de la Norvège [665], de

---

p. 722-725 ; Théodore Christakis, « Les conflits de sécession en Crimée et dans l'est de l'Ukraine et le droit international », *op. cit.*, p. 752 ss ; voir aussi James A. Green, « The Annexation of Crimea : Russia, Passportisation and the Protection of Nationals Revisited », *JUFIL*, 2014, p. 3-10.

[651] Résolution 68/262, 27 mars 2014, par. 6.

[652] S/PV.7144, 19 mars 2014, p. 6 (et A/68/PV.80, 27 mars 2014, p. 1).

[653] S/PV.7144, 19 mars 2014, p. 7.

[654] *Ibid.*, p. 11 ; S/PV.7205, 24 juin 2014, p. 6 ; S/PV.7269, 19 septembre 2014, p. 18.

[655] S/PV.7144, 19 mars 2014, p. 12.

[656] *Id.*, p. 14.

[657] S/PV.7269, 19 septembre 2014, p. 23.

[658] S/PV.7144, 19 mars 2014, p. 16 et S/PV.7185, 28 mai 2014, p. 4 ; S/PV.7205, 24 juin 2014, p. 9.

[659] S/PV.7144, 19 mars 2014, p. 17.

[660] *Id.*, p. 18.

[661] *Id.*, p. 19 .

[662] A/68/PV.80, p. 8.

[663] A/68/PV.80, p. 10.

[664] *Ibid.*, p. 13.

[665] *Ibid.*, p. 15.

l'Uruguay[666], de Singapour[667] et même de la Turquie qui, ne pensant probablement plus à sa propre implication dans la création de la République turque de Chypre-Nord, a affirmé que «l'imposition d'un fait accompli par des moyens militaires est extrêmement dangereuse et hostile et peut avoir des répercussions négatives sur la stabilité et la sécurité de l'ensemble de la région»[668]. Toujours au sein de l'ONU, on peut encore mentionner cette position du représentant de l'UE et de ses Etats membres, le Monténégro, l'Albanie, la Norvège et la Géorgie s'y associant, qui «condamne fermement l'annexion illégale de la Crimée et de Sébastopol à la Fédération de Russie et ne la reconnaîtra pas»[669]. Dans le même sens encore, on peut relever des déclarations émises en dehors de l'enceinte des Nations Unies, qu'il s'agisse du «G7»[670], de l'OTAN[671] ou de l'Union européenne[672].

A ce stade, on semble devant une application plutôt orthodoxe du droit international traditionnel : en l'absence d'un droit des peuples qui conférerait une légitimité à la déclaration d'indépendance, celle-ci pourrait éventuellement se fonder sur le critère d'effectivité, mais ce dernier serait en l'espèce vicié par une grave violation du droit international que constituerait l'intervention

---

[666] *Id.*, p. 17.

[667] *Id.*, p. 21.

[668] A/68/PV.80, p. 12.

[669] *Ibid.*, p. 5.

[670] Statement of G-7 Leaders on Ukraine, 12 mars 2014, www.whitehouse.gov/the-press-office/2014/03/12/statement-g-7-leaders-ukraine.

[671] «NATO Secretary General condemns moves to incorporate Crimea into Russian Federation», 18 mars 2014, www.nato.int/cps/en/natolive/news_108100.htm.

[672] Joint statement on Crimea by the President of the European Council, Herman Van Rompuy, and the President of the European Commission, José Manuel Barroso, 16 mars 2014, EUCO 58/14, PR PCE 53 ; http://www.consilium.europa.eu/uedocs/cms_Data/docs/pressdata/en/ec/141566.pdf.

militaire de la Russie[673]. Il reste, cependant, délicat de déterminer quels seraient les contours exacts du principe *ex injuria jus non oritur*, spécialement si on compare le cas de la Crimée à celui du Kosovo. Dans ce dernier cas également, la proclamation d'indépendance n'a pu avoir lieu qu'après qu'une intervention militaire généralement considérée comme illicite[674] ait abouti à

---

[673] Voir à ce sujet Antonello Tancredi, «The Russian annexation of Crimea: questions relating to the use of force», *QIL*, 2014, p. 5-34; Antonello Tancredi, «Neither Authorized nor Prohibited? Secession and International Law after Kosovo, South Ossetia and Abkhazia», *op. cit.*, p. 59-62; Christian Walter, «Postcript: Self-Determination, Secession, and the Crimean Crisis 2014», *op. cit.*, p. 301-303; Anne Lagerwall, «L'agression et l'annexion de la Crimée par la Fédération de Russie: quels enseignements au sujet du droit international?», *QIL*, 2014, p. 63-68.

[674] La Cour internationale de Justice s'est déclarée «fortement préoccupée par l'emploi de la force en Yougoslavie; que, dans les circonstances actuelles, cet emploi soulève des problèmes très graves de droit international» (CIJ, affaires relatives à la *Licéité de l'emploi de la force*, ordonnances du 2 juin 1999, *Yougoslavie c. Belgique*, par. 17; *Yougoslavie c. Canada*, par. 16; *Yougoslavie c. France*, par. 16; *Yougoslavie c. Allemagne*, par. 16; *Yougoslavie c. Italie*, par. 16; *Yougoslavie c. Pays-Bas*, par. 17; *Yougoslavie c. Portugal*, par. 16; *Yougoslavie c. Royaume-Uni*, par. 16; *Yougoslavie c. Espagne*, par. 16; *Yougoslavie c. Etats-Unis d'Amérique*, par. 16). Un tel *obiter dictum* témoigne sans doute de la volonté de la Cour de réaffirmer le droit international existant, en particulier dans le domaine du non-recours à la force; Giuseppe Palmisano, «Determining The Law on the Use of Force: the ICJ and Customary Rules on the Use of Force», dans Enzo Cannizzaro et Paolo Palchetti (dir. publ.), *Customary International Law On the Use of Force*, Leyde, Boston, Martinus Nijhoff, 2005, p. 215 ss; voir aussi M. Spinedi, «Uso della forza da parte della NATO in Jugoslavia e diritto internazionale», *Quaderni Forum*, 1998, XII, p. 27-28; Marcelo Kohen, «L'emploi de la force et la crise du Kosovo: vers un nouveau désordre juridique international», *RBDI*, 1999, p. 133; Nicolas Valticos, «Les droits de l'homme, le droit international et l'intervention militaire en Yougoslavie», *RGDIP*, 2000, p. 8-9; François Dubuisson, «La problématique de la légalité de l'opération «Force alliée» contre la Yougoslavie:

la fin de l'exercice, par les autorités étatiques jusque-là compétentes (en l'occurrence serbes), de tout pouvoir de fait sur le territoire. Certes, une période de neuf années (et non de quelques jours, comme dans le cas de la Crimée) s'est écoulée entre l'intervention en question et la proclamation d'indépendance, ce qui explique sans doute que l'argument n'ait pas été évoqué devant la Cour internationale de Justice en 2010[675]. D'un autre côté, on éprouve quelque peine à comprendre en quoi le

---

enjeux et questionnements», dans O. Corten et B. Delcourt (dir. publ.), *Droit, légitimation et politique extérieure. L'Europe et la guerre du Kosovo*, Bruxelles, Bruylant, 2001, p. 154-158; Yves Nouvel, «La position du Conseil de sécurité face à l'action militaire engagée par l'OTAN et ses Etats membres contre la République fédérale de Yougoslavie», *AFDI*, 1999, p. 295-298; Jorri Duursma, «Justifying NATO's Use of Force in Kosovo?», *LJIL*, 1999, p. 288-290; Eric Suy, «NATO's Intervention in the Federal Republic of Yugoslavia», *LJIL*, 2000, p. 199 ss; Christine Chinkin, «The Legality of NATO's Action in the Former Republic of Yugoslavia (FRY) under International Law», *ICLQ*, 2000, p. 911-912; Christopher Greenwood, «International Law and the NATO Intervention in Kosovo», *ICLQ*, 2000, p. 927; Vaughan Lowe, «International Legal Issues Arising in the Kosovo Crisis», *ICLQ*, 2000, p. 936; Ana Peyro Llopis, *Force, ONU et organisations régionales*, Bruxelles, Bruylant, 2012, p. 437-438.

[675] Au moment de la déclaration d'indépendance, l'argument avait pourtant été évoqué par le représentant serbe au Conseil de sécurité: «quiconque appuie l'indépendance du Kosovo doit comprendre que cet acte légalise la menace de violence comme moyen de créer de nouveaux Etats» (S/PV.5839, 18 février 2008, p. 4). Mais il n'a pas été repris devant la Cour. Ainsi, dans son exposé écrit, la Serbie affirme que l'intervention militaire de l'OTAN de 1999 était illicite (*Written Statement of Serbia*, 15 avril 2009, p. 128) et se prévaut plus tard de la maxime *ex injuria jus non oritur* (*ibid.*, p. 356-357), mais sans faire le lien entre les deux éléments, l'illicéité invoquée renvoyant à la déclaration d'indépendance de février 2008. Voir aussi Andrea Gioia, «Kosovo's Statehood and the Role of Recognition», *IYIL*, 2008, p. 32-33; Antonello Tancredi, «Neither Authorized nor Prohibited? Secession and International Law after Kosovo, South Ossetia and Abkhazia», *IYIL*, 2008, p. 58.

déroulement du temps serait, en tant que tel, susceptible de «purger» l'invalidité initiale [676]. Il faudrait donc plutôt considérer qu'une cause légitime a brisé la causalité entre l'intervention militaire illicite et la création de l'Etat: sans doute pourrait-on envisager en ce sens le rôle de l'administration internationale décidée par l'ONU dans la résolution 1244 (1999) du Conseil de sécurité [677]. On en conviendra cependant, un tel raisonnement ne résout certainement pas toutes les questions, spécialement si l'on se souvient que ladite résolution semble s'appuyer sur le consentement de la Yougoslavie, consentement qui paraît pourtant avoir lui-même été obtenu sous une contrainte constituée par la guerre menée par les Etats de l'OTAN [678].

Pour revenir au cas de la Crimée et à l'ambiguïté de la position des Etats qui ont quant à eux refusé toute reconnaissance, d'autres déclarations laissent par ailleurs planer un doute sur la rigueur de leur raisonnement, dans

---

[676] Olivier Corten, «Article 52», dans O. Corten et P. Klein (dir. publ.), *Les Conventions de Vienne sur le droit des traités. Commentaire article par article*, Bruxelles, Bruylant, 2006, p. 1886-1889. Le lien entre l'intervention militaire de 1999 et la déclaration d'indépendance de 2008 a d'ailleurs été évoqué par certains Etats qui ont reconnu le Kosovo, comme le Royaume-Uni (S/PV.5969, 28 août 2008, p. 22).

[677] Enrico Milano, «Security Council Action in the Balkans: Reviewing the Legality of Kosovo's Territorial Status», *EJIL*, 2003, p. 1009; Giovanni Distefano, «Le Conseil de sécurité et la validation des traités conclus par la menace ou l'emploi de la force», dans Ch. A. Morand (dir. publ.), *La crise des Balkans de 1999. Les dimensions historiques, politiques et juridiques du conflit du Kosovo*, Bruxelles, Bruylant, Paris, LGDJ, 2000, p. 180 ss; Olivier Corten, «Déclarations unilatérales d'indépendance et reconnaissances prématurées: du Kosovo à l'Ossétie du Sud et à l'Abkhazie», *op. cit.*, p. 747-749; James Crawford, *The Creation of States in International Law*, 2e éd., *op. cit.*, p. 559.

[678] Olivier Corten, «Article 52», *op. cit.*, p. 1893-1900; Antonio Tancredi, «Secession and the Use of Force», *op. cit.*, p. 91.

la mesure où ces déclarations laissent entendre que le droit des peuples à disposer d'eux-mêmes – en théorie inapplicable dans un schéma basé sur l'effectivité – pouvait s'appliquer en l'espèce. Ainsi, dans un autre passage de la déclaration de l'Union européenne que l'on vient d'évoquer, on lit :

> « L'autodétermination est une valeur que nous partageons tous ici aujourd'hui, tout en reconnaissant l'importance critique et fondamentale de la législation nationale et du droit international. La coercition ne saurait être le moyen de réaliser l'autodétermination. » [679]

Quant au représentant du Liechtenstein, il développe le raisonnement juridique suivant :

> « En adoptant en 1970 la Déclaration relative aux principes du droit international touchant les relations amicales et la coopération entre les Etats conformément à la Charte des Nations Unies, l'Assemblée a soigneusement établi un équilibre entre le droit à l'autodétermination et le principe de l'intégrité territoriale. Il y a une vingtaine d'années, le Liechtenstein a présenté une initiative visant à aider à mettre en œuvre le droit à l'autodétermination en passant par différentes étapes d'administration autonome. Elle consistait à engager les Etats à octroyer certains degrés d'autonomie à des entités situées à l'intérieur de leurs frontières, sur la base de la consultation et de la négociation, avec l'aide de parties tierces si nécessaire ... Nous sommes pleinement attachés au droit à l'autodétermination, exercé en conformité avec le droit international. » [680]

---

[679] A/68/PV.80, 27 mars 2014, p. 6.
[680] A/68/PV.80, p. 8.

Des déclarations similaires se retrouvent auprès des délégués du Costa Rica [681] et de la Moldavie [682]. A ce stade, on retrouve une certaine ambiguïté dans les relations entre légitimité, effectivité et légalité [683]. Les pressions russes ne semblent plus avoir vicié les effectivités, mais bien empêché que le droit à l'autodétermination du peuple de Crimée – qui semble implicitement reconnu dans son principe – ne soit exercé conformément aux conditions juridiques énoncées par le droit international, et qui tiennent en l'occurrence aux modalités du référendum.

Si tel était le cas, on reviendrait à l'idée d'un droit à l'autodétermination élargi par rapport aux catégories traditionnelles, le cas échéant au-delà de la doctrine de la sécession-remède. Mais sans pouvoir, pour autant, déterminer quelles seraient les nouvelles limites de ce droit élargi…

Au final, l'examen des précédents marquants de ces dernières années dénote de profondes ambivalences. D'un côté, on relève une tendance à élargir la conception traditionnelle du droit des peuples à disposer d'eux-mêmes au-delà des situations coloniales, ce qui a concrètement mené aux déclarations et à certaines reconnaissances d'indépendance du Kosovo, de l'Ossétie du Sud et de l'Abkhazie, ainsi que de la Crimée. De l'autre, les discours juridiques produits en ces occasions semblent difficilement pouvoir être interprétés dans le sens d'une extension de la règle, soit que cette dernière ne soit pas formulée de manière cohérente, soit qu'elle ait suscité de nombreuses oppositions, qui ne sont pas toujours, elles-mêmes, parfaitement compréhensibles lorsqu'on les analyse à l'aune des catégories juridiques

---

[681] *Ibid.*, p. 9.

[682] *Ibid.*, p. 24.

[683] Théodore Christakis, «Les conflits de sécession en Crimée et dans l'est de l'Ukraine et le droit international», *op. cit.*, p. 762-764.

traditionnelles[684]. Le malaise s'approfondit encore lorsque sont prises en compte les situations dans lesquelles le principe de neutralité est mis en cause, non plus dans le sens d'un *droit* mais plutôt d'une *interdiction* de la sécession.

Section 2. *Vers une interdiction de la sécession?*

En revenant brièvement sur le précédent du Katanga, on avait pointé certaines ambiguïtés concernant le principe de neutralité[685]. D'un côté, en effet, la sécession avait été dénoncée et même combattue sur le terrain par les forces de l'ONU alors que, de l'autre, il n'est pas entièrement évident de déterminer si le respect de l'intégrité territoriale avait été invoqué uniquement vis-à-vis des Etats étrangers impliqués (essentiellement la Belgique) ou aussi à l'encontre du Katanga lui-même. De telles ambiguïtés sont loin d'avoir disparu. D'abord, dans une série de textes à portée générale, qu'il soient conventionnels (comme la convention-cadre sur la protection des minorités[686]) ou non conventionnels (comme certaines résolutions de l'Assemblée générale, dont la résolution 2625 (XXV) précitée[687]), le principe de l'intégrité territoriale est manifestement invoqué pour s'opposer à des velléités sécessionnistes. Ici encore, on pourrait penser que le principe de neutralité

---

[684] Voir encore Romualdo Bermejo Garcia, «De Kosovo a Crimea: la revancha russa», *RIDI*, 2014, p. 307-312.

[685] *Supra* chapitre I, section 2.

[686] Voir spécialement l'article 21 de la Convention, qui oppose clairement le respect de l'intégrité territoriale d'un Etat à un individu; Théodore Christakis, *Le droit à l'auto-détermination en dehors des situations de décolonisation, op. cit.*, p. 180-181 (d'autres instruments conventionnels pertinents sont cités p. 181-182).

[687] *Supra* section 1 du présent chapitre, qui mentionne la clause de sauvegarde invoquée par les partisans de la théorie de la «sécession-remède».

n'est formellement pas remis en cause, et est au contraire confirmé, si l'on estime que les destinataires de ces passages sont essentiellement les Etats tiers qui ne peuvent en aucune manière encourager, aider ou provoquer une sécession sur le territoire d'un autre Etat. Un examen attentif de ces textes, ainsi que des débats qui ont précédé leur adoption, montre cependant qu'une autre interprétation est possible. On pourrait en effet estimer que le respect de l'intégrité territoriale est parfois affirmé de manière plus générale et radicale, non seulement à l'encontre des Etats tiers mais aussi des minorités potentiellement irrédentistes[688]. Comme on l'a vu, c'est sur la base de ce postulat que s'est développée la doctrine de la «sécession-remède», doctrine qui présuppose que l'intégrité territoriale doit, en principe (et sauf précisément lorsqu'une «sécession-remède» s'imposerait), être respectée par les populations situées sur le territoire d'Etats existants. Une certaine pratique du Conseil de sécurité pourrait être interprétée dans le même sens : qu'il s'agisse de la Bosnie-Herzégovine, de la Géorgie, de l'Azerbaïdjan ou de la République fédérale de Yougoslavie dans le cadre de la crise du Kosovo, le respect impératif de l'intégrité territoriale a été affirmé de manière générale[689]. Dans sa résolution 787 (1992), par exemple, le Conseil «réaffirme avec force son appel lancé *à toutes les parties et aux autres intéressés* pour qu'ils respectent scrupuleusement l'intégrité territoriale de la République de Bosnie-Herzégovine…»[690]. Une fois encore, on pourrait prétendre que cela ne visait, à

---

[688] Théodore Christakis, *Le droit à l'autodétermination en dehors des situations de décolonisation*, *op. cit.*, p. 177 ss.

[689] Th. Christakis, *op. cit.*, p. 224 ss; Georg Nolte, «Secession and External Intervention», dans M. Kohen (dir. publ.), *Secession. International Law Perspectives*, *op. cit.*, p. 68-69.

[690] Nous soulignons; résolution 787 (1992) du 16 novembre 1992, par. 3; voir James Summers, «Kosovo», dans *Self-Determination and Secession in International Law*, *op. cit.*, p. 249.

chaque fois, que l'interférence, réelle ou potentielle, d'Etats tiers. Une fois encore cependant, comme l'illustre l'expression de «toutes les parties et … autres intéressés» que l'on vient de rappeler, les textes concernés sont loin d'être clairement limités à ce cas de figure, et l'examen de certains débats ayant précédé leur adoption semblent indiquer une conception plus large de la notion d'intégrité territoriale, comme s'opposant à tout phénomène sécessionniste venant de l'intérieur[691]. On peut aussi, dans le même sens, évoquer la jurisprudence de la Cour européenne des droits de l'homme, qui semble concevoir la protection de l'intégrité territoriale comme un but légitime opposable à des groupes irrédentistes, comme l'atteste l'affaire du *Parti communiste unifié de Turquie et autres c. Turquie*[692], sur laquelle on reviendra ultérieurement[693].

Les ambiguïtés des textes et de la pratique se déclinent parfois à partir d'un autre principe juridique, celui de l'*uti possidetis juris*, selon lequel les frontières d'un nouvel Etat indépendant seraient, sauf accord dérogatoire spécifique, les mêmes que celles qui délimitaient l'entité concernée avant son indépendance (qu'il s'agisse de frontières ou limites tracées par le colonisateur ou, selon certains, plus généralement par l'Etat prédécesseur)[694].

Selon la doctrine classique, il s'agit d'une norme qui ne fait que régir les phénomènes de *succession* d'Etat, sans que l'on ne puisse rien en déduire par rapport

---

[691] Olivier Corten, «Déclarations unilatérales d'indépendance et reconnaissances prématurées : du Kosovo à l'Ossétie du Sud et à l'Abkhazie», *RGDIP*, 2008, p. 721-759.

[692] CEDH, arrêt du 30 janvier 1998 (133/1996/752/991), par. 40-41.

[693] *Infra* chapitre IV, section 2.

[694] Jean Salmon (dir. publ.), *Dictionnaire de droit international public*, Bruxelles, AUF, 2001, v° *Uti possidetis juris*, p. 1123-1124; Giuseppe Nesi, «*Uti Possidetis* Doctrine», *EPIL*, vol. X, 2012, p. 626-630.

au droit, ou non, à la *création* d'un nouvel Etat[695]. Autrement dit, le principe préserverait entièrement la neutralité comme norme applicable à la question de la sécession, qu'il n'interdirait ni ne légitimerait[696]. D'un autre côté, on constate parfois que l'*uti possidetis* est plus généralement invoqué pour affirmer la stabilité des frontières existantes, et par répercussion pour remettre en cause, voire interdire, la sécession[697]. Dans le cas de l'Afrique, notamment, on a ainsi assimilé le principe de l'intégrité territoriale, de l'intangibilité des frontières coloniales et de l'*uti possidetis*, y compris pour s'opposer à des tentatives de sécession[698].

L'*uti possidetis* s'écarte alors radicalement de toute idée de neutralité, puisqu'il protège très généralement le statu quo territorial[699].

---

[695] John Dugard, *The Secession of States and Their Recognition in the Wake of Kosovo, op. cit.*, p. 130; Antonello Tancredi, «A normative "due process" in the creation of States through secession», *op. cit.*, p. 191-193.

[696] Marcelo Kohen, «Le problème des frontières en cas de dissolution et de séparation d'Etats: quelles alternatives?», dans O. Corten, B. Delcourt, P. Klein et N. Levrat (dir. publ.), *Démembrements d'Etats et délimitations territoriales: l'*uti possidetis *en question(s)*, Bruxelles, Bruylant, 1999, p. 375 et, du même auteur, «Introduction», dans M. Kohen (dir. publ.), *Secession. International Law Perspectives, op. cit.*, p. 14-15.

[697] Voir par exemple Mutoy Mubiala, *Le système régional africain de protection des droits de l'homme*, Bruxelles, Bruylant, 2005, p. 42; Farhad Mirzayev, «Abkhazia», *op. cit.*, p. 199-204.

[698] Fatsah Ouguergouz et Djacoba Liva Tehindrazanarivelo, «La problématique de la sécession en Afrique», dans *Secession. International Law Perspectives, op. cit.*, p. 63 ss.

[699] Voir à cet égard les débats dans O. Corten *et al.* (dir. publ.), *Démembrements d'Etats et délimitations territoriales: l'*uti possidetis *en question(s)*, *op. cit.*, p. 437-448, ainsi qu'Anne Peters, «The Principle of *Uti Possidetis Juris.* How Relevant is it for Issues of Secession?», dans Ch. Walter *et al.* (dir. publ.), *Self-Determination and Secession in International Law, op. cit.*, p. 125.

Ces ambiguïtés datent, là encore, de plusieurs décennies, et on vérifiera leur actualité au regard de trois précédents plus récents, qui nous permettront d'approfondir la réflexion. Il s'agit, d'abord, de l'affaire sur la Déclaration d'indépendance du Kosovo, sur laquelle il faut revenir à ce stade (1), ensuite de l'opération «Démocratie aux Comores» qui s'est développée sur l'île sécessionniste d'Anjouan en 2008 (2), enfin du cas particulièrement équivoque de la proclamation d'indépendance de l'Azawad en 2013, dans le contexte de la crise du Mali (3). Pour chacun de ces cas, on verra que le principe de neutralité doit être nuancé en fonction de certaines particularités tendant plutôt à protéger les Etats existants et, par répercussion, à remettre en cause les velléités sécessionnistes.

1. *Les limites du principe de neutralité*
en cas d'administration de territoire:
retour sur le cas du Kosovo

Comme on l'a déjà signalé, dans son avis précité, la Cour conclut, par dix voix contre quatre, que «la déclaration d'indépendance du Kosovo adoptée le 17 février 2008 n'a pas violé le droit international»[700]. Dans sa partie consacrée au droit international général, on a aussi relevé ce *dictum*: «la portée du principe de l'intégrité territoriale est donc limitée à la sphère des relations interétatiques»[701]. La Cour concède à cet égard que, dans plusieurs précédents, comme la Rhodésie du Sud, Chypre-Nord ou la République serbe, le Conseil de sécurité avait condamné certaines déclarations d'indépendance[702]. Cependant, poursuit-elle, cette condamnation s'explique par la circonstance particulière, mentionnée par le Conseil, que chacune des

---

[700] *CIJ Recueil 2010*, p. 453, par. 123.
[701] *Ibid.*, p. 437, par. 80.
[702] *Ibid.*, par. 81.

déclarations concernées résultait d'une grave violation d'une règle «de nature impérative *(jus cogens)*»[703]. Rien de tel n'ayant été constaté dans le cas du Kosovo, il n'y aurait pas lieu d'adopter la même conclusion en l'espèce puisque, par ailleurs,

> «aucune interdiction générale des déclarations unila-térales d'indépendance ne saurait être déduite de la pratique du Conseil de sécurité»[704].

Bref, à ce stade, on pourrait conclure que cet avis consacre de manière particulièrement claire et péremptoire le principe de neutralité dans son acception la plus traditionnelle: la sécession ne serait, en droit international général, ni permise ni interdite[705].

Une première ambiguïté apparaît cependant d'emblée. La Cour fonde sa (très brève, puisque la partie pertinente de l'avis fait moins de deux pages) motivation sur une pratique extrêmement limitée dans laquelle, en effet, les déclarations d'indépendances avaient été liées à une grave violation d'une règle impérative du droit international. Mais elle n'envisage pas une pratique plus large, dans laquelle l'intégrité territoriale a été évoquée dans le cadre de situations à propos desquelles une violation de l'interdiction du recours à la force de la part d'un autre Etat n'avait pas été expressément constatée par le Conseil de sécurité. On pense, notamment[706], à la Croatie (par rapport aux Serbes de la Krajina)[707], à la

---

[703] *Idem.*

[704] *Ibid.*, p. 437-438, par. 81; nous soulignons.

[705] Olivier Corten, «Territorial Integrity Narrowly Inter-preted: Reasserting the Classical Inter-State Paradigm of Inter-national Law», *op. cit.*, p. 88-91.

[706] Voir aussi Antonio Tancredi, «Secession and the Use of Force», *op. cit.*, p. 88-89; Marcelo Kohen, «Introduction», *op. cit.*, p. 7-8.

[707] L'intégrité territoriale semble clairement opposée à des entités non étatiques lorsque le Conseil

Géorgie (par rapport à l'Abkhazie)[708], à la République
de Moldavie (par rapport à la Transnistrie)[709], à la
Macédoine (par rapport aux séparatistes albanais)[710].

«décide que l'ONURC constitue un dispositif transitoire
visant à créer les conditions qui faciliteront *un règlement
négocié respectant l'intégrité territoriale de la République
de Croatie et garantissant la sécurité et les droits de
toutes les communautés* vivant dans une zone donnée de
la République de Croatie, qu'elles y soient majoritaires ou
minoritaires» (nous soulignons; résolution 981 (1995) du
31 mars 1995, par. 5).

[708] Dans sa résolution 876 (1993), le Conseil «affirme la
souveraineté et l'intégrité territoriale de la République de
Géorgie» pour réaffirmer aussitôt «sa condamnation énergique
de la grave violation par la partie abkhaze de l'accord de
cessez-le-feu...» (par. 1 et 2). Plus explicitement encore, dans
sa résolution 906 (1994), le Conseil «demande à nouveau *à
tous les intéressés* de respecter la souveraineté et l'intégrité
territoriale de la République de Géorgie» (nous soulignons, par.
2), ce qui inclut incontestablement la partie abkhaze, à la lecture
de l'ensemble de la résolution. Voir aussi d'autres résolutions
et documents cités par Olivier Paye et Eric Remacle, «UN and
CSCE Policies in Transcaucasia», dans B. Coppieters (dir.
publ.), *Contested Borders in the Caucasus*, Bruxelles, VUB
Press, 1996, p. 103-136.
[709] Ainsi, le 19 septembre 2006, l'Union européenne a
estimé qu'un référendum sur l'indépendance de la Transnistrie
allait «à l'encontre de la souveraineté et de l'intégrité territoriale
internationalement reconnues de la République de Moldavie»
(*Déclaration de la présidence au nom de l'Union européenne
sur le «référendum» organisé le 17 septembre 2006 dans la
région de Transnistrie de la République de Moldavie*, Conseil
de l'Union européenne, UE, P/O6/117, 19 septembre 2006, p.
1). Voir d'autres textes cités et commentés par Nabil Hajjami,
«La déclaration unilatérale d'indépendance de la Transnistrie»,
dans R. Kherad (dir. publ.), *Les déclarations unilatérales
d'indépendance*, Paris, Pedone, 2012, p. 180-183; voir aussi
Bill Bowring, «Transnistria», dans *Self-Determination and
Secession in International Law*, *op. cit.*, p. 157-174.
[710] Dans une déclaration du 12 mars 2001, le Conseil de
sécurité «rappelle qu'il est impératif de respecter la souveraineté
et l'intégrité territoriale de l'ex-République yougoslave de
Macédoine» après avoir condamné les «extrémistes armés de

Plus spécifiquement, la résolution 1244 (1999) elle-même rappelait le respect de la souveraineté et de l'intégrité territoriale de la Yougoslavie[711]. La Cour le concède[712], mais estime que le Conseil n'aurait pas «voulu» créer une obligation juridique à l'égard des auteurs de la déclaration d'indépendance, le libellé du texte de la résolution étant «au mieux, ambigu à cet égard»[713]. Pourtant, le Conseil lui-même a expressément souligné qu'il incombait «aux institutions provisoires de l'administration autonome *et à tous les intéressés* d'appliquer intégralement les dispositions de la résolution 1244 (1999) concernant le statut définitif»[714] puis il a exhorté «toutes les communautés du Kosovo ... à s'abstenir de toute déclaration ou accusation irresponsable et provocatrice»[715]. Le raisonnement de la Cour dans ce cas particulier peut donc étonner, d'autant qu'il

---

souche albanaise dans le nord de l'ex-République yougoslave de Macédoine» (S/PRST/7, 12 mars 2001).

[711] Préambule (10e considérant), annexe 1 et annexe 2 (point 8), dans ce dernier cas comme l'un des principes à prendre en compte pour un règlement politique définitif du statut du Kosovo, ce qui semble bien signifier qu'il puisse être opposable à la partie étatique comme à la partie irrédentiste. Voir Olivier Corten, «Déclarations d'indépendance et reconnaissances prématurées: du Kosovo à l'Ossétie du Sud et à l'Abkhazie», *op. cit.*, p. 730-741.

[712] *CIJ Recueil 2010*, p. 443, par. 95.

[713] *CIJ Recueil 2010*, p. 451, par. 117 et 118.

[714] *Déclaration du président du Conseil de sécurité*, S/PRST/ 2001/34, 9 novembre 2001. Le Conseil a encore rappelé incidemment la nécessité de respecter l'intégrité de la Yougoslavie dans le cadre de la situation dans l'ARYM en 2001 (*Déclaration du président du Conseil de sécurité*, S/PRST/2001/8, 16 mars 2001).

[715] *Déclaration du président du Conseil de sécurité*, S/PRST/ 2004/5, 18 mars 2004. De nombreuses autres prises de position peuvent être citées en ce sens, qui semblent montrer que tous les Etats, y compris ceux qui reconnaîtront ultérieurement l'indépendance du Kosovo, estimaient *in tempore non suscepto* que la résolution 1244 (1999) s'appliquait à toutes les parties, étatiques ou non; voir Olivier Corten, «Déclarations d'indé-

équivaut à prétendre que la reprise de la lutte armée – ou plus généralement que toute entrave au processus de paix – par les Albanais du Kosovo n'aurait pas été contraire à la résolution 1244 (1999)[716]. Quoi qu'il en soit, on peut s'étonner que la Cour ne se soit pas demandée plus généralement si la volonté des Etats ne tend pas aujourd'hui à concevoir l'intégrité territoriale comme visant non seulement les interférences extérieures dans le conflit, mais aussi, plus fondamentalement, *toute* tentative de sécession[717]. Au vu des nombreux précédents qui semblent plaider en ce sens, on ne peut se départir de l'impression d'un certain décalage entre la pratique et l'avis rendu par la Cour. Comme elle l'admet elle-même, il existe bien une certaine ambiguïté sur ce point, ambiguïté que la Cour a préféré ne pas (vouloir?) traiter et qui, comme on le verra dans le cas de l'Azawad et du Mali, est loin d'avoir disparu après le prononcé de l'avis[718].

Mais, en réalité, la Cour a préféré concentrer son raisonnement sur un autre aspect de la problématique, qui renvoie au statut spécifique du Kosovo comme territoire sous administration internationale. La question qui se posait était dès lors la suivante: la déclaration d'indépendance du Kosovo, à défaut d'être incompatible avec le droit international général pour les raisons exposées plus haut, ne l'est-elle pas avec le régime juridique spécifique établi sur le fondement

---

pendance et reconnaissances prématurées: du Kosovo à l'Ossétie du sud et à l'Abkhazie», *op. cit.*, p. 740-741.

[716] Olivier Corten, «Le droit de la responsabilité internationale dans l'avis du 22 juillet 2010: beaucoup de questions, peu de réponses», *op. cit.*, p. 225.

[717] John Dugard, *The Secession of States and Their Recognition in the Wake of Kosovo*, *op. cit.*, p. 133-140; Théodore Christakis, «The ICJ Advisory Opinion on Kosovo: Has International Law Something to Say about Secession?», *op. cit.*, p. 84-85.

[718] *Infra* présente section.

de la résolution 1244 (1999) du Conseil de sécurité? Ce passage de la *lex generalis* à la *lex specialis* opère un changement de perspective: il ne s'agit plus de se demander si la déclaration d'indépendance est *interdite* par le droit international général, mais si elle est *autorisée* par le droit dérivé des Nations Unies. En d'autres termes, on est ici dans une logique de compétences d'attribution de sorte que, si un acte (ici la déclaration d'indépendance) n'est pas, formellement ou non, autorisé, il est invalide[719]. La Cour se situe bien dans cette logique lorsqu'elle concède implicitement que la déclaration d'indépendance, si elle avait été le fait de l'Assemblée du Kosovo en tant qu'institution provisoire tirant ses compétences de l'administration mise en place par l'ONU, aurait été illicite[720].

Absolument rien, ni dans la résolution 1244 (1999), ni dans le droit dérivé découlant des décisions du Secrétaire général et des autorités agissant sous son égide, ne laisse entendre que le Kosovo pouvait déclarer son indépendance[721]. On serait bien devant une *lex specialis*,

---

[719] Anne Peters, «Does Kosovo Lie in the *Lotus*-Land of Freedom?», *op. cit.*, p. 100.

[720] Ainsi, conformément aux termes reproduits dans le paragraphe 105 de l'avis,

«[l]a déclaration d'indépendance n'était donc pas destinée, dans l'esprit de ceux qui l'ont adoptée, à prendre effet au sein de l'ordre juridique instauré aux fins de la phase intérimaire – *chose qui, d'ailleurs, aurait été impossible*» (nous soulignons; *CIJ Recueil 2010*, p. 446, par. 105).

Le constat de la Cour n'est guère étonnant, si l'on se rappelle que ce cadre constitutionnel visait notamment à encadrer les négociations sur le statut final du Kosovo, ce qui excluait toute mesure aussi radicale qu'une déclaration unilatérale d'indépendance de la part de l'Assemblée; voir la déclaration du juge Tomka (*ibid.*, p. 462-463, par. 28), ainsi que les opinions dissidentes des juges Koroma (*ibid.*, p. 469, par. 7 et p. 470, par. 11) et Skotnikov (*ibid.*, p. 520-521, par. 14).

[721] Au contraire, le Secrétaire général affirmait, dès les lendemains de l'établissement du régime d'administration

par laquelle le Conseil de sécurité décide de s'écarter du principe de neutralité :

- d'un côté, la Serbie ne peut plus prétendre exercer ses compétences souveraines (dont, en particulier, une éventuelle répression à l'aide de ses forces armées ou de police) sur sa province ;
- mais, d'un autre côté, les institutions du Kosovo ne peuvent quant à elles pas exercer plus de pouvoir que ceux qui leur ont été octroyés par l'ONU, spécialement le pouvoir de déclarer son indépendance et, plus fondamentalement, d'opérer une tentative de sécession[722].

En l'espèce, on est dans un régime inversé par rapport au schéma traditionnel, dans lequel la répression comme la tentative de sécession ne serait ni permise ni interdite.

Ainsi, l'avis sur le Kosovo consacrerait à la fois le principe de neutralité en droit international général, et la possibilité de l'écarter au cas par cas, spécialement dans l'hypothèse d'une administration internationale de territoire.

La portée de l'avis se complique encore, si l'on prend en compte un autre de ses enseignements. En l'espèce, et pour arriver à la conclusion selon laquelle la déclaration d'indépendance du Kosovo n'est pas contraire au droit international (général comme spécial), la Cour est obligée d'opérer une subtile distinction relative au statut des

---

internationale, qu'« afin d'éviter la prise de contrôle des institutions publiques par la violence, il a souligné qu'il n'y aurait pas de changement d'autorité au niveau de ces institutions sans l'approbation expresse de la MINUK » (*rapport du Secrétaire général sur la mission de l'administration intérimaire des Nations Unies au Kosovo*, S/1999/779, 12 juillet 1999, p. 5, par. 18).

[722] Olivier Corten, « Déclarations d'indépendance et reconnaissances prématurées : du Kosovo à l'Ossétie du Sud et à l'Abkhazie », *op. cit.*, p. 730-732.

auteurs de cette déclaration[723]. Selon la Cour, ces auteurs auraient agi non pas en tant qu'Assemblée du Kosovo, et donc en tant qu'institution provisoire mise en place par les Nations Unies avec des compétences limitées, mais en tant que «simples» citoyens, agissant en marge des institutions, et n'étant par conséquent pas soumis à leurs limitations[724]. Le problème de ce raisonnement est que la déclaration d'indépendance a été prononcée officiellement par l'Assemblée du Kosovo, lors d'une réunion régulière, et sous l'égide de son président; elle ne l'a pas été en dehors, que ce soit physiquement ou conceptuellement, de cette institution[725]. Ce n'est que bien après cette déclaration, une fois la procédure consultative entamée devant la Cour[726], que le scénario d'une proclamation qui serait le fait d'individus agissant dans une sorte d'association de fait (tout en étant, donc,

---

[723] James Summers, «Kosovo», dans *Self-Determination and Secession in International Law, op. cit.*, p. 247-248.

[724] *CIJ Recueil 2010*, p. 444-448, par. 102-109. Pour une défense de la position de la Cour sur ce point, voir Pierre d'Argent, «Kosovo. Etre ou ne pas être?», *Journal des tribunaux*, 2008, p. 261-265.

[725] Marcelo Kohen et Katherine Del Mar, «The Kosovo Advisory Opinion and UNSCR 1244 (1999): A Declaration of "Independence from International Law"?», *LJIL*, 2011, p. 114-123; *contra*, soutenant la position de la Cour; Marc Weller, «Modesty Can Be a Virtue: Judicial Economy in the ICJ *Kosovo* Opinion», *op. cit.*, p. 143-145.

[726] Voir les observations écrites de l'Autriche (16 avril 2009, p. 10, par. 16), de l'Estonie (avril 2009, p. 3), de l'Allemagne (avril 2009, p. 6 ss), du Luxembourg (30 mars 2009, p. 6, par. 13), du Royaume-Uni (17 avril 2009, p. 23 et p. 71), ainsi que des auteurs de la déclaration (avril 2009, p. 110 ss). Ce point de vue n'était pas partagé par tous les Etats, y compris ceux soutenant la position du Kosovo. Au contraire, pour la France, la déclaration d'indépendance était bien le fait de l'Assemblée du Kosovo; voir Observations écrites, 17 avril 2009, p. 60, par. 2.64. D'autres Etats ont réfuté l'argument dès le deuxième tour des observations écrites; voir par exemple l'Argentine (juillet 2009, p. 15 ss), Chypre (juillet 2009, p. 2, par. 4), ou la Serbie (14 juillet 2009, p. 21-26).

membres de l'Assemblée et réunis officiellement dans le cadre de celle-ci) a été échafaudé[727]. La question même posée à la Cour désignait d'ailleurs explicitement la déclaration d'indépendance «des institutions provisoires d'administration autonome du Kosovo»[728], et non des membres de celles-ci[729]. Dans ce contexte, on conviendra que la position de la Cour n'est pas exempte de profondes ambiguïtés. Suffirait-il en effet, dans le cas d'une administration internationale, aux membres d'une institution mise en place par cette dernière de déclarer une indépendance en prétendant, par une sorte de «dédoublement fonctionnel», représenter directement leur «peuple», pour que cette déclaration relève non plus du régime juridique spécifique, mais du principe général de neutralité?

Serait-il même envisageable de se prévaloir de ce dédoublement bien après cette déclaration, et non avant que cette dernière ne soit prononcée? Suffit-il de vouloir se placer en dehors d'un cadre juridique – ce qu'auraient fait les auteurs de la déclaration – pour échapper à son champ d'application?

La Cour ne répond pas à ces interrogations, qui ne peuvent cependant manquer de faire réfléchir, spécialement tout Etat auquel on proposerait de mettre

---

[727] Marcelo Kohen et Katherine Del Mar, «The Kosovo Advisory Opinion and UNSCR 1244 (1999): A Declaration of "Independence from International Law"?», *op. cit.*, p. 114-118; voir aussi Robert Muharremi, «Note on the ICJ Advisory Opinion on Kosovo», *German Law Journal*, 2010, p. 872-873.

[728] Résolution 63/3 de l'Assemblée générale du 8 octobre 2008; citée dans l'avis de la Cour, *CIJ Recueil 2010*, p. 407, par. 1.

[729] Voir la déclaration du juge Tomka (456-461, par. 11-21) et l'opinion dissidente du juge Bennouna (*ibid.*, p. 505-506, par. 30-32 et p. 510-511, par. 47-50), ainsi que Marcelo Kohen et Katherine Del Mar, «The Kosovo Advisory Opinion and UNSCR 1244 (1999): A Declaration of "Independence from International Law"?», *op. cit.*, p. 116-118.

une partie de son territoire sous administration inter-nationale[730].

Finalement, le précédent du Kosovo se révèle parti-culièrement illustratif des tensions qui configurent le principe de neutralité. D'un côté, on tient manifestement à réaffirmer l'existence de ce dernier de manière générale, en limitant autant que possible les précédents qui semblent le mettre en cause. A cet effet, ces derniers sont interprétés de manière particulièrement restrictive : si le schéma d'une administration internationale doit, moyennant vérification attentive de ses modalités, conduire à vérifier si la sécession comme sa répression ne sont pas spécifiquement interdites, certaines échap-patoires tenant aux modalités de la déclaration d'indé-pendance ne sont pas exclues. On assiste ainsi à une sorte d'oscillation constante entre régime général de neutralité ou régime spécifique qui peut s'en écarter, sans qu'il soit aisé de déterminer quelles sont les conditions qui rendent possible le choix de l'un d'entre eux. Bien entendu, on pourrait répondre à tout ce qui précède que le Kosovo serait, précisément, un cas *sui generis* qui rend par avance vaine toute velléité de généralisation. Outre la facilité de ce type d'argumentation – car chaque précédent n'est-il pas, par définition, non réductible à d'autres et donc, d'un certain point de vue, *sui generis* ?[731] –, ses

---

[730] Ralph Wide, « Self-Determination, Secession, and Dis-pute Settlement after the Kosovo Advisory Opinion », *LJIL*, 2011, p. 149-154 ; Olivier Corten, « Le droit de la responsabilité internationale dans l'avis du 22 juillet 2010 : beaucoup de questions, peu de réponses », dans Rahim Kherad (dir. publ.), *Les déclarations unilatérales d'indépendance, op. cit.*, p. 213-233.

[731] John Dugard estime en ce sens qu'un tel argument est « subversive of international law » (*The Secession of States and Their Recognition in the Wake of Kosovo, op. cit.*, p. 24), tandis qu'Eliav Lieblich la qualifie de « circular reasoning » (*International et Civil War. Intervention and Consent*, Londres, Routledge, 2013, p. 227).

limites apparaissent assez vite lorsqu'on constate que le
Kosovo est loin d'être le seul qui pose la question des
ambivalences du principe de neutralité. Outre ceux qui
ont déjà été mentionnés, l'on peut à présent passer à deux
autres, qu'il s'agisse des Comores (2008), ou de la crise
malienne (2012-2013).

2. Opération «Démocratie aux Comores» (2008): l'imposition de l'intégrité territoriale à une tentative de sécession au nom du maintien de la paix

Le 15 mars 2008, les troupes de plusieurs Etats
africains ont débarqué sur l'île d'Anjouan pour rétablir
l'autorité de l'Etat de l'Union des Comores[732], à la
demande des autorités de celui-ci et à l'appel de l'Union
africaine[733]. La tentative de sécession, entamée quelques
mois plus tôt, a été, dans les faits, jugulée par la force[734].
Les discours officiels tenus dans le cadre de cette crise
sont a priori eux aussi relativement clairs, les forces
sécessionnistes ayant été constamment condamnées
par les Etats et organes de l'UA. Le Conseil de paix et
de sécurité de cette organisation a, dès le 9 mai 2007,
«condamn[é] fermement les attaques perpétrées par

---

[732] L'OUA avait déjà condamné une première tentative
sécessionniste en 1997, au nom du principe de l'intégrité territoriale des Comores. Il en avait résulté un accord, en avril 1999,
établissant un Etat des Comores fédéral reconnaissant une large
autonomie à Anjouan; voir Fatsah Ouguergouz et Djacoba
Liva Tehindrazanarivelo, «La problématique de la sécession en
Afrique», *op. cit.*, p. 270-271.

[733] Charles Riziki Majinke, «Regional Arrangements and
the Maintenance of International Peace and Security: the Role
of the African Union Peace and Security Council», *CYIL*,
2010, p. 135-136. L'opération a été réalisée avec des troupes
venant du Soudan, de Tanzanie et du Sénégal, et semble-t-il
avec l'appui logistique de la Libye, de la France et des Etats-
Unis (communiqué de la 124ᵉ réunion du Conseil de paix et de
sécurité, PSC/PR/Comm (CXXIV), 30 avril 2008, par. 4).

[734] *Keesing's*, 2008, p. 48449.

la gendarmerie anjouanaise contre l'armée nationale comorienne», tout en demandant «le respect scrupuleux de la Constitution de l'Union des Comores et des autres textes fondamentaux régissant le fonctionnement de l'Union, ainsi que de l'autorité du gouvernement central» et en créant une «mission d'assistance électorale et sécuritaire de l'Union africaine aux Comores» ayant pour mandat «d'assister les forces comoriennes de sécurité en vue de créer un environnement sécurisé et stable»[735].

Le 9 juin de la même année, le Conseil déclare aspirer à une mise en place effective du «nouveau cadre institutionnel des Comores, tel que prévu par les Accords de Fomboni et de Beit Salam de février 2001 et décembre 2003, respectivement, y compris la restauration de l'autorité du gouvernement de l'Union à Anjouan»[736].

Le 13 août, il «réaffirme son attachement à l'unité et à l'intégrité territoriale de l'Union des Comores»[737]. Le 10 octobre, le Conseil en vient à établir des sanctions économiques contre les entités sécessionnistes, car :

> «the illegal authorities of Anjouan have continued to reject the proposals put forward by the countries of the region . . . in order to end the crisis and create conditions for lasting stability and reconciliation in the Comoros»[738].

Le 2 février 2008, l'Assemblée de l'UA demande :

> «à tous les Etats membres en mesure de le faire d'apporter tout l'appui nécessaire au gouvernement comorien dans ses efforts visant à rétablir au plus vite l'autorité de l'Union à Anjouan et à mettre un terme à la crise née du refus persistant des autorités illégales

---

[735] PSC/MIN/Comm1 (LXXVII), 9 mai 2007 (tous les documents cités sont disponibles sur le site internet de l'Union africaine : http://www.peaceau.org).

[736] PSC/PR/COMM (LXXVII), 9 juin 2007.

[737] PSC/PR/COMM (LXXXVII), 13 août 2007.

[738] PSC/PR/COMM (XCV), 10 octobre 2007.

d'Anjouan de respecter les textes pertinents régissant le fonctionnement de l'Union des Comores »[739].

C'est dans ce contexte qu'a eu lieu l'opération «Démocratie aux Comores», dont le Conseil se réjouira dès le 28 mars[740], avant de rappeler aux autorités comoriennes leur engagement à se conformer scrupuleusement aux textes régissant le fonctionnement des institutions de l'Union et des îles autonomes», et d'exhorter «toutes les parties prenantes comoriennes à œuvrer à la consolidation de l'unité nationale et de l'intégrité territoriale des Comores »[741].

Comme on l'aura constaté à la lecture de ce bref exposé, le précédent des Comores suscite de sérieuses interrogations. D'une part, le principe de neutralité semble manifestement avoir été mis en cause, que ce soit dans son volet interne ou externe. A l'intérieur de l'Union des Comores, la sécession, loin d'avoir été considérée comme «ni permise ni interdite», a été fermement condamnée. La légitimité de la cause du gouvernement comorien contre les séparatistes anjouanais a été reconnue, et c'est sur cette base qu'on a estimé opportun de lancer une opération militaire internationale qui a mis fin à la sécession au nom du respect de l'intégrité territoriale. Dans la mesure où aucun soutien extérieur n'a jamais été évoqué en faveur des séparatistes, il semble que l'on soit dans un cas de figure difficilement compatible avec l'affirmation de la Cour selon laquelle l'intégrité territoriale ne devrait être appliquée qu'aux relations entre Etats[742]. Mais, d'autre part, certains éléments laissent à penser que la gestion de cette crise s'est appuyée sur certains éléments qui renvoient au

---

[739] Assembly/AU/Dec.186 (X), 2 février 2008.

[740] PSC/PR/BR(CXVII), 28 mars 2008.

[741] PSC/PR/COMM(CXXIV), 30 avril 2008.

[742] Voir l'avis sur le Kosovo, abondamment commenté plus haut.

critère du maintien de la paix qui, on l'a vu précédemment au sujet d'autres conflits internes, a fréquemment conduit l'ONU à prendre parti, au-delà de la conception traditionnelle du principe de neutralité[743]. Les termes utilisés par les organes de l'Union africaine renvoient notamment à des accords de paix, ceux de Fomboni et de Beit Salam conclus respectivement en février 2001 et décembre 2003, et par répercussion à la Constitution révisée de l'Union des Comores[744]. Ces textes, acceptés par toutes les parties, avaient mis officiellement fin à une autre crise sécessionniste, dans laquelle était impliquée l'île d'Anjouan depuis 1997[745]. Manifestement, leur mise en cause en 2007 a été interprétée comme à la fois une violation des engagements librement souscrits par tous les protagonistes, et une menace contre la paix dans la région qui découlerait de la désagrégation des structures de l'Etat. Le régime de neutralité ne serait, dans ce schéma, pas mis en cause dans son principe, mais serait exceptionnellement – une fois de plus – écarté en raison des circonstances propres à ce cas particulier.

Les ambiguïtés n'en disparaissent pas pour autant, et ce à plusieurs égards. Quant aux accords de paix, tout d'abord, on a déjà souligné leur statut juridique incertain qui rend délicate la thèse d'une sorte de dérogation conventionnelle au principe de neutralité, lequel découle de règles relevant du *jus cogens*[746]. Reste le critère du maintien de la paix. Mais un autre problème se pose alors : au nom de quoi l'Union africaine et ses Etats membres peuvent-ils conduire une opération militaire sans demander et obtenir au préalable une autorisation du

---

[743] *Supra* chapitre II.

[744] Textes disponibles sur le site de l'université d'Uppsala : http://www.ucdp.uu.se/gpdatabase/gpcountry.php?id=36&regionSelect=2-Southern_Africa#.

[745] Fatsah Ouguergouz et Djacoba Liva Tehindrazanarivelo, «La problématique de la sécession en Afrique», *op. cit.*, p. 270-271.

[746] *Supra* chapitre II, section 1.

Conseil de sécurité des Nations Unies, conformément à l'article 53 de la Charte?[747] Une réponse possible réside dans l'existence du consentement du gouvernement des Comores, consentement qui aurait pour effet de qualifier juridiquement l'opération de non coercitive, et échappant par conséquent aux exigences de l'article 53[748]. Mais on tombe alors dans le régime général de l'opération extérieure consentie qui, on l'a vu, implique pour certains (et en particulier l'Institut de droit international) l'interdiction d'aider l'une quelconque des parties à une guerre civile comme conséquence du principe de neutralité[749]. Une manière de réconcilier ce précédent avec ce régime, spécialement dans la mesure où l'opération «Démocratie aux Comores» ne semble pas avoir été condamnée par des Etats tiers, est de le présenter comme visant à mettre en œuvre une simple mission de police afin de faire respecter des engagements préalablement contractés par les parties, lesquelles avaient aussi accepté les compétences d'un organisme régional de sécurité collective[750]. Si on suit cette ligne d'argumentation, on ne se trouverait pas dans une situation de véritable «guerre civile», mais simplement de troubles internes, avec pour conséquence la possibilité de poursuivre une

---

[747] Olivier Corten, «L'Union africaine, une organisation régionale susceptible de s'émanciper de l'autorité du Conseil de sécurité? *Opinio juris* et pratique récentes des Etats», *European Society of International Law (ESIL) Conference Paper Series*, vol. 2, n° 1, *Conference Paper No. 11*, 2012.

[748] En tant que non coercitive, l'opération relève alors non pas de l'article 53 mais de l'article 52 de la Charte, qui prévoit l'action d'organismes régionaux sans devoir obtenir une autorisation préalable du Conseil de sécurité; comp. Robert Kolb, «Article 53», dans J. P. Cot, A. Pellet et M. Forteau (dir. publ.), *La Charte des Nations Unies. Commentaire article par article, op. cit.*, p. 1415.

[749] *Supra* chapitre II, section 2.

[750] Olivier Corten, *Le droit contre la guerre*, 2ᵉ éd., *op. cit.*, p. 495.

coopération normale avec le gouvernement de l'Etat concerné[751].

Une fois encore, la préservation du principe de neutralité en dépit d'une pratique qui y fait apparemment exception ne peut s'opérer qu'au prix de raisonnements juridiques particulièrement formalistes et, serait-on tenté d'ajouter, tortueux. Un constat qui vaut pour les précédents du Kosovo et des Comores, mais aussi, peut-être davantage encore, de celui du Mali.

3. Le respect de l'intégrité territoriale comme instrument de lutte contre le terrorisme ? Le précédent malien (2012-2013)

Au début de l'année 2012, le «Mouvement national de libération de l'Azawad» (MNLA), mouvement touareg qui a émergé en octobre 2011[752], a pris successivement le contrôle de plusieurs localités dans le nord du Mali en vue d'établir un Etat indépendant laïc[753]. C'est dans ce contexte que, le 22 mars 2013, un coup d'Etat a eu lieu à Bamako, une junte militaire affirmant toute sa détermination à rétablir son autorité sur l'ensemble du pays et prenant le pouvoir à cette fin[754]. On ne peut pas dire que, sur ce point, l'initiative ait été couronnée de succès : le 6 avril 2013 est proclamé l'Etat d'Azawad, officiellement sur la base des «principaux instruments juridiques internationaux régissant le droit des Peuples à disposer d'eux-mêmes, notamment, la Charte des

---

[751] Pour d'autres exemples d'actions militaires extérieures limitées qui n'ont pas donné lieu à des débats juridiques soutenus, que ce soit à Saint-Vincent-et-les-Grenadines ou Vanuatu, voir Georg Nolte, «Secession and External Intervention», *op. cit.*, p. 86-87.

[752] *Keesing's*, 2011, p. 50695.

[753] *Keesing's*, 2012, p. 50852 ; J. Dufour, C. Kupper, «Groupes armés au Nord Mali : état des lieux», GRIP, 6 juillet 2012, p. 4.

[754] *Keesing's*, 2012, p. 50968.

Nations Unies… »[755]. Comme on le détaillera ci-dessous, l'initiative rencontre une ferme opposition de la part d'acteurs extérieurs divers, spécialement la CEDEAO, l'Union africaine, l'Organisation de la conférence islamique, l'ONU ainsi que divers Etats. Le 1er septembre, le président malien intérimaire, Diacounda Traoré, adresse officiellement une lettre à la CEDEAO, à l'Union africaine et à l'ONU dans laquelle il demande «une aide de la CEDEAO dans le cadre du recouvrement des territoires occupés du Nord et de la lutte contre le terrorisme»[756]. Le 20 décembre, le Conseil de sécurité adopte la résolution 2085 (2012), par laquelle il décide du déploiement au Mali d'une «Mission internationale de soutien au Mali sous conduite africaine» (MISMA) en appui des autorités. Alors que les forces rebelles gagnent du terrain et marchent vers Bamako dans les jours qui suivent, la France déclenche l'«opération Serval» qui aboutira à la reconquête de la partie nord du Mali, et au rétablissement de l'autorité des forces gouvernementales sur l'ensemble du territoire[757]. Le Conseil de sécurité saluera cette intervention française et assurera la transformation de la MISMA en opération des Nations Unies pour la stabilisation du Mali (MINUSMA)[758].

Le simple rappel de ces principaux événements dénote, à tout le moins, une sérieuse remise en cause du principe de neutralité[759]. La tentative de sécession

---

[755] Déclaration d'indépendance de l'Azawad, prononcée par le Secrétaire général du MNLA Bilal Ag Achérif, Gao, 6 avril 2012, http://www.mnlamov.net/component/content/article/169-declaration-dindependance-de-lazawad.html.

[756] *Lettre datée du 1er septembre 2012, adressée au président en exercice de la CEDEAO*, Bamako, 1757276_0337_requete_dioncounda_traore_cedeao_1er_septembre_2012.pdf.

[757] Ministère de la Défense, http://www.defense.gouv.fr/operations/actualites/mali-lancement-de-l-operation-serval.

[758] Résolution 2100 (2013), adoptée le 25 avril 2013.

[759] Klaus Kress, «Major Post-Westphalian Shifts and Some Important Neo-Westphalian Hesitations in the State Practice

de l'Azawad est loin d'avoir été considérée comme «ni permise ni interdite» par le droit international. Non seulement la revendication d'un droit des Touaregs à disposer d'eux-mêmes n'a pas été favorablement accueillie, mais encore a-t-on apparemment estimé que cette revendication était contraire à l'intégrité territoriale de l'Etat malien. Au-delà d'un simple examen des faits, qui a montré l'ampleur de l'engagement à l'encontre des forces sécessionnistes, diverses déclarations peuvent être citées en ce sens.

– Dès le lendemain de la déclaration d'indépendance, «la Commission de la CEDEAO dénonce une telle déclaration et la juge nulle et de nul effet. La Commission rappelle à tous les groupes armés du nord du Mali que le Mali est «un et indivisible» et qu'elle usera de tous les moyens, y compris le recours à la force, pour assurer l'intégrité territoriale du Mali»[760].

– L'UA «rejette totalement la prétendue déclaration d'indépendance faite par un groupe rebelle dans le nord du Mali… Le président de la Communauté rappelle le principe fondamental de l'intangibilité des frontières héritées par les pays africains à leur accession à l'indépendance et réitère l'attachement indéfectible de l'Union africaine à l'unité nationale et à l'intégrité territoriale de la République du Mali»[761].

– Le Secrétaire général de l'OCI rejette la déclaration d'indépendance de l'Azawad, tout en «rappelant l'attachement de principe de l'OCI à l'intégrité

---

on the International Law on the Use of Force», *JUFIL*, 2014, p. 26.

[760] *Déclaration du Président de la Commission de la CEDEAO*, M. Ouédraogo, Abuja, 6 avril 2012, http://www.ecowas.int/?lang=fr.

[761] *Communiqué de presse de l'UA*, 6 avril 2012, http://www.au.int/fr/content/lunion-africaine-rejette-totalement-la-prétendue-déclaration-dondépendance-faite-par-un-grou.

territoriale et à la souveraineté inaliénable du Mali sur ses frontières internationalement reconnues »[762].

– Dans un communiqué de presse du 10 avril 2012, « les membres du Conseil [de sécurité de l'ONU] réaffirment que la souveraineté, l'unité et l'intégrité territoriale du Mali doivent être sauvegardées et respectées, et rejettent catégoriquement toute déclaration affirmant le contraire. Ils exigent l'arrêt immédiat des actes d'hostilité perpétrés dans le nord du Mali par des groupes rebelles… »[763].

On peut encore en ce sens citer des déclarations d'Etats comme la France[764], la Chine[765] ou encore l'Algérie[766] et l'Egypte[767], toutes prononcées dans les heures ou les jours ayant suivi la déclaration d'indépendance. Le 5 juillet, le Conseil de sécurité adoptera encore la résolution 2056 (2012), par laquelle il réaffirme

« son ferme attachement à la souveraineté, à l'unité et à l'intégrité territoriale du Mali [et] son rejet

---

[762] *Déclaration du Secrétaire général de l'Organisation de coopération islamique*, Ekmeleddin Ihsanoglude, 7 avril 2012, http://www.oic-oci.org/.

[763] *Déclaration à la presse du Conseil de sécurité concernant le Mali*, SC/10603-AFR/2370, 10 avril 2012.

[764] *Communiqué de presse de la France*, 6 avril 2012, http://www.diplomatie.gouv.fr/fr/pays-zones-geo/mali/la-France-et-le-mali/evenements-19439/article/mali-declaration-unilaterale-d.

[765] *Déclaration du porte-parole du ministre des Affaires étrangères de la Chine*, Liu Weimin, 9 avril, http://www.gov.cn/misc/2012-04/09/content_2109491.htm.

[766] *Communiqué de presse du Premier ministre algérien Ahmed Ouyahia*, 6 avril 2012, http://www.premier-ministre.gov.dz/index.php?option=com_content&task=view&id=1954&Itemid=229.

[767] *Communiqué de presse du ministre des Affaires étrangères égyptien Mohamed Amr*, 10 avril 2012, http://www.mfa.gov.eg/French/News/Pages/NewsDetails.aspx? Source=4fa3a8e4-8a5e-4004-a60b-5a23acf14b4f&newsID=244ab89e-4f21-4247-a20f-115db64fa5ce.

catégorique des déclarations du Mouvement national pour la libération de l'Azawad (MNLA) relatives à une prétendue «indépendance» du nord du Mali et réaffirm[e] en outre qu'il considère de telles annonces comme étant nulles et non avenues»[768].

Dans ce contexte, on éprouve beaucoup de difficulté à percevoir ce qui reste du principe de neutralité, que ce soit dans son volet interne, mais aussi externe, l'intervention extérieure de la France en faveur des forces gouvernementales ayant été, on l'a vu, non pas condamnée mais saluée[769].

D'un autre côté, et une fois de plus, certains éléments semblent brouiller l'enseignement principal qui se dégage a priori de ce précédent. La difficulté réside avant tout dans les particularités de ce qu'on peut désigner de manière générale comme la «rébellion», laquelle était en l'occurrence composée de deux groupes bien distincts : d'une part, le mouvement indépendantiste touareg (MLNA) et, d'autre part, des forces liées au Mouvement pour l'unicité et le jihad en Afrique de l'Ouest (MUJAO) ou à Al-Qaeda au Maghreb islamique (AQMI), lesquelles n'avaient pas pour objectif de créer un nouvel Etat dans le nord du Mali, mais de prendre le contrôle de l'ensemble de l'Etat dans une perspective liée à l'expansion de l'islam politique[770]. En raison de ces liens, l'Azawad n'a pas été considéré comme le résultat d'un «simple» mouvement sécessionniste opérant à

---

[768] Préambule de la résolution, 2e, 9e et 17e considérants.

[769] Yoram Dinstein, *Non-International Armed Conflicts in International Law*, Cambridge, CUP, 2014, p. 79.

[770] Voir par exemple Serge Daniel, *AQMI. Al-Qaeda au Maghreb islamique. L'industrie de l'enlèvement*, Paris, Fayard, 2012 ; comparé avec le site internet du MLNA ; http://www.mnlamov.net. Les autorités du MNLA ont d'ailleurs officiellement soutenu l'opération militaire de la France au moment de son déclenchement ; *Communiqué du porte-parole du MNLA Mossa Ag Attaher*, 28 janvier 2013, n° 47, Ouagadougou.

l'intérieur d'un Etat, mais comme intrinsèquement lié à des activités criminelles internationales menaçant la paix et la sécurité de la région[771].

Dès la veille de la proclamation d'indépendance, les chefs d'Etats de la CEDEAO adressaient une lettre au Secrétaire général de l'ONU dans laquelle ils affirmaient que:

> « du fait de l'offensive sécessionniste et de la crimi-
> nalité, le nord du Mali est devenu la zone la moins
> sûre d'Afrique de l'Ouest. La situation fait peser
> une menace non seulement sur l'unité et l'intégrité
> territoriale du Mali mais également et surtout sur la
> paix et la sécurité régionales et internationales. A cet
> égard, la Conférence considère que la rébellion dans
> le nord du Mali constitue une agression dirigée contre
> un Etat membre de la Communauté et, partant, contre
> la Communauté elle-même »[772].

De même, dans sa résolution 2056 (2012) précitée, le Conseil évoque une « force de stabilisation de la CEDEAO pour accompagner le processus politique au Mali, aider à sauvegarder l'intégrité territoriale du pays *et contribuer à lutter contre le terrorisme* »[773]. Quelques mois plus tard, il réitère la nécessité de la « lutte contre les groupes terroristes et les groupes extrémistes qui leur sont affiliés »[774]. Quant à l'Union européenne, elle

---

[771] Karine Bannelier et Théodore Christakis, «Under the UN Security Watchful Eyes: Military Invitation by Invitation in the Malian Conflict», *LJIL*, 2013, p. 866-867; Antonio Tancredi, «Secession and the Use of Force», *op. cit.*, p. 83.

[772] *Lettre datée du 5 avril 2012, adressée au Secrétaire général par le président de la Commission de la Communauté économique des Etats de l'Afrique de l'Ouest*, S/2012/237, 19 avril 2012.

[773] Résolution 2056 (2012), 5 juillet 2012, par. 17; nous soulignons.

[774] Résolution 2071 (2012), 12 octobre 2012, par. 8.

évoque également une «menace terroriste»[775]. Dans ce contexte, la distinction entre les forces de l'Azawad, qui ne s'opposeront d'ailleurs nullement à l'intervention française, et les rebelles qualifiés de «terroristes», incidemment opérée par le Secrétaire général de l'ONU[776], est délicate à opérer. Dans sa résolution du 20 décembre 2012, le Conseil de sécurité remarque que:

> «des groupes terroristes et des réseaux de criminels y sont solidement implantés continuent de faire peser une grave menace, pour laquelle le temps presse, sur la population du Mali tout entier et la stabilité du Sahel, de l'Afrique en général et de la communauté internationale dans son ensemble»,

avant d'«*[e]xig[er]*» que les groupes rebelles maliens rompent tout lien avec des organisations terroristes, en particulier avec Al-Qaida au Maghreb islamique (AQMI) et les groupes qui lui sont affiliés»[777]. Quelques jours plus tard, à la veille de l'intervention française, le président du Conseil souligne encore «la nécessité pressante de contrer la menace terroriste croissante au Mali»[778]. A ce

---

[775] Conclusions du Conseil sur la situation au Mali, Luxembourg, 15 octobre 2012, p. 4: http://www.consilium.europa.eu/homepage/showfocus?lang=en&focusID=89967.

[776] Le 28 novembre 2012, en application de cette résolution, le Secrétaire général de l'ONU adresse un rapport au Conseil dans lequel il y avance qu'

> «une opération militaire pourra être nécessaire en dernier recours pour affronter les *éléments extrémistes et criminels* les plus intraitables dans le nord. Avant d'en arriver là, toutefois, nous devons commencer par nous attacher à nouer un dialogue politique large et ouvert en vue de forger un consensus national autour d'un plan de route pour la transition et de répondre aux doléances anciennes des Touaregs et des autres communautés dans le nord» (nous soulignons; *rapport du Secrétaire général sur la situation au Mali*, S/2012/894, 29 novembre 2012, par. 77).

[777] Résolution 2085 (2012), par. 2 et 9.

[778] Déclaration de presse du 10 janvier 2013, SC/10878.

stade, on pourrait considérer que le principe de neutralité est écarté non par le seul fait de la tentative de sécession en tant que telle, mais en raison des liens entretenus entre le mouvement sécessionniste avec des groupes considérés comme terroristes. Une fois de plus, le Mali constituerait un précédent *sui generis* ne remettant pas formellement en cause le droit international traditionnel.

D'un autre côté, la tonalité très radicale des condamnations de la sécession au nom de l'intégrité territoriale du Mali, condamnations qui ne sont pas formellement motivées par l'interférence des factions «terroristes» dans le processus, peut rendre l'interprétation quelque peu artificielle. En tout cas, une certaine ambiguïté subsiste, une fois encore.

Une telle ambiguïté se retrouve encore dans la manière dont la France a justifié son «opération Serval»[779]. Dans un premier temps, les autorités françaises ont clairement joué la carte de la réponse à une «agression terroriste», pour reprendre l'expression du président Hollande[780].

Le ministre des Affaires étrangères a même invoqué la «légitime défense», dans une déclaration prononcée le jour du déclenchement de l'opération:

> «sur le plan politique, la légitimité est évidente; lorsque des groupes terroristes et criminels menacent l'existence même d'un pays ami et menacent aussi une communauté de Français, je l'ai dit, 6 000 personnes, il y a une légitimité politique au sens large, qui est évidente. Mais si on veut rentrer dans des considérations juridiques et on a tout à fait la

---

[779] Karine Bannelier et Théodore Christakis, «Under the UN Security Watchful Eyes: Military Invitation by Invitation in the Malian Conflict», *op. cit.*, p. 855-874; Raphaël van Steenberghe, «Les interventions française et africaine au Mali au nom de la lutte armée contre le terrorisme», *op. cit.*, p. 285-289.

[780] *Déclaration du président français, François Hollande, à l'issue du Conseil restreint de défense*, 12 janvier 2013.

possibilité de le faire, il y a d'une part l'appel qui a été lancé et la demande qui a été formulée par le gouvernement légitime du Mali et donc on se situe là dans un cas de légitime défense; et d'autre part, l'ensemble des résolutions des Nations Unies qui non seulement permettent mais demandent que les pays qui le peuvent apportent leur soutien à la lutte contre les terroristes dans cette affaire»[781].

A ce stade, il est clair que la neutralité juridique ne peut plus jouer: en cas de menace contre la paix et même d'agression, la légitime défense entre en jeu, et l'on dépasse largement le cadre d'un conflit non international[782]. En même temps, sachant que l'action de la France n'a pas été autorisée par le Conseil de sécurité (qui envisageait plutôt la mise en place d'une «Mission internationale de soutien au Mali sous conduite africaine» (MISMA)[783]), la légitime défense au sens de l'article 51 de la Charte supposerait de montrer que le Mali avait

---

[781] Conférence de presse, ministre des Affaires étrangères, Laurent Fabius, 11 janvier 2013, Paris, http://ambafrance-es. org/france_espagne/spip.php?article6554# conference-presse-ministre-des-affaires-1.

[782] L'Union africaine semble avoir repris le raisonnement de la France; *Déclaration solennelle de la Conférence de l'Union sur la situation au Mali*, 27 et 28 janvier 2013, Ethiopie, par. 5 (disponible sur http://www.au.int/fr/). Quant à la CEDEAO, elle a évoqué une «agression» pour qualifier «l'offensive sécessionniste» et la «criminalité» dans le nord du Mali (*lettre datée du 5 avril 2012, adressée au Secrétaire général par le président de la Commission de la Communauté économique des Etats de l'Afrique de l'Ouest*, S/2012/237).

[783] Résolution 2085 (2012) du 20 décembre 2012, par. 9; Karine Bannelier et Théodore Christakis, «Under the UN Security Watchful Eyes: Military Invitation by Invitation in the Malian Conflict», *op. cit.*, p. 858 et p. 868-873; Raphaël van Steenberghe, «Les interventions française et africaine au Mali au nom de la lutte armée contre le terrorisme», *RGDIP*, 2014, p. 284-285.

préalablement été agressé par un autre Etat[784]. Or, tel ne
semblait pas être le cas en l'espèce, sachant que les forces
qualifiées de terroristes n'avaient pas, selon les autorités
françaises elles-mêmes, été envoyées par un Etat tiers ou
agi d'une manière ou d'une autre sous l'autorité ou avec
un engagement substantiel d'un tel Etat[785].

Une option pour la France aurait été, au-delà de la
jurisprudence internationale existante[786], de prétendre
que l'article 51 pouvait aussi être invoqué en l'absence
d'une agression étatique mais, à l'analyse, la position
française peut difficilement être interprétée en ce sens[787].
Dans la lettre envoyée officiellement au Conseil de
sécurité pour justifier son intervention, la France ne se
réfère pas à l'article 51 de la Charte, ce que ce dernier
requiert si l'on veut s'en prévaloir[788]. Elle se réfère plus
simplement au consentement du gouvernement malien,
lequel «fait face à des éléments terroristes venant du
nord, qui menacent aujourd'hui l'intégrité territoriale de
cet Etat, son existence même et la sécurité de sa popula-

---

[784] Olivier Corten, *Le droit contre la guerre*, 2ᵉ éd., *op. cit.*,
p. 195-305.

[785] Selon les critères retenus par les textes et la jurisprudence
pertinents; *ibid.*

[786] CIJ, affaire des *Conséquences juridiques de l'édification
d'un mur dans le territoire palestinien occupé*, *CIJ Recueil
2004*, p. 194, par. 139.

[787] Karine Bannelier et Théodore Christakis, «Under the
UN Security Watchful Eyes: Military Invitation by Invitation
in the Malian Conflict», *op. cit.*, p. 857-858.

[788] En application de l'article 51, on le sait, «[l]es mesures
prises par des membres dans l'exercice de ce droit de légitime
défense sont immédiatement portées à la connaissance du
Conseil de sécurité». Dans l'affaire des *Activités militaires
et paramilitaires au Nicaragua et contre celui-ci*, la Cour
internationale de Justice relève qu'il s'agit d'une obligation
procédurale mais que, sur le fond, «l'absence de rapport au
Conseil de sécurité peut être un des éléments indiquant si l'Etat
intéressé était convaincu d'agir dans le cadre de la légitime
défense», (*CIJ Recueil 1986*, p. 105, par. 200).

tion»[789]. En ce sens, dans sa résolution 2100 (2013), le Conseil de sécurité «salu[e] la célérité avec laquelle les forces françaises sont intervenues, à la demande des autorités maliennes», sans évoquer la légitime défense ou l'article 51 de la Charte[790]. Cette dernière disposition ne semble pas non plus avoir été évoquée par d'autres Etats alliés de la France[791]. On serait donc plutôt dans le schéma de la «contre-intervention» qui permettrait de soutenir la partie gouvernementale lorsque les rebelles eux-mêmes auraient préalablement été soutenus depuis l'étranger[792]. En même temps, les autorités françaises ne prétendent explicitement rien de tel, le seul élément mentionné étant la provenance de l'étranger de certaines forces rebelles. Est-ce à dire que toute rébellion dans laquelle seraient impliqués certains éléments venant de l'étranger devrait être considérée comme contraire à l'intégrité territoriale de l'Etat, ce qui permettrait d'aider militairement le gouvernement concerné à la réprimer? La question reste ouverte, tant la position française, soutenue rappelons-le par de nombreux autres Etats, reste incertaine sur le plan juridique[793].

---

[789] *Lettres identiques datées du 11 janvier 2013, adressées au Secrétaire général et au président du Conseil de sécurité par le représentant permanent de la France*, S/2013/17, 14 janvier 2013. Voir Raphaël van Steenberghe, «Les interventions française et africaine au Mali au nom de la lutte armée contre le terrorisme», *op. cit.*, p. 276-277.

[790] Résolution 2100 (2013) du 25 avril 2013, 5e considérant; voir aussi S/PV.6952, 25 avril 2013, et la position des Etats-Unis dans «Contemporary Practice of the United States», *AJIL*, 2013, p. 467-468.

[791] Antonio Tancredi, «Secession and the Use of Force», *op. cit.*, p. 85-86.

[792] *Supra* chapitre II, section 2. Voir aussi Raphaël van Steenberghe, «Les interventions française et africaine au Mali au nom de la lutte armée contre le terrorisme», *op. cit.*, p. 279-282.

[793] Olivier Corten, *Le droit contre la guerre*, 2e éd., *op. cit.*, p. 287-288.

Au final, le précédent du Mali confirme toutes les limites du *dictum* prononcé par la Cour internationale de Justice dans son avis sur le Kosovo : il est loin d'être évident que le principe de l'intégrité territoriale ne s'applique que dans les relations entre Etats, la pratique semblant, depuis fort longtemps témoigner d'une tentation de l'invoquer à l'encontre de sécessionnistes [794]. Cela n'est peut-être pas tellement étonnant, si l'on se réfère au discours des Etats qui tendent, depuis longtemps, à considérer comme illicite le phénomène sécessionniste dans son ensemble. Parallèlement, si on élargit la perspective à d'autres précédents comme le Kosovo, l'Ossétie du Sud, l'Abkhazie voire la Crimée, le principe de neutralité semble mis en tension dans un sens différent, avec cette fois des revendications tendant à légitimer des entités sécessionnistes. Le trouble s'accroît encore lorsque l'on constate que certains Etats défendent le droit à la sécession (fondé sur un droit élargi à l'autodétermination) dans certains précédents, pour prétendre que la sécession est interdite dans d'autres, au nom du respect de l'intégrité territoriale. Nous reviendrons ultérieurement sur les ambivalences de ces positions qui sont à l'évidence aussi juridiques que politiques. Il nous reste cependant, avant d'en arriver à ce point, à envisager la question de la rébellion et les tensions qu'elle subit sous un autre angle, celui de la protection des droits de la personne.

---

[794] Antonio Tancredi, « Secession and the Use of Force », *op. cit.*, p. 87-88.

CHAPITRE IV

LES TENSIONS CONTEMPORAINES LIÉES
AU RESPECT DES DROITS DE LA PERSONNE

> « Rebel, rebel and yell
> 'Cause our people still dwell in hell . . .
> Now freedom must be fundamental
> In Johannesburg or South Central
> On the mic, 'cause someone should tell'em
> To kick in the township rebellion
> Yeah, so you thought you could get with
> the hardlines
> That fill your mind
> Thoughts, battles fought
> And lessons taught . . .
> Keepin' the mic warm against the norm
> 'Cause what does it offer me?
> I think often it's nothin' but a coffin . . .
> *Why stand on a silent platform?*
> *Fight the war, fuck the norm*
> *Why stand on a silent platform?*
> *Fight the war, fuck the norm*
> *Why stand on a silent platform?*
> *Fight the war, fuck the norm*
> *Why stand on a silent platform?*
> *Fight the war, fuck the norm.* »[795]

Dans ce morceau assez caractéristique de leur musique, intensément énergique et engagée[796], le groupe significativement dénommé *Rage Against the Machine* en appelle clairement à la rébellion des populations noires, exploitées par un pouvoir qui, comme dans d'autres de leurs chansons, est dénoncé comme raciste, et

---

[795] *Rage Against the Machine*, « Township Rebellion », 1992, paru sur le CD éponyme sorti la même année.
[796] Voir notamment Joel McIver, *Know Your Ennemy: Rage Against the Machine*, Londres, Omnibus Press, 2014.

même associé au *Ku Klux Klan*. Un pouvoir qui s'exerce
à la fois par la violence, assimilable à une véritable
guerre, et par la loi, ce qui amène le chanteur à marteler
ce mot d'ordre qui exprime bien l'énergie du désespoir :
« fight the war, fuck the norm ! ». Fondamentalement,
cette chanson semble exprimer plus radicalement une
rébellion contre le droit en général, et ce au nom de
considérations de justice.

Le même schéma se retrouve dans certaines productions cinématographiques. Dans *Salvador*, qui
paraît sur les écrans en 1986, Oliver Stone met en scène
l'homélie d'un homme d'église – dont le personnage
est manifestement inspiré de Monseigneur Romero, un
évêque assassiné au Salvador en 1980 – qui dénonce les
excès du pouvoir en place, pour en appeler lui aussi à la
rébellion.

> « Quand une dictature bafoue violemment les
> droits de l'homme et s'attaque au bien commun de la
> nation,
> Quand elle devient insupportable et ferme la porte à
> tout dialogue,
> Alors, l'Eglise parle…
> du droit légitime à la violence insurrectionnelle ! » [797]

Dans les deux cas, le propos apparaît dans toute son
évidence et sa simplicité. Dans le contexte, il relève
même de l'émotion ou de la passion : il s'agit de refuser
l'injustice, même – et surtout – si cette dernière est
appuyée par la force. Dans cette perspective, la rébellion
apparaît comme un irrésistible appel à la résistance,
même désespérée, contre la loi. Cela étant, le message
n'est pas dépourvu d'une certaine part d'équivoque.
D'un côté, la norme, dans les deux cas, est assimilée au

---

[797] *Salvador*, film réalisé aux Etats-Unis par Oliver Stone
en 1986, Hemdale Films, avec James Wood, James Belushi,
Michael Murphy et John Savage.

droit édicté par un gouvernement répressif, et c'est cette norme – et sa mise en œuvre – qui justifie la révolte. Mais, d'un autre côté, la révolte elle-même se fonde manifestement sur d'autres normes, qui apparaissent en filigrane : le caractère injuste et inacceptable du racisme, dans le cas de la chanson, la violence de la répression, dans le cas du film. En ce sens, on pourrait les interpréter comme des appels à ne pas respecter un droit étatique particulier au nom de normes supérieures, normes pouvant être déduites soit du droit international – qui prohibe toute forme de discrimination – soit d'autres cadres de référence normatifs, éthiques ou politiques. On retrouve ici le paradoxe des relations entre la rébellion et le droit : dans la mesure où la première renvoie par définition à une violation du second, ce dernier peut difficilement prétendre réglementer la première. A moins, évidemment, que le non-respect de la règle s'impose en application d'une autre norme normative, qui pourrait être le droit international.

Resterait, dans ce cas, à vérifier que l'ordre juridique international prévoit des mécanismes justifiant la désobéissance à la loi (nationale), et même la révolte contre le pouvoir (étatique). Or, comme on le montrera dans le cadre de ce chapitre, une telle conclusion peut difficilement être déduite des textes et de la pratique existants. De manière générale, en effet, le principe de neutralité consiste, on l'a vu, à ne pas se prononcer sur la légitimité, ou l'illégitimité, d'une rébellion comme d'une répression de la rébellion [798]. Cela n'empêche certes pas, on l'a vu également, que les droits individuels de la personnes doivent être respectés par tout Etat qui s'est engagé en ce sens, que cet Etat soit lié par des traités ou des règles coutumières, à portée régionale comme universelle [799]. Mais la question n'est pas ici de savoir si

---

[798] *Supra* introduction.
[799] *Supra* chapitre I, section 2.

les droits de la personne doivent être respectés, ce qui
n'est sérieusement contesté par personne. Elle est plutôt
de déterminer quels sont les mécanismes de sanction qui
interviennent en cas de violation de ces droits, et plus
spécifiquement si un droit à la rébellion est envisageable
à ce titre. Et, si on se place dans cette perspective, on
constate que le principe de neutralité garde une certaine
pertinence pour caractériser le régime juridique existant,
même s'il subit certaines tensions qui, une fois encore,
s'exercent dans des sens a priori opposés. D'un côté, en
effet, on perçoit une certaine volonté de reconnaître, dans
des cas exceptionnels, un droit à la rébellion au nom des
droits de la personne, une volonté n'est pas, loin s'en
faut, assumée (section 1). D'un autre côté, cependant,
l'impératif respect de ces droits mène parfois à une
tendance inverse, qui consiste non pas à justifier mais à
interdire la rébellion, comme on le constatera dans un
second temps (section 2).

Section 1.   Un droit à la rébellion
au nom des droits de la personne ?

Selon les termes de Benjamin Constant,

«[l]'obéissance à la loi est un devoir; mais, comme
tous les devoirs, il n'est pas absolu, il est relatif; il
repose sur la supposition que la loi part d'une source
légitime, et se renferme dans de justes bornes. Ce
devoir ne cesse pas, lorsque la loi ne s'écarte de cette
règle qu'à quelques égards ... Mais si la loi nous
prescrivait, comme elle l'a fait souvent lors des années
de troubles, si elle nous prescrivait, dis-je, de fouler
aux pieds et nos affections et nos devoirs; si, sous
le prétexte absurde d'un dévouement gigantesque
et factice à ce qu'elle appelle tour à tour république
ou monarchie, elle nous interdisait la fidélité à nos
amis malheureux; si elle nous commandait la perfidie
envers nos alliés, ou même la persécution envers nos

ennemis vaincus : anathème et désobéissance à la rédaction d'injustices et de crimes ainsi décorée du nom de loi ! »[800].

Ce droit à la désobéissance et à la rébellion se trouve-t-il dans des textes juridiques exprimant le droit positif ?

Dans la Déclaration des droits de l'homme et du citoyen de 1793, expressément destinée à ce que les citoyens « ne se laissent jamais opprimer, avilir par la tyrannie », on retrouve une référence à la « résistance à l'oppression » comme « conséquence des autres droits de l'homme »[801], ce qui implique que

> « quand le gouvernement viole les droits du peuple, l'insurrection est, pour le peuple et pour chaque portion du peuple, le plus sacré des droits et le plus indispensable des devoirs »[802].

Ces textes sont assez significatifs de l'époque de la légitimation des arguments humanistes contemporains aux révolutions de la fin du XVIIIᵉ siècle, et on en perçoit la trace à la fois dans la Déclaration d'indépendance des Etats-Unis de 1776 et dans la Déclaration française des droits de l'homme et du citoyen de 1789[803].

Pour certains auteurs, le droit à la révolte contre la tyrannie serait devenu « a recognized principle

---

[800] Réflexions sur les Constitutions, 1818 ; cité dans *Droits de l'homme et philosophie. Une anthologie*, Paris, Presses/Pocket, 1993, p. 171-172 et 173-174.

[801] Article 33 de la déclaration.

[802] Article 35 de la déclaration.

[803] La première se réfère au droit du peuple de changer ou d'abolir une « forme de gouvernement » contraire à certains buts fondamentaux, tandis que la seconde évoque la « résistance à l'oppression » comme un droit « naturel et imprescriptible de l'homme » en son article 2 ; voir les citations et les commentaires de Syméon Karagiannis, « Qu'est-il, en droit international, le droit à la résistance devenu ? », *RTDH*, 2008, p. 949-951.

of international law»[804]. Un tel droit ne se retrouve cependant pas, en tout cas tel quel, dans le droit international contemporain, alors même qu'il était évoqué par plusieurs classiques[805] comme Vattel[806] et qu'on le considère parfois encore aujourd'hui comme intrinsèquement lié à la «nature» et à la «dignité» de l'homme[807]. On l'a détaillé plus haut, le régime juridique actuel comprend certes la notion de droit des peuples à disposer d'eux-mêmes, mais en visant des situations bien particulières, qui relèvent principalement de la décolonisation et de ses suites[808]. En tout état de cause, la légitimité de la lutte est traditionnellement centrée sur la création d'un nouvel Etat, et non au renversement du gouvernement au sein d'un Etat existant. Dans ce dernier cas de figure, on verra que le droit à la révolte paraît bien

---

[804] Jordan J. Paust, «International Law, Dignity, Democracy, and the Arab Spring», *Cornell ILJ*, 2013, p. 12, citant Gerald A. Sumida, «The right of revolution: Implications for International Law and World Order», dans Ch. A. Barker (dir. publ.), *Power and Law. American Dilemmas in World Affairs*, Baltimore, John Hopkins Press, 1971, p. 130-161. Voir aussi Jordan J. Paust, «The Human Right to Participate in Armed Revolution and Related Forms of Social Violence: Testing the Limits of Permissibility», *Emory Law Journal*, 1983, p. 562.

[805] Outre les auteurs ci-dessous, certains classent Grotius comme un opposant à tout droit de résistance, tandis que d'autres tempèrent fortement cette opposition; Elihu Lauterpacht, *International Law and Human Rights*, Londres, Stevens et Sons Ltd, 1950, p. 116-117.

[806] Emer de Vattel, *Le droit des gens ou les principes de la loi naturelle appliqués à la conduite et aux affaires des nations et des souverains*, livre II, chapitre IV, par. 56, dans J. B. Scott (dir. publ.), *The Classics of International Law*, Washington, Carnegie Institution, 1916, p. 298-300. Voir aussi les autres auteurs cités par Mélanie Dubuy, «Le droit de résistance à l'oppression en droit international public: le cas de la résistance à un régime tyrannique», *Civitas Europa*, 2014, p. 146-148.

[807] Dominique Breillat, «La hiérarchie des droits de l'homme», dans *Droit et politique à la croisée des cultures. Mélanges Philippe Ardant*, Paris, LGDJ, 1999, p. 358.

[808] *Supra* chapitre III, section 1.

incertain. D'abord, il est délicat de le déduire des textes existants, même si ces derniers ne sont pas dépourvus d'ambiguïtés (1). Ensuite, et si l'on se tourne vers la pratique, il semble que la manière dont est envisagée la sanction aux violations des droits de l'homme puisse difficilement se ramener à un droit à la révolte (2), ce dernier paraissant même exclu lorsque les groupes rebelles eux-mêmes ne les respectent pas (3).

1. Les ambiguïtés entourant le statut de la rébellion dans les textes protecteurs des droits de la personne

Comme indiqué d'emblée, aucun texte similaire à l'article 33 de la Déclaration des droits de l'homme et du citoyen ne se retrouve dans le droit international général[809]. Certes, dans le préambule de la Déclaration universelle des droits de l'homme, les Etats

«[c]onsidér[e]nt qu'il est essentiel que les droits de l'homme soient protégés par un régime de droit pour que l'homme ne soit pas *contraint, en suprême recours, à la révolte contre la tyrannie et l'oppression*»[810].

Même si on pouvait admettre qu'est ici envisagée «la licéité, au moins théorique, d'un tel recours»[811], il est bien difficile de déduire de cet extrait un authentique «droit» à la révolte, comme le suggère d'emblée la place limitée de ce considérant dans le préambule, sans qu'il ne

---

[809] Mélanie Dubuy, «Le droit de résistance à l'oppression en droit international public: le cas de la résistance à un régime tyrannique», *op. cit.*, p. 149.

[810] Nous soulignons; troisième considérant.

[811] Frédéric Mégret, «Le droit international peut-il être un droit de résistance? Dix conditions pour un renouveau de l'ambition normative internationale», *Etudes internationales*, 2008, p. 49 et, du même auteur, «"Civil Disobedience" and International Law: Sketch for a Theoretical Argument», *CYIL*, 2010, p. 143; voir aussi James L. Taulbee, «Political Crimes, Human Rights and Contemporary International Practice», *Emory International Law Review*, 1990, p. 43-47.

trouve d'écho dans le dispositif de la déclaration[812]. Cet
emplacement est révélateur, d'autant plus qu'un avant-
projet contenant un article 25 reconnaissant un «droit
de résister à l'oppression et à la tyrannie» n'a pas été
retenu[813]. Dans l'extrait du texte final de la déclaration
que l'on vient de citer, la révolte est plutôt évoquée
comme un fait, une éventualité, qui plaide en faveur de
l'établissement d'un «régime de droit», une expression
dont on verra qu'elle justifie davantage qu'elle ne met
en cause les pouvoirs, y compris répressifs, de l'Etat[814].
En ce sens, lorsque, après l'adoption de la déclaration,
René Cassin évoque pour les individus «le droit le plus
sacré qui est de protester contre l'injustice», il en appelle
à l'instauration de mécanismes de contrôle prévus par
le droit, sans ouvrir aucunement la voie à une remise
en cause violente exercée en dehors du cadre juridique
existant[815]. Enfin, et en tout état de cause, on sait que
cette déclaration ne revêt pas de portée obligatoire en
tant que telle[816]. Ses effets juridiques sont généralement

---

[812] Elihu Lauterpacht, *International Law and Human
Rights*, *op. cit.*, p. 325-327; Mélanie Dubuy, «Le droit de
résistance à l'oppression en droit international public: le cas de
la résistance à un régime tyrannique», *op. cit.*, p. 149, note 38;
Syméon Karagiannis, «Qu'est-il, en droit international, le droit
à la résistance devenu?», *op. cit.*, p. 963-966; Annyssa Bellal
et Louise Doswald-Beck, «Evaluating the Use of Force during
the Arab Spring», *YIHL*, 2011, p. 12.

[813] Robert Charvin, «René Cassin et la Déclaration
universelle des droits de l'homme», *RBDI*, 1998, p. 327;
Johannes Morsink, *The Universal Declaration of Human
Rights: Origins, Drafting and Intent*, Philadelphia, University
of Pennsylvania Press, 1999, p. 308-312.

[814] *Infra* section 2 du présent chapitre et Syméon
Karagiannis, «Qu'est-il, en droit international, le droit à la
résistance devenu?», *op. cit.*, p. 959-962.

[815] René Cassin, «La Déclaration universelle et la mise en
œuvre des droits de l'homme», *Recueil des cours*, tome 79
(1951), p. 251.

[816] La déclaration se présente, on le sait, comme un «idéal
à atteindre» (préambule, 8e considérant); Mary Ann Glendon,

considérés comme médiats, soit qu'ils résultent d'une valeur coutumière dépendant elle-même de la prise en compte de la pratique – qui, on le verra, peut difficilement être interprétée comme consacrant un droit à la révolte –, soit qu'on les établisse à partir des textes conventionnels adoptés à la suite de la déclaration de 1948[817]. Or, ces textes, qu'il s'agisse des Pactes des Nations Unies ou des nombreuses autres conventions adoptées à l'échelle universelle, ne comprennent à aucun endroit une disposition régissant une forme de droit à la rébellion ; ils instaurent plutôt des mécanismes ouvrant la voie à des plaintes individuelles devant des organes de contrôle, ce qui revient à canaliser les protestations et, en même temps, à écarter la perspective d'une rébellion[818]. Il n'en reste pas moins qu'à l'analyse, certains éléments pourraient être interprétés comme exprimant une tendance plus radicale, sans toutefois que cette dernière ne soit, loin s'en faut, clairement assumée.

Tout d'abord, dans l'article 1er commun aux Pactes des Nations Unies de 1966 sur les droits civils et politiques et sur les droits économiques, sociaux et culturels, on ne retrouve aucun droit à la rébellion[819], mais plutôt une affirmation très générale selon laquelle « [t]ous les

---

« The Rule of Law in the Universal Declaration of Human Rights », *Northwestern Journal of Int. H.R.*, 2004, p. 4 ; voir aussi Horst Hannum, « The Status of the Universal Declaration of Human Rights in National and International Law », *Georgia Journal of International & Comparative Law*, 1995, p. 317-354.

[817] *Ibid.* et Hilary Charlesworth, « Universal Declaration of Human Rights », *EPIL*, vol. X, 2012, p. 572-573 ; voir déjà René Cassin, « La Déclaration universelle et la mise en œuvre des droits de l'homme », *op. cit.*, p. 288-296.

[818] Voir par exemple Nigel S. Rodley, « The Role and Impact of Treaty Bodies », dans Dinah Shelton (dir. publ.), *The Oxford Handbook of International Human Rights Law*, Oxford, OUP, 2013, p. 621-648.

[819] Syméon Karagiannis, « Qu'est-il, en droit international, le droit à la résistance devenu ? », *op. cit.*, p. 968-970.

peuples ont le droit de disposer d'eux-mêmes. En vertu
de ce droit, ils déterminent librement leur statut politique
et assurent librement leur développement économique,
social et culturel» [820]. Cet énoncé n'étant manifestement
pas limité aux situations liées à la décolonisation, on
pourrait l'interpréter comme justifiant implicitement un
droit à la rébellion déduit de l'adjectif «librement», qui
apparaît comme incompatible avec un régime de tyrannie
ou d'oppression [821]. On a en ce sens évoqué un «droit à
l'autodétermination interne», c'est-à-dire du peuple d'un
Etat contre son propre gouvernement [822]. Dès 1970, Jean
Salmon affirmait par exemple que :

> «chaque peuple possédant le droit de l'autodéterminer
> comme il l'entend, le principe de la *souveraineté
> populaire* est donc le critère de l'autodétermination
> d'un Etat. Si un régime contraire à la volonté
> populaire est imposé au peuple, le droit de celui-ci à
> l'autodétermination est violé» [823].

En suivant cette logique, la «Déclaration d'Alger», texte
doctrinal publié en 1976, énonce que tout peuple dont
les droits sont violés aurait le droit «de les faire valoir,

---

[820] *Supra* chapitre III, section 1.

[821] Allan Rosas, «Article 21», dans G. Alfredsson et A.
Eide (dir. publ.), *The Universal Declaration of Human Rights.
A Common Standard of Achievement*, Leyde, Martinus Nijhoff,
1999, p. 432 ss.

[822] Edmond Jouve, *Le droit des peuples*, Paris, PUF, 1986,
p. 81 ss; James Crawford, «Democracy and International
Law», *BYBIL*, 1993, p. 116; Thomas Franck, «The Emerging
Right to Democratic Governance», *AJIL*, 1992, p. 52-60.

[823] Souligné dans l'original: Jean Salmon, «Le droit
des peuples à disposer d'eux-mêmes. Aspects juridiques et
politiques», dans *Le nationalisme, facteur belligène*, Bruxelles,
Bruylant, p. 360; voir aussi en ce sens Antonio Cassese, «The
Self-Determination of Peoples», dans L. Henkin (dir. publ.),
*The International Bill of Human Rights. The Covenant on Civil
and Political Rights*, 1981, p. 154-155.

notamment par la lutte politique ou syndicale et même, en dernière instance, par le recours à la force» [824].

Par contre, et pour en revenir à un instrument conventionnel, le texte de l'article 1er, s'il évoque un droit, ne précise pas comment ce dernier peut être exercé. Rien n'indique en particulier qu'il justifie une lutte violente contre un pouvoir en place qui n'aurait pas respecté les droits qui sont énoncés dans la suite de ces deux instruments [825]. Au contraire, ces derniers sont conçus de telle manière que des mécanismes de contrôle et de sanction sont prévus – plus spécialement dans des protocoles aux deux Pactes –, y compris à l'échelle internationale, ce qui semble plutôt exclure le droit à la révolte [826]. A supposer que celui-ci soit implicitement contenu dans ce texte, se poserait encore la question de son titulaire: le «peuple» serait-il représenté par un organe ou une entité distincte des individus qui le composent? Aucun indice ne permet de l'affirmer, ni encore moins de préciser les modalités – y compris violentes – par lesquelles ce droit pourrait être exercé [827]. A défaut, on aurait tendance à se tourner là encore

---

[824] Article 28 de la déclaration du 4 juillet 1976, dont le texte est reproduit dans François Rigaux (dir. publ.), *Le concept de peuple*, Bruxelles, Stoty-Sciencia, 1988, p. 99; voir Salvator Senese, «Le concept de peuple dans la déclaration d'Alger», *ibid.*, p. 1-37.

[825] En ce sens, Théodore Christakis qui, sur la base de l'analyse de l'article 1er commun et d'autres textes similaires dans d'autres conventions protectrices des droits de la personne, et prenant à chaque fois en compte l'ensemble des travaux préparatoires pertinents, conclut qu'il n'en résulte aucun droit à remettre en cause l'ordre juridique existant; *Le droit à l'autodétermination en dehors des situations de décolonisation*, *op. cit.*, p. 334 ss.

[826] Syméon Karagiannis, «Qu'est-il, en droit international, le droit à la résistance devenu?», *op. cit.*, p. 971.

[827] Rosalyn Higgins, *Problems et Process. International Law and How We Use It*, Oxford, Clarendon Press, 1994, p. 126.

vers les dispositions plus précises des deux pactes, ces dernières renvoyant, comme le Comité des droits de l'homme l'a indiqué, à des droits *individuels*[828], des droits qui, là encore, devraient sans doute eux-mêmes être exercés conformément aux règles et procédures juridiques énoncées.

Cette perspective d'une désobéissance civile envisagée à l'échelle individuelle, par opposition à un droit collectif à la révolte, est confortée par d'autres aspects des textes pertinents. Plusieurs exemples ont été évoqués en ce sens par Frédéric Mégret, dans le cadre de ses recherches sur un hypothétique «droit à la résistance»[829].

- En droit pénal international, on sait que l'argument de l'ordre supérieur n'est pas admis comme cause de justification d'un crime[830]. Un tel schéma induit logiquement un droit à, et même à une obligation de, ne pas obéir à des ordres injustes, c'est-à-dire plus précisément incompatibles avec l'ordre juridique international, lequel doit prévaloir sur les règles nationales applicables[831].

---

[828] *Ibid.*, p. 126-127. Comme le signale le Comité, après avoir rappelé le droit des peuples à disposer d'eux-mêmes énoncé à l'article 1er, le Protocole «offre à des particuliers le moyen de se faire entendre lorsqu'ils estiment que leurs droits *individuels* ont été violés. Ces droits sont énoncés dans la troisième partie du Pacte, aux articles 6 à 27» (nous soulignons; *La bande du lac Lubicon c. Canada*, communication n° 167/1984, UN doc. CCPR/C/38/D/167/1984 (1990)).

[829] Frédéric Mégret, «Le droit international peut-il être un droit de résistance? Dix conditions pour un renouveau de l'ambition normative internationale», *op. cit.*, p. 39-62.

[830] Voir entre autres l'article 33 du Statut de la Cour pénale internationale, ainsi qu'Eric David, *Eléments de droit pénal international et européen*, Bruxelles, Bruylant, 2009, p. 732-734 et, du même auteur, «L'excuse de l'ordre supérieur et l'état de nécessité», *RBDI*, 1978-1979, p. 65-84.

[831] Frédéric Mégret, «Le droit international peut-il être un droit de résistance? Dix conditions pour un renouveau de

– L'état de nécessité a, dans certains cas, été reconnu comme un fondement juridique justifiant une objection de conscience ou des actes de désobéissance civile[832]. Ici également, il semble donc qu'exceptionnellement, on puisse s'opposer à un ordre, quand bien même ce dernier ne serait pas aussi radical que dans le cas précédent, dans la mesure où il ne prescrirait pas la perpétration d'un véritable crime international.

– Le statut de réfugié est, en application de la Convention de Genève de 1951, reconnu à toute personne «craignant avec raison d'être persécutée du fait de sa race, de sa religion, de sa nationalité de son appartenance à un certain groupe social ou de ses opinions politiques»[833]. En pareil cas, tout Etat partie à la Convention a l'obligation d'accorder un statut impliquant notamment le non-refoulement[834], ce qui peut parfois – spécialement lorsqu'on est en présence d'une personne accusée dans son Etat d'origine de crime de trahison – être interprété comme une protection de la désobéissance, par la personne concernée, à la loi et aux autorités de son Etat d'origine[835].

---

l'ambition normative internationale», *op. cit.*, p. 49; voir aussi Hitomi Takemura, «Disobeying Manifestly Illegal Orders», *Peace Review*, vol. 18, 2006, p. 533.

[832] Frédéric Mégret, «Le droit international peut-il être un droit de résistance? Dix conditions pour un renouveau de l'ambition normative internationale», *op. cit.*, p. 50; Steven M. Bauer et Peter J. Exkerstrom, «The State Made Me Do It. The Applicability of the Necessity Defense to Civil Disobedience», *Stanford Law Review*, vol. 39, 1987, p. 1173.

[833] Article 1, paragraphe 2 de la Convention.

[834] Voir par exemple Elihu Lauterpacht et Daniel Bethlehem, «The scope and content of the principle of *non-refoulement*: Opinion», dans E. Feller, V. Türk et F. Nicholson (dir. publ.), *Refugee Protection in International Law*, Cambridge, CUP, 2003, p. 87-179.

[835] Frédéric Mégret, «Le droit international peut-il être un droit de résistance? Dix conditions pour un renouveau de l'ambition normative internationale», *op. cit.*, p. 49-50.

Ces exemples ne manquent pas d'intérêt et de pertinence mais, à la réflexion, peut-on réellement les considérer comme une forme de consécration d'un «droit à la rébellion»? On admettra qu'il s'agirait là d'une interprétation particulièrement extensive et audacieuse qui, à supposer même qu'on la suive, ne conduirait qu'à des droits individuels et limités, et non à un droit collectif qui serait reconnu à un groupe représentant un peuple opprimé. On reste d'ailleurs essentiellement dans une logique, non de rébellion, mais de mécanismes strictement encadrés par le droit, que ce dernier soit international ou même interne (dans le cas de l'état de nécessité) [836].

D'autres incertitudes encore semblent ressortir d'un examen des mécanismes régionaux de protection des droits de la personne.

– L'article 2 *(d)* de la Charte arabe des droits de l'homme révisée en 2004 évoque un droit des peuples à «résister à l'occupation étrangère», mais cette formulation semble renvoyer au droit à l'autodétermination externe, voire à la légitime défense au sens de l'article 51 de la Charte [837]. Cela n'empêche pas qu'elle soit parfois évoquée plus généralement comme l'expression d'un progrès d'un droit de résistance [838].

---

[836] Voir Théodore Christakis, «Nécessité n'a pas de loi?» La nécessité en droit international», dans SFDI, *La nécessité et le droit international*, Paris, Pedone, 2007, p. 11-63.

[837] Voir plus généralement les réflexions de Frédéric Mégret, «Grandeur et déclin de l'idée de résistance à l'occupation: réflexions à propos de la légitimité des «insurgés», *RBDI*, 2008, p. 413-416.

[838] Mélanie Dubuy, «Le droit de résistance à l'oppression en droit international public: le cas de la résistance à un régime tyrannique», *op. cit.*, p. 139. La Charte renvoie aussi à certains droits politiques; voir Michèle Olivier, «The Emergence of a Right to Democracy. An African Perspective», dans Carlo Panara et Gary Wilson (dir. publ.), *The Arab Spring. New*

– L'article 20, paragraphe 2 de la Charte africaine des droits de l'homme et des peuples du 27 juin 1981 dispose très généralement que «[les peuples colonisés ou opprimés ont le droit de se libérer de leur état de domination en recourant à tous moyens reconnus par la Communauté internationale». Cette disposition semble ouvrir assez largement un droit à la résistance, et a été considérée par une partie de la doctrine comme particulièrement novatrice[839]. On peut toutefois se demander s'il ne s'agit pas d'une expression du droit à l'autodétermination (rappelé à l'article 20, paragraphe 1) dans son interprétation classique, recouvrant les peuples coloniaux, occupés ou sous régime raciste[840]. A supposer que cela dépasse ce cadre traditionnel pour s'étendre à un droit à remettre en cause un régime établi, l'ouverture d'un «droit à la rébellion» reste en tout état de cause dépendante de la détermination de ce que constituent les «moyens reconnus par la Communauté internationale»[841] puisque, comme

---

Patterns for Democracy and International Law, Leyde, Boston, Martinus Nijhoff, 2013, p. 50-51.

[839] Shannonbrooke Murphy, «Unique in international human rights law: Article 20 (2) and the right to resist in the African Charter of Human and Peoples' Rights», *African Human Rights Journal*, 2011, p. 465-494; Fatsah Ouguergouz, *The African Charter of Human and Peoples' Rights. A Comprehensive Agenda for Human Dignity and Sustainable Democracy in Africa*, La Haye, Londres, New York, Martinus Nijhoff, 2003, p. 261-269; Edem Kodjo, «The African Charter on Human and Peoples' Rights», *Human Rights Law Journal*, 1990, p. 271-282.

[840] Telle est par exemple la perspective suivie par Constantin P. Economidès, «Article 20, alinéas 2 et 3», dans Maurice Kamto (dir. publ.), *La Charte africaine des droits de l'homme et des peuples et le Protocole y relatif portant création de la Cour africaine des droits de l'homme. Commentaire article par article*, Bruxelles, Bruylant, 2011, p. 488-518, spécialement p. 500.

[841] Shannonbrooke Murphy, «Unique in international human rights law: Article 20 (2) and the right to resist in the

on vient de le voir, les textes universels sont loin de consacrer le droit d'utiliser la violence ou même de désobéir à la loi. Le système africain prévoit d'ailleurs des mécanismes de plaintes devant la Commission[842] ou ultérieurement la Cour africaine des droits de l'homme et des peuples[843], mécanismes qui ont déjà été utilisés, notamment par rapport à l'article 20[844]. Une fois encore, dans la mesure où l'ordre juridique prévoit lui-même des mécanismes en cas de violation, l'hypothèse d'un droit à la révolte semble bien aléatoire.

– Dans la même perspective, on doit souligner que la Cour européenne des droits de l'homme, généralement considérée comme particulièrement progressiste, ne semble pas davantage reconnaître de droit à la rébellion ou à la résistance[845]. Dans sa logique, l'utilisation des mécanismes juridiques existants, caractéristiques d'un «régime de droit» – pour reprendre les termes du préambule de la Déclaration universelle des droits de l'homme – est la conséquence logique de la

---

African Charter of Human and Peoples' Rights», *op. cit.*, p. 474.

[842] Voir les articles 30 à 61 de la Charte africaine des droits de l'homme et des peuples, ainsi que la pratique de la commission disponible sur : http://www.achpr.org/fr/.

[843] Voir le Protocole relatif à la Charte africaine des droits de l'homme et des peuples portant création d'une Cour africaine des droits de l'homme et des peuples, 1998, texte sur http://www.african-court.org ; commentaire dans Maurice Kamto (dir. publ.), *La Charte africaine des droits de l'homme et des peuples et le Protocole y relatif portant création de la Cour africaine des droits de l'homme. Commentaire article par article*, *op. cit.*

[844] Voir par exemple «Congrès du peuple katangais c. République du Zaïre», communication 75/92, 22 mars 1995, http://www.achpr.org/fr/communications/decision/75.92/.

[845] Voir les réflexions de Syméon Karagiannis, «Qu'est-il, en droit international, le droit à la résistance devenu ?», *op. cit.*, p. 970-987.

violation, par l'Etat, de ses obligations[846]. *A contrario*, l'utilisation de la violence, qu'elle soit individuelle ou a fortiori collective, n'apparaît pas justifiable[847], et peut même, on le verra, conférer un droit, voire un devoir, de répression de la part des autorités publiques[848].

Dans ce contexte, on pourrait encore se tourner vers le droit comparé pour déterminer s'il ne permettrait pas l'établissement d'une sorte de «principe général de droit» à la rébellion[849]. L'entreprise paraît cependant particulièrement délicate, et ce pour plusieurs raisons. D'abord, s'il est vrai que certaines dispositions de droit internes pourraient être assimilées à la reconnaissance d'un droit à la résistance, ce dernier peut difficilement être interprété comme ouvrant la voie à une remise en cause par la violence de l'ordre établi[850]. Le plus souvent, cette résistance est elle-même conçue comme la réaction à un usage préalable de la violence contre le droit existant. Ainsi, et par exemple, la Constitution allemande évoque le droit de résister contre «quiconque entreprendrait de renverser cet ordre [constitutionnel], s'il n'y a pas d'autre remède possible»[851], la Constitution grecque

---

[846] *Ibid.*, p. 985-986. Ainsi, «le droit à la révolte s'effacerait derrière la protection efficace fournie par le système européen» (p. 986); voir aussi Mélanie Dubuy, «Le droit de résistance à l'oppression en droit international public : le cas de la résistance à un régime tyrannique», *op. cit.*, p. 151.

[847] Syméon Karagiannis, «Qu'est-il, en droit international, le droit à la résistance devenu?», *op. cit.*, p. 984.

[848] *Infra* section 2 du présent chapitre.

[849] Voir à ce sujet Syméon Karagiannis, «Qu'est-il, en droit international, le droit à la résistance devenu?», *op. cit.*, p. 987 ss.

[850] Les exemples repris ici sont essentiellement tirés de l'étude de Syméon Karagiannis, «Qu'est-il, en droit international, le droit à la résistance devenu?», *op. cit.*, p. 991 ss.

[851] Article 20, paragraphe 4 (texte dans Henri Oberdorf et C. Grewe, *Les Constitutions des Etats de l'Union européenne*, Paris, La Documentation française, 3ᵉ éd., 1999, p. 29); voir Olivier Jouanjan, «Que dit la Loi Fondamentale en Allema-

ne l'admet que «contre toute personne entreprenant
son [de la Constitution] abolition par la violence»[852],
tandis que la Constitution estonienne ne l'envisage
qu'en cas de «changement par la violence de l'ordre
constitutionnel»[853]. Comme l'illustrent ces énoncés, la
«résistance» est loin de justifier la remise en cause du
droit existant; elle est plutôt conçue comme un moyen
de le protéger contre celles ou ceux qui lui porteraient
atteinte par la «violence», comme c'est le cas lors d'une
rébellion au sens où on l'envisage ici[854]. Ensuite, et en
tout état de cause, on ne retrouve trace d'aucun droit à la
résistance, quelle qu'en soit sa définition, dans nombre
de droits nationaux existants. Certains l'excluent même
très clairement, comme en témoigne cet extrait de la
Constitution hongroise:

> «l'activité d'aucune organisation de la société,
> d'aucun organe de l'Etat et d'aucun citoyen ne peut
> avoir pour but la prise ou l'exercice du pouvoir par la
> violence ou la détention exclusive du pouvoir. Chacun
> a le droit, et en même temps l'obligation, d'agir par la
> voie légale contre de telles tentatives»[855].

Enfin, il faut rappeler le paradoxe qui consisterait pour
un ordre juridique à justifier la violation de ses propres

---

gne?», dans D. Gros et O. Camy (dir. publ.), *Le droit de résistance à l'oppression, Revue Le genre humain*, 2005, p. 191.
    [852] Article 120, paragraphe 4 de la Constitution grecque
du 9 juin 1975; texte dans Henri Oberdorf et C. Grewe, *Les
Constitutions des Etats de l'Union européenne, op. cit.*, p. 294;
voir Antonis Manitakis, «Que dit la Constitution grecque?»,
dans D. Gros et O. Camy (dir. publ.), *Le droit de résistance à
l'oppression, op. cit.*, p. 199-207.
    [853] Article 54, paragraphe 2; texte dans Michel Lesage,
Constitutions de l'Europe orientale, centrale et balte, Paris, La
Documentation française, 1995, p. 75.
    [854] Voir la définition de la notion *supra* introduction.
    [855] Article 2, paragraphe 3; texte dans Michel Lesage,
Constitutions de l'Europe orientale, centrale et balte, op. cit.,
p. 95.

fondements. En toute logique, dès l'instant où une clause prévoit un droit à la résistance – quand bien même celui-ci pourrait impliquer le non-respect provisoire et limité de certaines règles spécifiques –, cette clause légalise, canalise et réglemente la rébellion[856]. Mais, alors, il ne s'agit plus de rébellion à proprement parler, mais plutôt d'un recours prévu par l'ordre juridique lui-même[857]. On retombe ainsi dans le schéma déjà exposé du «régime de droit» découlant à l'origine de la Déclaration universelle des droits de l'homme[858].

Ce schéma reste-t-il pertinent pour analyser la notion, apparue dans les années 2000, de «responsabilité de protéger»? Dans son étude déjà citée, Frédéric Mégret en propose une interprétation particulièrement intéressante[859]. Cette notion est généralement considérée comme le fruit d'une évolution consacrant les progrès des droits de la personne dans l'ordre juridique international[860]. En même temps, il est caractéristique que les sanctions à la violation de ces droits prévues par le texte pertinent – essentiellement la résolution 60/1 de l'Assemblée générale des Nations Unies, adoptée par consensus[861] – non seulement ne prévoient pas

---

[856] Syméon Karagiannis, «Qu'est-il, en droit international, le droit à la résistance devenu?», *op. cit.*, p. 996.

[857] Gilles Lebreton, *Libertés publiques et droits de l'homme*, 7ᵉ éd., Paris, Armand Colin, 2005, p. 74.

[858] Henri Oberdorf, *Droits de l'homme et libertés fondamentales*, Paris, LGDJ, 2008, p. 167.

[859] Frédéric Mégret, «Le droit international peut-il être un droit de résistance? Dix conditions pour un renouveau de l'ambition normative internationale», *op. cit.*, p. 51-52.

[860] Anne Peters, «Le droit d'ingérence et le devoir d'ingérence – Vers une responsabilité de protéger», *RDIDC*, 2002, p. 290-308.

[861] Résolution adoptée le 24 octobre 2005, *Déclaration du sommet mondial 2005*; sur ce point particulier, cette déclaration est le couronnement d'une réflexion entamée en 2000 par le Secrétaire général de l'ONU (Kofi A. Annan, *Nous, les peuples. Le rôle des Nations Unies au XXIᵉ siècle*, Nations

mais semblent bien exclure la révolte ou la rébellion de
la part de la population opprimée[862]. Rappelons que la
«responsabilité de protéger» est supposée s'appliquer
en cas de crimes de guerre, crimes contre l'humanité,
crimes de génocide ou nettoyage ethnique[863]. En pareille
situation, le concept renvoie d'abord à une responsabilité
de l'Etat sur le territoire duquel les exactions ont lieu,
Etat qui doit non seulement respecter, mais aussi faire
respecter les droits de l'homme et le droit international
humanitaire[864]. A titre subsidiaire, la responsabilité
incombe à la «communauté internationale», c'est-à-
dire, si l'on s'en tient au texte de la résolution 60/1,
au Conseil de sécurité agissant conformément au chapitre VII de la Charte des Nations Unies[865]. Le Conseil
est ainsi invité, lorsque l'Etat concerné ne peut ou ne

Unies, A/54/2000, 27 mars 2000, p. 38, par. 219) et poursuivie
par une «Commission internationale de l'intervention et de
la souveraineté des Etats» (*La responsabilité de protéger*
(décembre 2001)); des formules proches du texte final se
retrouvent ensuite dans le rapport du «Groupe de personnalités
de haut niveau» (*A more secure world: Our shared
responsibility*, Report of the Secretary-General's High-level
Panel on Threats, Challenges and Change, NU, 2004, p. 65-
66, par. 199-203), le rapport du Secrétaire général de l'ONU
restant quant à lui très elliptique sur ce point (*Dans une liberté
plus grande: développement, sécurité et respect des droits
de l'homme pour tous*, A/59/2005, 24 mars 2005, p. 39,
par. 125).

[862] Frédéric Mégret, «Beyond the "Salvation" Paradigm:
Responsibility to Protect (Others) vs the Power of Protecting
Oneself», *Security Dialogue*, 2009, p. 575-595.

[863] Cette limitation, qui résulte du texte du paragraphe 138
de la résolution 60/1 précitée, a donné lieu ensuite à diverses
interprétations, voire remises en cause; voir notamment Nabil
Hajjami, *La responsabilité de protéger*, Bruxelles, Bruylant,
2013, p. 297-335.

[864] Paragraphe 138 de la résolution; voir aussi Hélène
Tigroudja, «Responsabilité de protéger et réparation des violations graves des droits de l'Homme», dans SFDI, *La responsabilité de protéger*, Paris, Pedone, 2008, p. 271-276.

[865] Paragraphe 139 de la résolution.

veut pas agir pour faire cesser les violations, à prendre des mesures appropriées, y compris coercitives et même militaires[866]. On le constate, un tel schéma, que l'on peut dès lors considérer comme (néo-)paternaliste, ne confère aucune place à la population ou au groupe dont les droits auraient été gravement violés[867]. Ce dernier ne se voit conférer aucun rôle, aucun droit, aucune responsabilité qui pourrait l'amener à résister ou à se révolter contre le gouvernement oppresseur. Tout au plus les individus qui le composent pourraient-il utiliser les mécanismes juridiques existants en matière de protection des droits de l'homme[868].

Quant à la coercition et à la violence, elle reste exclusivement réservée à des Etats ou à des organisations interétatiques, singulièrement l'ONU[869]. Si un débat existe en doctrine, il concerne la possibilité d'interpréter extensivement les textes existants, de manière à permettre à des Etats ou à des organismes régionaux d'agir sans

---

[866] On a déjà évoqué le précédent de l'opération militaire menée contre la Libye en 2011, lors duquel la notion a été invoquée; *supra* chapitre II, section 1. Il est remarquable que le Conseil n'ait jamais évoqué un droit à la rébellion de la part de la population libyenne; Mélanie Dubuy, «Le droit de résistance à l'oppression en droit international public: le cas de la résistance à un régime tyrannique», *op. cit.*, p. 154; voir aussi l'étude de Catherine Powell, louant les progrès de la responsabilité de protéger grâce au précédent de la Libye, mais en envisageant la notion dans une perspective qui n'envisage pas un droit du peuple à la rébellion; «Libya: A Multilateral Constitutional Moment», *AJIL*, 2012, p. 298-316.

[867] Outre les études de Frédéric Mégret citées plus haut, voir Anne Orford, *International Authority and the Responsibility to Protect*, Cambridge, CUP, 2011.

[868] Voir par exemple Anne-Laure Chaumette, «Le droit à la réparation des victimes de crimes de droit international. Responsabilité de protéger et droit international pénal», dans SFDI, *La responsabilité de protéger*, *op. cit.*, p. 259-270.

[869] Nabil Hajjami, *La responsabilité de protéger*, *op. cit.*, p. 217-247.

autorisation du Conseil de sécurité[870]. Mais, que ce soit l'ONU, un Etat ou une organisation qui agisse, on reste dans le cadre d'une protection «par le haut», et non de la reconnaissance d'une lutte «par le bas», de la part du peuple qui serait opprimé. En ce sens, la «responsabilité de protéger» paraît rétive à toute revendication d'un droit à la rébellion. La portée de la notion apparaît d'autant plus incertaine qu'il n'est pas évident de déterminer si les Etats l'ont conçue dans une perspective spécifiquement juridique – et pas seulement politique[871] – et, dans l'affirmative, s'ils ont souhaité aller au-delà d'une simple codification du droit existant[872].

---

[870] Certains auteurs estiment néanmoins qu'en certaines circonstances, il serait possible de mettre en œuvre la notion en l'absence de toute action du Conseil; Carsten Stahn, «Responsibility to Protect: Political Rhetoric or Emerging Legal Norm?», *AJIL*, 2007, p. 109 et p. 119-120; Nicholas Tsagourias, «Necessity and the Use of Force: A Special Regime», *NYIL*, 2010, p. 24-25. D'autres le contestent; Nabil Hajjami, *La responsabilité de protéger*, *op. cit.*, p. 145 ss; Olivier Corten, *Le droit contre la guerre*, 2ᵉ éd., *op. cit.*, p. 819-836; Anders Henriksen et Marc Schack, «The Crisis in Syria and Humanitarian Intervention», *JUFIL*, 2014, p. 132-133; Jure Vidmar, «Human Rights, Democracy and the Legitimacy of Governments in International Law: Practice of States and UN Organs», *op. cit.*, p. 72-74.

[871] Barbara Delcourt, «La responsabilité de protéger et l'interdiction du recours à la force: entre normativité et opportunité», dans SFDI, *La responsabilité de protéger*, *op. cit.*, p. 305-312; Jean-Yves de Cara, «The Arab Uprisings Under the Light of Intervention», *GYIL*, 2012, p. 44-45.

[872] Laurence Boisson de Chazournes et Luigi Condorelli, «De la «responsabilité de protéger», ou d'une nouvelle parure pour une notion déjà bien établie», *RGDIP*, 2006, p. 11-18; Christine Gray, «A Crisis of Legitimacy for the UN Collective Security System», *ICLQ*, 2007, p. 166-168; Carlo Focarelli, «The Responsibility to Protect Doctrine: Too Many Ambiguities for a Working Doctrine», *JCSL*, 2008, p. 191-213; Maziar Jamnejad et Michael Wood, «The Principle of Non-Intervention», *LJIL*, 2009, p. 360; Olivier Corten, ««L'émergence de la «responsabilité de protéger»: la fin du droit d'intervention humanitaire», dans Stéphane

On le constate, les textes pertinents sont caractérisés par une certaine ambivalence. D'une part, les progrès des droits de la personne et du droit humanitaire semblent se traduire par des obligations de plus en plus étendues à la charge des Etats, ainsi qu'à des mécanismes de contrôle ou de sanction de plus en plus élaborés.

D'autre part, la révolte reste une option que l'on souhaite canaliser par la voie de règles ou d'institutions juridiques qui, tantôt renvoient à une logique purement individuelle de recouvrement des droits, y compris par la voie juridictionnelle, tantôt évoquent des sanctions, y compris militaires, mais uniquement de la part d'institutions étatiques, et non de peuples ou de groupes opprimés.

On revient là encore à toute la difficulté pour le droit à admettre sa propre remise en cause, conclusion inévitable d'une reconnaissance de la rébellion[873].

Une difficulté qui, comme d'autres qui viennent d'être évoquées, se reflète également dans la manière dont, en pratique, on a réagi à des mouvements de rébellion qui se sont développés à l'origine à l'intérieur d'un Etat, officiellement pour remettre en cause la «tyrannie et l'oppression» qui caractériseraient le gouvernement en place.

Pour le montrer, on abordera successivement les ambiguïtés qui caractérisent certaines hypothèses de reconnaissances de rébellions existantes (dans les cas de la Libye et de la Syrie), avant de souligner que les violations des droits de la personne, si elles peuvent difficilement générer un droit à la révolte, peuvent aisément, en certains cas comme ceux du Yémen ou de l'Irak, le discréditer.

Doumbé-Billé (dir. publ.), *Nouveaux droits de l'homme et internationalisation du droit*, Bruxelles, Bruylant, 2012, p. 17-32.

[873] *Supra* introduction.

2. La reconnaissance d'un statut de représentants du peuple au profit des rebelles : la Libye et la Syrie comme signe des limites de la thèse d'une «rébellion-remède»?

Les crises de Libye et de Syrie ont ceci de commun qu'elles ont donné lieu, de la part de certains Etats, à des reconnaissances d'un statut particulier au profit des forces rebelles, le «Conseil national de transition» (CNT) dans le premier cas, le «Conseil national syrien» (CNS) puis la «Coalition nationale syrienne» (CoNS) dans le second[874]. Le CNT a été reconnu dès le 10 mars 2011 par la France, comme le seul «représentant légitime» du peuple libyen[875]. Il le sera ensuite par d'autres pays européens et occidentaux[876], les Etats-Unis évoquant un «legitimate interlocutor of the Libyan people» le 15 juillet[877], tandis que le Royaume-Uni qualifiait le 27 juillet le CNT de «sole governmental authority in Libya»[878]. Parallèlement, la reconnaissance a eu lieu par la Ligue arabe dès le 13 mars 2011[879], l'Assemblée générale de l'ONU attendant quant à elle le 16 septembre 2011 pour

---

[874] Voir l'exposé et les nombreuses références de Stefan Talmon, «Recognition of Opposition Groups as the Legitimate Representative of a People», *ChJIL*, 2013, p. 219-226.

[875] *Keesing's*, 2011, p. 50365.

[876] *Ibid.*, p. 50365-50366 et http://fr.wikipedia.org/wiki/Reconnaissance_internationale_du_Conseil_national_de_transition_libyen#cite_note-53.

[877] «Contemporary Practice of the United States», *AJIL*, 2011, p. 780.

[878] www.fco.gov.uk/newsn, 27 juillet 2011; voir Colin Warbrick, «British Policy and the National Transitional Council of Libya», *ICLQ*, 2012, p. 247-264 ainsi que Stephan Talmon, «De-Recognition of Colonel Qaddafi as Head of State of Libya», *ICLQ*, 2011, p. 759-767.

[879] Conseil de la Ligue des Etats arabes, résolution 7360 du 12 mars 2011, annexée à la *Lettre datée du 14 mars 2011, adressée au Président du Conseil de sécurité par l'Observateur permanent de la Ligue des Etats arabes auprès de l'Organisation des Nations Unies*, S/2011/137, 15 mars 2011.

reconnaître le CNT comme le nouveau gouvernement de l'Etat libyen[880]. Quant au CNS, il a successivement été reconnu comme représentant légitime du peuple syrien par le nouveau régime libyen (19 octobre 2011), puis comme interlocuteur légitime par la France (21 novembre) et l'Espagne (23 novembre)[881], avant de se transformer en une coalition plus large, la «Coalition nationale syrienne», le 12 novembre 2012. Cette coalition a été reconnue par le Conseil de coopération du Golfe dès le lendemain[882], puis par la France, l'Italie, le Royaume-Uni et l'Union européenne et les Etats-Unis[883], avant d'occuper le siège de la Syrie à la Ligue arabe le 26 mars 2013[884].

Une telle pratique apparaît d'emblée délicate à interpréter. La reconnaissance de gouvernement étant un acte discrétionnaire, bon nombre d'Etats s'abstiennent tout simplement d'y procéder, en n'estimant opportun que de procéder à la reconnaissance d'Etat, sans à chaque fois procéder à un acte formel de gouvernement[885].

---

[880] Résolution 66/1, «Pouvoirs des représentants à la soixante-sixième session de l'Assemblée générale», adoptée le 16 septembre 2011.

[881] http://en.wikipedia.org/wiki/Syrian_National_Council?oldid=463543439.

[882] «Gulf Cooperation Council Recognizes Syrian Opposition Bloc», 13 novembre 2012, http://en.rian.ru/.

[883] «Contemporary Practice of the United States», *AJIL*, 2013, p. 655.

[884] *24th Arab Summit Issues Doha Declaration*, 26 mars 2013, http://arableaguesummit2013.qatarconferences.org/news/news-details-17.html.

[885] Une telle politique est généralement suivie par des Etats comme le Royaume-Uni, l'Australie, le Canada, l'Allemagne ou les Pays-Bas; voir Stefan Talmon, «Recognition of Governments: An Analysis of the New British Policy and Practice», *BYBIL*, 1992, p. 231-297 ainsi que, plus généralement, du même auteur, *Recognition of Governments in International Law*, Oxford, OUP, 2001. On évoque souvent à ce sujet la «doctrine Estrada», du nom du ministre mexicain des Affaires étrangères qui l'a formulée en 1930; Jure Vidmar, «Human

D'autres procèdent plus largement à des reconnaissances de gouvernement, mais en attendant alors généralement que le nouveau gouvernement soit effectivement arrivé au pouvoir[886]. En l'espèce, on est donc devant une nouvelle pratique, puisque bon nombre (dans le cas du CNT) voire tous (dans le cas du CNS puis de la CoNS) les actes de reconnaissance pertinents ont porté non sur la représentation de l'Etat dans son ensemble, mais sur une «représentation légitime» du peuple ou, selon les cas, sur un non moins énigmatique statut d'«interlocuteur légitime»[887]. Une manière a priori naturelle, et assez conforme plus généralement à la politique suivie par les Etats concernés, serait d'estimer que la légitimité accordée équivaut ici à la reconnaissance d'un véritable droit à la rébellion, et ce au détriment d'un gouvernement

---

Rights, Democracy and the Legitimacy of Governments in International Law: Practice of States and UN Organs», dans Carlo Panara et Gary Wilson (dir. publ.), *The Arab Spring. New Patterns for Democracy and International Law*, Leyde, Boston, Martinus Nijhoff, 2013, p. 59; Yoram Dinstein, *Non-International Armed Conflicts in International Law*, Cambridge, CUP, 2014, p. 104-105.

[886] C'est en ce sens que peut être envisagée la pratique de l'Assemblée générale de l'ONU, qui n'a reconnu le CNT libyen qu'en septembre, soit à un moment où l'ancien régime avait effectivement été renversé (*Keesing's*, 2011, p. 50620). Voir aussi la distinction entre une reconnaissance «politique», de nature symbolique, et une reconnaissance «juridique», qui n'interviendrait que lorsque le gouvernement est devenu effectif, une distinction reprise notamment par les Etats-Unis; Stefan Talmon, «Recognition of Opposition Groups as the Legitimate Representative of a People», *op. cit.*, p. 233.

[887] S'appuyant sur une analyse pointue des textes pertinents, Stefan Talmon insiste sur les variations et les ambiguïtés de la terminologie utilisée par les différents acteurs à différents moments; «Recognition of Opposition Groups as the Legitimate Representative of a People», *op. cit.*, p. 226-230, ainsi que le tableau reproduit p. 253; voir aussi Klaus Kress, «Major Post-Westphalian Shifts and Some Important Neo-Westphalian Hesitations in the State Practice on the International Law on the Use of Force», *op. cit.*, p. 26-27.

ou d'un chef d'Etat qui est parallèlement dénoncé comme tyrannique, et en ce sens comme ayant perdu toute légitimité pour se maintenir au pouvoir. Finalement, on serait devant l'émergence d'une sorte de «rébellion-remède», pendant de la doctrine de la «sécession-remède» dans les crises autres que sécessionnistes, mais avec la même logique : en cas de grave violation des droits de la personne, le peuple opprimé disposerait de son droit à l'autodétermination interne et bénéficierait dès lors d'un droit de renverser le gouvernement établi [888]. Ce dernier devrait corollairement céder le pouvoir, un schéma qui semble ressortir de nombreuses déclarations dans le cas de la Syrie qui insistent sur la perte de légitimité du gouvernement en place [889].

Une telle interprétation se heurterait toutefois à plusieurs obstacles, spécialement celui de l'absence de mention explicite d'un véritable droit à la rébellion dans les actes de reconnaissances et les positions officielles des Etats concernés. Une certaine ambivalence semble cependant caractériser ceux-ci, spécialement dans la mesure où les registres de légitimité, de légalité et de l'effectivité ne sont pas aisés à distinguer.

La légitimité invoquée semble renvoyer à certaines considérations de légalité. Les Etats concernés insistent en effet avant tout sur les graves violations des droits de la personne dont se seraient rendu coupables les régimes libyen et syrien, avec une intensité croissante au fur et à mesure du développement du conflit [890]. Dans ce contexte, la reconnaissance des organes supposés incarner la rébellion comme des «représentants» ou des «interlocuteurs légitimes» fait peut-être écho à l'ancienne institution de la reconnaissance de

---

[888] *Supra* chapitre III, section 1. Voir les réflexions de Stefan Talmon, *ibid.*, p. 236-237.

[889] *Ibid.*, p. 238-239.

[890] *Supra* les déclarations et références au chapitre II, section 1.

belligérance[891]. En reconnaissant le CNT puis le CNS/
CoNS, certains Etats estiment sans doute que l'ensemble
du droit humanitaire applicable aux conflits armés non
internationaux est dorénavant applicable[892]. *A contrario*,
il ne serait plus possible d'évoquer de simples troubles
intérieurs et de qualifier les actes gouvernementaux de
simples opérations de police dirigées contre des groupes
criminels et terroristes, comme l'ont fait un temps les
régimes Kadhafi puis Bachar el-Assad[893]. C'est dans
cette perspective que des Etats comme la France ont
œuvré pour que la situation soit déférée à la Cour pénale
internationale, avec succès dans le cas de la Libye[894], si
pas (en raison, comme on l'a vu, du veto de la Russie
et de la Chine) dans celui de la Syrie[895]. Le schéma
dominant reste ici celui d'une répression des violations
du droit pénal international et du droit international
humanitaire commis par des individus qui doivent être
tenus pour responsables. Les victimes deviennent dans
ce contexte des interlocuteurs voire des représentants

---

[891] Jean-Yves de Cara, «The Arab Uprising under the
Light of Intervention», *op. cit.*, p. 30; Yoram Dinstein, *Non-
International Armed Conflicts in International Law*, *op. cit.*, p.
111, note 433; voir aussi *supra* chapitre I. Les Etats concernés
ne prétendent en revanche pas que leur reconnaissance leur
permettrait d'intervenir dans le conflit sans autorisation du
Conseil de sécurité; voir *supra* et ainsi que Stefan Talmon,
«Recognition of Opposition Groups as the Legitimate
Representative of a People», *op. cit.*, p. 243-244; dans le même
sens, pour la Libye; Olivier Corten et Vaios Koutroulis, «The
Illegality of Military Support to Rebels in the Libyan War:
Aspects of *jus contra bellum* and *jus in bello*», *JCSL*, 2013,
p. 7-8.

[892] Pour le cas de la Libye, voir *ibid.*, p. 22-23.

[893] Katie A. Johnston, «Transformations of Conflict Status
in Libya», *JCSL*, 2012, p. 81-115.

[894] Résolution 1970 (2011) du 26 février 2011, par. 4.

[895] Voir le projet de résolution contenant une saisine de la
Cour pénale internationale en son paragraphe 2 (S/2014/348,
22 mai 2014), soumis au vote avec treize voix pour et les votes
négatifs de la Russie et de la Chine (S/7180, 22 mai 2014, p. 4).

légitimes. Rien n'indique toutefois qu'on estime qu'elles disposent d'un droit à la rébellion pour mettre fin aux violations concernées.

En somme, la reconnaissance de gouvernement en tant que telle semble avoir été octroyée davantage en fonction des effectivités gagnées par les organes représentant la rébellion sur le terrain, qu'en fonction d'un droit hypothétique à l'insurrection, jamais évoqué ni revendiqué[896]. Il ne faut d'ailleurs pas oublier que la politique de reconnaissance évoquée ci-dessus est loin d'incarner celle de l'ensemble de la communauté internationale des Etats. A l'échelle régionale, l'Organisation de la Conférence islamique a adopté une position prudente, en ne reconnaissant véritablement le CNT qu'après sa victoire sur le terrain[897]. A l'échelle universelle, l'ONU n'a reconnu le CNT comme nouveau gouvernement de l'Etat libyen seulement après qu'il ait, sur le terrain, réussi à renverser l'ancien[898]. Quant au CNS (devenu CoNS), il n'est, on l'a vu, reconnu comme légitime que par certains Etats, d'autres s'en tenant à une abstention caractéristique du principe de neutralité[899].

---

[896] Jure Vidmar, «Human Rights, Democracy and the Legitimacy of Governments in International Law: Practice of States and UN Organs», *op. cit.*, p. 68-73.

[897] «OIC Congratulates Libyan People on Successful Revolution and Liberation of Entire Libyan Territory», 20 octobre 2011, disponible sur http://www.lcil.cam.ac.uk/arab_spring/arab-spring-libya; voir Katja S. H. Samuel, *The OIC, the UN and Counter-Terrorism Law-Making*, Oxford, Hart Publishing, 2013, p. 118-119.

[898] Résolution 66/1, «Pouvoirs des représentants à la soixante-sixième session de l'Assemblée générale», adoptée le 16 septembre 2011.

[899] Voir notamment les critiques de la Russie, exposées et commentées par Stefan Talmon, «Recognition of Opposition Groups as the Legitimate Representative of a People», *op. cit.*, p. 246 ss; voir aussi le nombre relativement réduit d'Etats soutenant l'opposition syrienne dans la liste reproduite sur: http://en.wikipedia.org/wiki/National_Coalition_for_Syrian_Revolutionary_and_Opposition_Forces.

Au fond, on se trouve à ce stade devant un schéma relativement comparable à celui que l'on avait dégagé pour évaluer la doctrine de la «sécession-remède». Les reconnaissances des nouveaux Etats (comme le Kosovo) étaient en partie dictées par des considérations d'effectivité (on reconnaissait un fait indépendantiste, sans pour autant que l'on puisse toujours en déduire un droit à l'indépendance), au demeurant contestées par de nombreux autres[900]. De la même manière, ici, les reconnaissances de gouvernement ont une portée limitée: d'une part, il paraît délicat de déduire clairement de la reconnaissance d'un certain succès factuel de la rébellion, l'existence d'un droit de se rebeller; d'autre part, ces reconnaissances sont restées relativement limitées, et ont par ailleurs fait l'objet de contestations de la part d'autres Etats, tandis que de nombreux autres sont restés silencieux.

Les difficultés de fonder un droit à la rébellion sur semblables précédents s'accroissent encore si l'on prend en compte la manière dont certains Etats ont soutenu le CNT puis le CNS et la CoNS. Dans le cas de la Libye, on sait qu'une intervention militaire a été menée sous l'égide d'une décision du Conseil de sécurité, officiellement au nom de la responsabilité de protéger[901]. Dans le cas de la Syrie, l'aide aux rebelles a tantôt été minimisée ou niée, tantôt – on l'a détaillé plus haut – été justifiée par l'argument d'une aide «non létale» assimilable à l'exception humanitaire évoquée par la Cour internationale de Justice dans l'affaire des *Activités militaires*[902]. Les Etats concernés ne se sont, en revanche, pas prévalu d'un droit à l'autodétermination interne du

---

[900] *Supra* chapitre III, section 1.

[901] Voir le détail *supra* chapitre II, section 1, ainsi que Jean-Yves de Cara, «The Arab Uprising Under the Light of Intervention», *op. cit.*, p. 37.

[902] *CIJ Recueil 1986*, p. 124, par. 242 et *supra* chapitre II, section 2.

peuple libyen ou syrien, voire d'une «légitime défense» de ce peuple à l'encontre d'une «agression» qui aurait été perpétrée par le gouvernement en place[903]. Dans l'ensemble, on est resté devant l'alternative évoquée à partir des textes de référence: lorsque des graves violations des droits de la personne sont évoquées, soit on envisage la question sous l'angle de la répression de crimes commis par des individus, avec implication éventuelle de la Cour pénale internationale; soit on met en œuvre – ou on tente de mettre en œuvre, dans le cas de la Syrie – des mesures coercitives sous l'égide du Conseil de sécurité en application du chapitre VII de la Charte des Nations Unies. La «légitime défense» n'est, dans ce contexte, envisageable qu'à l'échelle individuelle, comme un principe général de droit pénal, mais pas au profit d'un groupe ou d'une entité rebelle[904]. Le peuple, même lorsqu'il est désigné comme victime, n'est donc quant à lui pas admis comme un acteur à part entière du processus. En tout cas, on ne lui reconnaît aucun droit à la révolte qui pourrait s'exercer de manière autonome, indépendamment des autres Etats ou organisations internationales. Le cas de la Syrie, en particulier, montre même une certaine tentation de la communauté internationale des Etats à interférer dans la ligne politique des groupes rebelles en eux-mêmes. La reconnaissance d'une institution comme le CNS puis surtout de la CoNS, créée à cet effet pour obtenir un soutien extérieur, est en effet loin d'être neutre, puisqu'elle a pour effet d'exclure des individus ou des factions rebelles que l'on considère

---

[903] L'expression de «légitime défense» a certes été utilisée lors d'un sommet de la Ligue arabe, comme on l'a déjà signalé (*supra* chapitre II, section 1); *24th Arab Summit Issues Doha Declaration*, 26 mars 2013, http://arableaguesummit2013. qatarconferences.org/news/news-details-17.html. Comme on l'a vu, cette qualification n'a pas été reprise par d'autres Etats.

[904] Annyssa Bellal et Louise Doswald-Beck, «Evaluating the Use of Force during the Arab Spring», *op. cit.*, p. 20-21.

comme radicaux, extrémistes, voire terroristes[905]. En ce sens, on peut constater que la légitimité non seulement n'implique pas un droit à la révolte contre l'oppression, mais présuppose de la part de ceux qui la réclament un certain respect des droits de la personne. C'est ce qu'on montrera dans l'étape suivante de notre raisonnement, lequel confirmera encore toutes les limites de la thèse de la « rébellion-remède ».

3. *La difficulté de se prévaloir des droits de la personne en cas de non-respect de ceux-ci : les précédents du Yémen, de l'Irak et du Mali (2011-2014) comme illustration d'une condition des « mains propres » ?*

En réalité, l'hypothèse de la « rébellion-remède » pose deux questions complémentaires qui soulignent toute l'ambiguïté de la pratique actuelle. D'abord, à partir de quand la répression deviendrait tellement grave qu'elle justifierait la naissance d'un droit à l'insurrection ? Ensuite, et parallèlement, ce droit est-il conditionné par le respect, par les rebelles eux-mêmes, des droits fondamentaux de la personne ? La première a été incidemment abordée dans le cadre de l'examen de la thèse de la « sécession-remède », sans que l'on ait réellement pu la résoudre[906]. On a en effet relevé la différence de points de vue entre, d'un côté, les Etats occidentaux, qui paraissent avoir estimé que la ligne avait été franchie dans le cas de la Libye puis de la Russie, mais pas dans celui de la Géorgie et de l'Ukraine et, de l'autre côté, la Russie, qui a plutôt développé une position inverse. Les mêmes difficultés entoureraient évidemment une éventuelle – car rappelons qu'elle n'a pas (encore ?) été formulée comme telle – doctrine de la « rébellion-remède ». On se concentrera

---

[905] Stefan Talmon, « Recognition of Opposition Groups as the Legitimate Representative of a People », *op. cit.*, p. 240-242.

[906] *Supra* chapitre III, section 1.

toutefois à ce stade sur la deuxième question, à partir des précédents récents du Yémen, de l'Irak et du Mali, qui se sont déroulés essentiellement entre 2012 et 2014. Dans chacun de ces cas, on insistera sur les réticences à reconnaître une légitimité aux rebelles, spécialement lorsqu'on estime que ces derniers ne respectent pas les droits élémentaires de la personne. Manifestement, le «droit à la rébellion» ou à la révolte, s'il existe, implique de la part de son titulaire certaines conditions qui seront strictement évaluées par les Etats tiers.

On peut à cet égard ébaucher un parallèle avec la théorie des «mains propres», qui s'est développée en droit de la responsabilité internationale[907]. Selon cette théorie, la protection diplomatique ne serait pas envisageable en faveur de personnes qui se seraient rendues coupables de crimes ou de délits, et qui n'auraient en ce sens pas les «mains propres»[908]. La thèse n'a pas été clairement consacrée dans les instruments conventionnels ou dans les projets d'articles pertinents de la Commission du droit international[909]. Au vu de la pratique que nous allons aborder maintenant, on peut toutefois se demander si une logique similaire ne peut pas être transposée au droit de la paix et de la sécurité internationale : il semble en effet que, lorsqu'un mouvement rebelle est lui-même peu respectueux des droits de la personne et du

---

[907] Voir par exemple C. Wilfred Jenks, *The Prospects of International Adjudication*, Londres, Steven, 1964, p. 326; Gerald Fitzmaurice, «The General Principles of Law, Considered from the Standpoint of the Rule of Law», *Recueil des cours*, tome 92 (1957), p. 119.

[908] Stephen M. Schwebel, «Clean Hands, Principle», *EPIL*, vol. II, 2012, p. 232-235.

[909] Voir les projets de la Commission du droit international sur la responsabilité des Etats, adoptés en 2001, et sur la responsabilité des organisations internationales, adoptés en 2011; voir déjà Jean Salmon, «Des mains propres comme condition de recevabilité des réclamations internationales», *AFDI*, 1964, p. 225-266.

droit international humanitaire, il n'est tout simplement pas envisageable qu'on lui reconnaisse une légitimité quelconque, et a fortiori un droit à la révolte, y compris contre un gouvernement parfois considéré comme brutal ou criminel.

Résumons d'abord brièvement les faits pertinents des trois précédents qui seront analysés sous cet angle.

– La situation au Yémen a fait l'objet d'un examen attentif du Conseil de sécurité depuis 2011. Dans sa résolution 2014 (2011), le Conseil dénonce l'emploi de la force contre des manifestants non armés de la part du régime dirigé par le président Saleh, tout en «[s]e déclarant vivement préoccupé en outre par la menace de plus en plus grande que présente Al-Qaida dans la péninsule arabique et le risque de nouveaux attentats terroristes dans certaines parties du Yémen» et en «rappelant qu'il incombe au premier chef au gouvernement yéménite de protéger sa population»[910]. A ce stade, on retrouve le schéma évoqué plus haut: c'est le gouvernement qui doit assurer le respect des droits de la personne, et non une éventuelle rébellion. En mars 2012, le Conseil se félicite de la transition à la suite des élections qui s'étaient tenues le mois précédent, mais «se dit gravement préoccupé par la multiplication des attentats terroristes perpétrés au Yémen, y compris par Al-Qaida»[911], une préoccupation qu'il réitérera dans sa résolution 2051 (2012) du 12 juin[912]. Le 26 février 2014, le Conseil «condamne les attaques de plus en plus nombreuses menées ou commanditées par Al-Qaida dans la péninsule arabique» et adopte des mesures coercitives destinées à y mettre fin[913].

---

[910] Résolution adoptée le 21 octobre 2011; 12 et 14e considérants; voir aussi le par. 9 de la résolution.

[911] Déclaration du président du Conseil de sécurité, S/PRST/2012/8, 29 mars 2012.

[912] Paragraphe 15 de la résolution.

[913] Résolution 2140 (2014), notamment par. 29.

– L'«Etat islamique d'Irak», créé le 13 octobre 2006, a été ultérieurement désigné comme l'«Etat islamique en Irak et au Levant» (EIIL, 9 avril 2013) puis parfois le «Califat islamique» (à partir du 29 juin 2014)[914]. Il s'agit d'une création de groupes djihadistes, qui auraient initialement été liés à Al-Qaida puis qui s'en seraient émancipés. Ces groupes ont combattu les gouvernements de l'Irak et de la Syrie, considérés comme oppresseurs. Dans le courant de l'année 2014 en particulier, ils ont conquis de larges portions de territoire de ces deux Etats[915]. Les Etats tiers sont loin de soutenir l'EIIL. A partir du mois de juin 2014, les Etats-Unis et le Royaume-Uni notamment ont, à sa demande[916], fourni un appui logistique au gouvernement irakien, avant d'intervenir sur le terrain dans le cadre d'une coalition plus large impliquant des Etats arabes ainsi que d'autres Etats européens[917].

---

[914] http://fr.wikipedia.org/wiki/Etat_islamique_ (organisation); Olivier Hanne et Thomas Flichy de la Neuville, *L'Etat islamique, anatomie du nouveau califat*, Paris, Bernard Giovanangeli éd., 2014.

[915] *Keesing's*, 2014, p. 53440-53441 et 53494-53495; Peter Harling, «Etat islamique, un monstre providentiel», *Le Monde diplomatique*, septembre 2014.

[916] *Lettre du 25 juin 2014 adressée au président du Conseil de sécurité par le représentant permanent de l'Irak auprès de l'ONU*, S/2014/440, 25 juin 2014; *lettre du 20 septembre 2014 adressée au président du Conseil de sécurité par le représentant permanent de l'Irak auprès de l'ONU*, S/2014, 691, 22 septembre 2014.

[917] Le Royaume-Uni s'est appuyé sur le consentement du gouvernement irakien (*Summary of the government legal position on military action in Iraq against ISIL*, 25 septembre 2014, https://www.gov.uk/government/publications/military-action-in-iraq-against-isil-government-legal-position/summary-of-the-government-legal-position-on-military-action-in-iraq-against-isil); les Etats-Unis se sont référés plus généralement au concept de légitime défense pour justifier une action qui s'étendrait également en territoire syrien (*Lettre du 23 septembre 2014 du représentant permanent*

Le Conseil de sécurité a, quant à lui, clairement «[e] xig[é] que l'État islamique d'Irak et du Levant, le Front el-Nosra et tous les autres individus, groupes, entreprises et entités associés à Al-Qaida mettent fin à tous les actes de violence et de terrorisme et qu'ils désarment et se dissolvent immédiatement»[918], puis «pri[é] instamment la communauté internationale de renforcer et d'élargir, dans le respect du droit international, l'appui qu'elle fournit au gouvernement irakien dans sa lutte contre l'EIIL et les groupes armés qui lui sont associés»[919].

– On a déjà largement évoqué le cas du Mali, spécialement la dénonciation des actions du Mouvement pour l'unicité et le jihad en Afrique de l'Ouest (MUJAO) ou de Al-Qaida au Maghreb islamique (AQMI) qui ont officiellement justifié l'intervention militaire de la France, à l'appel du gouvernement de Bamako et avec l'appui du Conseil de sécurité des Nations Unies[920]. Ces groupements insurgés n'en ont pas, pour autant, cessé leurs activités. Ainsi, le 15 juin 2014, soit près d'un an et demi après le déclenchement de l'opération

---

des Etats-Unis auprès de l'ONU au Secrétaire général, S/2014/695, 23 septembre 2014; *Statement by the President on ISIL*, September 10, 2014, http://www.whitehouse.gov/ the-press-office/2014/09/10/statement-president-isil-1), le gouvernement syrien ne s'opposant par ailleurs pas à une action militaire contre ce groupe d'opposants (AFP, 23 septembre 2014, ainsi que la position du représentant de la Syrie au Conseil de sécurité, qui exprime son «soulagement» devant l'action militaire; S/PV.7271, 19 septembre 2014, p. 49), et la Russie critiquant dans ce contexte davantage les modalités que le principe même de l'opération militaire (*Sergey Lavrov speaks and takes questions at a joint news conference following talks with Foreign Minister of Mali Abdoulaye Diop*, Moscou, 9 septembre 2014, http://www.mid.ru/brp_4. nsf/0/4CD66CC926B83B4C44257D4E006155F4).

[918] Résolution 2170 (2014), 15 août 2014, par. 4.
[919] Déclaration du 19 septembre 2014, S/PRST/2014/20.
[920] *Supra* chapitre III, section 2.

Serval, le Conseil en appelle à une «lutte globale et intégrée contre les activités des groupes terroristes, notamment AQMI, le MUJAO, Ansar Eddine et Al-Mourabitoune»[921].

C'est peu dire que, dans chacune de ces situations, aucun droit à la rébellion n'a été reconnu. Il est d'ailleurs significatif que le terme ne soit pas utilisé, tout comme celui de «révolte», d'«insurrection» ou de «révolution».

Le phénomène est plutôt appréhendé sous l'angle du terrorisme, et donc de la perpétration d'actes criminels par des individus ou des groupes qui sont fustigés et sanctionnés comme tels, comme en témoigne cet extrait des conclusions de la Conférence de Paris du 15 septembre 2014 consacrée à l'Irak :

«Les participants à la conférence de Paris ont affirmé que Daech (EIIL) constitue une menace pour l'Irak mais aussi pour l'ensemble de la communauté internationale et que faire face à une telle menace nécessitera une action sur le long terme de la part de la communauté internationale. Ils ont condamné les crimes et les exactions massives qu'il commet contre les populations civiles, y compris les minorités les plus vulnérables, qui peuvent être considérés comme des crimes contre l'Humanité.»[922]

Le texte reflète la position d'une vingtaine d'Etats, dont les cinq membres permanents du Conseil de sécurité, ainsi que de plusieurs organisations comme l'ONU, l'UE et la Ligue arabe[923]. Il montre bien comment la rébellion

---

[921] Résolution 2164 (2014) du 14 juin 2014, par. 30. Voir aussi *Rapport du Secrétaire général sur la situation au Mali*, S/2014/692, 22 septembre 2014, p. 3-4, par. 13.

[922] http://basedoc.diplomatie.gouv.fr/vues/Kiosque/FranceDiplomatie/kiosque.php?fichier=bafr2014-09-15.html#Chapitre3.

[923] Voici plus précisément la liste des participants : Allemagne, Arabie saoudite, Bahreïn, Belgique, Canada, Chine,

est à la fois perçue comme un phénomène criminel et comme une menace contre la paix qui doit permettre au Conseil de sécurité des Nations Unies, en application du chapitre VII de la Charte, de prendre des mesures à l'encontre des groupes ou individus visés, le tout au nom du maintien de la paix[924]. Ainsi, dans sa déclaration précitée du 19 septembre 2014, le Conseil

> «condamne catégoriquement les attaques perpétrées par des organisations terroristes, notamment par l'organisation terroriste opérant sous le nom d'«Etat islamique d'Irak et du Levant» (EIIL) et par les groupes armés qui lui sont associés, en Irak, en Syrie et au Liban, et souligne que l'offensive de grande ampleur en cours représente une grave menace pour la région … réaffirme que toutes les parties, y compris l'EIIL, les groupes armés qui lui sont associés et d'autres milices, sont tenues de respecter les droits de l'homme du peuple irakien»[925].

Au vu de ces précédents, on a l'impression que, plus généralement, aucun droit à la révolte n'est susceptible de s'appliquer lorsque le groupe dissident viole lui-même les droits les plus fondamentaux de la personne.

Danemark, Egypte, Emirats arabes unis, Espagne, Etats-Unis d'Amérique, France, Irak, Italie, Japon, Jordanie, Koweït, Liban, Oman, Pays-Bas, Qatar, Norvège, République tchèque, Royaume-Uni, Russie, Turquie, Ligue des Etats arabes, Organisation des Nations Unies, Union européenne.

[924] Voir les réflexions de Pierre Klein, «Le droit international à l'épreuve du terrorisme», *Recueil des cours*, tome 21 (2006), p. 328-349 ainsi que, du même auteur, «Le Conseil de sécurité et la lutte contre le terrorisme: dans l'exercice de pouvoirs toujours plus grands?», *RQDI*, 2007, p. 133-148.

[925] S/PRST/2014/20, 19 septembre 2014; voir la dénonciation des crimes de guerre (voire des crimes contre l'humanité ou de génocide) durant les débats qui ont précédé l'adoption de cette résolution; S/PV.7271, 19 septembre 2014; dans le même sens, voir les débats qui ont précédé l'adoption de la résolution 2170 (2014), précitée; S/PV.7242, 15 août 2014.

On pourrait certes répliquer qu'en réalité, le droit à la rébellion est simplement inapplicable en raison de l'absence d'une tyrannie ou d'une oppression suffisamment grave. Et il est vrai que, dans le cas de l'Irak, mais aussi du Yémen après le départ du président Saleh, les Etats tiers ont généralement considéré que le gouvernement en place était suffisamment légitime, et ne se rendait en tout cas pas coupable d'exactions comparables à celles qui ont été dénoncées dans les cas des régimes libyen et syrien[926]. Un tel raisonnement connaît cependant certaines limites. Dans le cas du Yémen, le «droit à la rébellion» était manifestement exclu alors même que le gouvernement en place était mis en cause, du temps de la présidence Saleh. Par exemple, dans sa résolution 2014 (2011), le Conseil, tout en condamnant «l'emploi excessif de la force contre des manifestants pacifiques», «[e]xige de toutes les parties qu'elles renoncent immédiatement à employer la force pour atteindre leurs objectifs politiques»[927], ce qui exclut bien la voie de la rébellion. Dans le cas du Mali, alors même qu'un coup d'Etat avait été dénoncé à Bamako[928], un tel droit a manifestement été écarté puisqu'on l'a vu, le Conseil a plutôt appuyé l'action du gouvernement et des Etats qui l'ont soutenu pour lutter contre les forces

---

[926] Dans le cas du Yémen, le Conseil a, le 29 mars 2012, «accueill[i] avec satisfaction la transition pacifique vers un régime politique juste et démocratique dirigée par les Yéménites» (S/PRST/2012/8), ce qui laisse entendre que le régime précédent, dirigé par le président Saleh, souffrait d'un certain déficit de légitimité.

[927] Résolution 2014 (2011) du 21 octobre 2011, par. 2 et 3.

[928] Le 26 mars 2012, le président du Conseil de sécurité fait une déclaration selon laquelle il «condamne fermement le fait que certains éléments des forces armées maliennes aient pris par la force le pouvoir détenu par le gouvernement malien démocratiquement élu» (S/PRST/2012/7, 26 mars 2012, p. 1-2); voir aussi Sommet extraordinaire des chefs d'Etats et de gouvernements de la CEDEAO, Abidjan, 27 mars 2012, par. 8, http://www.ecowas.int/; voir enfin *Keesing's*, 2012, p. 50968.

rebelles[929]. Enfin, dans le cas de la Syrie, au sein de laquelle
sévit l'EIIL, on vient de constater que la condamnation
du régime ne s'est pas traduite par la reconnaissance d'un
quelconque droit à l'insurrection en faveur de ce groupe.
Ainsi, quand bien même les exactions d'un régime sont
dénoncées, aucun droit corrélatif n'est automatiquement
reconnu à un groupe rebelle. Encore faut-il que ce groupe
soit lui-même respectueux des droits de la personne.

Cette pratique illustre toutes les difficultés à définir
un éventuel droit à la «rébellion-remède». Si ce
dernier suppose à la fois de vérifier la légitimité du
gouvernement – qui doit être coupable d'une oppression
particulièrement intolérable – et celle du groupement
rebelle – qui ne doit pas être assimilable à une entité
«terroriste» –, on peine à définir ces concepts avec
précision. Surtout, et comme toujours lorsqu'il s'agit
de questions de qualification, l'enjeu principal renvoie
à l'autorité qui serait habilitée à y procéder. Si l'on
reste dans le cadre du Conseil de sécurité, la réponse est
simple, et renvoie aux règles relatives au maintien de la
paix et de la sécurité internationales. Si tel n'est pas le
cas, en revanche, on reste perplexe au vu des controverses
que l'on a pu constater, notamment, dans les cas de la
Libye et de la Syrie, que ce soit au sujet de la légitimité
des autorités ou de celle des forces rebelles[930]. Ces
controverses touchent d'ailleurs aussi à un autre aspect,
très lié au précédent, de la remise en cause du principe
de neutralité : à l'inverse d'un droit à la révolte, parfois
évoqué avec toutes les incertitudes et les ambivalences
qui viennent d'être soulignées[931], on relève en effet aussi

---

[929] *Supra* chapitre III, section 2.

[930] *Supra* chapitre II, section 1, ainsi que la présente section.

[931] Ce droit est encore évoqué avec une dimension
jusnaturaliste renvoyant à la religion ; voir Fouad Nohra,
«Pouvoirs politiques, droits fondamentaux et droit à la révolte :
la doctrine religieuse face aux processus révolutionnaires dans
le monde arabe», *La Revue des droits de l'homme*, 2014.

une tendance à l'affirmation d'une interdiction, cette fois, de la rébellion. Une interdiction qui, cependant, pose là encore plus de questions qu'elle n'apporte de réponses.

Section 2. *Une interdiction de la rébellion au nom des droits de la personne?*

Depuis de nombreuses années maintenant, la mise en cause du pouvoir par la force a été condamnée par le Conseil de sécurité au nom du maintien de la paix, que ce soit d'abord en Haïti (en 1994)[932], puis au Burundi[933] et en Sierra Leone[934], et plus récemment, comme on l'a vu, dans des précédents comme la Côte d'Ivoire, la République centrafricaine ou le Yémen[935]. Si on pouvait sans doute à l'origine considérer que ces condamnations ne se justifiaient qu'en réaction à une menace contre la paix, sans que l'on puisse en déduire une interdiction de la rébellion[936], une telle thèse est devenue difficilement défendable. Elle résiste en effet mal à une prise en compte de certains textes, qui dénotent l'insistance sur

---

[932] Voir notamment les résolutions 841 (1993) du 16 juin 1993 (10e considérant), 940 (1994) du 2 août 1994, par. 3 et 4; voir à l'origine la résolution 46/7 du 11 octobre 1991, dans laquelle l'Assemblée générale condamne «la tentative de remplacer illégalement le président constitutionnel d'Haïti» (par. 1).

[933] Résolution 1072 (1996) du 30 août 1996, par. 1 et 3; déclarations du Conseil de sécurité, S/PRST/1996/31, 24 juillet 1996; S/PRST/1996/32, 29 juillet 1996.

[934] Le Conseil a «déploré vivement» la «tentative de renversement du gouvernement démocratiquement élu» et «demand[é] instamment que soit rétabli immédiatement l'ordre constitutionnel»; S/PRST/1997/29, 27 mai 1997.

[935] Voir *supra* l'examen de ces trois précédents, chapitre II, section 1 (pour les deux premiers), et présente section (pour le troisième).

[936] Pour le cas particulier d'Haïti, voir Olivier Corten, «La résolution 940 du Conseil de sécurité autorisant une intervention militaire en Haïti: la consécration d'un principe de légitimité démocratique?», *EJIL*, 1995, p. 116-133.

des principes généraux qui tendent tous, même si c'est de manière ambiguë comme on le verra, à interdire la violence comme moyen d'accession au pouvoir : le respect de l'Etat de droit, la prohibition des changements inconstitutionnels de régime et le droit, voire le devoir, de maintenir l'ordre[937]. Plutôt que de les exposer de manière générale et abstraite, on illustrera ces principes en les reliant à des précédents qui en illustrent la portée et les limites, qu'il s'agisse de la Côte d'Ivoire dans un premier temps, de l'Egypte dans un second ou de l'Ukraine dans un troisième. On mesurera, en passant de l'un à l'autre et en ébauchant certains éléments de comparaison, toutes les tensions qui s'exercent sur le principe de neutralité, bien évidemment mis à mal lorsque l'on prend parti, comme dans chacun de ces précédents, pour le gouvernement et contre les forces rebelles.

1. *Les limites de la rébellion au nom de l'Etat de droit : retour sur le cas ivoirien*

Dans un chapitre précédent, on a expliqué comment le Conseil de sécurité avait justifié une politique particulièrement intrusive dans l'ordre interne ivoirien en s'appuyant à la fois sur une menace contre la paix et sur le respect des engagements des acteurs ivoiriens eux-mêmes, repris dans des accords de paix comme ceux de Linas-Marcoussis[938]. En consultant l'ensemble des résolutions et des débats et rapports du Secrétaire général qui les ont précédés, on remarque plus précisément qu'un critère qui a fait l'objet d'une attention toute particulière est celui du respect de la Constitution ivoirienne[939].

---

[937] Voir de manière générale Linos-Alexandre Sicilianos, *L'ONU et la démocratisation de l'Etat*, Paris, Pedone, 2000, p. 182-216.

[938] *Supra* chapitre II, section 1.

[939] Olivier Corten et Pierre Klein, «L'action des Nations Unies en Côte d'Ivoire : jusqu'où le Conseil de sécurité peut-

Le schéma qui ressort de l'ensemble de la crise est le suivant: dans un premier temps, les parties au conflit prennent des engagements de nature politique, par l'intermédiaire de différents accords de paix[940]; dans un second, elle traduisent ces engagements dans des réformes constitutionnelles[941]; on est alors en présence de règles juridiquement obligatoires pour les parties, et le Conseil de sécurité veillera à leur respect, le cas échéant en adoptant des mesures coercitives à l'encontre de la partie responsable d'une violation éventuelle[942]. Dès l'origine, en septembre 2002, les membres du Conseil ont condamné la tentative de renversement du

---

il intervenir dans l'ordre juridique interne des Etats?», dans *Mélanges en l'honneur de Raymond Ranjeva*, Paris, Pedone, 2012, p. 73 ss.

[940] En l'occurrence, ces accords ne sont pas considérés comme comprenant des «obligations que leur impose le droit international», mais plutôt des «engagements», pour reprendre la terminologie du Conseil de sécurité (résolution 1933 (2010) du 30 juin 2010, par. 14); Olivier Corten et Pierre Klein, «Are agreements between States and non-State entities rooted in the international legal order?», dans E. Canizzaro (dir. publ.), *The Law of Treaties Beyond the Vienna Convention*, Oxford, OUP, 2011, p. 17-18. Pour plus de réflexion sur le statut de ce type d'accords, voir *supra* chapitre II, section 1.

[941] Par exemple, dans l'Accord de Linas-Marcoussis, on prévoit que «le gouvernement de réconciliation nationale veillera à ce que les réformes constitutionnelles, législatives et réglementaires que nécessitent les décisions qu'il sera appelé à prendre interviennent dans les meilleurs délais»; Annexe I à la *Lettre datée du 27 janvier 2003, adressée au président du Conseil de sécurité par le représentant permanent de la France auprès de l'ONU*, S/2003/99, 27 janvier 2003, «Annexe. Programme du gouvernement de réconciliation», p. 9, point XI. Dans le même sens, voir Accord de Prétoria sur le processus de paix en Côte d'Ivoire, Annexe I à la *Lettre datée du 25 avril 2005, adressée au président du Conseil de sécurité par le représentant permanent de l'Afrique du Sud auprès de l'ONU*, S/2005/270, 25 avril 2005, par. 12; Accord politique de Ouagadougou, mars 2007, S/2007/144, 13 mars 2007.

[942] *Supra* chapitre II, section 1.

gouvernement élu, en «rappel[ant] le plein respect de
l'ordre constitutionnel dans ce pays»[943], ce qui indique
bien que la Constitution représente une référence
essentielle de légitimité. Ultérieurement, le Conseil
rappelle «toute l'importance à ce que les réformes
législatives constitutionnelles et législatives prévues
par l'Accord de Linas-Marcoussis soient adoptées
rapidement et intégralement»[944]. La vérification des
dispositions constitutionnelles a d'ailleurs été confiée à
un «groupe de suivi», qui a fait rapport périodiquement
à ce sujet[945]. Plus généralement, plusieurs Etats ont
insisté sur la nécessité de respecter la Constitution
ivoirienne[946]. Les controverses ont plutôt porté, non sur
la pertinence, mais sur l'interprétation de la Constitution.
Divers échanges ont eu lieu à ce sujet tout au long de

---

[943] Olivier Corten et Pierre Klein, «L'action des Nations
Unies en Côte d'Ivoire: jusqu'où le Conseil de sécurité peut-il
intervenir dans l'ordre juridique interne des Etats?», *op. cit.*,
p. 77; voir la *Déclaration à la presse du président du Conseil
de sécurité*; SC7558, 31 octobre 2002, ainsi que la *Déclaration
du président du Conseil de sécurité*, S/PRST/2002/42, 20 décembre 2002.

[944] S/PRST/2004/17, 24 mai 2004.

[945] Voir par exemple les annexes à la *Lettre datée du
16 août 2004, adressée au président du Conseil de sécurité par
le Secrétaire général*, S/2004/667, 16 août 2004.

[946] Voir notamment l'Afrique du Sud, dont le président avait
été désigné comme médiateur (Annexe II à la *Lettre datée du
25 avril 2005, adressée au président du Conseil de sécurité
par le représentant permanent de l'Afrique du Sud auprès
de l'Organisation des Nations Unies*, S/2005/270, 25 avril
2005), la Tanzanie (S/PV.5152, 28 mars 2005, p. 15), le Brésil
(*ibid.*, p. 26), la Grèce (S/PV.5169, 26 avril 2005, p. 16). Les
différentes parties en Côte d'Ivoire se sont prononcées en ce
sens; voir *Quatrième rapport intérimaire du Secrétaire général
sur l'ONUCI*, S/2005/186, 18 mars 2005, p. 3, par. 9; *Sixième
rapport intérimaire du Secrétaire général sur l'opération des
Nations Unies en Côte d'Ivoire (ONUCI)*, S/2005/604, 26 septembre 2005, p. 3, par. 9, ainsi que *Premier rapport du Secrétaire général sur la mission des Nations Unies en Côte d'Ivoire*,
S/2003/801, 8 août 2003, p. 4-5, par. 15.

la crise. Dès l'année 2003, le président Gbagbo, alors en place, a douté de la constitutionnalité de certaines mesures adoptées par l'ONU[947], et le Secrétaire général lui a répondu en développant des arguments contraires, mais toujours en cantonnant le débat dans le registre de la constitutionnalité[948]. En 2011, la controverse a porté sur le résultat des élections, Laurent Gbagbo se prévalant de l'appui du conseil constitutionnel ivoirien[949], alors que l'ONU s'en est tenu à la position de la commission électorale mise en place conformément à la Constitution également[950]. Comme on l'a précisé plus haut, c'est sur cette base qu'une intervention militaire extérieure («l'opération Samaris»), dirigée par la France, a été menée et a abouti à la mise en place du président Ouattara[951]. A ce stade, il faut simplement souligner que l'ensemble du processus se fonde sur la nécessité de respecter la Constitution et, fondamentalement,

---

[947] *Rapport du Secrétaire général sur la Côte d'Ivoire*, 26 mars 2003, S/2003/374, p. 7, par. 24; voir aussi *Deuxième rapport du Secrétaire général sur l'opération des Nations Unies en Côte d'Ivoire*, S/2004/697, 27 août 2004, p. 4-5, par. 15; *Onzième rapport intérimaire du Secrétaire général sur l'opération des Nations Unies en Côte d'Ivoire (ONUCI)*, S/2006/939, 4 décembre 2006, p. 1, par. 2.

[948] *Deuxième rapport du Secrétaire général sur la mission des Nations Unies en Côte d'Ivoire*, S/2003/1069, 4 novembre 2003, p. 12, par. 46; voir aussi S/PV.5152, 28 mars 2005, p. 8.

[949] *Vingt-sixième rapport du Secrétaire général sur l'opération des Nations Unies en Côte d'Ivoire*, 30 mars 2011, S/2011/211, par. 15 ss.

[950] *Vingt-sixième rapport du Secrétaire général sur l'opération des Nations Unies en Côte d'Ivoire*, S/2010/600, 23 novembre 2010, par. 25 et pour le second tour, voir texte de la déclaration de certification en date du 3 décembre 2010, disponible sur http://www.un.org/en/peacekeeping/missions/unoci/elections.shtml.

[951] *Supra* chapitre II, section 2; *Keesing's*, 2011, p. 50381-50382; *Vingt-huitième rapport du Secrétaire général sur l'opération des Nations Unies en Côte d'Ivoire*, S/2011/387, 24 juin 2011, par. 2 ss.

l'ordre juridique interne ivoirien. *A contrario*, tout coup de force, qu'il s'agisse d'un putsch, d'un coup d'Etat, d'une rébellion ou d'une révolution, paraît prohibé. Le précédent ivoirien semble ainsi traduire une notion qui, en droit international, se développe tout particulièrement depuis les années 1990, celle d'«Etat de droit»[952]. Pour ne reprendre qu'un exemple, dans le document final du sommet mondial 2005, les Etats renouvellent leur «engagement à défendre et promouvoir activement tous les droits de l'homme, l'état de droit et la démocratie, dont nous savons qu'ils se renforcent mutuellement et font partie des valeurs et *principes fondamentaux, universels et indivisibles de l'Organisation des Nations Unies*»[953]. Le principe, parfois associé au concept anglo-saxon de *rule of law*[954], se retrouve dans de nombreux instruments, qu'ils soient régionaux[955] ou à portée universelle[956], et l'Assemblée générale a d'ailleurs inscrit à son ordre du jour un point spécifiquement consacré à l'«état de droit aux niveaux national et interna-

---

[952] Voir généralement SFDI, *L'Etat de droit en droit international*, Paris, Pedone, 2009.

[953] Nous soulignons; résolution 60/1, précitée, par. 119.

[954] Voir Simon Chesterman, «An International Rule of Law?», *Am. Jnal Comp. Law*, 2008, p. 4 ss; cette assimilation pose nombre de questions, abordées notamment par Luc Heuschling, «Le regard d'un comparatiste: l'Etat de droit dans et au-delà des cultures juridiques nationales», dans *L'Etat de droit en droit international, op. cit.*, p. 41-67 ainsi que, du même auteur, *Etat de droit, Rechsstaat, Rule of Law*, Paris, Dalloz, 2002.

[955] Voir, pour l'un des premiers, la Charte de Paris pour la nouvelle Europe, CSCE, 21 novembre 1990; voir plus généralement Mathias Forteau, «Existe-t-il une définition et une conception univoques de l'Etat de droit dans la pratique des organisations régionales ou politiques?», dans *L'Etat de droit en droit international, op. cit.*, p. 219-238.

[956] Voir par exemple le préambule ainsi que le paragraphe 34 de la déclaration de la Conférence mondiale de Vienne de 1993 sur les droits de l'homme.

tional »[957], le Secrétaire général ayant créé une cellule chargée d'en assurer la mise en œuvre[958]. On peut donc estimer aujourd'hui que cette notion est reconnue par l'ensemble des Etats comme un principe de droit international[959].

Mais quelle est la signification du concept d'«Etat» ou d'«état» de droit? Le *Dictionnaire de droit international public* définit la notion comme un «Etat dont l'organisation interne est régie par le droit et la justice »[960], ce qui semble renvoyer à la double dimension, l'une formelle, l'autre substantielle, qui est généralement accordée à la notion[961]. D'une part, en effet, l'Etat de droit suppose que chacun, y compris l'Etat lui-même, obéisse à des règles de droit[962]. Ce mouvement s'inscrit manifestement dans une perspective libérale[963] marquée

---

[957] Voir notamment résolutions 48/132, 20 décembre 1993; 49/194, 23 décembre 1994; 50/179, 22 décembre 1995; 51/96, 12 décembre 1996; 52/125, 12 décembre 1997; 55/99, 4 décembre 2000; 57/221, 18 décembre 2002, ou encore les résolutions 61/39, 4 décembre 2006; 62/70, 6 décembre 2007.

[958] Il s'agit du «Groupe de coordination et de conseil sur l'état de droit», présidé par le vice-Secrétaire général et composé de hauts responsables des entités chefs de files des Nations Unies, *L'état de droit aux niveaux national et international,* Rapport intermédiaire du Secrétaire général, A/62/261, 15 août 2007, p. 4, par. 11.

[959] Jacques Chevallier, «Etat de droit et relations internationales», *AFRI*, 2005, p. 4; comp. Jacques-Yvan Morin, «L'Etat de droit: émergence d'un principe du droit international», *Recueil des cours*, tome 254 (1995), p. 183 et 450-458.

[960] Jean Salmon (dir. publ.), Bruxelles, Bruylant, AUF, 2001, p. 456 (sens A).

[961] Jacques Chevallier, *L'Etat de droit,* 9e éd., Paris, Montchrestien, 2010.

[962] *Ibid.*, p. 14 ss; Michel Troper, «Le concept d'Etat de droit», *Droits*, 1992, n° 15, p. 52-53; François Rigaux, *Introduction à la science du droit,* Bruxelles, éd. vie ouvrière, 1974, p. 35.

[963] Jacques Chevallier, «Les aspects idéologiques de l'Etat de droit», dans *L'Etat de droit en droit international, op. cit.,* p. 69-80.

notamment par le renforcement des droits de la personne, en ce sens qu'il tend à protéger les individus contre tout pouvoir arbitraire, ce qui se traduit spécifiquement par l'inscription dans des conventions et traités de la nécessité, pour les autorités publiques, de toujours pouvoir fonder leurs actes sur une loi[964] et, parallèlement, par la promotion de l'établissement de systèmes de recours juridictionnels aux compétences étendues[965]. Au final, ce volet formel aboutit donc à une obligation assez générale de respecter le droit, qu'il s'agisse du droit international, mais aussi du droit interne[966]. Mais ce respect formel de règles juridiques n'épuise pas la notion. En second lieu, en effet, un Etat de droit doit se fonder sur des valeurs et principes démocratiques, les règles ne pouvant donc recouvrir n'importe quel contenu[967]. C'est en ce sens que, on l'a vu, la notion est

---

[964] Voir par exemple les articles 17, 18 par. 3, 19 par. 3, 21, 22 par. 2 du Pacte des Nations Unies sur les droits civils et politiques ainsi que, plus généralement, Olivier Corten, «Le concept de loi en droit international public et dans la Convention européenne des droits de l'homme», dans L. Wintgens (dir. publ.), *Het wetsbegrip*, Bruxelles, die keure, 2003, p. 111-139.

[965] W. Leïsner, «L'Etat de droit – une contradiction?», dans *Mélanges Charles Eiseman*, Paris, Cujas, 1977, p. 66-67; Marie-Joëlle Redor, *De l'Etat légal à l'Etat de droit*, Paris, Economica, 1992, p. 186 ss; voir aussi, pour une mise en œuvre; Abdullah Nawafleh, «The Arab People's Revolution – Modernising the Legal Environment», dans Carlo Panara et Gary Wilson (dir. publ.), *The Arab Spring. New Patterns for Democracy and International Law*, *op. cit.*, p. 96-97.

[966] Olivier Corten, «Rapport général. L'Etat de droit en droit international: quelle valeur juridique ajoutée?», dans *L'Etat de droit et le droit inernational*, *op. cit.*, p. 11-40.

[967] Jacques Chevallier, *L'Etat de droit*, 9e éd., *op. cit.*, p. 50 ss; O. Duhamel et Y. Migny (dir. publ.), *Dictionnaire constitutionnel*, Paris, PUF, 1992, v° Etat de droit, p. 418; Paul Martens, *Théories du droit et pensée juridique contemporaine*, Bruxelles, Larcier, 2003, p. 191; voir aussi J. Bell, «Le règne du droit et le règne du juge. Vers une interprétation substantielle de l'Etat de droit», dans *L'Etat de droit. Mélanges Guy Braibant*, Paris, Dalloz, 1996, p. 15-28.

inextricablement liée à la démocratie[968]. Bien entendu, il peut exister différentes conceptions de cette dernière notion mais, et on revient ici au volet formel de l'Etat de droit, il importe alors d'utiliser les procédures et règles juridiques existantes pour faire valoir ses prétentions, de manière à les formaliser dans de nouvelles règles qui, à leur tour, devront être respectées[969]. La rébellion ou la révolte semblent, *a contrario*, exclues par principe du schéma.

On l'a compris, le précédent ivoirien semble assez bien s'inscrire dans cette tendance. La nécessité de respecter l'ordre juridique a été réaffirmée et assurée avec force, et on a insisté sur l'existence d'un gouvernement légitime respectueux de la Constitution et qui serait le résultat d'un processus démocratique. Cela étant, on perçoit assez rapidement les profondes ambiguïtés qui entourent le concept d'Etat de droit. Deux éléments méritent à cet égard d'être soulignés.

D'abord, il n'est pas évident de percevoir exactement quelle est l'articulation entre les deux volets de l'Etat de droit[970]. Plus spécifiquement, pourrait-on considérer que si un Etat est un Etat de droit au sens formel mais pas substantiel, en ce sens que les règles juridiques existantes ne respecteraient pas les valeurs fondamentales de la démocratie, un droit à la rébellion pourrait émerger? Rien ne l'indique expressément, et le schéma, tout en présentant une certaine logique, pose diverses questions. En premier lieu, comment définir les valeurs essentielles dont le non-respect autoriserait à violer les règles juridiques existantes, et donc à écarter l'aspect formel de l'Etat de droit au sens formel au nom d'un fondement

---

[968] Voir ci-dessous la citation de la résolution 60/1, par. 119.

[969] Olivier Corten et Annemie Schaus, *Le droit comme idéologie. Introduction critique au droit belge*, 2ᵉ éd., Bruxelles, éd. ULB, 2008, p. 290-291.

[970] Voir de manière générale Jacques Chevallier, «L'Etat de droit», *Revue de droit public*, 1988, p. 313 ss.

substantiel? On en arrive tout simplement au problème de
la définition de la démocratie, un problème que l'on peut
difficilement régler en analysant le droit international
existant[971]. Comme on l'a relevé plus haut, la Cour
internationale de Justice était allée jusqu'à affirmer
que rien n'interdisait à un Etat de choisir un régime
assimilable à une «dictature communiste totalitaire», en
1986[972]. Plus récemment, lors des débats tenus au sein
de l'ONU sur l'état de droit, de nombreuses conceptions
différentes de ce que constitue un Etat démocratique ou
de droit ont été émises, avec pour conséquence qu'il est
bien délicat de s'entendre sur une définition universelle un
tant soit peu précise[973]. On serait donc tenté de considérer
que la seule exigence d'une démocratie ou d'un Etat
de droit consiste à respecter les droits de la personne,
conformément aux textes et aux coutumes existants,
qu'il s'agisse de la liberté d'expression, d'association, du

---

[971] Jean Salmon, «Vers l'adoption d'un principe de
légitimité démocratique?», dans O. Corten *et al.* (dir. publ.),
A la recherche du nouvel ordre mondial; Tome I, Le droit
international à l'épreuve, Bruxelles, Complexe, 1993, p. 80-
81 et, du même auteur, «Le droit international à l'épreuve au
tournant du XXIe siècle», *Cours euro-mediterranéens Bancaja
de droit international*, vol. VI, 2002, p. 282-288.

[972] *CIJ Recueil 1986*, p. 133, par. 263; voir *supra* chapitre I, section 2.

[973] La Libye a par exemple soutenu une forme de démocratie populaire (*L'Etat de droit aux niveaux national et
international: observations et informations reçues des gouvernements*, A/62/121, 11 juillet 2007, p. 24, par. 3), tandis que la
Chine évoquait un «Etat de droit socialiste» (AG, A/C.6/62/
SR.14, 15 novembre 2007, p. 7, par. 36) et le Vietnam justifiait
la peine de mort au nom de l'Etat de droit (commentaires du
gouvernement vietnamien concernant les observations finales
du Comité des droits de l'homme: Vietnam. 24/07/2003,
CCPR/CO/75/VNM/Add.2. *(Follow-up Response by State
Party)*, Comité des droits de l'homme, Examen des rapports
présentés par les Etats parties en vertu de l'article 40 du Pacte,
additif, par. 1); voir aussi Arthur Watts, «The International
Rule of Law», *GYIL*, 1993, p. 21.

droit de vote ou de l'obligation de tenir des élections, ou encore de certains droits économiques et sociaux[974]. Mais ces droits semblent davantage exclure que permettre la rébellion, comme l'illustre l'article 21 du Pacte sur les droits civils et politiques, qui ne reconnaît qu'un droit de réunion «pacifique»[975]. Et, quant aux obligations de l'Etat, dans de tels cas, on semble en revenir à une conception purement formelle, la seule obligation étant de respecter les règles de droit positif existantes. Si telle est bien la perspective, le droit à la rébellion devient à nouveau complètement aléatoire, puisqu'une éventuelle violation de ces règles est elle-même régie par l'ordre juridique international, qui prévoit des mécanismes de contrôle et de sanction, mécanismes qui paraissent bien exclure, *a contrario*, le choix de la révolte individuelle ou collective. Pour revenir au cas de la Côte d'Ivoire, c'est en effet le volet formel de l'état de droit qui a été privilégié, avec une insistance constante sur la nécessité de respecter les règles et les procédures de la part de tous les acteurs concernés.

Mais, si l'on s'en tient à l'aspect formel de l'état de droit, une autre question se pose aussitôt: qui sera compétent pour décider quelle sera, en cas de litige, la correcte interprétation des règles de droit interne dont le respect est exigé?[976] Une première option est de se

---

[974] Annyssa Bellal et Louise Doswald-Beck, «Evaluating the Use of Force during the Arab Spring», *op. cit.*, p. 8-10.

[975] Olivier Corten, «Rapport général. L'Etat de droit en droit international: quelle valeur juridique ajoutée?», *op. cit.*, p. 18-20 et 27-30.

[976] Barbara Delcourt, «L'Etat de droit, pierre angulaire de la coexistence pacifique en Europe?», dans C.-H. Thuan et A. Fenet (dir. publ.), *La coexistence, enjeu européen*, Paris, PUF, 1998, p. 249; Emmanuelle Bribosia et Barbara Delcourt, «L'Union européenne et l'Etat de droit. Portée et limites d'une notion à géométrie variable», dans P. Magnette et E. Remacle (dir. publ.), *Le nouveau modèle européen*, vol. 2, Bruxelles, éd. ULB, 2000, p. 215; voir aussi Kalkidan Obse, «The Arab Spring and the Question of Legality of Democratic Revolution

référer à des organes internationaux, ce qui mène certains
à affirmer que «the international community is not only
elaborating clearer standards regarding democratic
government, but also creating authoritative bodies to
interpret and apply those standards to new and would-
be democracies»[977]. Mais, dans la mesure où il s'agit en
grande partie de vérifier le respect du droit interne, on
pourrait considérer que la solution la plus logique consiste
à s'adresser aux juridictions et autorités internes elles-
mêmes, a priori mieux à même de comprendre le langage,
la logique et l'esprit des règles pertinentes, ainsi que de
prendre en compte la pratique et les précédents propres
à cet ordre juridique spécifique[978]. Dans sa conception
doctrinale traditionnelle, la notion d'état de droit renvoie
d'ailleurs à la nécessité de pouvoir s'adresser à un juge
pour assurer l'interprétation et l'application objectives
de la norme, y compris constitutionnelle[979]. C'est dans
cette perspective que l'on peut comprendre la création
et le développement des compétences de nombreuses
cours constitutionnelles dans l'ordre interne des Etats,
tout au long du vingtième siècle. La transposition de
ce schéma à l'échelle internationale pose cependant
question, en tout cas si l'on envisage une unité dans
la manière d'interpréter le droit. Il n'existe aucune
cour constitutionnelle mondiale, et certainement pas

---

in Theory and Practice: A Perspective based on the African
Union Normative Framework», *LJIL*, 2014, p. 833-834.

[977] Gregory H. Fox et Brad R. Roth, «Democracy and
International Law», *Review of International Studies*, 2001,
p. 343.

[978] Le juge interne est ainsi traditionnellement idéalisé
comme une figure apte à trancher les questions politiques
fondamentales sur la base du droit; Eric Millard, «L'Etat
de droit, idéologie contemporaine de la démocratie», dans
Patrick Cabanel et Jean-Marc Février (dir. publ.), *Questions
de démocratie*, Paris, Presses universitaires du Mirail, 2000,
p. 437-438.

[979] Voir notamment Marie-Joëlle Redor, *De l'Etat légal à
l'Etat de droit*, *op. cit.*, p. 186 s.

de juridiction qui serait compétente pour interpréter et appliquer toutes les Constitutions ou règles juridiques fondamentales des quelques deux cents Etats existants [980]. Le plus approprié, encore une fois, serait donc de s'en remettre à chacun des ordres juridiques concernés pour déterminer la juridiction nationale compétente.

Si on revient sur un précédent comme celui de la Côte d'Ivoire, cependant, on comprend assez vite les limites d'une telle méthode. Lorsque le résultat des élections de 2010 a été contesté, le Conseil constitutionnel a désigné Laurent Gbagbo comme vainqueur, mais sa décision a été critiquée en raison d'allégations de partialité déduites de liens qui auraient existé entre certains juges et le président en place [981]. Les autorités de l'ONU ont en tout état de cause privilégié la position de la commission électorale qu'elles avaient mise en place, laquelle, on l'a vu, désignait comme vainqueur l'autre candidat, Allassane Ouattara [982].

Le choix peut se comprendre, mais il pose des questions délicates : plus généralement, donc, un organe de l'ONU est-il le mieux à même d'interpréter le droit interne de l'un de ses Etats membres ? Par ailleurs, prétendre transformer une obligation juridique interne en obligation juridique internationale n'est-il pas incompatible avec le schéma classique selon lequel le droit interne ne serait,

---

[980] Les ambiguïtés générées par le contrôle extérieur de la légalité au regard d'un droit national peuvent être illustrées par l'épisode de la création et de l'activité de la «Commission d'arbitrage» pour la Yougoslavie en 1991 ; voir Barbara Delcourt, *Droit et souverainetés. Analyse critique du discours européen sur la Yougoslavie,* Bruxelles, P.I.E.-Peter Lang, 2003, p. 359-362.

[981] Voir par exemple «Un conseil constitutionnel impartial ?», *La lettre du continent*, 28 octobre 2010, n° 598.

[982] *Supra* et *Vingt-sixième rapport du Secrétaire général sur l'Opération des Nations Unies en Côte d'Ivoire*, 30 mars 2011, S/2011/211, p. 4-5, par. 14-21.

du point de vue du droit international, qu'un fait qui ne pourrait en principe avoir aucun effet juridique?[983]

C'est bien ce schéma classique qui semble parfois ressortir de la crise ivoirienne, dont plusieurs épisodes montrent que le Conseil de sécurité n'a pas admis que l'on puisse valablement se prévaloir de la Constitution pour échapper à la mise en œuvre de certaines de ses décisions[984]. Ainsi a-t-il pu avancer que

> « la pleine application de la présente résolution … et du processus de paix conduit par le Premier ministre exige que toutes les parties ivoiriennes s'y conforment totalement *et qu'elles ne puissent se prévaloir d'aucune disposition juridique pour faire obstacle à ce processus* »[985].

En ce sens, le Secrétaire général a occasionnellement affirmé que

> « en cas de divergence, les instruments internationaux qui définissent les modalités particulières de la transition (résolutions antérieures et futures du Conseil, décisions de l'Union africaine et de la CEDEAO et accords de paix) prévalent sur la Constitution ivoirienne et la législation du pays »[986].

---

[983] Voir les articles 2*b)* et 3 des Articles de la commission du droit international sur la responsabilité de l'Etat de 2001 ou encore l'article 27 de la Convention de Vienne de 1969 sur le droit des traités entre Etats, ainsi que le *dictum* classique de la CPJI, affaire des *Intérêts allemands en Haute-Silésie polonaise*, *Série A n° 7*, p. 19.

[984] Catherine Maia et Anatole Ayissi, « Peace Through Constitution : The Importance of Constitutional Order for International Peace and Security », *AYIL*, 2014, p. 201-227 (partie I. 2).

[985] Résolution 1721 (2006) du 1er novembre 2006 ; nous soulignons.

[986] *Dixième rapport intérimaire du Secrétaire général sur l'Opération des Nations Unies en Côte d'Ivoire (ONUCI)*, 17 octobre 2006, S/2006/821, par. 75.

On perçoit là encore l'ambiguïté de ce précédent, ces derniers extraits contrastant avec ceux, cités ci-dessus, insistant sur la nécessité de respecter la Constitution et l'ordre juridique ivoirien.

Plus fondamentalement, on semble toucher là à une autre ambiguïté de l'Etat de droit, qui dénote une sorte de « fantasme moniste » selon lequel il n'existerait qu'un seul ordre juridique dans le monde, chaque droit national n'étant que la prolongation et la concrétisation de l'ordre juridique international [987]. Un fantasme qui est loin de correspondre à la réalité, laquelle montre le maintien d'une séparation de principe entre droit et responsabilité en droit interne, ou en droit international. Ce que nous montre le cas ivoirien, dans cette perspective, c'est que cette séparation a prévalu, avec les décisions du Conseil de sécurité qui, tout en renvoyant à la nécessité de respecter le droit interne, ont été interprétées et appliquées de manière autonome par rapport à ce droit [988].

Finalement, on mesure l'ampleur des ambiguïtés qui caractérisent la notion d'Etat de droit, spécialement dans le cas d'un précédent comme celui de la Côte d'Ivoire. A première vue, exiger le respect universel et systématique de l'ordre juridique national exclut tout droit ou même toute tentative de révolte, laquelle constitue par définition un refus de se cantonner au respect des règles juridiques existantes. Mais, d'un autre côté, la mention d'un aspect substantiel qui renvoie aux valeurs démocratiques peut tendre à légitimer certaines formes de rébellion. Le problème est alors de définir et d'interpréter ces valeurs, avec le risque que l'on en revienne au seul respect de règles

---

[987] Olivier Corten, « Rapport général. L'Etat de droit en droit international : quelle valeur juridique ajoutée ? », *op. cit.*, p. 26 et 40 ; voir aussi Monique Chemillier-Gendreau, « L'Etat de droit au carrefour des droits nationaux et du droit international », dans *Mélanges Guy Braibant*, *op. cit.*, p. 57-68.

[988] Olivier Corten et Pierre Klein, « L'action des Nations Unies en Côte d'Ivoire : jusqu'où le Conseil de sécurité peut-il intervenir dans l'ordre juridique interne des Etats ? », *op. cit.*

plus précises que constituent les droits de la personne, dans le cadre de l'ordre juridique international existant. Là encore, la rébellion semble difficilement conciliable avec l'état de droit. Bien évidemment, on pourrait conclure que l'état de droit lui-même est davantage une valeur, un principe, un objectif, qu'une règle juridique en tant que telle[989]. Le précédent ivoirien ne plaiderait pas en sens inverse, puisqu'on pourrait le concevoir comme un cas particulier relatif au maintien de la paix, qui a donné lieu à des décisions spécifiques prises par le Conseil de sécurité, et non à une évolution de règles générales sur la rébellion[990]. Une telle position est tout à fait envisageable et légitime, mais elle doit alors associer la prise en compte d'autres précédents dans lesquels le Conseil n'a pas voulu, ou pas pu, intervenir. On pense notamment aux cas de l'Egypte puis de l'Ukraine, qui seront envisagés successivement.

2. *Les limites de la rébellion au nom des changements anticonstitutionnels de régime : l'exemple de l'Egypte*

L'évolution de la situation politique en Egypte a connu, depuis 2011 et ce qu'on a appelé le «printemps arabe», divers soubresauts dont on ne prétendra pas rendre compte dans toute leur nuance et toute leur complexité[991]. Dans le cadre limité de notre propos, il suffira de rappeler les quelques étapes décisives suivantes :

---

[989] Rappelons en ce sens que les Etats ont généralement qualifié l'Etat de droit, la démocratie et les droits de l'homme de «principes fondamentaux, universels et indivisibles de l'ONU» (résolution 60/1, précitée, par. 119).

[990] Voir *supra* chapitre II, section 2.

[991] Voir notamment Claude Guibal et Tangui Salaün, *L'Egypte de Tahir. Anatomie d'une révolution*, Paris, Seuil, 2011 ; Rovert Solé, *Egypte. De Nasser au printemps arabe*, Paris, éd. Le monde/histoire, 2013, et du même auteur, *Le Pharaon renversé. Dix-huit jours qui ont changé l'Egypte*, Paris, éd. Les arènes, 2011.

– le 25 janvier 2011 débute une campagne de manifestations populaires regroupant diverses tendances d'opposition, qui multiplient les actions, spécialement au Caire sur la place Tahrir; le 11 février, la démission du président Moubarak est officiellement annoncée et, le 13, la Constitution est suspendue et le parlement dissous par une junte militaire, laquelle exerce le pouvoir pendant plusieurs mois[992];

– après un référendum, en juin 2011, des modifications de la Constitution sont mises en place; de novembre 2011 à janvier 2012, des élections législatives sont organisées ainsi que, en juin de la même année, des élections présidentielles, lesquelles voient la victoire de Mohamed Morsi, chef du parti islamiste[993];

– un an plus tard, des manifestations de masse réclament la démission de celui-ci, lequel est cependant soutenu par de nombreux partisans; le 3 juillet 2013, le général al-Sissi annonce la destitution de Mohamed Morsi et son remplacement par le président de la Haute Cour constitutionnelle, Adli Mansour, la Constitution étant à nouveau suspendue; de nouvelles protestations des partisans du président destitué sont violemment réprimées, spécialement au mois d'août 2013[994];

– après l'adoption d'une nouvelle Constitution en janvier[995], de nouvelles élections présidentielles sont organisées en mai 2014, à la suite desquelles Abdel al-Sissi, alors ministre de la Défense et vice-Premier ministre, est élu avec près de 97% des voix, plusieurs allégations de fraude ayant entaché le scrutin[996].

---

[992] *Keesing's*, 2011, p. 50255-50256 et 50308-50309.

[993] *Keesing's*, 2011, p. 50538-50539, 50795-50796; *Keesing's*, 2012, p. 50894-50895 et 52087.

[994] *Keesing's*, 2013, p. 52765, 52813-52814, 52866-52867.

[995] Voir une analyse par Malik Boumedienne, « Révolutions arabes et renouveau constitutionnel: une démocratisation inachevée », *La Revue des droits de l'homme*, 2014, p. 4-6, 7-8, 11.

[996] *Keesing's*, 2014, p. 53383.

En bref, et pour simplifier encore, l'Egypte a connu deux mouvements de rébellion qui, à chaque fois avec le soutien de l'armée, ont abouti à un changement à la tête de l'Etat, la destitution du président Moubarak en février 2011 étant suivie par celle du président Morsi en juillet 2013.

Les réactions internationales ont, pourtant, été bien différentes dans les deux cas.

Le changement de régime de février 2011 n'a pas véritablement fait l'objet de condamnations formelles[997]. Alors que le président Moubarak faisait face au mouvement populaire, plusieurs institutions et Etats l'ont appelé à agir avec modération et à régler le problème de manière pacifique et, lorsqu'il a été destitué, les autorités militaires se sont vues conseiller d'assurer une transition pacifique et démocratique aussi vite que possible[998]. Assez caractéristique est ce communiqué du Conseil de paix et de sécurité de l'Union africaine, adopté le 16 février 2011, quelques jours après la destitution du chef de l'Etat et la suspension de la Constitution, par lequel le Conseil :

> «... 3. Exprime la solidarité de l'UA avec le peuple égyptien dont *l'aspiration à la démocratie est conforme aux instruments pertinents de l'UA* et à l'engagement du continent en faveur de la démocratisation, de la bonne gouvernance et du respect des droits de l'homme;

---

[997] *Keesing's*, 2011, p. 50309; http://en.wikipedia.org/wiki/International_reactions_to_the_2011_Egyptian_revolution.

[998] Michèle Poulain, «Chronique des faits internationaux d'intérêt juridique», *AFDI*, 2011, p. 817; Jacques Hartmann, Sangeeta Shah, et Colin Warbrick, «United Kingdom Materials on International Law», *BYBIL*, 2011, p. 716 et 724, ainsi que le communiqué de presse du Conseil de l'UE du 31 janvier 2011, 3065e session, *ibid.*, p. 724-725 et 5888/1/11 REV 1, p. 7; voir aussi *Statement by the Chair of ASEAN on Developments in the Arab Republic of Egypt*, 4 février 2011, http://www.lcil.cam.ac.uk/arab_spring/arab-spring-egypt.

4. Condamne fermement les actes de violence perpétrés contre les manifestants, qui ont conduit à des pertes en vies humaines. Le Conseil demande aux autorités égyptiennes de faire la lumière sur ces actes de violence et de traduire en justice leurs commanditaires et auteurs ;

5. Reconnaît le *caractère exceptionnel de la situation en Egypte* et prend acte de la décision de M. Hosni Mubarak de démissionner de ses fonctions de Président de la République et de remettre les charges de l'exercice du pouvoir d'Etat au Conseil supérieur des Forces armées ;

6. Prend note de l'annonce faite et des dispositions prises par les autorités égyptiennes en vue de *l'élaboration d'une nouvelle Constitution et de l'organisation, dans un délai de 6 mois maximum, d'élections législatives et présidentielles libres, régulières, ouvertes et transparentes, pour permettre aux Egyptiens de choisir librement leurs dirigeants et de doter leur pays d'institutions démocratiques…»* [999].

Comme l'illustrent tout particulièrement les termes soulignés, on est bien loin d'une condamnation d'un «coup d'Etat» ou d'un «changement anticonstitutionnel de régime», puisqu'on exprime sa solidarité tout en insistant sur le respect des droits de la personne et sur la nécessité d'une transition démocratique, le tout en soulignant le caractère «exceptionnel» du précédent égyptien. Le général Morsi a certes, ensuite, été l'objet de certaines critiques relatives au respect des droits fondamentaux de la personne, spécialement la liberté d'expression. Navi Pillay, haute commissaire des Nations Unies pour les droits de l'homme, lui a même

---

[999] *Communiqué de la 260ᵉ réunion du Conseil de paix et de sécurité*, 16 février 2011, PSC/PR/COMM.(CCLX), http://www.peaceau.org/uploads/communique-de-presse-sur-la-situation-en-egypte-fr.pdf.

écrit pour lui signaler qu'à son avis, la suspension de la
Constitution était problématique par rapport à l'état de
droit *(rule of law)* [1000].

Pour autant, le nouveau gouvernement n'a subi de
sanction de la part ni des Nations Unies, ni de l'Union
africaine, ni d'Etats agissant à titre individuel [1001].

Tout autre apparaît la réaction au renversement de
Mohamed Morsi en juillet 2013. Outre les très timides
protestations des Etats occidentaux qui se sont contentés
d'en appeler à la transition démocratique [1002], c'est avant
tout l'Union africaine qui a condamné ce qui a été
qualifié de «changement anticonstitutionnel» au sens
des instruments pertinents de l'organisation. L'Egypte a
dès lors été suspendue de toute représentation [1003], et ce
jusqu'au 17 juin 2014.

A cette date, à la suite des élections présidentielles
ayant porté le général al-Sissi au pouvoir, le Conseil de
paix et de sécurité de l'Union africaine (CPS) a décidé la
réintégration de l'Egypte, et ce aux motifs suivants :

> «... compte tenu *(a)* des progrès accomplis dans
> le rétablissement de l'ordre constitutionnel, *(b)* du
> fait que la suspension du pays pendant près d'un an

[1000] http://www.telegraph.co.uk/news/worldnews/africa
andindianocean/egypt/9715314/Egypt-Mohammed-Morsi-
criticised-by-UN.html.

[1001] Au contraire, certaines sanctions ont visé des individus
de l'ancien régime qui disposaient de fonds placés dans des
Etats de l'UE, voir par exemple Jacques Hartmann, Sangeeta
Shah, et Colin Warbrick, «United Kingdom Materials on International Law», *BYBIL*, 2011, p. 947-948 ; 2012, p. 580-582,
587, 592-593 et 708-709 ; voir aussi Ozan O. Varol, «The Democratic Coup d'Etat», *Harvard JIL*, 2012, p. 339 ss.

[1002] Voir notamment la position de la France (déclaration du
ministre des Affaires étrangères, 3 juillet 2013 ; http://basedoc.
diplomatie.gouv.fr) et des Etats-Unis (*Keesing's*, 2013, p. 52866-
52867).

[1003] Communiqué PSC/PR/COMM. (CCCLXXXIV), adopté
lors de sa 384e réunion, tenue le 5 juillet 2013.

a envoyé un message sans équivoque aux parties prenantes égyptiennes quant à l'attachement de l'UA à ses principes et à ses instruments, et *(c)* la nécessité pour l'UA de continuer à interagir avec l'Egypte et à accompagner les efforts des autorités égyptiennes en vue de la mise en œuvre intégrale de la Feuille de route »[1004].

Les progrès mentionnés renvoient à la tenue des élections, pourtant contestées, dont on a vu qu'elles avaient crédité Abdel al-Sissi – lequel avait lui-même été à la base du changement anticonstitutionnel dénoncé par l'UA – de près de 97 % des voix. Dans la même décision, le Conseil de paix et de sécurité a cependant précisé, par le biais de cette formulation qui n'est sans doute pas d'une clarté limpide, que le cas égyptien :

« ... ne *saurait constituer un précédent* s'agissant du respect des dispositions pertinentes de la déci-sion *Assembly/AHG/Dec.269.(XIV)Rev.1* sur la préven-tion des changements anticonstitutionnels de Gouver-nement et le renforcement des capacités de l'UA à gérer de telles situations, adoptée par la quatorzième session ordinaire de la Conférence de l'Union, tenue à Addis Abéba, du 31 janvier au 2 février 2010, et de l'article 25 (4) de la Charte africaine de la démocratie, des élections et la gouvernance, qui prévoient que les auteurs de changements anticonstitutionnels de gouvernement ne peuvent participer aux élections visant à restaurer l'ordre constitutionnel »[1005].

Le Conseil « décide en outre que la définition de ce qui constitue un soulèvement populaire sera examinée de façon plus approfondie par le Conseil au niveau des chefs d'Etat et de gouvernement »[1006].

[1004] PSC/PR/COMM.2(CDXLII).
[1005] *Ibid.* ; nous soulignons.
[1006] *Ibid.*

On l'aura compris spécialement à la lecture de ces
lignes, le cas de l'Egypte illustre toutes les ambiguïtés
de la notion de «changement anticonstitutionnel» de
gouvernement, qui s'est développée dans le cadre du
continent africain [1007] et qui pourrait être perçue comme
une déclinaison particulière du concept d'état de
droit [1008].

Une fois encore, il s'agit apparemment de condamner
le principe même de la révolte et de la rébellion, et de
prescrire au contraire l'utilisation des voies légales ou
constitutionnelles. Deux questions se posent cependant,
qui tiennent à la fois à la définition du changement
«anticonstitutionnel» et aux sanctions adoptées lorsqu'un tel changement a lieu.

Quant au premier de ces points, il n'est guère étonnant
que le Conseil de paix et de sécurité ait admis les difficultés
de distinguer un «changement anticonstitutionnel» de
gouvernement et un «soulèvement populaire». Les
textes pertinents sont particulièrement ouverts à l'interprétation sur ce point. La «Déclaration de Lomé» de
2000, souvent considérée comme un acte fondateur
en ce domaine, ne définit ni le «changement anti-

[1007] Joseph Kazadi Mpiana, «L'Union africaine face à
la gestion des changements anticonstitutionnels de gouvernement», *RQDI*, 2012, p. 101-141; Ndiva Kofele-Kale, «Participatory Rights in Africa: A Brief Overview of an Emerging
Regional Custom», *NILR*, 2008, p. 233-259; Kalkidan Obse,
«The Arab Spring and the Question of Legality of Democratic Revolution in Theory and Practice: A Perspective
based on the African Union Normative Framework», *op. cit.*,
p. 829 ss.
[1008] Voir notamment l'article 3 de la Charte africaine de
la démocratie, des élections et de la gouvernance, ainsi que
Joseph Kazadi Mpiana, «L'Union africaine face à la gestion
des changements anticonstitutionnels de gouvernement», *op.
cit.*, p. 109-110 et Armel Lali, «La perception de l'Etat de
droit dans le droit et la pratique de l'Union africaine», dans
SFDI, *L'Etat de droit et le droit international*, *op. cit.*, p. 287-
300.

constitutionnel» ni le «coup d'Etat» [1009]. L'article 30 de la Charte de l'UA dispose simplement que «[l]es gouvernements qui accèdent au pouvoir par des moyens anticonstitutionnels ne sont pas admis à participer aux activités de l'Union», sans plus de précision, de même que son article 4*p)*, qui consacre comme principe de l'organisation la «[c]ondamnation et [le] rejet des changements anticonstitutionnels de gouvernement» [1010].

Reprenant les enseignements d'anciens textes de l'UA, la «Charte africaine de la démocratie, des élections et de la gouvernance», adoptée en 2008 et entrée en vigueur en 2012 [1011], apporte certes des éléments de clarification en son article 23, en évoquant:

> «Tout *putsh* ou coup d'Etat contre un gouvernement démocratiquement élu;
>
> Toute intervention de mercenaires pour renverser un gouvernement démocratiquement élu;
>
> Toute intervention de groupes dissidents armés ou de mouvements rebelles pour renverser un gouvernement démocratiquement élu;

[1009] *Déclaration sur le cadre de l'OUA face aux changements constitutionnels de gouvernements*, AHG/Decl.5 (XXXVI), trente-sixième session, Lomé, 10-12 juillet 2000.

[1010] *Acte constitutif de l'Union africaine*, 11 juillet 2000, entré en vigueur le 26 mai 2001; tous les textes pertinents se trouvent sur: http://www.au.int/fr/; voir aussi *Sélection de documents-clés de l'Union africaine relatifs aux droits de l'homme*, Pretoria, Pretoria Univ. Law Press, 2006. Voir Sayeman Bula-Bula, «Mise hors-la-loi ou mise en quarantaine des gouvernements anticonstitutionnels», *AYIL*, 2003, p. 52.

[1011] Voir Romuald Likibi, *La Charte africaine pour la démocratie, les élections et la gouvernance. Analyse et commentaires*, Paris, Publibook, 2012; P. J. Glen, «Institutionalising Democracy in Africa: A Comment on the African Charter on Democracy, Elections and Governance», *Afr. Jnal of Legal Studies*, 2012, p. 149-175; S. J. Schnably, «Emerging International Law Constraints on Constitutional Stucture and Revisal: A Preliminary Appraisal», *Univ. Miami Law Review*, 2008, p. 417-490.

Tout refus par un gouvernement en place de remettre
le pouvoir au parti ou au candidat vainqueur à l'issue
d'élections libres, justes et régulières ;
Tout amendement ou toute révision des Constitutions
ou des instruments juridiques qui porte atteinte aux
principes de l'alternance démocratique. » [1012]

Une simple lecture de ces termes laisse toutefois entre-
voir l'ampleur des questions non résolues, telles que
les définitions du «putsh» ou du «coup d'Etat», du
gouvernement «démocratiquement élu», des «élections
libres, justes et régulières» ou des «principes de
l'alternance démocratique», dont on peut par exemple
se demander si elles couvrent le cas du gouvernement
al-Sissi en Egypte – même si cet Etat n'est pas partie
à la Convention –, étant donné les conditions dans
lesquelles se sont déroulées les élections [1013]. Pour en
revenir au précédent égyptien et, plus largement, au
«printemps arabe», il est remarquable que le président
de la Commission de l'Union africaine ait, lors de la
présentation de son rapport à la session extraordinaire
de la Conférence de l'Union tenue à Addis-Abeba en
mai 2011, affirmé que ces événements constituaient une
opportunité

«pour les Etats membres de renouveler leur engagement en faveur de l'agenda de l'UA pour la
démocratie et la gouvernance, d'insuffler une dynamique additionnelle aux efforts déployés à cet

---

[1012] La Charte est entrée en vigueur le 15 février 2012 ;
voir http://au.int/en/treaties ; l'Egypte ne l'a ni ratifiée, ni
signée ce qui n'a pas empêché, on l'a vu, le CPS de s'y référer
pour appréhender la crise égyptienne. L'essentiel de cette
disposition se trouve par ailleurs dans le règlement intérieur de
la Conférence de l'Union (art. 37, par. 2).

[1013] Kalkidan Obse, «The Arab Spring and the Question
of Legality of Democratic Revolution in Theory and Practice :
A Perspective based on the African Union Normative Framework», *op. cit.*, p. 832.

égard et de mettre en œuvre des réformes socio-
économiques adaptées à chaque situation nationale … Les soulèvements en Tunisie et en Egypte
sont les révélateurs d'une évolution profonde qui
peut enrichir les processus de consolidation de la
démocratie en Afrique »[1014].

En pareils cas, les changements, qu'ils soient ou non
contraires aux Constitutions concernées, seraient donc
admis en raison de leur caractère « démocratique »[1015],
résultant sans doute du fait qu'il s'agirait du résultat
d'authentiques « soulèvements populaires », pour
reprendre l'expression qui, selon l'UA elle-même, reste
à définir. Toujours en ce sens, on lit dans un document
officiel de l'Union africaine de mai 2011 que :

« Les révolutions populaires intervenues en
Tunisie et en Egypte étaient inédites et ont posé de
sérieux problèmes doctrinaux, car ne correspondant
à aucun des cas de figure prévus par la Déclaration
de Lomé sur les changements anticonstitutionnels de
gouvernement. »[1016]

En réalité, si l'on s'en tient à ces textes et déclarations,
le critère ne serait pas uniquement formel (le respect
de la Constitution), mais s'étendrait à des critères
substantiels (essentiellement la démocratie), avec toutes

[1014] Union africaine, rapport du président de la Commission
sur les défis actuels à la paix et à la sécurité sur le continent
et les efforts de l'UA: renforcer le leadership de l'Afrique,
promouvoir des solutions africaines, mai 2011, doc. off
UAEXT/Assembly/AU/2 (01.2011), aux par. 5 et 8.
[1015] Joseph Kazadi Mpiana, « L'Union africaine face à la
gestion des changements anticonstitutionnels de gouvernement », *op. cit.*, p. 112-113.
[1016] *Rapport du président de la Commission sur les défis
actuels à la paix et à la sécurité sur le continent et les efforts
de l'UA*, renforcer le leadership en Afrique, promouvoir des
solutions africaines, EXT/Assembly/AU/2.(01/2011), p. 1,
par. 4.

les incertitudes et les ambiguïtés déjà relevées au sujet de la notion d'état de droit[1017].

Quant au deuxième problème, celui de la sanction à mettre en œuvre en cas de «changement anticonstitutionnel» de gouvernement, on ne peut pas affirmer qu'on puisse le régler beaucoup plus aisément[1018]. Certes, l'article 30 de la Charte de l'UA est clair, lorsqu'il prévoit la suspension de l'Etat concerné aux travaux de l'organisation[1019]. De même, l'article 25 de la Charte africaine de la démocratie, des élections et de la gouvernance évoque des sanctions à la fois contre les individus responsables du changement prohibé et de l'Etat lui aussi considéré comme responsable d'un acte illicite[1020].

La disposition prévoit aussi que:

«Les auteurs de changement anticonstitutionnel de gouvernement ne doivent ni participer aux élections organisées pour la restitution de l'ordre démocratique, ni occuper des postes de responsabilité dans les institutions politiques de leur Etat.»[1021]

[1017] *Supra* point 1 de la présente section, ainsi que Kathryn Sturman, «Unconstitutional Changes of Government: The Democrat's Dilemma in Africa», *Policy Briefing*, African Perspectives. Global Insights, mars 2011; Kalkidan Obse, «The Arab Spring and the Question of Legality of Democratic Revolution in Theory and Practice: A Perspective based on the African Union Normative Framework», *op. cit.*, p. 833.

[1018] Voir de manière générale D. L. Tehindrazanarivelo, «Les sanctions contre les coups d'Etat et autres changements anticonstitutionnels», *AYIL*, 2006, p. 255-308.

[1019] Selon le texte de cette disposition, «[l]es gouvernements qui accèdent au pouvoir par des moyens anticonstitutionnels ne sont pas admis à participer aux activités de l'Union» (référence du traité ci-dessus).

[1020] Article 25, par. 1-3 et 5-9; Ndiva Kofele-Kale, «Participatory Rights in Africa: A Brief Overview of an Emerging Regional Custom», *op. cit.*, p. 243-244.

[1021] Article 25, par. 4.

Des mesures prévues par l'article 25 ont a été appliquées à plusieurs reprises[1022], que ce soit en Mauritanie, à Madagascar, en Guinée, ou encore au Mali, le Conseil de paix et de sécurité approuvant dans ce dernier une décision de la CEDEAO y faisant référence pour affirmer que « [n]i le président par intérim, ni le Premier ministre, ni les autres membres du gouvernement de transition ne pourront être candidats à la prochaine élection présidentielle »[1023]. En février 2010, l'Assemblée des Etats de l'UA avait affirmé sa position « reposant sur une « tolérance zéro » pour les coups d'Etat mais également pour les transgressions des normes démocratiques » pour décider ensuite que des mesures seraient prises en sus de la suspension de l'Etat impliqué, parmi lesquelles « la non-participation des auteurs du changement anticonstitutionnel aux élections organisées pour restaurer l'ordre constitutionnel »[1024]. Pourtant, et comme on l'a constaté plus haut, la réintégration de l'Egypte au sein de l'UA a été opérée, en dépit de l'accession au pouvoir du ministre de la Défense, le général al-Sissi, à la suite de ce qui avait été antérieurement condamné comme

---

[1022] Blaise Tchikaya, « La Charte africaine de la démocratie, des élections et de la gouvernance », *AFDI*, 2009, p. 526-527, ainsi que Sayeman Bula-Bula, « Mise hors-la-loi ou mise en quarantaine des gouvernements anticonstitutionnels par l'Union africaine ? », *op. cit.*, p. 23-78 ; Djacoba Liva Tehindrazanarivelo, « Les sanctions de l'Union africaine contre les coups d'Etat et autres changements anticonstitutionnels de régime : potentialités et mesures de renforcement », *AYIL*, 2006, p. 255-308.

[1023] Décision de la CEDEAO citée au paragraphe 15 du communiqué du CPS du 13 novembre 2012. CPS, communiqué (13 novembre 2012), doc. off CPS, 341ᵉ réunion, PSC/PR/COMM.2(CCCXLI).

[1024] Assembly/AU/Dec.268-288, quatorzième session ordinaire, Addis-Abeba, 31 janvier-2 février 2010, décision sur la prévention des changements anticonstitutionnels de gouvernement et le renforcement des capacités de l'Union Africaine – doc. Assembly/AU/4 (XIV), resp. points 5 et 6i)*b)a.*

un changement anticonstitutionnel de régime. C'est sans doute pourquoi le Conseil de paix et de sécurité a tenu à affirmer que, pour autant, cela ne devait pas constituer un «précédent».

On se demande pourtant bien, dans ces conditions, ce qui empêcherait le Conseil de réitérer ce type de décision lors d'un cas similaire qui surviendrait à l'avenir. L'article 26 de la Charte énonce très généralement que «le Conseil de paix et de sécurité lève les sanctions dès que la situation qui a motivé la suspension est résolue», et le Conseil de paix et de sécurité dispose plus généralement d'une compétence discrétionnaire [1025].

Un examen de la pratique montre d'ailleurs que la sanction de la suspension n'est maintenue que pendant une période limitée, et cesse généralement dès que les auteurs du changement parviennent à convaincre qu'un processus de transition est enclenché. L'ancien gouvernement, renversé en violation de la Constitution, n'est quant à lui jamais rétabli dans ses fonctions initiales, avec pour conséquence que le changement théoriquement interdit voit ses effets consacrés, sinon récompensés, dans la pratique [1026]. Dans l'ensemble, tout cela génère une impression de gestion dominée par des considérations d'opportunité politique qui ne sont que très marginalement limitées par le droit [1027]. En avril 2014, un communiqué de presse du Conseil de paix et de sécurité concédait que «la flexibilité et l'incohérence observées dans l'interprétation et l'application des instruments pertinents ont créé un problème de cré-

---

[1025] Joseph Kazadi Mpiana, «L'Union africaine face à la gestion des changements anticonstitutionnels de gouvernement», *op. cit.*, p. 117 ss.

[1026] Voir spécialement le cas de la Mauritanie, en particulier les réactions aux coups d'Etat de 2005 et de 2008; *ibid.*, p. 128-131.

[1027] *Ibid.*, p. 131.

dibilité pour l'UA»[1028]. En tout cas, il apparaît bien délicat de déterminer quelle est exactement la portée de l'interdiction ainsi que de la sanction applicable en cas de violation.

On perçoit une fois encore les tensions qui entourent ces questions de rébellion ou de neutralité. D'un côté, ce dernier principe est mis à mal par l'évolution des textes et de la pratique qui, en proclamant solennellement une prohibition des changements anticonstitutionnels de régime, semblent condamner la rébellion. Celle-ci ne serait donc plus, comme dans le droit international traditionnel, ni permise ni interdite. Mais, d'un autre côté, on paraît se réserver la possibilité de justifier certains «soulèvements populaires» au nom de considérations de légitimité, ce qui aboutit à la fois à rétablir (puisque la rébellion ne serait alors plus interdite, sans que l'on invoque pour autant un droit) et à écorner (dans la mesure où on se reconnaît apte à se prononcer sur la légitimité d'une rébellion et, par comparaison, d'un gouvernement) le principe traditionnel de neutralité[1029]. A moins que l'on analyse l'ensemble de cette pratique comme une illustration des pouvoirs discrétionnaires des organes de sécurité collective, qui peuvent très bien décider au cas par cas de la nécessité d'une action destinée à mettre fin à une «menace contre la paix» aux contours indéfinis, et qui peut très bien renvoyer à une violation du droit interne[1030]. Reste que, dans cette hypothèse, on peut à

[1028] UA/CPS, *Communiqué de presse sur les changements anticonstitutionnels de gouvernement et les soulèvements populaires en Afrique*, PSC/PR/BR (CDXXXII), 432e réunion du CPS, Addis-Abeba, 29 avril 2014.

[1029] Kalkidan Obse, «The Arab Spring and the Question of Legality of Democratic Revolution in Theory and Practice: A Perspective based on the African Union Normative Framework», *op. cit.*, not. p. 838.

[1030] Catherine Maia et Anatole Ayissi, «Peace Through Constitution: The Importance of Constitutional Order for International Peace and Security», *AYIL*, 2014, p. 201-227;

nouveau se demander si celle-ci entraîne une violation du droit international en tant que tel…

On pourrait certes tenter d'échapper à ces ambivalences en se tournant à nouveau vers les instruments et les organes protecteurs des droits individuels de la personne. L'article 13 de la Charte africaine des droits de l'homme et des peuples de 1981 énonce ainsi, parallèlement à l'article 20 précité (qui énonce le droit des peuples à disposer d'eux-mêmes), des droits politiques, y compris celui d'élire ses représentants [1031]. Dès 1994, la Commission africaine des droits de l'homme et des peuples a estimé que les coups d'Etats étaient incompatibles avec ces deux dispositions [1032]. C'est sur cette base qu'elle a condamné plusieurs coups d'Etat, que ce soit en Gambie, aux Comores, en Guinée-Bissau, au Burundi ou en Sierra Leone [1033].

Théodore Christakis, «La violation du droit interne en tant que menace contre la paix», dans SFDI, *L'Etat de droit en droit international*, *op. cit.*, p. 107-122. Voir aussi les développements *supra* chapitre II, en lien avec les accords de paix conclus à l'intérieur des Etats.

[1031] Selon l'article 13, par. 1, «[t]ous les citoyens ont le droit de participer librement à la direction des affaires publiques de leur pays, soit directement, soit par l'intermédiaire de représentants librement choisis, ce conformément aux règles édictées par la loi»; dès l'origine, la disposition a été critiquée pour son caractère vague et imprécis; voir par exemple Eteka Yemet, *La Charte africaine des droits de l'homme et des peuples*, Paris, L'Harmattan, 1996, p. 103; Fatsah Ouguergouz, *La Charte africaine des droits de l'homme et des peuples*, Paris, PUF, 1993, p. 79 et 119; E. G. Bello, «The African Charter on Human and Peoples' Rights. A Legal Analysis», *Recueil des cours*, tome 194 (1985), p. 73; Olivier Corten et Catherine Denis, «Article 13», dans M. Kamto (dir. publ.), *La Charte africaine des droits de l'homme et des peuples et le protocole y relatif portant création de la Cour africaine des droits de l'homme. Commentaire article par article*, *op. cit.*, p. 309-326.

[1032] *Resolution on the Military*, 3 novembre 1994, CADHP, 8ᵉ rapport annuel d'activités (1994-1995), AGH/201 (XXXI).

[1033] Voir la pratique et les références dans Olivier Corten et Catherine Denis, «Article 13», *op. cit.*, p. 316-317.

Sans entrer ici dans le détail de ses décisions et des raisonnements qui les sous-tendent, il faut cependant bien constater que les mêmes problèmes de définition de concept et d'articulation entre leurs aspects formels et substantiels se posent dans ce contexte particulier[1034]. Le refus du gouvernement algérien de donner suite aux élections de 1991[1035], tout comme l'arrivée au pouvoir de Laurent-Désiré Kabila qui a renversé par la force le régime du Maréchal Mobutu au Zaïre en 1997[1036], n'ont par exemple pas donné lieu à des condamnations[1037].

Finalement, que ce soit par rapport au concept d'Etat de droit ou de changement anticonstitutionnel de régime, on se trouve constamment devant une ambivalence menant tantôt à condamner une rébellion en raison de son caractère par définition illégal, tantôt à la consacrer au nom d'une légitimité difficile à objectiver. La situation se complique d'ailleurs encore si l'on prend en compte un dernier élément, qui sera à présent abordé à travers le cas de l'Ukraine : celui du droit, voire du devoir, de maintenir l'ordre qui est opposable à tout gouvernement.

3. Le maintien d'un droit et d'un devoir du gouvernement de maintenir l'ordre : le précédent de l'Ukraine

On a déjà évoqué l'Ukraine en revenant sur les événements de Crimée, avec la proclamation unilatérale d'indépendance et le rattachement à la Russie qui se

---

[1034] *Ibid.*, p. 316-325.

[1035] Théodore Christakis, *Le droit à l'autodétermination en dehors des situations de décolonisation, op. cit.*, p. 413-414.

[1036] Le gouvernement Kabila a au contraire été considéré comme le « gouvernement légitime » ; *Report of the Secretary General on the situation in the Democratic Republic of Congo, Council of Ministers, 70th ord. Sess.,/5th ord. Sess. of the ABC, 6-10 July 1999*, CM/2099 (LXX)-d, p. 11.

[1037] Olivier Corten et Catherine Denis, « Article 13 », *op. cit.*, p. 317-318.

sont révélés particulièrement controversés en tant que précédent lié à un droit à la «sécession-remède» ou, plus largement, à l'autodétermination[1038]. A ce stade, on s'intéressera plutôt aux troubles qui ont gagné l'est du pays, dans les semaines qui ont suivi la crise de Crimée, soit à partir des mois de mars et avril 2014[1039]. Ici encore, la perspective de la sécession a été amorcée, avec la proclamation d'une «République populaire de Donetsk», le 7 avril, puis d'une «République populaire de Louhansk», le 27 de ce mois, deux «républiques» qui ont fusionné le 24 mai 2014 en une «Union des Républiques populaires» (ou «Etat de nouvelle Russie»), une «République populaire de Kharkiv» ainsi qu'une «République populaire d'Odessa» étant par ailleurs proclamées respectivement les 7 et 20 avril[1040]. Aucun Etat, y compris la Russie – dont les autorités ont pourtant été sollicitées en ce sens – n'a cependant reconnu ces entités comme Etats. Quant aux autorités ukrainiennes, elles ont réagi, d'abord en tentant de maintenir l'ordre dans les régions concernées puis, face à l'échec de ces mesures, en décidant, selon les termes des autorités, de «lancer une opération antiterroriste de grande ampleur», avec le concours des unités spéciales des forces armées ukrainiennes[1041]. A l'heure où nous écrivons ces lignes, le conflit n'a pas pris fin, les quelques cessez-le-feu conclus après l'échec de la reconquête totale de l'est du pays s'étant révélés bien éphémères[1042].

[1038] *Supra* chapitre III, section 1.

[1039] Voir les documents reproduits sur http://en.wikipedia.org/wiki/2014_Ukrainian_revolution; http://en.wikipedia.org/wiki/2014_pro-Russian_conflict_in_Ukraine; http://fr.wikipedia.org/wiki/Etats_fédérés_de_Nouvelle-Russie.

[1040] *Keesing's*, 2014, p. 53301-53302 et 53379.

[1041] S/PV.7154, 13 avril 2014, p. 15; *Keesing's*, 2014, p. 53435-53436.

[1042] On ne s'étendra pas sur l'incident tragique de l'aéronef abattu dans l'est de l'Ukraine dans des circonstances troubles,

En théorie, si on l'envisage dans son volet interne, le principe de neutralité dicterait de ne pas se prononcer sur la question de la licéité de la rébellion, tout comme de sa répression[1043].

Ce type de situation relève en principe des affaires intérieures de l'Ukraine, qui est simplement tenue de respecter ses engagements en matière de droits de la personne dans les modalités de sa réaction. On relève en ce sens plusieurs déclarations d'Etats lors de l'examen de la situation au sein du Conseil de sécurité. Le Rwanda « déconseill[e] tout acte militaire susceptible de mettre en danger la vie de civils innocents »[1044] et appelle à « éviter tout usage excessif de la force dans leurs efforts visant à rétablir l'ordre public »[1045] et à agir « d'une manière proportionnée »[1046], le Royaume-Uni rappelant qu'il faut « en tout temps agir de façon proportionnée et mesurée »[1047] ou, c'est-à-dire, comme le signale la Jordanie « dans le respect des droits de l'homme »[1048]. L'Australie relève que le gouvernement « fait montre d'une très grande retenue face à des provocations très graves »[1049], la Lituanie que la force « est exercé[e] avec une incroyable retenue et prudence »[1050]. Toujours dans le même sens, la France salue « la retenue des forces de sécurité ukrainiennes, qui cherchent à répondre de manière proportionnée aux actions de déstabilisation

---

lequel a donné lieu à l'adoption par le Conseil de sécurité de la résolution 2166 (2014), le 21 juillet 2014.

[1043] *Supra* introduction et chapitre I, section 1.

[1044] S/PV.7154, 13 avril 2014, p. 8.

[1045] S/PV.7157, 16 avril 2014, p. 18.

[1046] S/PV.7165, 29 avril 2014, p. 6 ; S/PV.7167, 2 mai 2014, p. 16.

[1047] S/PV.7167, 2 mai 2014, p. 5. Le représentant britannique évoque aussi le « monopole de l'usage de la force » ; S/PV.7157, 16 avril 2014, p. 9.

[1048] S/PV.7185, 28 mai 2014, p. 5.

[1049] S/PV.7165, 29 avril 2014, p. 12.

[1050] S/PV.7165, 29 avril 2014, p. 16.

sans précédent auxquelles elles font face et qui sont organisées de l'étranger» [1051], avant d'affirmer :

> «De quel droit nous immiscerions-nous dans les affaires intérieures d'un Etat qui ne fait qu'essayer de rétablir sa souveraineté bafouée? Nous pouvons, lui rappeler de manière bilatérale, la nécessité d'agir avec retenue mais, jusqu'ici, rien ne prouve qu'il ne le fait pas. Aller plus loin, ce serait violer la Charte des Nations Unies. » [1052]

Quant à la Russie, elle critique les actions militaires par les autorités ukrainiennes sur leur propre territoire, contre les groupes séparatistes. Mais elle ne mentionne jamais une quelconque interdiction du recours à la force au sens de l'article 2, paragraphe 4 de la Charte, préférant fustiger les modalités de l'action militaire, qui seraient contraires aux droits de la personne, comme en témoigne cette déclaration :

> «les forces armées ukrainiennes, *sans aucun égard pour les normes du droit international humanitaire ou les simples préceptes moraux*, frappent sans distinction les villes, les quartiers résidentiels et les infrastructures. Elles ont recours à l'artillerie, aux mitrailleuses et aux attaques aériennes, utilisent des explosifs au phosphore interdits par les conventions internationales et des fusées balistiques» [1053].

De tels discours sont assez illustratifs de la logique du droit international traditionnel. Le maintien de l'ordre relève, dans son principe, de la compétence nationale de l'Etat, ce dernier devant cependant veiller au respect des droits de la personne lorsqu'il met en œuvre des opérations de police. L'Ukraine elle-même admet qu'il

---

[1051] S/PV.7157, 16 avril 2014, p. 15 ; voir aussi S/PV7205, 24 juin 2014, p. 10.

[1052] S/PV.7167, 2 mai 2014, p. 4.

[1053] S/PV.7253, 28 août 2014, p. 13.

importe «d'enquêter sur les violations des droits de l'homme liées aux manifestations et de les vérifier en urgence»[1054]. Tout cela reflète parfaitement le principe de neutralité tel qu'on l'a évoqué dès l'introduction de ce cours.

D'autres prises de position paraissent pourtant s'en démarquer, radicalement même. Plusieurs Etats ont en effet considéré que les opérations de police menées par le gouvernement ukrainien devaient être comprises comme relevant de l'exercice d'un véritable *droit*, voire d'une *obligation* internationale. On semble alors s'éloigner du régime de neutralité, pour se prononcer clairement en faveur de la partie gouvernementale et, par répercussion, en défaveur de la rébellion. Les quelques déclarations suivantes en témoignent, faites respectivement par des représentants d'Etats aussi différents que le Royaume-Uni, les Etats-Unis, l'Australie, le Chili, la Jordanie ou la Lituanie:

> «Le gouvernement ukrainien a *le droit* et, en fait, la responsabilité de faire respecter l'état de droit et de protéger ses citoyens sur son propre territoire … Nous respectons *le droit du gouvernement ukrainien de réagir à ces attaques armées*, pour protéger ses concitoyens et pour asseoir de nouveau son contrôle sur son territoire souverain»[1055];
>
> «Nous considérons que *l'Ukraine doit faire régner l'ordre et la loi sur le territoire ukrainien*, et nous demandons aux séparatistes de déposer les armes et de mettre fin à la violence»[1056];
>
> «Dans un tel contexte de déstabilisation constante et d'emploi de la force par les séparatistes, *les*

[1054] S/PV.7157, 16 avril 2014, p. 3.

[1055] Nous soulignons; Royaume-Uni, S/PV.7167, 2 mai 2014, p. 5; S/PV.7185, 28 mai 2014, p. 4; voir aussi S/PV.7165, 29 avril 2014, p. 3.

[1056] Nous soulignons; Etats-Unis, S/PV.7185, 28 mai 2014, p. 7.

autorités ukrainiennes ont le droit de protéger les citoyens de leur pays et de reprendre le contrôle de leur territoire »[1057];

« Le gouvernement ukrainien a la responsabilité et *l'obligation de maintenir l'ordre public sur tout son territoire*, conformément à ses normes constitutionnelles et juridiques, et ce, dans le plein respect des droits et des intérêts de tous les citoyens ukrainiens. Le *monopole de l'usage de la force dont jouit le gouvernement ukrainien sur son territoire*, comme tout gouvernement au sein de la communauté internationale, doit s'exercer dans le plein respect des droits de l'homme et de façon proportionnelle à la situation » [1058];

« Nous réaffirmons *le droit* de l'Ukraine de prendre des mesures adéquates et effectives pour faire cesser ces violations dans l'est du pays, préserver son unité et sa souveraineté, assurer la sécurité de ses citoyens et défendre l'ordre constitutionnel et juridique » [1059];

« L'Ukraine, comme n'importe quel autre pays, a le *droit et le devoir de restaurer l'ordre public à l'intérieur de ses frontières* et de protéger son unité, sa souveraineté et son intégrité territoriale » [1060].

[1057] Nous soulignons; Australie, S/PV.7185, 28 mai 2014, p. 9; voir aussi S/PV7205, 24 juin 2014, p. 18; S/PV.7219, 18 juillet 2014, p. 10; S/PV.7239, 8 août 2014, p. 12.

[1058] Nous soulignons; Chili, S/PV7205, 24 juin 2014, p. 20.

[1059] Nous soulignons; Jordanie, S/PV.7167, 2 mai 2014, p. 14; voir aussi S/PV.7157, 16 avril 2014, p. 17; S/PV.7165, 29 avril 2014, p. 10; S/PV.7185, 28 mai 2014, p. 5; S/PV.7234, 5 août 2014, p. 9; S/PV.7269, 19 septembre 2014, p. 11; S/PV.7269, 19 septembre 2014, p. 11.

[1060] Nous soulignons; Lituanie, S/PV.7234, 5 août 2014, p. 9; voir aussi S/PV.7185, 28 mai 2014, p. 15; S/PV7205, 24 juin 2014, p. 17.

Certains appellent par ailleurs les séparatistes à déposer les armes[1061]. La neutralité s'efface au profit de la reconnaissance des droits du gouvernement à combattre une rébellion considérée comme illégale. Certains Etats opposent dans ce contexte le respect de l'intégrité territoriale de l'Etat ukrainien aux rebelles. Ainsi, le Rwanda, après avoir émis une déclaration assez similaire à celles que l'on vient de citer[1062], «demande une fois de plus aux groupes armés de respecter l'unité, la souveraineté et l'intégrité territoriale de l'Ukraine»[1063], tandis que le Nigéria déclare:

> «Depuis que nous examinons cette question, nous avons toujours insisté sur le respect des principes consacrés par la Charte des Nations Unies: le respect de la souveraineté, de l'indépendance et de l'intégrité territoriale des Etats. A cet égard, nous condamnons le fait que les forces séparatistes ont l'intention d'organiser des élections locales en novembre.»[1064]

Ainsi, la simple organisation d'élections de la part des séparatistes serait incompatible avec le respect de l'intégrité territoriale de l'Ukraine. De telles affirmations sont a priori incompatibles avec l'affirmation précitée de la Cour internationale de Justice dans son avis sur le Kosovo, selon laquelle cette règle ne s'appliquerait qu'aux relations entre Etats et serait inopposable à des groupes sécessionnistes[1065]. L'ensemble de ces éléments

---

[1061] Etats-Unis (S/PV.7185, 28 mai 2014, p. 7), Tchad (*ibid.*, p. 12), représentant du Secrétaire général (S/PV7219, 18 juillet 2014, p. 3).

[1062] S/PV.7185, 28 mai 2014, p. 13; voir aussi S/PV.7234, 5 août 2014, p. 14; S/PV.7239, 8 août 2014, p. 10; S/PV.7269, 19 septembre 2014, p. 17.

[1063] S/PV7219, 18 juillet 2014, p. 17; voir aussi S/PV7219, 18 juillet 2014, ainsi que la Jordanie, S/PV7219, 18 juillet 2014, p. 13.

[1064] S/PV.7287, 24 octobre 2014, p. 20.

[1065] *Supra* chapitre III, section 2.

semble remettre en cause un principe de neutralité par ailleurs évoqué, on vient de le voir, dans d'autres déclarations.

On pourrait certes être tenté de réconcilier ces différentes prises de position en rappelant que le cas ukrainien ne peut être considéré comme une affaire purement interne, plusieurs Etats mentionnant l'implication de la Russie dans certaines activités ou forces séparatistes[1066]. Dans cette perspective, le droit du gouvernement ukrainien pourrait être considéré comme une riposte à une intervention extérieure, voire comme une légitime défense, le tout étant évidemment parfaitement compatible avec le principe de neutralité[1067]. En même temps, les propos très généraux que l'on vient de citer semblent indiquer que, sur le principe, on tient à réaffirmer le droit d'autorités de tenter de mettre fin à une tentative de rébellion en rétablissant l'ordre public pourvu, comme on l'a vu, que les droits de la personne soient respectés. Le lien avec l'implication de la Russie n'est pas toujours opéré, de sorte qu'on se trouve là encore confronté à une certaine ambiguïté.

Au-delà de ce précédent spécifique, on pourrait d'ailleurs se demander s'il n'est pas envisageable de dégager un droit du gouvernement à maintenir l'ordre

---

[1066] Voir l'Ukraine (S/PV.7185, 28 mai 2014, p. 18; S/PV7219, 18 juillet 2014, p. 18-19; S/PV.7.239, 8 août 2014, p. 22), le Royaume-Uni (S/PV7205, 24 juin 2014, p. 8; S/PV7219, 18 juillet 2014, p. 4; S/PV.7221, 21 juillet 2014, p. 5; S/PV.7234, 5 août 2014, p. 15; S/PV.7253, 28 août 2014, p. 16), les Etats-Unis (S/PV.7221, 21 juillet 2014, p. 7; S/PV7219, 18 juillet 2014, p. 6-7; S/PV.7234, 5 août 2014, p. 7; S/PV.7239, 8 août 2014, p. 15), le Luxembourg (S/PV.7221, 21 juillet 2014, p. 4; S/PV.7239, 8 août 2014, p. 13), le Canada (S/PV.7219, 18 juillet 2014, p. 19), la France, (S/PV.7234, 5 août 2014, p. 6; S/PV.7239, 8 août 2014, p. 11; S/PV.7253, 28 août 2014, p. 5), la Lituanie (S/PV.7239, 8 août 2014, p. 5; S/PV.7253, 28 août 2014, p. 3-4).

[1067] Voir par exemple la déclaration du représentant du Luxembourg, S/PV.7269, 19 septembre 2014, p. 15.

sur son territoire en cas de troubles, spécialement sécessionnistes. En ce sens, on doit pointer plusieurs textes
conventionnels, tels que :

- l'article 3, paragraphe 1 du deuxième Protocole
  de 1977 aux Conventions de Genève, qui évoque
  expressément la «responsabilité du gouvernement de
  maintenir ou de rétablir l'ordre public dans l'Etat ou
  de défendre l'unité nationale et l'intégrité territoriale
  de l'Etat par tous les moyens légitimes» [1068] ;
- l'article 8, paragraphe 3 du Statut de la Cour pénale
  internationale, qui précise qu'il n'affecte pas la
  «responsabilité d'un gouvernement de maintenir
  ou rétablir l'ordre public dans l'Etat ou de défendre
  l'unité et l'intégrité territoriale de l'Etat par tous les
  moyens légitimes» [1069] ;
- dans le cadre de l'OSCE, le paragraphe 36 du Code
  de conduite relatif aux aspects politico-militaires
  de la sécurité, annexé au document de Budapest du
  6 décembre 1994, qui ouvre explicitement la voie au
  «recours à la force» «dans l'exécution de missions de
  sécurité intérieure» de la part d'un Etat [1070] ;

[1068] Yves Sandoz *et al.* (dir. publ.), *Commentaire des Protocoles additionnels du 8 juin 1977 aux Conventions de Genève
du 12 août 1949*, Genève, Martinus Nijhoff, 1986, p. 1386-
1387.
[1069] Otto Triffterer, *Commentary on the Rome Statute of the
International Criminal Court. Observers's Notes, Article by
Article*, 2ᵉ éd., Munich, éd. C. H. Beck, 2008, p. 502-503.
[1070] Disponible sur : https://www.osce.org/fr/fsc/41356?
download=true. Voir les commentaires de Victor-Yves Ghebali
et Alexander Lambert, *The OSCE Code of Conduct on Politico-
Military Aspects of Security. Anatomy and Implementation*,
Leyde, Boston, Martinus Nijhoff, 2005, p. 87-92. Voir aussi
plus généralement *Basic Principles on the Use of Force and
Firearms by Law Enforcement Officials, Adopted by the Eighth
United Nations Congress on the Prevention of Crime and the
Treatment of Offenders, Havana, Cuba*, 27 août au 7 septembre
1990, http://www.ohchr.org/Documents/ProfessionalInterest/
firearms.pdf.

– diverses conventions organisant la lutte contre le terrorisme excluent de leurs champs d'application les activités des forces armées en temps de conflit[1071] ; *a contrario*, on pourrait estimer que les forces rebelles peuvent être qualifiées comme des terroristes contre lesquels des poursuites et des actions seraient légalement justifiées[1072].

La jurisprudence de la Cour européenne des droits de l'homme semble aller dans le même sens. Dans l'affaire *Parti communiste unifié et autres c. Turquie*, la Commission a estimé en 1998 que «la dissolution [du Parti] en cause pouvait passer pour ordonnée dans le but de protéger l'intégrité territoriale et, ainsi, la «sécurité nationale»[1073], et ce puisque ce parti «poursuiva[i]t ouvertement la création d'une nation kurde séparée et, partant, un redécoupage du territoire de l'Etat turc»[1074].

La Cour a suivi la Commission sur ce point, consacrant le droit des Etats parties à la Convention de prendre des mesures pour préserver leur sécurité nationale[1075]. De même, dans l'affaire *Yazar et autres*, la Cour européenne des droits de l'homme condamne la Turquie pour avoir dissous un mouvement politique car, eu égard à «*l'absence d'une invitation ou d'une justification de recours à la force* à des fins politiques, sa dissolution ne peut raisonnablement être considérée comme

---

[1071] Voir notamment l'article 19, par. 2 de la Convention internationale du 15 décembre 1997 pour la répression des attentats terroristes à l'explosif; https://treaties.un.org.

[1072] Annyssa Bellal et Louise Doswald-Beck, «Evaluating the Use of Force during the Arab Spring», *op. cit.*, p. 13.

[1073] CEDH, arrêt du 30 janvier 1998 (133/1996/752/991), par. 40.

[1074] *Ibid.*

[1075] *Ibid.*, par. 41. Reste évidemment à vérifier par ailleurs le respect des principes de nécessité et de proportionnalité, ce que la Turquie n'avait pas fait, toujours selon la Cour.

répondant à un «besoin social impérieux»[1076]. *A contrario*, il paraît clair que des mesures peuvent être prises contre tout mouvement en appelant à la rébellion, si tant est que cette dernière implique certains actes de violence[1077].

Mais il y a plus. Divers éléments accréditent l'idée que le respect des droits de la personne est susceptible non seulement de conférer un *droit*, mais aussi d'*obliger* un Etat à prendre des mesures pour maintenir ou rétablir l'ordre public, condition indispensable à l'exercice, par ses citoyens, de leurs libertés fondamentales. On pourrait à ce stade rappeler une jurisprudence d'organes protecteurs des droits de l'homme, de laquelle on peut dégager ce qu'on a appelé des «obligations positives» de l'Etat, lequel doit non seulement respecter mais aussi faire respecter les droits de la personne[1078]. Dans ce contexte, un gouvernement ne pourrait rester sans réaction face à des troubles de l'ordre public, troubles qui sont susceptibles de porter atteinte au droit à l'intégrité physique, à la sûreté voire à la vie de ses citoyens. Pour se limiter à un précédent jurisprudentiel particulièrement emblématique, on peut brièvement revenir sur l'affaire *Issaieva c. Russie*, jugée par la Cour européenne des droits de l'homme en 2005. Les faits s'inscrivaient dans le cadre de la guerre civile menée par les autorités russes contre les séparatistes tchétchènes, un bombardement ayant fait plusieurs victimes civiles. La Russie estimait que le droit à la vie n'avait pas été violé, car les mesures prises étaient assimilables à un «recours à la force rendu absolument nécessaire par les circonstances pour

---

[1076] Nous soulignons; CEDH, affaire *Yazar et autres c. Turquie*, arrêt du 9 avril 2012, par. 60.

[1077] Annyssa Bellal et Louise Doswald-Beck, «Evaluating the Use of Force during the Arab Spring», *op. cit.*, p. 12.

[1078] Ricardo Pisillo Mazzeschi, «Responsabilité de l'Etat pour violation des obligations positives relatives aux droits de l'homme», *Recueil des cours*, tome 333 (2008), p. 390-428.

assurer la défense de toute personne contre la violence illégale » [1079], selon les termes de l'article 2, paragraphe 2 de la convention européenne.

La Cour condamnera pourtant l'Etat défendeur, en estimant que cette condition de nécessité n'était pas remplie au vu des particularités de l'attaque. Sur le principe, cependant :

> « La Cour admet que la situation qui régnait en Tchétchénie à l'époque pertinente *obligeait l'Etat à prendre des mesures exceptionnelles pour regagner le contrôle de la république et mettre fin à l'insurrection armée illégale.* Sans doute ces mesures pouvaient-elles impliquer, vu le contexte du conflit en Tchétchénie à l'époque pertinente, le déploiement d'unités de l'armée équipées d'armes de combat, y compris de l'aviation militaire et de l'artillerie. » [1080]

Ainsi, selon la Cour, le système de la convention non seulement confère un droit, mais génère une *obligation* à charge de l'Etat de reprendre le contrôle de son territoire en « mett[ant] fin à l'insurrection armée illégale ». Cette interprétation de la convention avait antérieurement été évoquée dans l'affaire *Ilascu*, dans laquelle la Cour avait affirmé que pesait sur la République de Moldavie une obligation positive de « rétablir son contrôle » sur la Transnistrie [1081].

[1079] CEDH, affaire *Issaieva c. Russie*, arrêt du 24 février 2005, par. 170.

[1080] Nous soulignons ; *ibid.*, par. 180.

[1081] CEDH, affaire *Ilascu et autres c. Moldavie et Russie*, 8 juillet 2004, par. 340 ; voir aussi CEDH, affaire *Ivantoc et autres c. Moldavie et Russie*, 15 novembre 2011, par. 105-106 ; affaire *Catan et autres c. Moldavie et Russie*, 19 octobre 2012, par. 109-110 ; voir Antonio Tancredi, « Secession and the Use of Force », dans Ch. Walter, A. Von Ungern-Sternberg et Kavus Abushov (dir. publ.), *Self-Determination and Secession in International Law*, Oxford, OUP, 2014, p. 69-70.

Une telle affirmation, qui s'appuie sur les spécificités du droit international des droits de la personne – spécialement les obligations positives pesant sur chaque Etat de respecter et de faire respecter les droits des personnes qui relèvent de sa juridiction –, n'est pas sans conséquence en droit international général. Si on en admet la pertinence, le principe de neutralité aurait disparu au profit d'un régime déséquilibré en faveur des autorités gouvernementales. On peut sans doute faire le lien avec la notion de «responsabilité de protéger» évoquée plus haut, qui fait peser sur chaque Etat le devoir de prendre toutes les mesures pour que les droits les plus fondamentaux de l'homme soient respectés, ce qui impliquerait une obligation internationale de maintenir ou de rétablir l'ordre en cas de rébellion[1082].

En ce sens, dans le cadre du conflit interne qui a déchiré la Macédoine en 2001, le Conseil de sécurité a

«soulign[é] que le Gouvernement de l'ex-République yougoslave de Macédoine a la responsabilité de faire respecter la primauté du droit sur son territoire. Il approuve les mesures prises par ce gouvernement pour réprimer la violence tout en exerçant la retenue nécessaire, ainsi que pour préserver la stabilité politique du pays et favoriser des relations harmonieuses entre toutes les composantes ethniques de la population»[1083].

Mais, si on élargit l'enseignement, on devrait l'appliquer – ou l'avoir appliqué dans le passé – non seulement à la Russie vis-à-vis des séparatistes tchétchènes et l'Ukraine face aux rebelles qui opèrent dans l'est du pays, ou encore au Bahreïn contre des manifestants remettant en cause l'autorité de l'Etat, mais aussi aux gouvernements

---

[1082] Voir Sandra Szurek, «La responsabilité de protéger: du prospectif au prescriptif… et retour. La situation de la Libye devant le Conseil de sécurité», *Droits*, 2012, n° 56, p. 77.

[1083] S/PRST/2001/7, 12 mars 2001.

de Serbie, de la Libye ou de la Syrie lorsqu'ils luttent contre les forces rebelles, respectivement du Kosovo, du CNT ou du CNS [1084]. Or, on a vu dans la première partie de ce chapitre que, dans ces derniers cas, de nombreux Etats avaient eu tendance à développer un raisonnement complètement inversé.

Les forces insurgées se sont vu reconnaître une certaine légitimité, voire un certain droit à la rébellion ou à la sécession, tandis que les autorités gouvernementales ont été vigoureusement critiquées lorsqu'elles ont tenté de rétablir ou de maintenir l'ordre public, en utilisant d'ailleurs un vocabulaire similaire à celui utilisé par les autorités ukrainiennes qui ont présenté leur action comme une opération de lutte contre le terrorisme [1085].

Certes, cette tendance n'a pas été assumée comme telle, et a fait l'objet de vives critiques de la part d'autres Etats comme la Russie, laquelle a fermement critiqué l'Ukraine quelques mois plus tard.

* * *

Une fois encore, on comprend que le principe de neutralité, dans son volet interne comme externe, fait l'objet de tensions tendant à le remettre en cause ou à le reconfigurer en fonction des particularités de chaque cas.

Ces tensions s'exercent dans des sens a priori opposés, tantôt – même si sans doute plus rarement – en faveur des rebelles, par ceux qui les considèrent comme légitimes, tantôt en faveur des autorités officielles. Dans l'ensemble, la balance semble davantage pencher dans ce dernier sens, que l'on examine des concepts comme ceux de l'Etat de droit, les changements anticonstitutionnels de régime ou le droit – voire l'obligation – des Etats de

---

[1084] Annyssa Bellal et Louise Doswald-Beck, «Evaluating the Use of Force during the Arab Spring», *op. cit.*, p. 25-26.

[1085] *Supra* section 1 du présent chapitre.

maintenir l'ordre sur leurs territoires pour que les droits de la personne y soient respectés. Mais, comme on l'a constaté, la pratique révèle de nombreuses ambiguïtés et incohérences qui rendent bien délicate toute tentative de systématisation.

CHAPITRE V

COMMENT GÉRER LES TENSIONS
PERSISTANTES ?

> « Only someone who's morally
> Superior can possibly
> And honestly deserve
> To rule my world . . .
> To rule my world, to rule my world
> To rule my world, to rule my world
> Explain me one more time
> When they kill it's a crime
> When you kill it is justice. »[1086]

Dans cette chanson au ton à la fois léger et entraînant, le groupe *Kings of Convenience* aborde la question fondamentale non seulement de la légitimité du pouvoir, mais aussi de la relativité du droit. Le dernier couplet revient plus spécifiquement à la fois sur l'importance et sur la subjectivité de la qualification juridique, qui désignera comme criminel ou comme juste un même comportement en fonction de son auteur. La critique concerne directement le principe de neutralité, dans la mesure où celui-ci envisagera le phénomène de la rébellion comme devant être régi par le droit interne de chaque Etat concerné, avec pour conséquence que ce dernier qualifiera généralement les actes de rébellion de criminels, tandis que la répression sera présentée comme une simple mise en application de la loi. En ce sens, et comme le signalait le soldat de la FORPRONU dans l'extrait de *No Man's Land* évoqué plus haut, la «neutralité» n'existe, en réalité, pas ; car renoncer à contester ou à interférer, c'est déjà prendre parti.

[1086] *Kings of Convenience*, «Rule my World», sorti sur le CD *Declaration of Dependence*, 2009.

Dans la même perspective, le téléfilm *Opération turquoise*, réalisé par Alain Tasma en 2007, met en scène la mission des troupes françaises qui débarquent au Rwanda en mai 1994, en plein génocide. Les soldats sont cependant tenus de rester neutres, et le commandement militaire refuse de désarmer les milices hutus, ou a fortiori de les attaquer, l'opération dans son ensemble ayant plutôt permis aux génocidaires de fuir à destination de l'est du Congo. A la fin du film, une journaliste visite un soldat, membre de la mission, en convalescence sur son lit d'hôpital.

> SOLDAT. – Et vous ça va ?
> JOURNALISTE. – Je rentre à Paris aujourd'hui.
> SOLDAT. – Vous avez fini votre boulot ?
> JOURNALISTE. – Non … mais j'y arrive plus.
> SOLDAT. – Moi non plus j'y arrive plus … je vais quitter l'armée.
> JOURNALISTE. – Vous êtes sérieux ?
> SOLDAT. – … c'est dégueulasse la neutralité ! c'est le pire des mensonges [1087].

La neutralité comme mensonge, voilà qui peut sonner comme une synthèse de l'ensemble des développements qui précèdent. On a, en effet, constaté d'emblée une ambiguïté initiale, qui touche son volet interne comme externe [1088]. Quant au premier, la «neutralité» – selon laquelle la rébellion comme sa répression ne sont ni interdites ni permises par le droit international – signifie en réalité laisser chaque Etat traiter la rébellion comme une affaire relevant de sa compétence nationale, affaire qui sera dès lors régie par son droit interne, c'est-à-dire en définitive par la volonté des autorités. En ce sens, le

---

[1087] *Opération turquoise*, réalisé par Alain Tasma en 2007, avec notamment Bruno Todeschini, Aurélien Recoing et Marilyne Canto.
[1088] *Supra* introduction.

principe de neutralité ne signifie pas que l'on soit neutre, les rebelles étant logiquement – si l'on admet encore une fois que les règles sont, au moins en partie, créées par les gouvernements des Etats – défavorisés par rapport à leurs homologues. Si on l'envisage sous l'angle externe, le principe de neutralité est supposé interdire par principe l'appui aux forces rebelles comme gouvernementales dans le cadre d'un conflit interne.

Cependant, on a mentionné d'emblée divers aménagements et exceptions, le plus souvent en faveur de l'Etat, comme la possibilité d'une aide technique visant à assurer le maintien de l'ordre, ou encore l'argument de la «contre-intervention» qui permet d'appuyer la partie gouvernementale si la partie rebelle a elle-même été préalablement aidée par un autre Etat, l'inverse n'étant généralement pas considéré comme possible [1089]. Là encore, si certains ont évoqué la formule d'une «neutralité bienveillante» en faveur du gouvernement [1090], cela sonne comme un euphémisme, spécialement au vu d'une pratique abondante témoignant d'une plus grande tolérance lorsqu'on aide des autorités que lorsqu'on aide des rebelles [1091].

Dès l'origine, même conçu dans son acception traditionnelle, le principe de neutralité porte donc mal son nom. Mais existe-t-il encore aujourd'hui, plus de vingt années après la proclamation d'un «nouvel ordre mondial» supposé consacrer un principe de légitimité? [1092] Comme on l'a vu, la réponse n'est pas aisée. D'un côté, le

---

[1089] *Supra* chapitre I, section 2.

[1090] Théodore Christakis, *Le droit à l'autodétermination en dehors des situations de décolonisation*, *op. cit.*, p. 258.

[1091] *Supra* notamment chapitre IV, section 2. Voir déjà George Scelle, «La guerre civile espagnole», *RGDIP*, 1938, p. 272-273.

[1092] *Supra* introduction et les références à la doctrine «légitimiste», initiée par Thomas Franck, «The Emerging Right to Democratic Governance», *AJIL*, 1992, p. 46-91.

principe de neutralité est généralement proclamé comme l'une des clés de voûte de l'ordre juridique international. Mais, de l'autre, et en pratique, ce principe subit de telles tensions, exercées au demeurant dans des sens divers, et même souvent opposés, que l'on peut se demander s'il a encore un sens. Au fil des précédents analysés, on a compris comment la pratique tendait à le mettre en cause, parfois en faveur des rebelles, ici encore plus souvent en faveur des autorités. A l'issue d'un panorama certes non exhaustif, mais reprenant bon nombre de crises dans lesquelles les controverses se sont révélées particulièrement aiguës, on peut avoir l'impression d'une relativité complète.

Chaque cas semble dicté par sa logique politique propre, sans que le droit international ne puisse y jouer un rôle, ne fut-ce que comme grille de lecture et d'analyse.

Mais s'arrêter au constat de la relativité, tout séduisant que cela puisse paraître intellectuellement, pourrait équivaloir à une forme de cynisme, voire de conservatisme. On est dès lors mené, à ce stade final de la réflexion, à réfléchir sur les possibilités, si ce n'est de dépasser, en tout cas de gérer les tensions que génère le principe. A cet effet, on abordera la question sous deux angles successifs.

D'abord un angle normatif, renvoyant à des considérations de droit, à la fois *de lege lata* et *de lege ferenda*, qui renvoie aux questions de l'interprétation et de l'évolution du principe de neutralité dans le droit international actuel (section 1).

Ensuite, on adoptera un angle plus critique et explicatif, qui permettra de renouer et de clôturer le fil du raisonnement de l'ensemble de ce cours. Il s'agira alors de lancer quelques pistes susceptibles d'approfondir la compréhension des ambiguïtés et des tensions qui caractérisent les deux principes, a priori opposés, de la neutralité et de la légitimité (section 2).

Section 1.   Les options relevant d'une réflexion
de type normatif: comment interpréter
ou réformer le principe de neutralité?

Une réflexion de type «normatif» vise, au sens où on l'entend ici[1093], à déterminer ce qui doit être, que ce soit en droit international positif (1) ou dans une perspective plus large, qui relève davantage de la philosophie du droit (2). Pour chacun de ces registres, on constatera que diverses options sont possibles pour gérer les tensions qui entourent le principe de neutralité telles qu'on les a exposées plus haut. Au-delà de la relativité qui semble se dégager des réflexions qui précèdent, il est donc possible de proposer une interprétation cohérente en faveur de telle ou telle thèse sachant que, pour autant, une telle interprétation ne pourra prétendre être la seule possible. C'est en effet, comme on le constatera, non pas le contenu d'une affirmation, mais la méthode utilisée pour y parvenir qui fondera le caractère plus ou moins rationnel de chacune des interprétations possibles[1094].

1.   Le principe de neutralité peut-il être interprété
rationnellement en droit international positif?

Deux questions essentielles se posent sur le plan du droit international positif, questions qui sont inextricablement liées: d'une part, le principe de neutralité existe-t-il encore aujourd'hui et, d'autre part, quelle est sa portée? Comme on l'a constaté, il est difficile de se prononcer de manière précise sur ces points, tant les textes et la pratique – notamment récente – présentent de sérieuses incohérences et de profondes ambiguïtés. Dans ce contexte, l'objectivité est sans doute inaccessible. Mais

---

[1093] Pour plus de précisions, Olivier Corten, *Méthodologie du droit international public*, Bruxelles, éd. ULB, 2009, p. 34-39.
[1094] *Ibid.*, p. 19-83.

cela ne signifie pas qu'aucune interprétation rationnelle ne peut être développée, pourvu que l'on ait conscience qu'une telle interprétation repose nécessairement sur des présupposés théoriques et méthodologiques qui doivent être élucidés.

A titre personnel, j'aurais plutôt tendance à défendre le point de vue suivant[1095]. Tout d'abord, et même si l'affirmation relève avant tout de la symbolique, le principe de neutralité n'a pas été mis en cause dans son existence même. La communauté des Etats dans son ensemble n'a pas clairement prétendu que, dorénavant, la rébellion était interdite, ni au contraire que sa répression l'était. Le schéma reste celui d'un phénomène interne laissé au droit national de l'Etat concerné, avec un encadrement international à la marge, qu'il s'agisse des droits de la personne ou du maintien de la paix[1096]. Ainsi, et pour reprendre quelques-unes des grandes questions abordées plus haut:

– il ne semble pas que l'interdiction du recours à la force, formellement limité par l'article 2, paragraphe 4 aux «relations internationales», régisse dorénavant les relations entre les parties à un conflit à l'intérieur d'un Etat[1097]; aucun des précédents mentionnés ne permet de l'affirmer, spécialement dans la mesure où cette disposition de la Charte n'a pas été invoquée

---

[1095] Le point de vue en question s'appuie sur diverses études à laquelle je me permets de renvoyer ci-dessous, sans chercher à développer chacun des points de manière trop détaillée, ce qui dépasserait le propos de ce chapitre conclusif. Il sera également fréquemment renvoyé aux développements repris dans les chapitres antérieurs de cette étude, auxquels on se référera pour plus de détail à propos des précédents cités.

[1096] Voir déjà Olivier Corten, «Le droit international est-il lacunaire sur la question de la sécession?», dans M. Kohen (dir. publ.), *Secession. International Legal Perspectives,* Cambridge, CUP, 2006, p. 236-239.

[1097] Pour une analyse détaillée, Olivier Corten, *Le droit contre la guerre*, 2e éd., Paris, Pedone, 2014, p. 195-305.

dans les relations intérieures; dans certains cas, on a préféré recourir à d'autres principes ou instruments, comme le maintien de la paix, des résolutions du Conseil de sécurité ou des accords de paix; on peut notamment citer en ce sens l'exemple de la Côte d'Ivoire[1098];

– le principe de non-intervention dans les guerres civiles est généralement interprété comme prohibant l'aide aux rebelles comme aux forces gouvernementales; certes, les interventions opérées en faveur des autorités le sont systématiquement en invoquant des exceptions au principe (comme l'aide technique ou la contre-intervention), et non en remettant formellement ce dernier en cause[1099]; le cas du Mali offre en ce sens un exemple emblématique[1100];

– la « sécession-remède » reste une proposition essen-tiellement doctrinale, qui ne repose pas sur le discours de l'ensemble des Etats, lesquels préfèrent, lorsqu'ils le font, reconnaître sur la base d'un *fait* indépendantiste que sur un *droit* à l'indépendance[1101]; l'exemple du Kosovo le montre à suffisance[1102];

– il n'existe pas davantage d'interdiction, en droit inter-national, de la sécession, si du moins cette dernière s'opère indépendamment de toute ingérence exté-rieure; le *dictum* de la Cour dans son avis sur le Kosovo insiste sur le maintien du caractère interétatique du principe d'intégrité territoriale[1103], un *dictum* sans

---

[1098] *Supra* chapitre II, section 1.

[1099] Olivier Corten, *Le droit contre la guerre*, 2ᵉ éd., *op. cit.*, p. 472-512.

[1100] *Supra* chapitre III, section 2.

[1101] Olivier Corten et Anne Lagerwall, « La doctrine de la « sécession-remède » à l'épreuve de la pratique récente », dans *L'homme dans la société internationale. Mélanges offerts à Paul Tavernier*, Bruxelles, Bruylant, 2013, p. 187-205.

[1102] *Supra* chapitre III, section 1.

[1103] *CIJ Recueil 2010*, p. 437, par. 80.

doute extrêmement formaliste[1104] au vu du discours
pas toujours clair des Etats, lesquels semblent parfois
tentés de condamner les sécessions mais, en même
temps, force est de constater que ces condamnations
visent souvent en même temps une intervention
extérieure, comme dans le cas de la Crimée[1105] ;
– il est difficile de déduire des textes et de la pratique
un véritable droit à la «rébellion-remède» en cas
de graves violations des droits de l'homme; en
pareil cas, l'ordre juridique international prévoit des
mécanismes de contrôle et de sanction qui doivent être
respectés, ce qui exclut par principe le *droit* à utiliser
la violence; un retour sur le cas de la Libye permet de
le comprendre[1106];
– il existe sans doute une tendance à interdire les actes de
rébellion sur le plan international, comme l'attestent
l'avènement et le développement des notions d'état
de droit, de changements anticonstitutionnels de
régime et de droit ou même d'obligation de l'Etat
de maintenir l'ordre; les deux premières notions
se révèlent cependant particulièrement ambiguës,
au point qu'on peut se demander quelle est leur
«valeur juridique ajoutée» par rapport aux droits
fondamentaux de la personne qui sont garantis dans les
grandes conventions (notamment le droit aux élections
libres et régulières)[1107]; la dernière paraît plus précise,
comme l'a montré l'affaire *Issaieva* précitée[1108], mais

[1104] Olivier Corten, «Territorial Integrity Narrowly Inter-
preted: Reasserting the Classical Inter-State Paradigm of International Law», *LJIL*, 2011, vol. 24, p. 87-94.

[1105] *Supra* chapitre III, section 1.

[1106] *Supra* chapitre IV, section 1.

[1107] Olivier Corten, «L'Etat de droit en droit international
général: quelle valeur juridique ajoutée?», dans *L'Etat de droit
international*, rapport général, Actes du colloque de Bruxelles
de la SFDI, Paris, Pedone, 2009, p. 11-40.

[1108] CEDH, affaire *Issaieva c. Russie*, arrêt du 24 février
2005, par. 180; *supra* chapitre IV, section 2.

la question reste envisagée sous l'angle des relations entre l'Etat et chacun des individus qui relèvent de sa juridiction; *a contrario*, il paraît délicat d'en déduire une prohibition de la rébellion en tant que telle.

Mais, bien entendu, ces interprétations reposent sur des présupposés théoriques et méthodologiques qui relèvent de choix et comportent, à ce titre, une part de subjectivité. Deux éléments méritent d'être mentionnés en ce sens.

D'abord, les conclusions privilégiées ici reposent sur une approche typiquement formaliste du droit international, qui consiste à distinguer radicalement la pratique, d'une part, du discours juridique, d'autre part, seul ce dernier étant considéré comme pertinent pour établir l'*opinio juris* des Etats[1109]. Les paradoxes auxquels peuvent sembler mener pareille démarche ont bien été résumés par la Cour internationale de Justice dans l'affaire des *Activités militaires et paramilitaires au Nicaragua*:

> «Si un Etat agit d'une manière apparemment inconciliable avec une règle reconnue, mais défend sa conduite en invoquant des exceptions ou justifications contenues dans la règle elle-même, il en résulte une confirmation plutôt qu'un affaiblissement de la règle, et cela que l'attitude de cet Etat puisse ou non se justifier en fait sur cette base.»[1110]

Un tel *dictum*, privilégiant les paroles sur les actes, apparaît comme l'un des moyens de préserver l'existence du droit international, en le concevant comme un discours dont l'autonomie est assurée par rapport à la pratique, et donc aux problèmes d'effectivité et d'absence de

---

[1109] Jean Salmon (dir. publ.), *Dictionnaire de droit international public*, Bruxelles, Bruylant/AUF, 2001, v° formaliste (approche), sens B, p. 516 et Olivier Corten, *Méthodologie du droit international public*, *op. cit.*, p. 57-59.

[1110] *CIJ Recueil 1986*, p. 98, par. 186.

sanctions[1111]. Si on l'applique à notre thématique, on se concentrera sur les discours justificatifs des Etats, quand bien même ces discours ne reflètent nullement leur pratique. C'est précisément *dans cette mesure* que l'on peut considérer que le principe de neutralité, tout en étant fréquemment violé dans les faits, est conforté lorsque les Etats en réaffirment la pertinence dans leurs discours, que ce soit directement ou par le biais de justifications qui, en renvoyant à des exceptions au principe, reviennent à réaffirmer l'existence de celui-ci.

Ensuite, le raisonnement tenu ici présuppose, spécialement lorsqu'est en jeu un principe qui renvoie lui-même à plusieurs normes impératives (comme l'interdiction du recours à la force, le principe de non-intervention, le droit des peuples à disposer d'eux-mêmes ou le respect des droits fondamentaux de la personne) que le droit international ne peut être modifié que si et dans la mesure où cette modification est admise par la «communauté internationale dans son ensemble»[1112]. Il y a là une connotation volontariste, qui mène à analyser comme critères déterminants les prises de positions étatiques, en recherchant par induction une forme d'accord, si ce n'est unanime, du moins suffisamment général[1113]. Appliquée

---

[1111] Mary Ellen O'Connel, «Taking *Opinio Juris* Seriously, A Classical Approach to International Law on the Use of Force», dans Enzo Cannizaro et Paolo Palchetti (dir. publ.), *Customary International Law On the Use of Force. A Methodological Approach*, Leyde, Boston, Martinus Nijhoff, 2005, p. 14-16; Michael Byers et Simon Chesterman, «Changing the rules about rules? Unilateral Intervention and the Future of International Law», dans J. L. Holzgrefe et R. O. Keohane (dir. publ.), *Humanitarian Intervention. Ethical, Legal and Political Dilemnas, op. cit.*, p. 188.

[1112] Selon les termes de l'article 53 de la Convention de Vienne de 1969 sur le droit des traités; voir Olivier Corten, *Le droit contre la guerre*, 2e éd., *op. cit.*, p. 55-59.

[1113] Voir *ibid.*, ainsi que CIJ, affaire des *Activités militaires et paramilitaires au Nicaragua et contre celui-ci*, *CIJ Recueil 1986*, p. 108, par. 206.

à notre thématique, cette méthode mène à envisager avec beaucoup de prudence, sinon de méfiance, les affirmations souvent avancées de manière quelque peu péremptoire, comme par exemple l'avènement d'un droit à la «sécession-remède»[1114]. Le résultat est souvent, il faut le concéder, une tendance au conservatisme, le principe de neutralité étant présumé subsister, sauf démonstration d'une remise en cause claire et générale.

On l'aura compris, l'interprétation du droit international positif qui est avancée permet à la fois de surmonter la relativité – dans la mesure où on tranche les questions d'interprétation en faveur d'une thèse que l'on estime convaincante –, sans fondamentalement échapper à cette relativité – puisque l'ensemble du raisonnement repose sur des options théoriques et méthodologiques particulières[1115]. On pourrait en effet privilégier d'autres méthodes, qui donneraient davantage de place à la pratique, par rapport aux discours officiels, ou à la position des acteurs non étatiques, ou encore de certains Etats considérés comme plus légitimes et donc plus aptes à faire évoluer le droit international[1116]. Dans cette perspective, peut-être aura-t-on tendance à affirmer plus facilement que le principe de neutralité n'existe plus, et aurait fait face à un principe de légitimité permettant d'opter en faveur du gouvernement ou des rebelles au cas par cas, en fonction de leur caractère plus ou moins

---

[1114] *Supra* chapitre III, section 1.

[1115] Olivier Corten, *Méthodologie du droit international public*, *op. cit.*, p. 80-83.

[1116] Voir par exemple Thomas Franck, «Who Killed Article 2 (4)? or: Changing Norms Governing the Use of Force by States», *AJIL*, 1970, p. 809-837; Anthony D'Amato, «Trashing Customary International Law», *AJIL*, 1987, p. 101-105, ou par Fernando Teson, *Humanitarian Intervention: An Inquiry into Law and Morality*, 2e éd., New York, Transnational Publ., 1997, not. p. 192-193; Michael J. Glennon, «Time for a New "Inquiry"», *International Law/Forum de droit international*, 2003, p. 286-287.

démocratique. Après tout, c'est bien ce que semble révéler une pratique qui témoigne avant tout de choix politiques et éthiques opérés de manière particulière et circonstanciée, plutôt que par référence à des principes abstraits comme ceux de la neutralité. Une telle démarche permet également de sortir de la relativité, en proposant une autre interprétation du droit international positif; mais elle échoue à s'en émanciper totalement, puisque, pas plus que celle qui a été privilégiée ci-dessus, elle ne peut prétendre échapper à des choix «en amont» qui relèvent davantage de prémisses philosophiques que de résultats d'une démonstration ou d'une observation scientifique[1117]. Enfin, et dans les deux cas, on choisit de limiter son analyse à une interprétation du droit international existant, sans entrer dans le débat de son éventuelle réforme au nom de nouvelles règles ou valeurs. Cette dernière démarche, qui relève plutôt de la philosophie du droit[1118], sera explorée dans le point suivant.

2. Peut-on envisager de remplacer le principe de neutralité par un principe de légitimité?

On sort donc ici du cadre restreint de l'interprétation du droit international existant, pour s'engager dans une réflexion sur les possibilités, *de lege ferenda*, de le modifier. Plus spécifiquement, la question principale qui se pose au vu de la pratique qui a été détaillée antérieurement est de savoir si l'on peut remplacer le principe de neutralité – dans la mesure où l'on considérerait ce dernier comme désormais inapproprié, ou encore en décalage avec la réalité – par un principe

---

[1117] Voir notamment Martti Koskenniemi, «Le style comme méthode», dans *La politique du droit international*, Paris, Pedone, 2008, p. 405.

[1118] Au sens particulier défini dans Olivier Corten, *Méthodologie du droit international public*, *op. cit.*, p. 26-27.

de légitimité qui correspondrait davantage aux valeurs qui caractériseraient aujourd'hui la «communauté internationale»[1119]. Comme dans l'étape précédente de notre réflexion, on doit d'emblée admettre que différentes options sont possibles, dont aucune ne peut prétendre à autre chose qu'à la cohérence, mais certainement pas à une inaccessible objectivité.

Personnellement, le remplacement d'un principe de neutralité par un principe de légitimité me paraît profondément problématique. Tout dépend évidemment de la manière dont on définirait ce nouveau principe de légitimité.

Une première option serait de décider que, par principe et de manière systématique, c'est l'une ou l'autre partie au conflit qui est légitime. En pratique, cela mènerait probablement à poursuivre une certaine logique ébauchée par plusieurs précédents antérieurement examinés, en aboutissant à une interdiction de la rébellion et d'aider cette dernière, avec en parallèle une reconnaissance d'un droit du gouvernement à la réprimer et des Etats tiers à l'y aider[1120]. On se trouverait là devant une sorte de réminiscence de la «doctrine Tobar», selon laquelle il serait interdit de reconnaître les gouvernements issus de processus révolutionnaires[1121]. Divers problèmes, à la fois d'ordre technique et éthique, se posent alors.

[1119] Voir les développements et la doctrine citée *supra* introduction.

[1120] *Supra* spécialement chapitres III, section 2 et IV, section 2.

[1121] La doctrine tire son nom d'un ministre des Affaires étrangères de l'Equateur qui, le 15 mars 1907, envoyait une lettre au consul de Bolivie à Bruxelles dans laquelle il exposait son idée, qui devait permettre de dissuader les guerres civiles; voir le texte complet dans *RGDIP*, 1914, p. 482-485. La doctrine devait être reprise par la Convention de Washington du 20 décembre 1907 liant le Costa Rica, le Guatemala, le Nicaragua et le Salvador (*ibid.*, p. 485-486 et texte original dans G. F. de Martens, *Nouveau recueil général des traités du XXe siècle*, 3e série, tome III, p. 94 ss).

Sur un plan technique, cette voie semble incidemment mener à la reconnaissance d'un statut particulier du groupe rebelle qui, en se voyant opposer une obligation internationale, se verrait en même temps reconnaître une forme, certes limitée, de responsabilité internationale [1122]. On aurait ainsi une transposition au domaine du *jus contra bellum* de ce qui existe, dans l'hypothèse d'un conflit armé non international, dans celui du *jus in bello*. Se poserait dès lors une question de représentation de l'entité rebelle, désormais considérée comme juridiquement distincte des individus qui la composent. La démarche est imaginable mais, en même temps, elle heurte la volonté traditionnelle des Etats d'envisager la rébellion comme une violation de son droit interne non par un sujet autonome, mais par des individus qualifiés de criminels [1123]. En même temps, cette nouvelle interdiction poserait la question de savoir à partir de quand elle a été violée. En d'autres termes, à partir de quand peut-on évoquer une «rébellion», désormais illicite? Là encore, on serait tenté de se tourner vers le *jus in bello* et se référer au seuil qui distingue de simples troubles internes de l'existence d'un conflit armé [1124]. Mais toutes les questions n'en seraient pas, pour autant, résolues. En particulier, le système envisagé se caractériserait par son aspect asymétrique: il y aurait interdiction de la rébellion, mais pas prohibition d'un recours à la force pour la réprimer.

Or, tant le *jus contra bellum* que le *jus in bello* sont conçus comme devant s'appliquer de manière symétrique et équilibrée, des obligations similaires pesant sur

---

[1122] Pour plus de développements, voir *supra* introduction.

[1123] *Idem.*

[1124] Voir notamment les articles 2 et 3 aux Conventions de Genève de 1949, ainsi qu'Eric David, *Principes de droit des conflits armés*, 5e éd., Bruxelles, Bruylant, 2012, p. 130 ss.

toutes les parties[1125], de sorte qu'il semblerait curieux de s'appuyer sur leur propre logique pour trancher les questions consécutives à une prohibition du recours à la force dans l'ordre interne de la part de la seule rébellion.

En réalité, on touche ici à un problème éthique, beaucoup plus préoccupant : peut-on réellement exclure, en toute hypothèse, qu'une rébellion soit conforme au droit international, ou en tout cas soit tolérée par ce dernier ?

Une position aussi radicale, en ce qu'elle priverait tout groupe de réagir par la force quel que soit le comportement des autorités concernées (ce que ne fait pas, comme son nom l'indique, le principe de neutralité) ne semble pratiquement soutenue par personne[1126]. Le plus souvent, la légitimité est conçue comme devant non pas être accordée systématiquement à l'une des parties – singulièrement la partie gouvernementale – mais comme devant s'appliquer de manière casuistique – ou, dira-t-on peut-être, pragmatique –, tantôt aux rebelles, tantôt aux autorités.

Cette deuxième option pose cependant plus encore de problèmes que la première. Elle renvoie en effet aux risques qui ont précisément motivé l'émergence du principe de neutralité. Dans une société internationale composée d'Etats porteurs de choix politiques et éthiques distincts, le retour à des critères de légitimité comme ceux qui caractérisaient certaines périodes historiques qu'on pensait révolues (légitimité théocratique, monarchique, …) pourrait favoriser des phénomènes comme l'impérialisme et, conséquence souvent inéluctable de ce dernier, les guerres[1127]. Plus concrètement, affirmer

---

[1125] *Ibid.*, p. 84-91, ainsi qu'Olivier Corten, *Le droit contre la guerre*, 2ᵉ éd., *op. cit.*, p. 266.

[1126] Voir déjà George Scelle, « La guerre civile espagnole », *op. cit.*, p. 270.

[1127] Jean Salmon, « Le droit international à l'épreuve au tournant du XXIᵉ siècle », *Cours euro-mediterranéens*

qu'un droit à la rébellion devrait dépendre de sa légitimité ne résout aucunement la question de savoir comment déterminer si cette rébellion est légitime. En pratique, des précédents comme la Syrie ou l'Ukraine attestent une profonde division des Etats, et plus largement des observateurs, sur ce type de questions[1128].

Dans cette perspective, la question de la légitimité révèle une tension entre une conception substantielle et procédurale. Si l'on opte pour la première, on définira dans l'abstrait ce qui est légitime et, sur cette base, on prétendra l'appliquer à telle ou telle rébellion particulière[1129].

En ce sens, les Etats occidentaux ont généralement considéré que la rébellion en Syrie était, dans son principe, légitime, au contraire de la Russie et de ses alliés; dans le cas de l'Ukraine, les conclusions se sont inversées, les Etats occidentaux ayant tendance à légitimer la position du gouvernement et à discréditer celle des rebelles du sud ou de l'est, une position diamétralement opposée à celle de la Russie[1130]. Bien entendu, on peut avoir une telle foi dans sa position qu'on estime que c'est cette position qui doit prévaloir. Mais, et c'est ici qu'intervient

---

Bancaja de droit international, vol. VI, 2002, p. 289-290, ainsi qu'Olivier Corten, *Le retour des guerres préventives. Le droit international menacé*, Bruxelles, Labor, 2003.

[1128] Voir Kalkidan Obse, «The Arab Spring and the Question of Legality of Democratic Revolution in Theory and Practice: A Perspective based on the African Union Normative Framework», *LJIL*, 2014, p. 834 ss.

[1129] Une telle conception s'inscrit dans la tradition du droit naturel, et on a déjà relevé (*supra* chapitre IV, section 1) que certains auteurs classiques utilisaient la notion pour évaluer la légitimité d'une rébellion, comme Emer de Vattel, *Le droit des gens ou les principes de la loi naturelle appliqués à la conduite aux affaires des Nations et des souverains*, livre II, chapitre IV, par. 56 (dans J. B. Scott (dir. publ.), *The Classics of International Law*, Washington, Carnegie Institution, 1916, p. 298-300).

[1130] *Supra* chapitre IV, section 2.

une autre conception, plus procédurale, de la légitimité, il peut paraître dangereux de fonder sa prétention sur sa foi, avec tous les risques de guerres de religions, ou plus généralement «éthiques», que cela implique[1131]. La solution peut alors résider en l'utilisation d'une procédure par laquelle les différentes conceptions du juste sont exprimées pour, au final, être arbitrées conformément aux règles ou procédures préalablement établies[1132]. La solution retenue est «juste», mais elle ne l'est que relativement à la procédure suivie et provisoirement, puisqu'une nouvelle discussion peut mener à sa remise en cause[1133]. C'est en ce sens que l'on pourrait interpréter la Charte des Nations Unies qui, pour les questions qui touchent au maintien de la paix, s'en remet à une institution comme le Conseil de sécurité[1134]. Ce qui est «légitime» se détermine donc non pas dans l'absolu,

---

[1131] Hans Kelsen, «Théorie du droit international public», *Recueil des cours*, tome 84 (1953), p. 28 ss; voir aussi Nathaniel Berman, «Les ambivalences impériales», dans *Passions et ambivalences. Le colonialisme, le nationalisme et le droit international*, Paris, Pedone, 2008, p. 423-476 ainsi que, plus généralement, les réflexions d'Emmanuelle Tourme-Jouannet, *Le droit international libéral-providence. Une histoire du droit international*, Bruxelles, Bruylant, 2011 et, de la même auteure, *Le droit international*, Paris, PUF, collection «Que sais-je?», 2013.

[1132] Voir spécialement les travaux de Jürgen Habermas, notamment *Droit et démocratie*, Paris, Gallimard, 1997 ou *De l'éthique de la discussion*, Paris, Cerf, 1994, ainsi que Jean-Marc Ferry, *Philosophie de la communication*, tome 1. De l'antinomie de la vérité à la fondation ultime de la raison, Paris, Cerf, 1994, p. 8.

[1133] Voir les réflexions de Jacques Lenoble, *Droit et communication. La transformation du droit contemporain*, Paris, Cerf, 1994, p. 17-18.

[1134] Olivier Corten, «La référence au droit international comme justification du recours à la force: vers une nouvelle doctrine de la guerre juste?», dans Anne-Marie Dillens (dir. publ.), *L'Europe et la guerre*, Bruxelles, FUSL, 2001, p. 91-94 et *Le retour des guerres préventives. Le droit international menacé, op. cit.*, p. 24-25 et 82 ss.

mais en fonction du résultat de la procédure applicable. Mais cette procédure elle-même est-elle légitime ? Pour certains, tel n'est pas le cas, et on a vu se développer certaines théories tendant à remplacer l'ONU par des institutions plus limitées, mais qui ne regrouperaient que des Etats considérés comme démocratiques[1135]. Le problème, alors, est de déterminer quels seraient les Etats qui seraient suffisamment légitimes pour participer à la procédure[1136].

On le voit, il paraît tout simplement impossible de surmonter cette tension entre le volet substantiel et le volet procédural de la légitimité.

Dans ce contexte, et à titre personnel, il me semble que le prisme procédural est préférable, même s'il pose de multiples questions que l'on n'aura pas l'occasion d'approfondir ici[1137]. Le prisme substantiel, sous couvert de prendre en compte les progrès des valeurs humanistes de la «communauté internationale» – une entité qu'il est assez difficile d'identifier au-delà des Etats ou plus généralement des acteurs qui la composent, et qui ne répond certainement pas aux caractéristiques sociologiques de ce qui est généralement désigné comme une communauté[1138] –, sonne plutôt comme une

---

[1135] Voir par exemple Charlotte Ku et Harold K. Jacobson (dir. publ.), *Democratic Accountability and the Use of Force in International Law*, Cambridge, CUP, 2002.

[1136] Barbara Delcourt et Nina Wilén, «Inclusion and Exclusion Processes in Global Governance. The Creation of a Democratic Caucus within the UN and the Reform of the Human Rights Commission : Towards the Recognition of an Exclusionary Principle in Global Governance?», *Studia Europaea*, LII, 1, 2007, p. 57-97.

[1137] Pour plus de détails, voir Olivier Corten, *L'utilisation du «raisonnable» par le juge international. Discours juridique, raison et contradictions*, Bruxelles, Bruylant, 1997, p. 396 ss.

[1138] Olivier Corten, *Le discours du droit international. Pour un positivisme critique*, Paris, Pedone, 2009, p. 193 ss ; Pierre Klein, «Les problèmes soulevés par la référence à la «communauté internationale» comme facteur de légitimité»,

réminiscence d'anciennes conceptions asymétriques des relations internationales, privilégiant certains Etats au détriment d'autres en raison de leur supposé degré plus élevé de civilisation[1139]. Bien entendu, il s'agit là d'un avis personnel, et donc subjectif, qui ne prétend à aucune supériorité sur le plan scientifique[1140]. La relativité subsiste donc, et la seule manière de la gérer est de tenter de développer une argumentation cohérente au vu des présupposés philosophiques choisis. Pour terminer sur ce point, on relèvera que l'idée d'une légitimité procédurale qui tempérerait la rigueur du principe de neutralité semble, finalement, correspondre globalement à l'état de droit international actuel. Comme on l'a vu, la neutralité est proclamée comme un principe général, mais qui est modulé en fonction des particularités de chaque situation, avec possibilité de prendre parti en faveur, tantôt du gouvernement, tantôt des rebelles, moyennant une décision du Conseil de sécurité des Nations Unies[1141]. En ce sens, la légitimité procédurale permet en même temps de pallier les problèmes techniques évoqués plus haut, dans la mesure où elle n'implique aucune remise en cause radicale de l'ordre juridique international existant.

A ce stade, on a privilégié une approche normative, tendant à se prononcer sur les règles et les normes, soit en droit positif, soit dans une perspective plus ouverte à une

---

dans O. Corten et B. Delcourt (dir. publ.), *Droit, légitimation et politique extérieure. L'Europe et la guerre du Kosovo*, Bruxelles, Bruylant, 2001, p. 261-297.

[1139] Voir Georges Abi Saab, «Humanité» et «communauté internationale» dans la dialectique du droit international», dans *Mélanges René-Jean Dupuy*, Paris, Pedone, 1991, p. 9, ainsi que «La «communauté internationale» saisie par le droit. Essai de radioscopie juridique», dans *Mélanges Boutros Boutros-Ghali*, vol. I, Bruxelles, Bruylant, 1998, p. 106-107.

[1140] Voir encore Olivier Corten, «Il était une fois une communauté internationale», dans B. Delcourt et Y. Bovy (dir. publ.), *Que la guerre est jolie et que nos valeurs sont universelles!*, Mons, éd. Cerisier, 1999, p. 137-147.

[1141] *Supra* notamment chapitre II, section 1.

réforme ou une modification de ce droit. Mais, là encore, le choix est relatif. On peut en effet chercher non plus à déterminer ce qui doit être, mais à tenter d'expliquer ce qui est, un choix sur lequel on reviendra brièvement en guise de conclusion.

Section 2. Les options relevant d'une réflexion de type analytique : comprendre et expliquer les utilisations du principe de neutralité

Comme on l'avait annoncé d'emblée, l'optique privilégiée dans le cadre de ce cours a consisté à exposer les tensions qui s'exercent sur le principe de neutralité en s'en tenant à une perspective analytique [1142]. Il ne s'est agi ni de prétendre dégager une interprétation juridiquement fondée – ce que l'on a préféré réserver pour ce dernier chapitre, à titre d'option possible – ni de critiquer le principe dans une perspective éthique en y associant, le cas échéant, des propositions de modification. Le but était plutôt de montrer que ce principe était remis en cause, sans que l'on puisse conclure clairement à sa disparition, d'autant que ces remises en cause se sont opérées dans des sens souvent opposés. Au-delà, il s'agissait de comprendre toutes les tensions entourant un tel principe, ce qui renvoie pour une large part aux tensions qui caractérisent le discours juridique international dans son ensemble.

Ces tensions peuvent elles-mêmes être comprises à partir de diverses grilles de lecture. Deux d'entre elles semblent caractériser tout spécialement les résultats de la présente recherche : l'option structuraliste articulant les pôles de l'apologie et de l'utopie, d'une part (1), l'option sociologique mettant l'accent sur les relations dialectiques entre la règle juridique et les rapports de force, d'autre part.

[1142] *Supra* introduction.

1. *L'option structuraliste : apologie et utopie*

Dans son remarquable ouvrage, *From Apology to Utopia*, Martti Koskenniemi revisite l'ensemble de la doctrine en dégageant ce qu'il estime être la structure fondamentale de l'argument juridique international[1143]. Lorsqu'ils sont invités à aborder des problèmes relativement liés à ceux que nous avons envisagés, les auteurs sont tiraillés entre deux tentations opposées[1144]. D'un côté, on essaie de s'en tenir le plus possible au droit international tel qu'il existe dans la pratique, spécialement des Etats ; Martti Koskenniemi évoque alors le risque de l'apologie, puisqu'on ne fait à un certain stade plus que décrire ce que *font* les Etats, et non déterminer ce qu'ils *doivent* faire. Dès lors, et d'un autre côté, on est amené à formuler des règles de manière plus générale et abstraite, en conférant au droit une autonomie par rapport à la pratique ; dans ce cas, on en vient rapidement à tomber dans l'écueil de l'utopie, qui consiste à la fois à élaborer des principes qui ne correspondent pas au droit international « réellement existant », mais aussi à prétendre élaborer des règles légitimes alors que l'on ne fait en dernière instance que proposer ses propres choix subjectifs[1145].

Le simple rappel de cette grille théorique d'analyse fait manifestement écho à certains des débats qui ont été exposés plus haut. On reprendra, sans être exhaustifs, les quelques exemples suivants :

– Avant la Charte des Nations Unies, on a envisagé l'institution de la reconnaissance de belligérance, en signalant la difficulté de la concevoir, soit comme un acte purement discrétionnaire, constitutif d'un

---

[1143] Martti Koskenniemi, *From Apology to Utopia. The Structure of International Legal Argument*, 2ᵉ éd., Cambridge, CUP, 2006.

[1144] *Ibid.*, spécialement p. 59-68.

[1145] *Ibid.*, notamment p. 397 ss.

régime juridique de neutralité, soit comme étant le résultat du constat objectif de la réunion de certaines conditions [1146]. Alors que dans le premier cas, la neutralité n'est pas une règle mais une technique choisie par les Etats, la conclusion inverse s'impose dans le second. On retrouve assez bien ici la tension entre l'apologie, auquel on peut associer la conception constitutive de la reconnaissance de belligérance, laquelle ne fait qu'acter dans chaque cas particulier l'acte de volonté d'un Etat, et l'utopie, à laquelle on pourrait assimiler la conception déclarative, à la fois difficilement compatible avec tous les éléments de la pratique et qui suppose une interprétation «objective» (mais qui est en réalité axiologiquement marquée) de conditions juridiques assez largement indéterminées.

– On a également plus largement envisagé l'opposition entre le principe de neutralité et celui de la légitimité [1147]. Les partisans du second reprochent à ceux du premier une tendance à l'apologie, puisque la «neutralité», et le principe de non-intervention qui l'accompagne, revient à laisser à chaque Etat la possibilité de réglementer, d'interdire et de réprimer toute velléité de rébellion. A l'inverse, la doctrine favorable à un critère de légitimité peut être critiquée pour son côté utopiste, la définition de la légitimité proposée ne correspondant pas à celle des Etats et reflétant plutôt des choix éthiques et moraux essentiellement subjectifs [1148].

– Dans le cas de l'autodétermination, on est là encore confronté à une forme de dilemme [1149]. Soit l'on s'en

---

[1146] *Supra* chapitre I, section 1.

[1147] *Supra* notamment en introduction.

[1148] Pour plus de développements, Olivier Corten, «Droit d'intervention *v.* Souveraineté: antécédents et actualités d'une tension protéiforme», *Droits*, 2012, p. 33-48.

[1149] *Supra* chapitre III. Pour un développement plus large, Olivier Corten, «Les visions des internationalistes du droit des peuples à disposer d'eux-mêmes: une approche critique», *Civitas Europa*, 2014, p. 96-111; voir aussi Thomas Burri,

tient aux critères traditionnels qui limitent ce droit aux situations liées à la décolonisation, on semble faire l'apologie des rapports de force en privant les peuples d'autres Etats de toute perspective d'émancipation[1150]. Soit on peut tenter un élargissement du principe, par exemple en le tempérant par la doctrine de la « sécession-remède »[1151]. Mais, outre que l'on s'écarte ainsi largement de la pratique des Etats[1152], on devra alors immanquablement proposer sa propre définition, par essence subjective, des conditions de sa mise en œuvre, singulièrement l'ampleur de l'oppression qui justifierait l'exception[1153].

– Le même schéma caractérise les débats sur ce qu'on a appelé la « rébellion-remède », qui permettrait à un peuple de renverser son gouvernement[1154]. Soit l'on constate que cette théorie n'a pas été acceptée par l'ensemble des Etats, et l'on verse dans l'apologie des rapports de force existants, auxquels on se résigne et

---

« Secession in the CIS. Causes, Consequences and Emerging Principles », dans Ch. Walter, A. Von Ungern-Sternberg et Kavus Abushov (dir. publ.), *Self-Determination and Secession in International Law*, Oxford, OUP, 2014, p. 144.

[1150] Voir par exemple Daniel Turp, « Le droit de sécession en droit international public », *CYIL*, 1982, p. 24-77 ; Lee C. Buchheit, *Secession. The Legitimacy of Self-Determination*, New Haven/Londres, Yale Univ. Press, 1978.

[1151] Voir par exemple Théodore Christakis, *Le droit à l'autodétermination en dehors des situations de décolonisation*, Paris, p. 296-297 et Christian Tomuschat, « Secession and Self-determination », dans M. Kohen (dir. publ.), *Secession. International Law Perspectives*, Cambridge, CUP, 2006, p. 38-42.

[1152] Olivier Corten et Anne Lagewall, « La doctrine de la « sécession-remède » à l'épreuve de la pratique récente », *op. cit.*, p. 187-205.

[1153] Olivier Corten, « A propos d'un désormais « classique » : *Le droit à l'autodétermination en dehors des situations de décolonisation*, de Théodore Christakis », *RBDI*, 1999, p. 329-349.

[1154] *Supra* chapitre IV, section 1.

donc, d'une certaine manière, que l'on justifie. Soit on tente d'élaborer de nouveaux critères permettant de distinguer les rébellions légitimes des rébellions illégitimes. Mais, ici encore, au nom de quoi pourrait-on prétendre imposer ces critères qui, au demeurant, relèvent de l'utopie s'ils ne rencontrent pas les préoccupations des Etats?

– Enfin, l'«Etat de droit» apparaît lui aussi comme un concept profondément équivoque [1155]. Tantôt il recouvre une portée utopiste, lorsqu'il vise à l'amélioration du droit et à l'institutionnalisation d'une communauté internationale apte à condamner les gouvernements oppressifs [1156]. Mais, on l'a vu, le concept prête alors le flanc à la critique, dans la mesure où son interprétation dans un cas donné ne peut s'opérer que sur la base de valeurs difficilement objectivables, comme la «démocratie». On peut alors être tenté de dénoncer la notion comme un outil de légitimation utilisé par certains Etats pour, tantôt critiquer, tantôt soutenir des rébellions. Mais cette dénonciation risque de discréditer entièrement la notion, au risque de faire l'apologie des rapports de forces qui peuvent continuer à se déployer à l'intérieur des Etats existants.

On pourrait multiplier les exemples, qui confirment une oscillation continue entre ces deux pôles qui, dès qu'on approche de l'un d'eux, nous projettent vers l'autre. Une dernière illustration est la proposition avancée par la France dans le contexte de la crise syrienne, visant à atténuer les effets de vetos considérés comme «abusifs». Selon le texte soumis à la réflexion par le ministre des Affaires étrangères,

---

[1155] *Supra* chapitre IV, section 2.

[1156] On peut en ce sens évoquer la position de nombreux Etats qui se sont prononcés au sein de l'ONU; Olivier Corten, «L'Etat de droit en droit international général: quelle valeur juridique ajoutée?», dans SFDI, *L'Etat de droit international*, Paris, Pedone, 2009, p. 37-38.

«lorsque le Conseil de sécurité aurait à se prononcer
sur une situation de crime de masse, les membres
permanents s'engageraient à suspendre leur droit de
veto. Les critères de mise en œuvre seraient simples :
le Secrétaire général de l'ONU, à la demande
d'au moins cinquante Etats membres, serait saisi
pour se prononcer sur la nature du crime. Une fois
son avis rendu, le code de conduite s'appliquerait
immédiatement. Pour être réaliste, ce code exclurait
les cas où seraient en cause les intérêts vitaux
nationaux d'un membre permanent du Conseil» [1157].

La proposition n'est pas dénuée d'intérêt, dans la
mesure où elle vise à associer légitimité procédurale et
substantielle, en excluant par principe la mise en œuvre
de la procédure existante lorsque certaines valeurs
fondamentales seraient bafouées [1158]. Mais, pour éviter
l'utopie, il faut une proposition réaliste susceptible
d'être acceptée par les membres permanents du
Conseil de sécurité. Aussi le texte réserve-t-il «les cas
où seraient en cause les intérêts vitaux nationaux d'un
membre permanent du Conseil». Comment, cependant,
déterminer si ces intérêts vitaux sont en cause ? Si l'on
s'en remet au choix de l'Etat concerné, on lui reconnaît
en dernière instance un veto sur la suspension de son
veto, ce qui risque bien de priver la règle de tout objet
… et en même temps de prêter le flanc à la critique de
l'apologie pure et simple des rapports de force. Si, au
contraire, on pense opposer à l'Etat concerné sa propre
définition de l'atteinte à ses intérêts vitaux, on tombe

[1157] Texte sur : http://www.diplomatie.gouv.fr/fr/politique-
etrangere-de-la-france/onu/evenements-et-actualites-lies-aux/
actualites-21429/article/suspendre-le-droit-de-veto-en-cas.
[1158] Des débats ont eu lieu à ce sujet au cours d'une réunion
ministérielle tenue en marge de l'Assemblée générale, le 25
septembre 2014 ; http://www.franceonu.org/la-france-a-l-onu/
espace-presse/interventions-en-seance-publique/assemblee-
generale/article/25-septembre-2014-agnu69-reunion-8182.

rapidement dans le défaut de l'utopie, à la fois en raison du refus probable des Etats membres permanents à la proposition, et de la subjectivité de la qualification que l'on prétendrait légitime.

On le voit, il apparaît bien délicat, si ce n'est impossible, d'échapper aux dilemmes qui sous-tendent les principales questions traitées dans le cadre de ce cours. Cela ne signifie cependant pas que l'on ne puisse pas prendre position, ce que font d'ailleurs effectivement à la fois les Etats et les auteurs qui se prononcent de manière plus académique. La grille de lecture structuraliste ne vise néanmoins pas à proposer telle ou telle solution – démarche qui relève d'une optique normative, évoquée plus haut – mais à comprendre les spécificités du discours juridique considéré. Une autre manière, complémentaire à mon sens, de poursuivre la réflexion est de prendre en compte une démarche davantage sociologique, que l'on exposera dans la dernière étape de ce raisonnement.

2. L'option sociologique : rapports de force et droit international

Les approches critiques du droit international se sont traduites, surtout dans le monde francophone, par une dimension sociologique appuyée, héritière en partie d'auteurs comme Marx, mais aussi Weber[1159]. Selon plusieurs auteurs que l'on a regroupés sous l'appellation de l'«école de Reims» (en raison du lieu où se sont déroulés les colloques considérés comme fondateurs de cette école), la création comme l'interprétation de la règle de droit sont déterminées dans chaque cas particulier par des rapports de force[1160]. Ce sont ces rapports qui,

---

[1159] Olivier Corten, «Existe-t-il une approche critique francophone du droit international ? Réflexions à partir de l'ouvrage *Théories critiques du droit international*», *RBDI*, 2013, p. 257-270.

[1160] Voir notamment *Annales de la faculté de droit et des sciences économiques de Reims*, ARERS, 1974 ; *Réalités du*

dans chaque cas, permettent de comprendre pourquoi et comment telle ou telle interprétation juridique l'emporte.

Là encore, on mesure sans doute immédiatement la pertinence d'une telle grille de lecture pour envisager divers précédents abordés dans le cadre de ce cours. Pour ne reprendre que l'un ou l'autre exemple, on pourrait poser l'hypothèse que :

– l'absence de cohérence de la position juridique de la Russie au sujet du droit des peuples à disposer d'eux-mêmes si l'on compare le cas du Kosovo avec celui de la Crimée, de même que la difficile réconciliation des discours des Etats occidentaux ayant insisté sur l'intégrité territoriale de l'Ukraine, tout en écartant le principe dans le cas de la Serbie, s'expliquent davantage par les rapports de force, lesquels ont d'ailleurs dicté

---

droit international contemporain, force obligatoire et sujets de droit, actes des seconde et troisième rencontres de Reims, CERI, faculté de droit de Reims, 1976 ; *Réalités du droit international contemporain, la relation du droit international avec la structure économique et sociale*, actes de la quatrième rencontre de Reims, CERI, faculté de droit de Reims, 1978 ; *Réalités du droit international contemporain, discours juridique et pouvoir dans les relations internationales : l'exemple des sujets de droit*, actes de la cinquième rencontre de Reims, CERI, Reims, 1981 ; *Réalités du droit international contemporain, discours juridique sur l'agression et réalité internationale*, actes de la sixième rencontre de Reims, CERI, Reims, 1982 ; *Réalités du droit international contemporain, le discours juridique sur la non-intervention et la pratique internationale*, actes de la septième rencontre de Reims, Presses universitaires de Reims, 1986 ; *Réalités du droit international contemporain, les rapports entre l'objet et la méthode en droit international*, actes de la huitième rencontre de Reims, Presses universitaires de Reims, 1990. L'ensemble de ces textes est disponible en ligne : http://cdi.ulb.ac.be/ressources-documentaires/les-colloques-de-reims/. On se référera aussi au cours de Charles Chaumont, «Cours général de droit international public», *Recueil des cours*, tome 129 (1970), p. 335-527.

des solutions spécifiques sur le terrain, que par des
réflexions juridiques abstraites et désincarnées[1161] ;
– les interprétations très particulières de ce que signifie
le principe des changements anticonstitutionnels de
régime dans des cas comme ceux de la Libye et de
l'Egypte sont difficilement explicables de manière
abstraite, en recourant aux textes applicables ainsi
qu'à la coutume existante ; ce sont manifestement les
rapports de force qui expliquent qu'on a préféré ne
pas qualifier comme tels la révolution libyenne ou le
coup d'Etat en Egypte ; dans le même sens, la levée
des sanctions contre un président (al-Sissi) qui avait
lui-même réalisé un changement considéré comme
anticonstitutionnel est peu orthodoxe si l'on se place
sur le plan des principes, au point que l'UA a été jusqu'à
affirmer qu'il ne pouvait s'agir d'un « précédent »,
formule qui concède presque explicitement la
prévalence des considérations d'opportunité politique
sur les règles juridiques théoriquement applicables ;
– l'affirmation de la Russie selon laquelle la situation
en Syrie ne requiert pas de mesures coercitives de la
part du Conseil de sécurité, alors que tel était le cas
en Libye quelques mois plus tôt, et ce malgré que la
gravité de la menace semble au moins aussi avérée
dans le premier cas que dans le second, s'explique par
des considérations politiques ; le lien entre les deux
situations a d'ailleurs été rappelé par les autorités
russes, pour lesquelles le précédent libyen a montré
tous les dangers d'autoriser une action militaire qui est
ensuite laissée à l'appréciation unilatérale des Etats
intervenants[1162] ; là également, c'est une analyse en
terme de sciences politiques, basée davantage sur une

[1161] Anne Lagerwall, « L'agression et l'annexion de la
Crimée par la Fédération de Russie : quels enseignements au
sujet du droit international ? », *QIL*, 2014, p. 68-70.

[1162] S/PV.6627, 4 octobre 2011, p. 4 et S/PV.6756, 21 avril
2012, p. 2 ; S/PV.7180, 22 mai 2014, p. 14.

perspective analytique que sur une réflexion éthique, qui permet d'expliquer la portée et les limites du principe de neutralité.

Pour terminer, on peut revenir au paradoxe qui consiste à vouloir réglementer juridiquement la rébellion. Dans la mesure où cette dernière consiste par définition à violer la règle de droit applicable, elle relève sans doute davantage du fait de l'effectivité, que de la légalité… jusqu'à ce que les rebelles renversent l'ordre juridique ancien pour lui substituer un nouveau, ou au contraire plient devant le rapport de forces favorable aux autorités en place. Pendant cette période intermédiaire, le droit international tente, avec des succès relatifs et aléatoires, de réglementer certains aspects de la rébellion. Mais, dans son essence même, la rébellion échappe, encore et toujours, à l'emprise du droit.

BIBLIOGRAPHIE SÉLECTIVE

I. Ouvrages

Bell, C., *On the Law of Peace. Peace Agreements and the Lex Pacificatoria,* Oxford, OUP, 2008.

Christakis, Th., *Le droit à l'autodétermination en dehors des situations de décolonisation*, Paris, La documentation française, 1999.

Corten, O., *Méthodologie du droit international public*, Bruxelles, éd. ULB, 2009.

–, *Le droit contre la guerre*, 2ᵉ éd., Paris, Pedone, 2014.

Dinstein, Y., *Non-International Armed Conflicts in International Law*, Cambridge, CUP, 2014.

Dugard, J., *The Secession of States and Their Recognition in the Wake of Kosovo*, Leyde, Martinus Nijhoff, « Les livres de poche de l'Académie », 2013 (*Recueil des cours*, tome 358 (2013)).

Falk, R. (dir. publ.), *The International Law of Civil War*, Baltimore et Londres, ASIL, John Hopkins Press, 1971.

Hajjami, N., *La responsabilité de protéger*, Bruxelles, Bruylant, 2013.

Kherad, R. (dir. publ.), *Les déclarations unilatérales d'indépendance*, Paris, Pedone, 2012.

Kohen, M. (dir. publ.), *Secession. International Law Perspectives*, Cambridge, CUP, 2006.

Lieblich, E., *International Law and Civil Wars. Intervention and Consent*, Londres, Routledge, 2013.

Koskenniemi, M., *From Apology to Utopia. The Structure of International Legal Argument*, 2ᵉ éd., Cambridge, CUP, 2006.

Lagerwall, A., *Le principe* Ex Injuria Jus non Oritur *en droit international*, Bruxelles, Bruylant, 2015, sous presse.

Panara, C., et G. Wilson (dir. publ.), *The Arab Spring. New Patterns for Democracy and International Law*, Leyde, Boston, Martinus Nijhoff, 2013.

Salmon, J. J. A., *La reconnaissance d'Etat. Quatre cas : Mandchoukouo, Katanga, Biafra, Rhodésie du Sud*, Paris, Armand Colin, 1971.

Tourme-Jouannet, E., *Le droit international libéral-providence. Une histoire du droit international*, Bruxelles, Bruylant, 2011.

SFDI, *Révolution et droit international*, Paris, Pedone, 1990.

SFDI, *La responsabilité de protéger*, Paris, Pedone, 2008.

SFDI, *L'Etat de droit en droit international*, Paris, Pedone, 2009.

Walter, C., A. Von Ungern-Sternberg et K. Abushov (dir. publ.), *Self-Determination and Secession in International Law*, Oxford, OUP, 2014.

II. Articles

Bannelier, K., et Th. Christakis, «Under the UN Security Watchful Eyes: Military Invitation by Invitation in the Malian Conflict», *LJIL*, 2013, p. 855-874.

Bellal, A., et L. Doswald-Beck, «Evaluating the Use of Force during the Arab Spring», *YIHL*, 2011, p. 3-35.

Christakis, Th., «The ICJ Advisory Opinion on Kosovo: Has International Law Something to Say about Secession?», *LJIL*, 2011, p. 73-86.

–, «Les conflits de sécession en Crimée et dans l'est de l'Ukraine et le droit international», *JDI*, 2014, p. 733-764.

Corten, O., «Déclarations unilatérales d'indépendance et reconnaissances prématurées: du Kosovo à l'Ossétie du Sud et à l'Abkhazie», *RGDIP*, 2008, p. 721-759.

–, «Territorial integrity narrowly interpreted: Reasserting the Classical Inter-State Paradigm of International Law», *LJIL*, 2011, vol. 24, p. 87-94.

–, «Droit d'intervention c. Souveraineté: antécédents et actualités d'une tension protéiforme», *Droits*, 2012, p. 33-48.

–, «Les visions des internationalistes du droit des peuples à disposer d'eux-mêmes: une approche critique», *Civitas Europa*, 2014, p. 96-111.

Corten, O., et P. Klein, «Are Agreements Between States and Non-State Entities Rooted in the International Legal Order?», dans E. Cannizaro (dir. publ.), *The Law of Treaties Beyond the Vienna Convention*, *Mélanges Giorgio Gaja*, Oxford, OUP, 2011, p. 3-24.

–, «L'action des Nations Unies en Côte d'Ivoire: jusqu'où le Conseil de sécurité peut-il intervenir dans l'ordre juridique interne des Etats?», dans *Mélanges en l'honneur de Raymond Ranjeva*, Paris, Pedone, 2012, p. 55-81.

Corten, O., et V. Koutroulis, «The Illegality of Military Support to Rebels in the Libyan War: Aspects of *jus contra bellum* and *jus in bello*», *JCSL*, 2013, p. 1-35.

Corten, O., et A. Lagerwall, «La doctrine de la «sécession-remède» à l'épreuve de la pratique récente», dans

L'homme dans la société internationale. Mélanges offerts à Paul Tavernier, Bruxelles, Bruylant, 2013, p. 187-205.

de Cara, J.-Y., «The Arab Uprisings Under the Light of Intervention», *GYIL*, 2012, p. 11-52.

Delcourt, B., «L'Etat de droit, pierre angulaire de la coexistence pacifique en Europe?», dans C.- H. Thuan et A. Fenet (dir. publ.), *La coexistence, enjeu européen*, Paris, PUF, 1998, p. 241-257.

–, «La question du monopole de la violence dans un monde globalisé», *Revista de Estudios Juridicos*, 2006, p. 385-405.

Dolwald-Beck, L., «The Legal Validity of Military Intervention by Invitation of the Government», *BYBIL*, 1986, p. 189-252.

Franck, Th., «The Emerging Right to Democratic Governance», *AJIL*, 1992, p. 46-91.

Gioia, A., «Kosovo's Statehood and the Role of Recognition», *IYIL*, 2008, p. 3-35.

Green, L. C., «Le statut des rebelles en droit international», *RGDIP*, 1962, p. 5-33.

Green, J. A., «The Annexation of Crimea: Russia, Passportisation and the Protection of Nationals Revisited», *JUFIL*, 2014, p. 3-10.

Henderson, Ch., «International Measures for the Protection of Civilians in Libya and Côte d'Ivoire», *ICLQ*, 2011, p. 667-778.

Henriksen, A., et M. Schack, «The Crisis in Syria and Humanitarian Intervention», *JUFIL*, 2014, p. 122-148.

Johnston, K. A., «Transformations of Conflict Status in Libya», *JCSL*, 2012, p. 81-115.

Karagiannis, S., «Qu'est-il, en droit international, le droit à la résistance devenu?», *RTDH*, 2008, p. 949-1005.

Kazadi Mpiana, J., «L'Union africaine face à la gestion des changements anticonstitutionnels de gouvernement», *RQDI*, 2012, p. 101-141.

Klein, P., «Le droit international à l'épreuve du terrorisme», *Recueil des cours*, tome 321 (2006), p. 209-484.

–, «Le droit international contemporain a-t-il étendu l'interdiction du recours à la force aux situations internes aux Etats?», dans P. d'Argent *et al.* (dir. publ.), *Les limites du droit international. Essais en l'honneur de Joe Verhoeven*, Bruxelles, Bruylant, 2015, p. 169-182.

Kolb, R., «Autodétermination et «sécession-remède» en droit international public», dans *Global Trends: Law,*

Policy et Justice. Essays in Honour of Professor Giuliana Ziccardi Capaldo, New York, Oceana, 2013, p. 57-77.

Kress, K., «Major Post-Westphalian Shifts and Some Important Neo-Westphalian Hesitations in the State Practice on the International Law on the Use of Force», *JUFIL*, 2014, p. 11-54.

Mégret, F., «Le droit international peut-il être un droit de résistance? Dix conditions pour un renouveau de l'ambition normative internationale», *Etudes internationales*, 2008, p. 39-62.

–, «"Civil Disobedience" and International Law: Sktech for a Theoretical Argument», *CYIL*, 2010, p. 143-192.

Obse, K., «The Arab Spring and the Question of Legality of Democratic Revolution in Theory and Practice: A Perspective based on the African Union Normative Framework», *LJIL*, 2014, p. 817-838.

Paust, J. J., «International Law, Dignity, Democracy, and the Arab Spring», *Cornell ILJ*, 2013, p. 1-19.

Peters, A., «Does Kosovo Lie in the *Lotus*-Land of Freedom?», *LJIL*, 2011, p. 95-108.

Pinto, R., «Les règles du droit international concernant la guerre civile», *Recueil des cours*, tome 114 (1965), p. 451-582.

Rim, Y., «Two Governments and One Legitimacy: International Responses to the Post-Election Crisis in Côte d'Ivoire», *LJIL*, 2012, p. 683-705.

Ruys, T., «Of Arms, Funding and "Non-lethal Assistance" – Issues Surrounding Third-State Intervention in the Syrian Civil War», *Chinese JIL*, 2014, p. 13-53.

Talmon, S., «De-Recognition of Colonel Qaddafi as Head of State of Libya», *ICLQ*, 2011, p. 759-767.

–, «Recognition of Opposition Groups as the Legitimate Representative of a People», *Chinese JIL*, 2013, p. 219-226.

Tancredi, A., «Neither Authorized nor Prohibited? Secession and International Law after Kosovo, South Ossetia and Abkhazia», *IYIL*, 2008, p. 37-62.

Verdebout, A., «The Contemporary discourse on the Use of Force in the 19th Century. A Diachronic and Critical Analysis», *Journal of the Use of Force in International Law*, 2014, vol. 1, Issue 2.

Vidmar, J., «Remedial Secession in International Law: Theory and (lack of) Practice», *St Anthony Int. Rev.*, 2010, p. 37-56.

van Steenberghe, R., «Les interventions française et africaine

au Mali au nom de la lutte armée contre le terrorisme»,
RGDIP, 2014, p. 273-302.
Wehberg, H., «La guerre civile et le droit international»,
Recueil des cours, tome 63 (1938), p. 1-128.

À PROPOS DE L'AUTEUR

NOTICE BIOGRAPHIQUE

Olivier Corten, né en 1964 à Bruxelles, a fait des études de sciences sociales, sciences politiques, droit et droit international à l'Université libre de Bruxelles (ULB). C'est au sein de cette université qu'il enseigne depuis plus de vingt ans, même s'il a également dispensé des cours dans d'autres universités, en France (Paris I Panthéon-Sorbonne, 2006 et 2007 ; Aix-Marseille, 2007 et 2011), en Espagne (Universidad Internacional Menéndez Pelayo, Valencia, 2008), en Italie (Académie de droit européen de Florence, 1999), au Brésil (cours d'hiver organisés par le Centro de Direito Internacional, Universidade Federal de Minas Gerais, Belorizonte, 2009), au Japon (Université de Kyoto, 2009) et en Belgique (Facultés universitaires Saint-Louis, 2000-2001).

Il est également professeur ordinaire et directeur du Centre de droit international de l'ULB, codirecteur de la *Revue belge de droit international* et de la collection de droit international (Bruylant), et membre de l'*Editorial Board of Oxford Bibliography Online (International Law)*. Il a été conseil et avocat devant la Cour internationale de Justice, principalement dans les affaires du *Différend frontalier terrestre et maritime (Cameroun-Nigéria)*, de la *Licéité de l'emploi de la force (RFY c. Dix États)* et des *Activités armées sur le territoire du Congo (RD Congo c. Ouganda)*.

Spécialisé dans le domaine du droit de la Charte des Nations Unies, il mène et dirige actuellement des recherches sur la thématique des relations entre la culture populaire (spécialement le cinéma) et le droit international.

PRINCIPALES PUBLICATIONS

Ouvrages

Comme auteur

Droit d'ingérence ou obligation de réaction ? Les possibilités d'action visant à assurer le respect des droits de la personne face au principe de non-intervention, préface de Jean

Salmon, Bruxelles, Bruylant et éd. ULB, collection de droit international, n° 26, 1992 (en collaboration avec P. Klein).

L'utilisation du «raisonnable» par le juge international. Discours juridique, raison et contradictions, préface de Jean Salmon, Bruxelles, éditions Bruylant et éd. ULB, collection de droit international, n° 34, 1997.

Ex-Yougoslavie: droit international, politique et idéologies, Bruxelles, éditions Bruylant et éd. ULB, collection de droit international, n° 35, 1998 (en collaboration avec Barbara Delcourt).

Le droit comme idéologie. Introduction critique au droit belge, Bruxelles, Kluwer, collection «A la rencontre du droit», préface de Paul Martens, 2004 (en collaboration avec Annemie Schaus); 2ᵉ édition, révisée et mise à jour, Bruxelles, éditions de l'Université de Bruxelles, 2009.

Le droit contre la guerre. L'interdiction du recours à la force en droit international contemporain, préface du juge Bruno Simma, 2008; 2ᵉ édition, actualisée, révisée et augmentée, Paris, Pedone, 2014 (trad. *The Law Against War. The Prohibition on the Use of Force in Contemporary International Law*, Foreword by Bruno Simma, translated by Christopher Sutcliffe, Oxford, Hart Publishing, 2010).

Le discours du droit international. Pour un positivisme critique, avant-propos d'Emmanuelle Jouannet, Paris, Pedone, collection «doctrine(s)», 2009.

Méthodologie du droit international public, Bruxelles, éd. de l'Université de Bruxelles, coll. ULBlire. Références, 2009.

Comme codirecteur de publication

Entre les lignes. La guerre du Golfe et le droit international, Bruxelles, Créadif, 1991, dirigé en collaboration avec A. Daems, P. Klein, P. Nolasco, O. Paye, E. Robert et A. Schaus.

A la recherche du «nouvel ordre mondial», tome I, «le droit international en question» et tome II, «L'ONU: mutations et défis», Association droit des gens, Bruxelles, éd. Complexe, 1993, préface de Paul-Marie de la Gorce, dirigé en collaboration avec A. Daems, P. Klein, P. Herman, P. Nolasco, O. Paye, E. Robert et A. Schaus.

Démembrements d'Etat et délimitation territoriale: l'uti possidetis en question(s), Bruxelles, éd. Bruylant et éd. ULB, collection de droit international, 1999, dirigé en collaboration avec B. Delcourt, P. Klein et N. Levrat.

Droit, légitimation et politique extérieure. L'Europe et la guerre du Kosovo, actes du colloque du 10 décembre 1999,

Bruxelles, éd. Bruylant, 2001; dirigé en collaboration avec
B. Delcourt. L'ouvrage est épuisé.

Le droit international face au terrorisme, actes du colloque
de Paris du 14 janvier 2002, Paris, Pedone, 2002; dirigé
en collaboration avec K. Bannelier, Th. Christakis et
B. Delcourt.

L'intervention en Irak et le droit international, Paris,
Pedone, 2004 (dirigé en collaboration avec K. Bannelier,
Th. Christakis et P. Klein).

*Les Conventions de Vienne sur le droit des traités. Commentaire
article par article*, préface de Sir Ian Sinclair, Bruxelles,
Bruylant, 2006, 3 volumes (dirigé en collaboration avec
P. Klein); deuxième édition actualisée et traduite: *The
Vienna Conventions on the Law of Treaties. A Commentary
Article by Article*, Oxford, 2011, 2 volumes.

La vérité en procès. Les juges et la vérité politique, Paris,
LGDJ, collection Droit et société. Recherches et travaux,
n° 30, 2014 (dirigé en collaboration avec J. Allard,
M. Fałkowska, V. Lefevbe et P. Naftali).

*Du droit international au cinéma. Présentations et repré-
sentations du droit international dans les films et les
séries télévisées*, Paris, Pedone, 2015 (codirection avec
F. Dubuisson).

Articles

Parties d'ouvrages collectifs

«Les origines du contentieux entre l'Irak et le Koweït», dans
Entre les lignes. La guerre du Golfe et le droit international,
Bruxelles, Créadif, 1991, p. 23-41. Publié également par le
GRIP, *Notes et documents*, décembre-janvier 1990-1991.

«Europe des droits de l'homme ou Europe du sida?», dans
Sida: un défi aux droits, Actes du colloque de mai 1990,
Bruxelles, Bruylant, 1991, p. 79-102 (avec C. Petiaux et
E. Robert).

«Nouvel ordre international humanitaire ou droit d'ingérence?», dans *A la recherche du «nouvel ordre mondial»*,
tome I, «Le droit international en question», Association
droit des gens, Bruxelles, éd. Complexe, 1993, p. 159-189.

«La face cachée du nouvel ordre mondial: l'application
discriminatoire du droit international», dans *A la recherche
du «nouvel ordre mondial»*, tome I, «Le droit international
en question», Association droit des gens, Bruxelles, éd.
Complexe, 1993, p. 21-57 (avec B. Delcourt).

«Pour une assistance humanitaire efficace sans droit
d'ingérence», dans M. J. Domestici-Met (dir. publ.), *Aide*

humanitaire internationale: un consensus conflictuel?, Paris, Economica, Centre d'études et de recherches internationales et communautaires, Université d'Aix-Marseille III, 1996, p. 284-297 (avec P. Klein).

« La conciliation », dans *Répertoire Dalloz de droit international*, Paris, éd. Dalloz, 1998, vº conciliation.

« *Uti possidetis* et droit des peuples à disposer d'eux-mêmes: deux faces d'une même médaille ? », dans O. Corten, B. Delcourt, P. Klein et N. Levrat (dir. publ.), *Démembrements d'Etat et délimitation territoriale: l'uti possidetis en question(s),* Bruxelles, éd. Bruylant et éd. ULB, 1999, p. 403-435.

« La maîtrise et l'utilisation du temps juridique dans la société internationale: le cas des mesures conservatoires rendues par la Cour internationale de Justice », dans Ph. Gérard, F. Ost et M. van de Kerchove (dir. publ.), *L'accélération du temps juridique*, Bruxelles, FUSL, 2000, p. 255-280.

« L'efficacité de la justice internationale au regard des fonctions manifestes et latentes du recours à la Cour internationale de Justice », dans R. Ben Achour et S. Laghmani (dir. publ.), *Justice et juridictions internationales*, Actes des IVes rencontres internationales de Tunis, Paris, Pedone, 2000, p. 33-71 (avec P. Klein).

« Les ambiguïtés de la référence au droit international comme facteur de légitimation. Portée et signification d'une déformalisation du discours légaliste », dans O. Corten et B. Delcourt (dir. publ.), *Droit, légitimation et politique extérieure. L'Europe et la guerre du Kosovo*, actes du colloque du 10 décembre 1999, éd. Bruylant, 2001, p. 223-260.

« Droit, légitimation et politique extérieure: précisions théoriques et méthodologiques », dans O. Corten et B. Delcourt (dir. publ.), *Droit, légitimation et politique extérieure. L'Europe et la guerre du Kosovo*, actes du colloque du 10 décembre 1999, Bruxelles, éd. Bruylant, 2001, p. 19-30 (avec B. Delcourt).

« Conclusions. Légalité, légitimité et légitimation de l'action des organisations internationales dans les conflits armés », dans *Les organisations internationales et les conflits armés*, actes du colloque de Cergy-Pontoise des 12 et 13 mai 2000, Paris, L'Harmattan, 2001, p. 297-306.

« La référence au droit international comme justification du recours à la force: vers une nouvelle doctrine de la guerre juste ? », dans Anne-Marie Dillens (dir. publ.), *L'Europe et la guerre*, Bruxelles, FUSL, 2001, p. 69-94.

« Vers un renforcement des pouvoirs du Conseil de sécurité dans la lutte contre le terrorisme ? », dans K. Bannelier, Th. Christakis, O. Corten et B. Delcourt (dir. publ.), *Le droit international face au terrorisme*, Paris, Pedone, 2002, p. 259-278.

« Lutte contre le terrorisme et droit à la paix : une conciliation délicate », dans E. Bribosia et A. Weyembergh (dir. publ.), *Lutte contre le terrorisme et droits fondamentaux*, Bruxelles, Bruylant et Nemesis, 2002, p. 37-69 (avec F. Dubuisson).

« Le concept de loi en droit international public et dans la Convention européenne des droits de l'homme », dans Luc J. Wintgens (dir. publ.), *Het wetsbegrip*, Bruxelles, die keure, 2003, p. 111-139.

« Quels droits et quels devoirs pour les Etats tiers ? », dans K. Bannelier, Th. Christakis, O. Corten et P. Klein (dir. publ.), *L'intervention en Irak et le droit international*, Paris, Pedone, 2004, p. 105-128.

« La reconnaissance par les Etats de l'UE de la responsabilité principale du Conseil de sécurité en matière de maintien de la paix. Ambiguïtés et contours d'un discours légaliste », dans P. Calame, B. Denis et E. Remacle (dir. publ.), *L'art de la paix. Approche transdisciplinaire*, Bruxelles, PIE-Peter Lang, 2004, p. 269-287.

« Les aspects idéologiques de la codification du droit international », dans *Mélanges Jacques Vanderlinden. Le Code civil, bicentenaire d'un ancêtre vénéré*, Bruxelles, Bruylant, 2004, p. 495-520.

« Article 48 », dans J.-P. Cot, A. Pellet (dir. publ.), *La Charte des Nations Unies. Commentaire article par article*, 3ᵉ éd., Paris, Economica, 2005, p. 1295-1302.

« Breach and Evolution of the International Customary Law on the Use of Force », dans E. Cannizaro et P. Palchetti (dir. publ.), *Customary International Law on the Use of Force: A Methodological Approach*, Leyde, Boston, Martinus Nijhoff, 2005, p. 119-144.

« Le droit international est-il lacunaire sur la question de la sécession ? » (« Are there gaps in the international law of secession ? »), dans M. Kohen (dir. publ.), *Secession. International Law Perspectives*, Cambridge, CUP, 2006, p. 231-254.

« Article 52 – Convention de 1969 », dans O. Corten et P. Klein (dir. publ.), *Les Conventions de Vienne sur le droit des traités. Commentaire article par article*, préface de Sir Ian Sinclair, Bruxelles, Bruylant, 2006, vol. II, p. 1867-1900 ; « Article 52 – Convention of 1969 », dans O. Corten et P. Klein (dir. publ.), *The Vienna Conventions on the Law of Treaties. A Commentary Article by Article*, Oxford, OUP, 2011, p. 1201-1220 ; « Article 52 – convention de 1986 », dans O. Corten et P. Klein (dir. publ.), *Les Conventions de Vienne sur le droit des traités. Commentaire article par article*, préface de Sir Ian Sinclair, Bruxelles, Bruylant, 2006, vol. II, p. 1901-1904 ; « Article 52 – Convention of 1986 », dans O. Corten et P. Klein (dir. publ.), *The Vienna Conventions on the Law of Treaties. A Commentary Article by Article*, Oxford, OUP, 2011, p. 1221-1223.

« Le juge international, le droit et la guerre », dans *Liber Amicorum Paul Martens. L'humanisme dans la résolution des conflits. Utopie ou réalité ?*, Bruxelles, Larcier, 2007, p. 213-221.

« L'interdiction du recours à la force dans les relations internationales est-elle opposable aux groupes « terroristes » ? », dans R. Ben Achour et S. Laghmani (dir. publ.), *Acteurs non étatiques et droit international*, Actes de la VIIᵉ rencontre de droit international de Tunis, Paris, Pedone, 2007, p. 129-159.

« La nécessité et le *jus ad bellum* », dans SFDI, *La nécessité en droit international*, actes du colloque de Grenoble, Paris, Pedone, 2007, p. 127-150.

« Jean Salmon et l'héritage de l'école de Bruxelles », dans N. Angelet *et al.* (dir. publ.), *Droit du pouvoir, pouvoir du droit*, Mélanges Jean Salmon, Bruxelles, Bruylant, 2007, p. 3-18.

« Le débat sur la légitime défense préventive à l'occasion des 60 ans de l'ONU : nouvelles revendications, oppositions persistantes », dans R. Kherad (dir. publ.), *Légitimes défenses*, Paris, LGDJ, 2007, p. 217-232.

« Le droit international comme sport de combat », dans E. Jouannet, H. Ruiz Fabri, J.-M. Sorel (dir. publ.), *Regards d'une génération sur le droit international*, Paris, Pedone, 2008, p. 169-175.

« Human Rights and Collective Security : Is There an Emerging Right to Humanitarian Intervention ? », dans Ph. Alston et E. MacDonald (dir. publ.), *Human Rights, Intervention and the Use of Force*, Oxford, OUP, 2008, p. 87-138.

« L'Etat de droit en droit international général : quelle valeur juridique ajoutée ? », dans *L'Etat de droit international*, rapport général, Actes du colloque de Bruxelles de la SFDI, Paris, Pedone, 2009, p. 11-40.

« Reasonableness in International Law », dans *Max Planck Encyclopedia of International Law*, Oxford, OUP, publié

par voie électronique en 2009 *(http://www.mpepil.com/)* et
en version papier : R. Wolfrum (dir. publ.), *The Max Planck
Encyclopedia of Public International Law*, Oxford, OUP,
2012, vol. VIII, p. 645-651.

« Réflexions sur l'applicabilité de l'*uti possidetis* dans un
conflit sécessionniste : le cas du Kosovo », dans *Le procès
international. Liber Amicorum Jean-Pierre Cot*, Bruxelles,
Bruylant, 2009, p. 29-50.

« The Obligation of Cessation », dans J. Crawford, A. Pellet
et S. Olleson (dir. publ.), *The Law of International Responsibility*, Oxford, OUP, 2010, p. 1245-1249.

« Judge Simma's Separate opinion in the *Oil Platforms*
case: to what extent are armed "proportionate defensive
measures" admissible in contemporary international law? »,
dans U. Fastenrath *et al.* (dir. publ.), *From Bilateralism to
Community Interest. Essays in Honnour of Bruno Simma*,
Oxford, OUP, 2011, p. 843-861.

« Are agreements between States and non-State entities rooted
in the international legal order? », dans E. Cannizaro (dir.
publ.), *The Law of Treaties Beyond the Vienna Convention*,
Oxford, OUP, 2011, p. 3-24 (avec P. Klein).

« Article 13 », dans M. Kamto (dir. publ.), *La Charte africaine
des droits de l'homme et des peuples et le protocole y relatif
portant création de la cour africaine des droits de l'homme
– Commentaire article par article*, Bruxelles, Bruylant,
collection de droit international, n° 67, 2011, p. 309-326
(avec C. Denis).

« The Limits of Complicity as a Cause of Responsibility:
Lessons Learned from the *Corfu Channel Case* », dans
Th. Christakis et S. Heathcote (dir. publ.), *The ICJ and the
Evolution of International Law: the Enduring Impact of the
Corfu Channel Case*, Londres, New York, Routledge, 2011,
p. 315-334 (avec P. Klein).

« Use of force », dans A. Carty (dir. publ.), *Oxford
Bibliography Online. International Law*, New York, OUP,
mars 2012 (http://www.oxfordbibliographies.com/view/
document/obo-9780199796953/obo-9780199796953-0005.
xml?rskey=YXDhVT&result=3&q=corten#firstMatch).

« La diffusion d'un enseignement d'inspiration marxiste du
droit international en Europe occidentale : l'exemple de
Jean Salmon », dans E. Jouannet et I. Motoc (dir. publ.),
*Les doctrines internationalistes durant les années du
communisme réel en Europe*, Paris, Société de législation
comparée, 2012, p. 225-236.

« L'émergence de la « responsabilité de protéger » : la fin du droit d'intervention humanitaire», dans S. Doumbé-Billé (dir. publ.), *Nouveaux droits de l'homme et internationalisation du droit,* Bruxelles, Bruylant, 2012, p. 17-32.

«Le droit de la responsabilité internationale dans l'avis du 22 juillet 2010 : beaucoup de questions, peu de réponses», dans R. Kherad (dir. publ.), *Les déclarations unilatérales d'indépendance,* Paris, Pedone, 2012, p. 213-233.

«Formalization and Deformalization as Narratives of the Law of War», dans D. Kennedy et I. de la Rasilla (dir. publ.), *New Approaches to International Law : Lessons from the European Experience,* La Haye, TMC Asser Press, 2012, p. 251-272.

«L'action des Nations Unies en Côte d'Ivoire : jusqu'où le Conseil de sécurité peut-il intervenir dans l'ordre juridique interne des Etats ?», dans *Mélanges en l'honneur de Raymond Ranjeva,* Paris, Pedone, 2012, p. 55-81 (avec P. Klein).

«Les rapports entre droit international et droits nationaux : vers une déformalisation des règles de reconnaissance ?», dans Isabelle Hachez *et al.* (dir. publ.), *Les sources du droit revisitées,* Bruxelles, FUSL, volume 4. Théorie des sources du droit, 2013, p. 303-339.

«La doctrine de la «sécession-remède» à l'épreuve de la pratique récente», dans *L'homme dans la société internationale. Mélanges offerts à Paul Tavernier,* Bruxelles, Bruylant, 2013, p. 187-205 (avec A. Lagerwall).

«Relations internationales et droit international. Entre séparation et articulation», dans Dario Batistella (dir. publ.), *Relations internationales. Bilan et perspectives,* Paris, Ellipses, 2013, p. 151-168.

«Les TWAIL : approche scientifique originale ou nouveau label fédérateur ?», dans M. Toufayan, E. Tourme Jouannet et H. Ruiz Fabri (dir. publ.), *Droit international et nouvelles approches sur le Tiers-monde : entre répétition et renouveau / International Law and New Approaches to the Thirld World : Between Repetition and Renewal,* Paris, LGDJ, Société de législation comparée, 2013, p. 357-368.

«La Commission du droit international comme agent de formalisation du droit de la responsabilité : modalités et significations de l'utilisation d'arbitrages partiellement détachés du droit positif», dans *Unité et diversité du droit international. Ecrits en l'honneur du professeur Pierre-Marie Dupuy,* Paris, Pedone, 2014, p. 399-420 (avec P. Klein).

«L'Union africaine, une organisation régionale susceptible de s'émanciper de l'autorité du Conseil de sécurité? *Opinio juris et pratique récentes des Etats*», *Select Proceedings of European Society of International Law*: http://papers.ssrn. com/sol3/papers.cfm?abstract_id=2193756.

«La pizza est un légume» ou la construction juridique d'une vérité politique», dans *La vérité en procès. Les juges et la vérité politique*, Paris, LGDJ, coll. Droit et société. Recherches et travaux, n° 30, 2014 (dirigé en collaboration avec J. Allard, M. Fałkowska, V. Lefevbe et P. Naftali), p. 7-16.

«Article 16», dans R. Kolb (dir. publ.), *Le Pacte de la Société des Nations. Commentaire article par article*, Bruxelles, Bruylant, 2014 (avec A. Lagerwall).

«Necessity as a Justification for the Use of Force?», dans M. Weller (dir. publ.), *OUP Handbook on the Prohibition of the Use of Force*, Oxford, OUP, 2014.

«Droit international et cinéma, quelle méthodologie?», dans O. Corten et F. Dubuisson (dir. publ.), *Du droit international au cinéma? Présentations et représentations du droit international dans les films et les séries télévisées*, Paris, Pedone, 2015.

«Mais où est donc passée la Charte des Nations Unies? Représentations et sous-représentations des règles sur l'usage de la force dans les films d'action», dans O. Corten et F. Dubuisson (dir. publ.), *Du droit international au cinéma. Présentations et représentations du droit international dans les films et les séries télévisées*, Paris, Pedone, 2015.

Revues

«Les questions monétaires devant le tribunal des différends irano-américains», *Revue belge de droit international*, 1988-I, p. 142-183 (avec A. Daems et E. Robert).

«La responsabilité internationale des Etats-Unis pour les dommages causés par les précipitations acides sur le territoire canadien», *Canadian Yearbook of International Law*, 1989, vol. XXVII, p. 227-262 (avec A. Schaus).

«Droit d'ingérence ou obligation de réaction non armée?», *Revue belge de droit international*, 1990-II, p. 368-440 (avec P. Klein).

«Devoir d'ingérence ou droit de réaction armée collective?», *Revue belge de droit international*, 1991-I, p. 46-131 (avec P. Klein).

«Lutte contre le Sida et discrimination: l'article 14 de la convention européenne des droits de l'homme», *Revue belge de droit international*, 1990-I, p. 190-210 (avec C. Petiaux et E. Robert).

«L'assistance humanitaire face à la souveraineté des Etats», *Revue trimestrielle des droits de l'homme*, 1992, p. 343-364 (avec P. Klein).

«L'autorisation de recourir à la force à des fins humanitaires : droit d'ingérence ou retour aux sources ?», *European Journal of International Law*, 1993-IV, p. 506-533 (avec P. Klein).

«Action humanitaire et Chapitre VII : la redéfinition du mandat et des moyens d'action des Forces des Nations Unies», *Annuaire français de droit international*, 1993, p. 105-130 (avec P. Klein).

«Usage et abus du droit de recourir aux organes de l'ONU dans l'affaire de l'*Incident aérien de Lockerbie*», *Revue québécoise de droit international*, 1993-1994, vol. 8, p. 166-182.

«La résolution 940 du Conseil de sécurité autorisant une intervention militaire en Haïti : la consécration d'un principe de légitimité démocratique ?», *European Journal of International Law*, 1995-I, p. 116-133.

«Quelques réflexions sur la juridicité du droit international au regard de la crise yougoslave», *Revue belge de droit international*, 1996, p. 216-247.

«Droit, force et légitimité dans une société internationale en mutation», *Revue interdisciplinaire d'études juridiques*, 1996, n° 37, p. 71-112.

«L'ambiguïté de la position belge sur le droit à l'autodétermination des peuples en Croatie», *Revue belge de droit international*, 1997-I, p. 357-379 (avec B. Delcourt).

«*Uti possidetis* et droit des peuples à disposer d'eux-mêmes : deux faces d'une même médaille ?», *Revue belge de droit international*, 1998-I, p. 161-189 (article également paru dans l'ouvrage précité, *L'uti possidetis en question(s)*).

«Éléments de définition pour une sociologie politique du droit», *Droit et Société. Revue internationale de théorie et de sociologie juridique*, 1998, p. 347-370.

«L'interprétation du raisonnable par les juridictions internationales : au-delà du positivisme juridique ?», *Revue générale de droit international public*, 1998, n° 1, p. 5-44.

«Motif légitime et lien de causalité suffisant : un modèle d'interprétation rationnel du raisonnable», *Annuaire français de droit international*, 1998, p. 187-208.

«La référence à la nature des choses dans l'herméneutique de l'«école de Bruxelles» : une critique sociologique», *Revue interdisciplinaire d'études juridiques*, 1998, n° 40, p. 79-113.

« "Reasonable" in International Law : Legal Discourse, Reason and Contradictions », *International & Comparative Law Quarterly*, 1999, vol. 48, p. 613-625.

« A propos d'un désormais « classique » : *Le droit à l'auto-détermination en dehors des situations de décolonisation*, de Théodore Christakis », *Revue belge de droit international*, 1999-I, p. 329-349.

« Un renouveau du « droit d'intervention humanitaire » ? Vrais problèmes, fausse solution », *Revue trimestrielle des droits de l'homme*, 2000, p. 695-708.

« L'hypothèse d'une règle émergente fondant une intervention militaire sur une « autorisation implicite » du Conseil de sécurité », *Revue générale de droit international public*, 2000, n° 4, p. 873-910 (avec F. Dubuisson).

« La persistance de l'argument légaliste. Eléments pour une typologie contemporaine des registres de légitimité dans une société libérale », *Droit et société. Revue internationale de théorie du droit et de sociologie juridique*, Droit et société, 2002, p. 185-203.

« La référence au concept d'intégrité territoriale comme facteur de légitimation de la politique extérieure de l'Union », *Review of European Integration*, 2002, vol. 24, n° 2, p. 137-161.

« L'opération « liberté immuable » : une extension abusive du concept de légitime défense », *Revue générale de droit international public*, 2002, n° 1, p. 51-77 (avec F. Dubuisson).

« Opération *Iraqi Freedom* : peut-on accepter l'argument de l'autorisation implicite du Conseil de sécurité ? », *Revue belge de droit international*, 2003-I, p. 205-247.

« L'état de nécessité peut-il justifier un recours à la force non constitutif d'agression ? », *The Global Community Yearbook of International Law & Jurisprudence*, 2004, volume I, p. 11-50.

« La participation du Conseil de sécurité à l'élaboration, à la cristallisation ou à la consolidation de règles coutumières », *Arès* (Grenoble), vol. XXI, fascicule 3, mai 2005, p. 87-99 ; *Revue belge de droit international*, 2004-II, p. 552-567.

« The Controversies over the Customary Prohibition on the Use of Force : A Methodological Debate », *European Journal of International Law*, 2005, vol. 16, n° 5, p. 803-822.

« Les arguments avancés par la Belgique pour justifier son soutien aux Etats-Unis dans le cadre de la guerre contre l'Irak», *Revue belge de droit international*, 2005, p. 417-446.

«La licéité douteuse de l'intervention militaire éthiopienne en Somalie et ses implications sur l'argument de l'«intervention consentie», *Revue générale de droit international public*, 2007, n° 3, p. 513-537.

«L'arrêt rendu par la CIJ dans l'affaire du *Crime de génocide*: vers un assouplissement des conditions d'attribution du génocide à un Etat?», *Annuaire français de droit international*, 2007, vol. 53, p. 249-279.

«Les résolutions de l'Institut de droit international sur la légitime défense et l'action humanitaire», *Revue belge de droit international*, 2007-2, p. 598-626.

«Déclarations unilatérales d'indépendance et reconnaissances prématurées: du Kosovo à l'Ossétie du Sud et à l'Abkhazie», *Revue générale de droit international public*, 2008, n° 4, p. 721-759.

«La violation d'un cessez-le-feu constitue-t-elle nécessairement une atteinte à l'interdiction du recours à la force?», *Revue hellénique de droit international*, 2008, p. 87-123 (avec A. Lagerwall).

«Le rapport de la mission d'enquête internationale indépendante sur le conflit en Géorgie: quel apport au *jus contra bellum*?», *Revue générale de droit international public*, 2010, n° 1, p. 35-61.

«Vers une «déterritorialisation» de l'interdiction du recours à la force?», *Anuário Brasileiro de Direito Internacional*, Belo Horizonte (Brésil) 2010, p. 207-228.

«Self-defence against Terrorists: What can be learned from recent practice (2005-2010)?», *Kokusaiho Gaiko Zassi (Journal of International Law and Diplomacy)* (Tokyo ISSN 0023-2866), 2010, vol. 109, p. 129-152.

«Territorial Integrity Narrowly Interpreted: Reasserting the Classical Inter-State Paradigm of International Law», *Leiden Journal of International Law*, 2011, vol. 24, p. 87-94.

«Les techniques reproduites aux articles 31 à 33 des Conventions de Vienne: approche objectiviste ou approche volontariste de l'interprétation?», *Revue générale de droit international public*, 2011, p. 351-366.

«Le *Jus post bellum* remet-il en cause la logique et les règles du *Jus contra bellum*?», *Revue belge de droit international*, 2011, p. 38-68.

«La «complicité» dans le droit de la responsabilité internationale: un concept inutile?», *Annuaire français de droit international*, 2011, p. 57-84.

« La thèse de la déformalisation du droit international et ses limites : l'exemple de la jurisprudence de la Cour internationale de Justice », *L'Observateur des Nations Unies*, 2011, p. 75-98.

« L'inapplicabilité du droit de légitime défense au sens de l'article 51 de la Charte des Nations Unies aux relations entre la Palestine et Israël », *Revue belge de droit international*, 2012, p. 67-89.

« The Illegality of the Military Support to the Rebels in the Libyan War : aspects of *jus contra bellum* and *jus in bello* », *Journal of Conflict and Security Law*, 2013, p. 59-93 (avec V. Koutroulis).

« Regulating Resort to Force. A Reply to Matthew C. Waxman from a "Bright-liner" », *European Journal of International Law*, 2013, p. 191-197.

« Le droit en contexte est-il incompatible avec le formalisme juridique ? », *Revue interdisciplinaire d'études juridiques*, 2013, p. 70-77.

« Droit d'intervention c. Souveraineté : antécédents et actualités d'une tension protéiforme », *Droits*, 2012, p. 33-48.

« Existe-t-il une approche critique francophone du droit international ? Réflexions à partir de l'ouvrage *Théories critiques du droit international* », *Revue belge de droit international*, 2013, p. 257-270.

« Les visions des internationalistes du droit des peuples à disposer d'eux-mêmes : une approche critique », *Civitas Europa* (Nancy), 2014, p. 96-111.

Achevé d'imprimer en décembre 2015
par Triangle Bleu,
59600 Maubeuge (France)

Composition : R. Mirland,
59870 Warlaing (France)

28/12-15.